TANXUN JIAOYU DE BENZHEN
—— NANCHONGSHI JIAOYU KEYAN YOUXIU CHENGGUO XUANJI

探寻教育的本真
——南充市教育科研优秀成果选集

编委会

主　编：欧阳明

副主编：杨　娟　　任兴灵

编　委（以姓氏笔画为序）

王　瑜	龙红林	任　涛	严　谨	李　辉
李中文	李光明	李群明	张　平	张安仕
苟昭斌	罗明伟	罗勇军	段平权	徐　卓
黄文周	斯　倩	董　永	谢洪麟	蒲大勇
蒲明强				

探寻教育的本真

南充市教育科学研究所/编

——南充市教育科研优秀成果选集

四川大学出版社

项目策划：蒋姗姗
责任编辑：黎伟军
责任校对：谢　鋆
封面设计：墨创文化
责任印制：王　炜

图书在版编目（CIP）数据

探寻教育的本真：南充市教育科研优秀成果选集 /
南充市教育科学研究所编 . — 成都：四川大学出版社，
2018.8
　　ISBN 978-7-5690-2294-0

　　Ⅰ . ①探… Ⅱ . ①南… Ⅲ . ①教育科学－科学研究－
南充－文集 Ⅳ . ① G40-03

　　中国版本图书馆 CIP 数据核字（2018）第 196018 号

书名　探寻教育的本真——南充市教育科研优秀成果选集

编　　者	南充市教育科学研究所	
出　　版	四川大学出版社	
地　　址	成都市一环路南一段 24 号（610065）	
发　　行	四川大学出版社	
书　　号	ISBN 978-7-5690-2294-0	
印前制作	四川胜翔数码印务设计有限公司	
印　　刷	郫县犀浦印刷厂	
成品尺寸	170mm×240mm	
印　　张	29.25	
字　　数	573 千字	
版　　次	2019 年 12 月第 1 版	
印　　次	2019 年 12 月第 1 次印刷	
定　　价	116.00 元	

扫码加入读者圈

四川大学出版社
微信公众号

目　录

区域教育改革

学校管理

德育与心理

课程与教学

体育与美育

区域教育改革

区域推进学区联盟管控机制创新

完成单位：南充市高坪区教研室

完成人：蔡仲勤、陈红、易玲、程碧春、龙彩云、陈开学

一、成果背景

（一）研究的缘起

农村教育资源配置不断缩小，城区教育资源配置不断扩大，优质教育资源逐渐向城区集中，教育的矛盾越来越明显。2011 年我区推行城乡一体化建设；2011 年 3 月至 2013 年底，高坪区进行学区联盟的办学尝试，从中积累了很多的经验；2014 年 1 月，我们正式提出学区联盟的办学思路，并成立课题组进行研究。

（二）研究所要解决的问题

解决城乡教育差距扩大，农村教育面临办学观念陈旧、办学思路不清晰、学校发展艰难的问题。

解决教育的调节杠杆失衡，资源配置向城镇学校倾斜，优质教育向城区单向流动，教育评价有失公允的问题。

解决农村学校管理效率低下，办学活力不足、质量不高、社会信任度下降，大部分师生向城区转移，农村学校教育资源重新整合的问题。

解决农村教育士气萎靡不振，学校管理者和教师职业倦怠感，缺乏教育的职业理想和奉献精神的问题。

二、成果内容

（一）理性认识成果

学区联盟改变了区域办学态势，它在很大程度上增强了学校办学的主动性

和兼容性。它具有三大特性：多位协同性、同位互补性、高位共生性。

学区联盟增强了教育的代谢功能，是教育资源优化和学校集成发展的新选择。我们从教育冲突的哲学视野、教育的社会心理学视野、学区联盟的价值性来观照发展学区联盟的教育持续竞争力。

学区联盟办学把握了教育的特点和趋势，它强化了教育的管理驱动与导控的杠杆效应。它具有四大特质，即联动发展、集约发展、捆绑发展、个性与共性的协调发展。同时，学区联盟办学具有内外驱动力（内驱动和外驱动）和双向控制力（行政干预控制和学区内部约束性控制）。

（二）实践操作成果

学区联盟建立了组织管理系统，保证了学区联盟工作推进有序有规。一是建立组织机构，建立学区联盟领导小组、成立学区联盟理事会、设立学区联盟办公室、明确学区联盟联络员职责。二是建立学区联盟建设的指导机构。三是建立学区联盟工作机制，建立学区联盟议事制度、建立学区联盟工作制度、建立联盟学校工作制度。

建立内外驱动、导控机制及评价机制，提升学区联盟的办学实力和活力。一是建立学区联盟的内外驱动机制，形成驱动效应：建立内驱动机制，实行动向驱动、点位驱动、内发驱动、光亮驱动；建立外驱动机制，实行导向驱动、目标驱动、创新驱动、激励驱动。二是建立三位一体的导控机制。建立以教育主管部门为主导的行政导控机制，实施教学视导、课程创新、质量管理、评价导向；建立以学区联盟为主体的灵活导控机制，实施人力资源调配导控、研训一体化导控、资源共建式导控、教案共研式导控、活动共创式导控、荣辱共担式导控、利益分享式导控；建立以学校为主责的行动导控机制，包括学校横向兼容性导控、教师内需激发性导控、教师专业成长性导控、学校发展定位性导控和学校优势扩张性导控。三是建立科学的弹性评价机制，即专家诊断性评价、联盟过程性评价、第三方评价机构评价。

构建了学区联盟的支持系统，有效保证学区联盟运行过程中的同向约束和资源共享。一是学区联盟学校签订合约或协议，二是建立学区联盟资源控制中心，三是建立学区联盟资源开发小组，四是建立管理资源联动模式，做好协调管理、共商管理、共享管理、联动管理、管理评价五项工作，五是建立活动资源分享模式，六是开辟学科资源运用通道。

建立学区联盟校长和教师素质提升工程，瞄准内涵化成长方向，构建新的人才培养模式："三三式"，打造校长内涵升级版。以学习前沿理论、探究发展理论、内化创新理论来提高校长理论水平；提升校长行政决策力、提升主控导向力、提升特色铸造力；共研共培提升教师素质，学思结合培养教师"悟"力，深入研究课例培养教师课堂掌控力，定单培训培养教师定向力，对外学习交流培养教师综合力，特色课堂培养教师创新力。

建立学校品位提升模式，大力改革学区联盟办学方式，融合新的办学体验，提高教育影响力。一是联合提高课堂效率，主要方式为主题式教研、探究式教研、开放式教研、网络式教研、QQ群论坛、教学大比武、精品课堂推介、名师工作室。二是在活动中打造活力联盟，建好活动基地，精心谋划特色活动，主要活动形式有快乐读书会、智慧大比拼、红色体验、角色体验、筑梦工厂、感恩大行动、留守儿童野外生存训练等。三是铸造文化特色，丰富文化内涵，打造"校校一品"的校园文化、打造校园特色生态文化、共同推进学区联盟文化建设、开放联盟文化方式与传播途径。四是建立一体化学生助学绿色通道，关注贫困学生建档立卡、阳光助学、残疾学生扶助、困难学生扶助。

三、成果特点

在内涵上实现了教育机制变革的创新：各角度多方位激活学区联盟的内在活力，推动了学区联盟建设向纵深方向发展。在发力点上实现了素质提升工程的创新：把素质的提升作为发力点，主要瞄准校长和教师两支决定性力量。在成果方案上实现了创新，主要通过强大的政策优势、学区联盟捆绑发展、内外驱动、三位联动和弹性评价等创新方式来实施有效推动。

四、成果效果

（一）带来了三大变化

理念变了，学校的发展思路更加清晰：推进学区联盟建设，更加关注教育的核心价值，关注学生、教师及学校的发展。

发展的方式变了，学校抱团形成了强大的集团优势：传统的单体办学格局被打破，建立了集约化的学校发展模式，各校有机联合，把共同的发展愿景聚合成各学校的共同推动力，管理互补，资源互助，形成了强大的集团效应。

精神面貌变了，校领导和教师以昂扬的士气并肩前行：学校由被动发展走向主动发展，教师看到了发展希望，转变了职业态度，形成了教育合力。

（二）实现了三大突破

突破了发展瓶颈，学校走出了捆绑发展的新路子：各学校是发展共同体，有共同的目标和使命，捆绑发展，破解了农村学校发展的瓶颈。

突破了资源利用瓶颈，化解了资源整合与利用难题：利用城区学校与农村学校的各自优势，拓展活动资源，形成学校和学区联盟特色。

突破了质量提升瓶颈，多措并举协同实施质量提升工程：将联盟内学校质量目标捆绑在一起，实行目标责任制，既协作又竞争，使各联盟学校在协作中提高办学质量，在竞争中得以成长。

（三）凸显了三大特色

学校管理实现了高位协同：办学思想协调，办学目标一致，考核评价同步。

校园文化提升了学校品位：联盟内学校以系列文化为主题，着力打造高水平的校园文化，提升人文底蕴。

特色活动凸显了办学魅力：联盟内经常开展系列特色活动，寓教于乐，彰显办学魅力。

（四）提升了三大影响力

学校办学实力的提升在家长和学生中的影响力大增，有效缓解了人们择校难的问题。

学区联盟内学校的协调发展在社会上的影响力大增，促进了教育的均衡发展。

学区联盟办学的成功经验在业界的影响力大增，来我区进行学习取经并借鉴推广的同行越来越多。

撰稿人：蔡仲勤
审稿人：蒲明强

区域教育远程管理

完成单位：南充市高坪区教育局
　　　　　南充市小佛初级中学
完成人：母云光、刘亚辉、张应国、刘晨宇、苟凤、杨娟

一、成果背景

（一）研究的缘起

构建教育管理信息系统是推进教育信息化不可或缺的内容。2011年高坪区各学校基本建成微机室，配备了现代信息技术办公和教学设备，通过了"双基"国检复查。而后以"构建教育强区，办人民满意教育"为目标，紧扣"均衡"和"发展"两大主题，按照"政府主导、全区统筹、创新引领、突出特色、全面提高"的原则，抓投入、强基础，补短板、促跨越。顺时应势，补"远程管理信息系统"短板，课题组2014年1月立项"区域教育远程管理研究"课题，并在全区范围内开展研究实践。

（二）研究所要解决的问题

1. 解决区域教育规划因循守旧，以偏概全之症结。
2. 解决区域教育资源配置不均、简单粗暴之症痼。
3. 解决区域教育管理高耗低效、错位缺位之症痕。
4. 解决区域教育成果体内循环，难以落地之症噎。

二、成果内容

（一）理性认识成果

1. 区域教育远程管理观念。
一是重硬件轻软件。办学主体投入大量资金购置信息设备，但信息资源投

入相对不足，区域教育远程管理优势难凸显。二是重数量轻质量。琳琅满目的网站、软件，多着眼于局部，难形成体系，使教师无所适从。三是重建设轻应用。远程教育管理难"生根发芽"，成噱头。

2. 区域教育远程管理队伍建设。

首先是职后学历达标人员多，精通信息技术人员少。区域内教育工作者整体利用信息技术水平偏低，难以出色地完成新形势下的远程管理工作。其次是信息技术零星培训多，系统学习少。信息技术培训"三板斧"（短平快），受训人一知半解，利用信息技术"事倍功半"。最后是教育管理"双肩挑"人员多，专职人员少。"上有千条线，下有一根针"，教育主管部门和学校的工作压力大，加班成常态。

3. 区域教育远程管理环节。

一是无梗阻，管控好。利用网络大数据创新精细管理，区域教育分工协作的部门无缝对接，需要配合的各个环节精密衔接。二是无空档，发展好。利用远程管理手段突破时空限制，做到事前有部署，事中有监督，事后问责效。三是无推诿，服务好。利用信息化技术尝试智能管理，全方位互动，线上线下联动，群众办事省心少跑路。

（二）实践操作成果

1. 区域教育远程管理建设做到"三重"。

一是重培训，提升操作技能。宣传信息技术的优势，提升教育人对远程管理的认识。同时造就一支应用信息技术队伍，规范教育信息网络管理。二是重投入，强化设备建设。近年累计投入 4300 万元实施教育信息化工程，新建计算机网络教室 96 间，新增电脑 2200 台，新配录播教室 2 个，建成"班班通"教室 932 间。投入 484 万元招标建立信息高速公路，为远程管理铺路架桥。三是重拓展，优化远程管理平台。首先开发了便于行政管理的办公系统（http://221.10.22.190:83/oa/）和远程管理系统（http://www. ncjypt. com/notice. asp）。其次搭建了区域教育信息平台，在高坪区人民政府官方网站开辟《教育服务》板块（http://www. gaoping. gov. cn/live/edu/index. cdcb），及时更新教育动态；开通南充市高坪区教育局微信公众号（gaopingjiaoyu _ scnc），让区域教育信息及时推送，服务范围更广。再次是使用了便捷互动的远程管理工具，如 QQ 工作群、微信群、集团通话服务等。最后还充分利用上级部门搭建的全国教师信息管理平台、全国校舍安全管理平台、全国中小学生学籍管理系统等远程管理平台，对接区域教育远程管理。

2. 区域教育远程管理"四为"。

一是以法律管理为纲，依法执教与依法治校并举。二是以行政指导为基，集中统一，强化管理，灵活处理各种特殊、突发问题。三是以教育管理为主，利用会议和谈话等方法激发全区教育人的主观能动性。四是以经济管理为辅，通过督导评估，考核发放奖励性绩效和目标奖。

3. 区域教育远程管理使用"五化"。

一是系统化管理，远程管理平台实现统一目标，形成合力，消除障碍，完成任务。二是无纸化办公，充分利用远程信息技术上传或下载信息、文件、表册、资料等，节约用纸。三是远程化沟通，全区教育系统启动了上网实名认证，文明上网，高效沟通。四是全员化培训，教师进修学校、教研室、教仪站、电大站等职能部门形成合力，加强教师继续教育，积极组织教师全员培训、专项培训、新技术培训，不断提升教师信息技术素养。五是动态化监管，利用大数据，预判教育方针，分析区域教育实情，有效调控区域教育行为。

4. 确定以发展性评价的教育远程管理评价理论"六结合"。

一是量化评价与质性评价相结合，二是过程评价与终极评价相结合，三是绝对评价与相对评价相结合，四是专项评价和综合评价相结合，五是自我评价和督导评估相结合，六是常规评价和随机检查相结合。

三、成果特点

探索出依托现代信息技术的"区域教育远程管理体系"，构建了"建（三重）、管（四为）、用（五化）、评（六结合）"的一整套区域教育远程管理策略，基本实现区域教育均衡发展，有序推进学校标准化建设。

四、成果效果

（一）实现城乡教育规划"全区覆盖"

通过远程管理，为扎实推进学校布局调整提供了条件。按照"小学就近入学、初中相对集中、优化资源配置"的原则，制定了《南充市高坪区义务教育学校布局专项规划》，积极稳妥地推进全区中小学布局调整。整合了高坪二中与白塔中学、江东初中与高坪七小等十多所学校，区级相关部门从快从优出台相关配套政策，做好资源调配，做到共进共赢。

（二）实现区域教育资源"全区统筹"

坚持"因地制宜、统筹兼顾、分类规划、分步实施"的原则，实行教育经费全区统筹，适度倾斜薄弱板块，扶持薄弱学校；教育设施设备全区统筹配备、同步达标；建立健全教师补充、交流和稳定"三大机制"，促进师资配置科学。

（三）实现区域管理体制"全区统一"

通过系统的应用，达到及时了解学校常规情况，区委、区政府基本做到了每季度研究一次教育工作，有的放矢加强管理。一是探索构建起"德育首位、过程督导、特色兴校、管理强校"四大机制，加强常规管理。二是出台了《高坪区教师"十做到"》等规定，规范办学行为。三是按照"一校一特色、校校有亮点"的思路，促进内涵发展。

（四）实现区域教育成果"全区共享"

借力远程管理提升业务水平，助推专业成长。扎实推进教师素质全员提升工程、名师引领工程、教师青蓝培养工程和干部成长工程"四大工程"，全方位、多层次培养教育拔尖人才。全区共有 50 余项教研、教改成果荣获省、市政府和国家、省、市教育主管部门奖励。近年来，我区已创建省、市级"校风示范学校"15 所，"德育工作示范校"8 所。其中，白塔中学顺利通过省一级示范校的评审，高坪中学成功创建省二级示范校。我区重本上线率和本科上线率多年居全市第一，多次荣获"南充市普通高中教育质量综合评估一等奖"。基本实现了全区人民共建教育强区，共享教育成果的目标。

撰稿人：张应国
审核人：蒲明强

基于学生素养提升的"自主·快乐教育"模式

完成单位：南充市西充县教育科学研究室
完成人：蒲福元、范珂俊、杜长忠、王永标、何光艳、王爱群

一、成果背景

以"教育新常态""绿色教育观"和《中国学生发展核心素养》等相关理念为切入点；以"快乐课堂模式、自主管理育人模式、促进学生个性化成长的课外活动"三大模块为核心要素；以面向全体学生、激发学生潜能、立足个性发展、发挥主体作用为指导思想；以培养学生自主学习、合作学习、探究学习的基本素养，信息收集整理、沟通与交流、团队合作和社会参与的基本素养，自我规划与自我管理、创新与创造力的基本素养为宗旨。从而解决教学现代化、开放化、主体性程度偏低，学生学习苦；管理"粗放型""师控型""他主型"运行，学生管理难；课外活动"同质性""放羊式""形式化"开展，学生成长慢等三个方面突出的现实问题，切实提升学生素养。

二、成果内容

（一）理性认识成果

1. 确立一种思想。

着力于人的教育，凸显学生主体性、个性化发展，促进学生快乐成长。

2. 厘清四个概念。

（1）学生素养。学生经过教育教学训练和育人实践而获得的自主学习、合作学习、探究学习的基本素养，信息的收集整理、沟通与交流、团队合作和社会参与的基本素养，自我规划与自我管理、创新与创造力的基本素养等。

（2）"自主·快乐教育"模式。"自主·快乐教育"模式是以"快乐课堂模式、自主管理育人模式、促进学生个性化成长的课外活动"三大模块为核心要素，通过快乐学习、自主管理、个性化课外活动等途径，让自主和快乐成为提

升学生素养的关键因子，感受幸福生长，实现自我超越。

（3）学生自主管理。其主要包括：自己管理自己、管理自己班级和学校的事务，做到"人人有事做、事事有人做""人人都是管理者、人人都是被管理者"。

（4）个性化课外活动。我们认为，个性化课外活动是学校在国家统一规定的教学计划和统一编写的教材之外，为了发展学生的个性、兴趣、爱好和特长，开发学生的潜能，根据学生自由选择参加的原则，在课余或节假日中组织学生开展的，有目的、有计划的教育活动。

3. 创建一个载体。

"自主·快乐教育"模式所构建的特色课程体系是全面提升学生素养的有力载体。

4. 厘清三者间的关系。

快乐课堂侧重于课堂内学生积极学习素养的培养，自主管理是侧重在生活中培养学生的自我管理素养，个性化课外活动侧重在活动中培养学生的创造性思维。三者相互影响、相互渗透、相互促进。

（二）实践操作成果

1. 创新"自主·快乐教育"运行模式。

（1）构建了"自主·快乐教育"模式结构图。"自主·快乐教育"模式包括：快乐课堂教学、学生自主管理、促进学生个性化成长的课外活动三大模块。

（2）构建学生自主管理模式。①构建了"学校自主管理委员会—年级（班级）自主管理委员会—小组自主管理—个人自我管理"的四级学生自主管理育人模式；②学生自主管理运行模式；③个体自主管理操作模式，通过制订自我成长计划，提升自身能力，全面实现学生自我管理的目标。

（3）构建促进学生个性化成长课外活动育人模式。①促进学生个性化成长的课外活动内容体系；②促进学生个性化成长的课外活动"四大"操作策略，"三引入"与"三结合"的项目菜单设置策略——尊重个性差异，满足学生需求。"一招、二训、三发掘"的师资开发策略——挖掘特长师资，对接个性项目。"四定"的活动开展管理策略——施行系统管理，促进个性成长。

2. 建立"自主·快乐教育"评价体系。

（1）"自主·快乐教育"模式学校评价细则。

（2）学生多元评价操作模式。

个人自荐—班级擂台—年级擂台—校园擂台—星光闪耀。

三、成果特点

1. 创建了快乐学习、自主管理、个性发展"三位一体"的"自主·快乐教育"模式。

纵观目前国内研究现状和成果情况，大多是就学生某一素养的培养提升进行单一的研究。本研究是一种研究视觉的创新，从而探索出了一条提升学生素养、培养合格公民的新模式。

2. 培育以"自主·快乐教育"为内核的西部区域学校教育文化。

师生共建所形成的学生学习文化、班级文化，教师教学文化、教研文化，学校的制度文化、管理文化、活动文化、环境文化等，真正形成了以"自主·快乐教育"为内核的各具特色的教育文化。这是一种学校文化建设的革新。

四、成果效果

本成果在西充县义务教育阶段 62 所中小学全面推广实施，并于 2016 年 12 月在南充市 9 县（市、区）推广，取得了显著成效，赢得了广泛的社会好评。

（一）以"自主·快乐教育"模式为路径，推动学生自主快乐成长

1. 从被动听讲走向主动学习：学生参与课堂的主动性、积极性明显提高。

2. 从沉默顺从走向乐观向上：学生的自尊心、自信心、快乐感明显增强。

3. 从个体学习走向同伴互助：学生团结合作、包容共生精神明显提升。

4. 从以自我为中心走向以集体为中心：学生民主意识、规则意识和集体归属感明显增强。

5. 从他人管理走向自主管理：学生的自理、自律、自省意识明显得到强化。

6. 从以学习为主走向全面发展：学生全面发展、个性化发展趋势十分明显。

（二）以"自主·快乐教育"模式为抓手，推进学校教育整体发展

（1）"自主·快乐教育"模式极大提高了教师的教育教学素养。

（2）"自主·快乐教育"模式显著提升了学校的管理水平。

（三）以"自主·快乐教育"模式为载体，扩大学校社会影响力

"自主·快乐教育"已成为西充教育的核心理念，极大提升了西充教育的品质。在南充市教学质量评价中，西充县中考连续五年全市一等奖、高考连续四年全市一等奖，涌现出了一批校风纯正、质量优良、特色鲜明的省、市级名校，赢得了省、市、县各级领导及社会各界的高度评价。

2016年12月，南充市"自主·快乐教育"成果推广现场会在西充县召开。

2017年2~6月，南充市涪江路小学、延安路小学、仪陇宏德小学、南部伏虎小学，高坪区、顺庆区、营山县等区县30多所学校的1300多名领导、教师前来我县张澜学校、天宝中学、实验一小、实验二小、建设路小学参观学习。西充县的"自主·快乐教育"模式赢得了同行的广泛认可。

撰稿人：蒲福元
审稿人：谢洪麟

区域推进学校生态文明建设策略

完成单位：南充市西充县教育体育和科学技术局

完成人：蒲道林、李昌宝、谢洪麟、黄文周、阳仁宴、张明

一、成果背景

"生态兴则文明兴，生态衰则文明衰。"这是习近平总书记关于生态文明的重要论断，既是对文明变迁的历史反思，也是对当今世界的现实观照。

成果针对当前学校生态文明建设中"认知偏差、观念守旧，工作方向不明、思路不清；教育手段单一、方式滞后，缺乏工作抓手；意识淡薄、道德缺失，缺乏内在动力；行为失范、习惯不良，学校生态文明建设缺少良好氛围"的现实，主要解决中小学生生态文明素养提升、县域学校教育内涵式均衡发展的核心问题。

二、成果内容

（一）理性认识成果

1. 厘清了三个重要概念。

（1）生态文明。生态文明是人类为保护和建设美好生态环境而取得的物质成果、精神成果和制度成果的总和，是贯穿于经济、政治、文化、社会建设全过程和各方面的系统工程，反映了一个社会的文明进步状态。

（2）学校生态文明教育。学校生态文明教育是指通过系统的教材、专业的师资、开设专门课程和学科渗透，让学生掌握生态文明知识；通过丰富的生态实践活动，对其生态文明习惯进行培养；通过生态课堂教学、自主管理、个性化第二课堂等教育途径，提升师生能力，形成健康文明的生活方式，进而带动全社会增强意识、转变观念，形成良好生态文明行为常态。

（3）学校生态文明建设。其主要包括"生态校园建设、生态文化建设、生态教育建设、生态行为实践、生态制度建设"，五个方面同步推进，旨在加强

生态文明理念的传播，加强学生的文化意识，进一步激发学生潜能，发展学生特长，提高学生个体素养，同时能够带动更多的人参与生态文明的建设中。

2. 建构了"五位一体"区域推进学校生态文明建设的全新主张。

推进学校生态文明建设是提高学生认识、转变生活方式的有力载体，是打造学校特色、提升学校品质的有效路径，是促进社会可持续发展的基础性、先导性工程。同时，探索出学校生态文明建设的五大核心要素与重要路径，这"五位一体"必须同步推进，缺一不可。

构建生态教育体系是必要前提，构建生态文化是强大核心，抓好生态实践是关键枢纽，构建生态校园（校园绿化）是重要支撑，完善生态制度是区域推进学校生态文明建设的根本保障。

3. 形成了区域推进学校生态文明建设的四条管理策略。

（1）引领策略。（2）管理策略。（3）激励策略。（4）评价策略。

（二）实践操作成果

1. 构建了区域推进学校生态文明建设的学校生态教育操作策略。

（1）形成了学校生态教育校本课程体系。

编写了体现区域特色的《生态与社会》校本教材6册（小学、初中、高中每阶段各两册），编写了《中小学生文明卫生手册》教材1册。

（2）构建了"三环九步式"课堂教学操作模式。

（3）构建了学生生态自主管理育人模式。

①构建了四级学生生态自主管理育人模式：学校自主生态管理—年级（班级）自主生态管理—小组自主生态管理—个人自主生态管理。②学生生态自主管理运行模式。

（4）构建了促进学生个性化成长的生态第二课堂育人模式。

2. 构建了区域推进学校生态文明建设的生态实践行为运行模式。

（1）建立生态消费行为实践机制。

（2）建立生态保护行为实践机制。

3. 架构了区域推进学校生态文明建设之文化校园的"四梁八柱"。

其具体包括：精神理念——文化追求、科研引领，绿色校园——绿化美化、常态净化，文化呈现——理念标识、载体活动，制度保障——长效机制、考核评价。

4. 构建了区域推进学校生态文明建设的督导评价体系。

（1）制定了学校生态文明建设创建标准。

（2）形成了学生生态自主管理育人模式管理策略。

（3）构建了学校生态文明建设星级学生多元评价体系。

星级学生多元评价操作模式：个人自荐—班级擂台—年级擂台—学校擂台—星光闪耀。

（4）构建了生态班级量化评价考核体系。

（5）建立了生态文明学校长效管理机制。

三、成果特点

成果以区域生态建设操作策略和实施途经为研究内容，整体解读生态文明与学校生态文明建设的关系，开发出具有区域特色的《生态与生活》系列教材；以"《生态与生活》课程、生态课堂教学、生态自主管理、个性化第二课堂、生态实践"的学校生态文明教育"五大"抓手，建构了"生态校园建设、生态文化建设、生态教育建设、生态行为实践、生态制度建设"的"五位一体"基本思路与实施路径；全面架构了区域推进学校生态文明建设的操作模式及评价体系。该成果有效地培养了师生的生态意识、生态道德、生态自觉和生态能力，构建了平安、绿色、人文、和谐校园，探索并走出了一条西部丘区县域学校生态文明建设发展之路。

四、成果效果

该项成果在全县 66 所中小学及幼儿园推广使用。

（一）学生生态文明意识和行为向更加自律、更加生态的方向转变

多角度多维度的生态文明教育，全面提升了学生生态文明素养。生态课堂教学模式，全面提升了学生终身学习的能力。生态自主管理育人模式，增强了学生自我规划、自我约束、自我教育、自我发展的能力。第二课堂有效促进了学生的个性化成长，有助于学生素质得到全面发展。

（二）教师教育教学手段、方法更加灵活多元，践行生态教育能力逐渐提升

深化了生态文明教育的理念，探寻出生态文明教育的路径，改进了对学生的评价方式，促进了教师的专业发展。

（三）校园环境实现了"自然生态优美、管理生态高效、人文生态厚重、服务生态高远"的根本性转变，使学校提升了办学品味和育人功效

优美的自然生态，构筑文化载体和物质支撑。推行管理生态，倡导人际和谐与绿色高效理念。营造人文生态，建立绿色人才培养模式。输出生态服务，实现生态文明的传播与辐射。

（四）学校生态文明建设形成了生态发展的利好态势，使群众满意度不断提高

2017 年 8 月 15 日，省环保督查组认为西充县探索出了一条学校生态文明建设的全新路子，值得其他地方广泛学习。

2016 年 12 月 13 日，南充市"自主·快乐教育暨校园生态文明建设"成果推广现场会在西充县召开。2014—2016 年间，凤凰网、新华网、四川新闻网、四川校园网等媒体先后报道了西充县开展的学校生态文明建设成果。

撰稿人：谢洪麟

审核人：李昌宝

学校管理

集体备课提升教师的教学能力

完成单位：南充市白塔中学

完成人：张志强、徐燕、蒋晓英、雍玲燕、梁小琴、任兴武

一、成果背景

（一）研究的缘起

我校从 2012 年至 2017 年组织教师进行集体备课，通过对这五年来集体备课的实践经验总结、市内外兄弟单位来校参观学习和课题组的潜心研究，我校探索出一条提升教师研究学生的能力、研究教材的能力、研究课堂教学的能力的途径，形成了"集体备课提升教师教学能力"这一科研成果。

（二）研究所要解决的问题

1. 解决教师对"集体备课"认识不足的问题。
2. 解决集体备课低质低效的问题。
3. 解决教师教学能力提升路径不明的问题。
4. 解决教师教学能力提升策略不佳的问题。

二、成果内容

（一）理性认识成果

教师参与集体备课的良好动机和集体备课收益相辅相成；优秀资源与集体智慧的共创与共享，能够更有效地提升教师的教学能力；集体备课是提升教师研究学生的能力、研究教材的能力和研究课堂教学的能力的重要途径。

（二）实践操作成果

1. 构建了集体备课激励机制。

（1）规范管理，确保集体备课的实效性。成立集体备课领导小组，适时监督和指导；培养集体备课带头人，落实主体责任人；每周考核公布集体备课情况；采取外出参观学习、展示和推荐集体备课成果等多种方式提高教师的积极性；制订并实施集体备课实施方案，形成集体备课教学新常规。（2）完善集体备课过程性评价和形成性评价的评价机制。通过初备、二备、三备、四备方案的质量考核主备人备课的态度和质量，观看备课活动摄像和审阅活动记录考核每位教师的参与程度，审核上传备课资料，考核备课次数和备课流程执行情况，从备课组上传和下载资料次数和使用频率评价备课组的工作业绩，建立"导师"制度和"推门听课"制度，不间断地进行教师教学能力提升"效果跟踪"。

2. 开展集体备课，研究导学案编写，提升了教师研究学生的能力。

在研究导学案过程中，教师互助互补，掌握研究学生的内容、方式、要求、方法，提升了研究学生的能力，使教学更高效。

3. 开展教材研究，提升了教师研究教材的能力。

分析教材中每册、每单元、每课题知识结构体系和逻辑关系，提升对教材整体和每一课题的掌控能力；分析教材中每册、每单元、每课题的重点，合理分配教学时间，建构对教材使用重心的分配格局；分析每课题的知识点和难点，交流知识点和重点教学方法、难点突破方法以及对教材重新组合的策略，收获对教材知识点及突破方法新的认知，树立教材使用的新观点和新理念，提升教师灵活使用教材的能力。

4. 研究课堂教学设计，提升了教师研究课堂教学的能力。

研究课堂教学是提升教师群体课堂教学研究能力的有效途径。通过主备人初备、集体研究—主备人二备、课堂教学实践、集体研究—主备人三备、课堂教学再实践—主备人四备的过程，反复研究、反复实践，甄别最优教学过程和教学方法，提升主备人和备课组成员研究课堂教学的能力。教师在集体备课活动和课堂教学观察活动中，不断寻求自身教学行为与先进理念、先进经验之间的差距，产生更新自己教学理念的激情，不断学习和研究优秀教学案例，获得灵感；寻求教学设想与学生实际获得之间的差距，验证了自己的教学设想所产生的效果，逐步掌握怎样寻找适合学生最佳教学设计的技巧，提升研究课堂教学设计的能力。

5. 构建了集体备课的方法体系。

（1）明确了集体备课要求。坚持定时间、定地点、定内容和定主备人的"四定"，确定了主备人和学科教师职责，及时上传集体备课成果。

（2）利用多媒体技术和网络进行有效的集体备课，建立了相对完整的资源库。

（3）丰富了集体备课形式。采取集体研究与个性备课相结合、个案研究与同课异构相结合、现场备课与在线讨论相结合等多种形式的集体备课，激发了教师集体备课的热情，增强了集体备课的效果。

6. 建立了集体备课流程。

按序研究导学案的编写、研究教材、研究课堂教学设计，严格按照主备人"初备"、私下交流的"一备"—组内交流、集体审议的"二备"—上公开课、课后反思的"三备"—再次执教、课后完善、物化成果、资源入库的"定备"（"四备"）流程进行集体备课。

三、成果特点

（一）理念创新：动机激发，共享共创

第一，树立了教师集体备课收益与主动性发挥相辅相成、主备者责任意识和备课组责任意识相互影响、评价落实促进集体备课主动性的思想。

第二，明确了每位教师既发挥个人主体创造性，又吸纳集体智慧，做到共享共创，从而提高教师教学的能力。

（二）技术创新：集体备课提升教师的教学能力

以共享共创为理念，以激发动机为先导，以研究学生、教材、课堂教学为核心，以评价管理为驱动进行集体备课；规范管理，确保集体备课的实效性；完善考核评价机制，持续驱动集体备课有序、有效进行。

四、成果效果

（一）推广范围

1. 集体备课推广现场会。

2014年秋，高坪区教育局组织全区中学的语文、英语、数学三个学科的任课教师在我校召开集体备课现场会；2016年春，高坪区教育局组织全区中

学的语文、英语、数学、物理、地理五个学科的任课教师在我校召开集体备课推进现场会。

2. 市内外兄弟单位来学校观摩学习。

2015 年 6 月受西华师大邀请，我校在全省初中校长培训会上做了关于集体备课提升教师教学能力的报告，其模式操作性强、实效大，吸引了射洪、岳池、达州等地的学校派人前来观摩学习。

（二）成果实效

1. 促进了教师教学能力的提高。

教师研究学生的能力大幅度提高，研究教材的能力大幅度提高，构建课堂教学结构能力明显增强。

2. 促进了学生学习能力的提高。

学生的思维能力、探究能力、创造能力、自主学习的能力得到提升，个性得到发展。

3. 促进了学校教学质量的整体提高。

我校每学期在全区教学质量监测中各科遥居全区第一名，综合评价全区第一名；每学期至少有 28 名教师获区优秀教学质量奖；每年中考几乎囊括全区前三名，高分段人数占全区一半以上。

4. 产生了广泛的社会影响。

我校以集体备课提升教师教学能力的措施、模式、途径和效果在市内外产生重大影响，组织了一批教师为长江出版社、南海出版社、中国和平出版社等编写导学案、教学设计等各科教辅资料共 18 册，在全省推广。

撰稿人：张志强

审核人：龙红林

农村学校学生寝室文化建设策略

完成单位：南充市西充县车龙乡小学

成果完成人：郭培祥、王汇洋、王光全、李勇、范春明、庞秀芳

一、成果背景

第一，寝室对寄宿制学校而言是学校教育的重要场所和学校文化的重要组成部分，学校的发展必然带来寝室文化的革新，这种革新也是新时期寄宿制学校发展的需要。寝室文化是指寄宿制学校在为学生提供住宿时，组织、引导寄宿生开展的一系列学习、生活活动，以及由此而形成的环境氛围、价值理念、行为习惯和精神风貌的总称。要建设高品位的寝室文化，必须健全管理机构，完善规章制度，开展各类教育活动。

第二，寝室文化建设是校园文化建设的重要组成部分，是思想政治工作进宿舍的有效载体，对陶冶学生的情操，提高学生的文化品位，增强学生的人文素养，丰富学生的文化底蕴具有十分重要的意义。

第三，本课题研究以寝室文化建设为主题，旨在探寻农村义务教育阶段学校寄宿制住宿学生寝室管理行之有效的工作机制，探寻在寝室管理中如何进行特色性主题文化建设，让学生在舒适、规范、积极上进的寝室文化的熏陶中形成良好的品行。

二、成果内容

（一）理性认识成果

1. 寝室文化建设的重要性。

学校是培养人的重要场所，寝室文化建设也是学校培育人的一个重要环节。对于一个人的发展，从小就应该注意良好行为、习惯的培养，注意自理、自控能力的培养，而人们往往注意了公众场所的表现，在室内、家中却很少注意约束自己的行为举止。这对正规场所正面教育是一个不小的冲击，孩子容易

养成做面子活，做事不能持之以恒的不良习惯，而寝室文化建设恰好把人们容易忽视或不重视的这个环节弥补起来。

2. 科学的管理策略。

科学的管理策略使教育管理工作者认识到了运用科学的方法、制度，理性的手段实施管理，对促进学生的成长有很大帮助。

3. 寝室文化建设的人文性。

寝室文化建设和学科知识一样，应以人为本，培养他们的自主发展能力。而寝室文化本身就具有人文性，寝室文化建设好了，就可对每个居住者起到潜移默化的熏陶作用。

4. 寝室管理理念。

学校管理者认识到以导为主、以管为辅的管理理念，给学生自主、自信、自强的自我发展空间。

（二）实践操作成果

1. 管理理念。

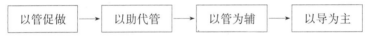

以管促做 → 以助代管 → 以管为辅 → 以导为主

2. 创建农村义务教育学校文化建设模式。

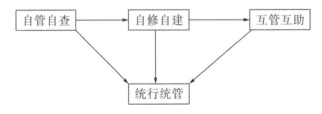

自管自查：学生实行自我管理，并随时进行自我检查。

自修自建：学生能按自己的意愿去完成寝室文化建设。

互管互助：学生在寝室中互相管理督促，并互相帮助，和谐共处。

统行统管：要养成大局观念，应服从统一行动，统一管理，共同奋斗。

三、成果特点

1. 形成统一认识。

宿舍不仅是学生生活的场所，而且是学习的第二课堂，人格修炼的重要阵地，教育管理工作的触角要延伸到宿舍这个容易被忽略的区间，用先进的宿舍文化占领宿舍这块阵地。

2. 出现了四个可喜变化。

宿舍文化理念深入人心，并已渗透在日常教育管理和服务工作之中；学生素质得到全面提高，学校办学品位得以提升；宿舍环境发生了改变，达到了艺术化、个性化和亲情化，营造了积极、健康、向上、和谐的宿舍生活氛围；实现了思政工作与宿舍管理工作的有机结合。

3. 认识到宿舍文化建设也是素质教育。

宿舍是对学生进行思想道德教育的理想空间，宿舍是对学生进行文化素质培养的园地，宿舍是学生综合技能延续和补充的阵地。

4. 探索出宿舍文化建设具有的功能。

学生宿舍文化建设，具有科学性、教育性、艺术性、多元性，概括起来，具有导向、育人、规范、调适及激励等多种功能。

四、成果效果

（一）抓好"四自"——打牢寄宿制学校管理的基础

1. 生活自理——培养学生自主劳动技能。
2. 学习自主——培养学生自主学习能力。
3. 行为自律——培养学生良好行为习惯。
4. 健康自强——培养学生健康心理素质。

（二）突出"三化"——注重寄宿制管理的过程

1. 寝室管理规范化。
2. 活动管理特色化。
3. 评价机制个性化。

（三）把握"四度"——明确寄宿制管理的目标

"四度"即社会的认同程度、管理的科学程度、学生的乐学程度和发展的可持续程度。我校在实施寄宿制工程之初，就以"四度"作为寄宿制教育办学水平高低的试金石，竭力让学生学得优、住得好、吃得饱，让家长放心、社会满意。

（四）管理效果的提升

1. 管理人员管理观念的改变。

通过学习研究，管理人员改变了管理观念，基本甩掉了家长式的管理方式，对学生以引导、帮助为主。

2. 管理人员素质的提高。

管理人员不再有吼骂，甚至体罚学生的现象出现，主动为学生着想，如一位担任住校管理的女教师经常在晚自习后为学生送开水，帮助学生摆放卫生用品，整理床铺等，以行为感动学生，使学生在其感召下去自律，养成良好习惯。

3. 管理质量的提高。

逐步形成良性循环，作习按时、秩序井然，不再有逃寝、在室内打骂及损坏公、私财物的现象。同时，在管理过程中，通过管理人员与学生的互动和一些集体活动的开展，学校形成和完善了寝室管理制度，如《学生寝室管理制度》《管理人员职责》《学生寝室评比条例》《学生自查自评制度》等。

（五）学生方面

学生自律性明显增强，学生的良好习惯养成了，寝室的文化氛围彰显了，学生的自主意识和集体意识提高了，学生的自主能力增强了。

（六）学校方面

学校建立了科学合理的管理制度和评比机制，制定了"寝室评比量化标准""学生自查标准"，使管理有章可循，评估量化有依据，极大促进了学校管理的科学化、正规化，比以往节省了人力、财力。

总之，学生寝室文化建设的实践证明，学生自主、自立能力增强了，促进了学生发展，也在一定程度上推动了校风的好转。

撰稿人：郭培祥

审核人：谢洪麟

集体备课与高效课堂的认识与实践研究

完成单位：南充市高坪区教研室

　　　　　南充市高坪第七小学

　　　　　南充市陈寿中学

完成人：郑瑛、易燕南、雷凤、明希、李双、宋洪斌

一、成果背景

（一）研究的缘由

一堂课能否获得好的教学效果，备课质量的高低是前提条件。课前备课充分，课就上得轻松愉快，课堂效率就高。由于教师个人的精力、学识、能力、理论水平有限，"孤军奋战""单打独斗"，备出来的课总是质量不高，导致课堂效率低下。然而，高效课堂源于优质的教学设计，而优质的教学设计又源于群体的智慧。俗语说得好："三个臭皮匠，胜过诸葛亮。"韦伯斯特曾经说过："人们在一起可以做出单独一个人所不能做出的事业；智慧＋双手＋力量结合在一起，几乎是万能的。"

（二）研究所要解决的问题

1. "孤军作战""单打独斗"，只备不研的问题。

2. 集体备课走过场、做形式，教学设计"拿来主义"的问题。

3. 集体备课与高效课堂保障运作机制不健全的问题。

4. 课堂教学教条、单一、模式化、静态化和效率低下的问题。

5. 课堂即时评价中"为评价而评价"的问题。

二、成果内容

（一）理性认识成果

1. 形成了集体备课的基本观点。

集体备课的本质是"研究"，关键是"探讨"，核心是"对话"，前提是"和谐"，落实在"十点"，全力突出一个"研"字和一个"实"字。把整个教学过程做优，真正体现"以生为本"的理念，实现省时、省力、高效。

2. 认识了高效课堂的本质特征。

高效课堂的本质特征是"三还""三自"，核心是学生在教师的引导下掌握学习的方式方法，即自主自信地"学"。

3. 提出了集体备课与高效课堂的"双九力"。

集体备课"九力"：素材占有力、课标理解力、学生简析力、重点把握力、教材再创力、目标确定力、教路决策力、媒体选用力、学路设计力；高效课堂"九力"：模式活用力、课堂驾驭力、智能训练力、学法指导力、疑难解除力、练习运用力、学生辅导力、反馈补救力、课堂测评力。

4. 准确认识了集体备课与高效课堂的辩证关系。

高效课堂源于优质的教学设计，优质的教学设计源于集体备课，只有高质量的集体备课，才能有课堂教学的高效，集体备课是实现高效课堂教学的重要途径。

（二）实践操作成果

1. 形成了灵活多样的集体备课方式。

（1）主讲交流式、问题解决式和主题研讨式等。

（2）拼盘式（或称互备式）、主言式（或称补充式）、讨论式、上课指导式、总结式和请教式。

（3）三段式、四段式、五段式、六段式和"八字"流程式。

（4）同校同学科同年级、不同校同学科同年级、同校同科教研组、不同校同科教研组、同校跨学科综合教研组、不同校跨学科综合教研组的集体备课。

（5）以一课时内容为主题、以一章节（或单元）为主题、以一册内容为主题、以某一教学难点为主题、以解决某一教学问题或困惑为主题、以某个研究课题为主题的集体备课。

2. 形成了集体备课的运作原则："六定""十备十点""七统一"。

（1）"六定"：定时间、定地点、定内容、定任务、定主备人、定指导人。

（2）"十备十点"：备课标，找准落脚点；备教材，吃透潜在点；备教师，消除盲区点；备学生，摸清认知点；备教法，切中契合点；备学法，着力发展点；备流程，巧设过渡点；备手段，选准穿插点；备板书，突破重难点；备练习，抓住相关点。

（3）"七统一"：统一进度，统一目标，统一重难点，统一每一节课授课的共性内容，统一作业，统一单元检测试题，统一分析与评价。

3. 形成了富有集体备课与高效课堂特色的"八字"流程。

"备"（个人初备）—"说"（主备人说课）—"议"（集体研讨）—"修"（主备人再备）—"改"（组员根据本班实际自主完善）—"上"（课堂实施）—"思"（反思）—"写"（撰写出优质教学资源）。

4. 形成了集体备课与高效课堂的策略。

集体备课与高效课堂的策略："五问""三还""四放"。"五问"包括针对目标、效率、方法、达标、达度的课前"三问"与课后"两问"；"三还"，即还课堂、还时间、还学习主动权给学生；"四放"即放手课堂掌控、解放学生、放下教师权威、解放教师。

5. 构建了灵活多样的高效课堂教学基本模式。

"五一四"高效课堂教学模式、"215"快乐高效课堂教学模式、"五字"高效课堂教学模式、"2+2"高效课堂教学模式、"六环节"高效课堂教学模式、"五环节"高效课堂教学模式、"自学－合作－展示－反馈"教学模式；"自补－合作－展示－反馈"教学模式；"自纠、合作、展示、反馈"教学模式……

6. 形成了集体备课与高效课堂的运行机制。

（1）双轮同轴运转，宏观部署，微观精细；宏观把控，微观着地。

（2）流程管理，制度跟进，三个评价对接，多种评优评星活动助推；建章立制，考核评价，彻底落实奖惩。

（3）将区、片、校三级三位式的管、研、导、教、评融为一体。

三、成果特点

形成的成果有集体备课基本观点、不同类别集体备课形式、运作原则，集体备课与高效课堂的"双九力"、辩证关系、策应策略、"八字"流程、运行机制、高效课堂教学基本模式等，全面、简明、实用，具有一定的科学性、创新性和较强的实用性，对于提高课堂教学效率，实现省时、省力、高效，提供了有效的途径和方法，可操作性强。

四、成果效果

（一）转变了备课观念，提高了课堂教学质量

教师备课观念得到了应有转变，提高了教师备课的水平，课堂即时评价活泼、多样、有效。

（二）加强了学校的教学科研氛围

集体备课是各成员不同智能的交汇、融合，使之在理论和实践之间架起桥梁，把备课研究化、教学问题课题化，教科研的氛围在集体参与的行动与反思中逐步浓厚起来了。

（三）教师的业务水平和教学能力得到了提升

学科教师综合素质得到提高，教学能力增强，善教、勤教、乐教。近5年来，先后有30余位教师参加全国说课比赛分别获得特等奖、一等奖和二等奖，50多位教师获得国家级与省级教学竞赛奖励，100多位教师获得市级学科教学大比武一、二等奖；有216位教师在市有效课堂展评获一、二等奖。

（四）学生学习兴趣浓了，教学效率和质量高了

我区在高考中连续获南充市综合评价第一名；我区在中考中连年攀升，2016年名列前茅；非毕业班四年级参加全市抽考，全市综合排名第二名，其中语文单科第一名，数学单科第三名。

（五）推动学校特色建设，培育一大批示范学校

白塔中学通过国家级示范高中验收，高坪中学通过省级示范高中验收，高坪五小等3所学校通过全国法制教育示范基地验收，高坪七小等10所学校被命名为"南充市课堂教学改革示范校"，高坪一小等8所中小学被教育部认定为"校园足球特色学校"。

（六）尊师重教的浓厚氛围已然形成

我区继续弘扬尊师重教的优良传统，全区尊师重教的浓厚氛围已然形成。

撰稿人：李　双

审核人：张递强

名师引领下的教师合作研修
"三元生态发展"模式

完成单位：南充市高坪区教师进修学校

完成人：许红平、魏寿刚、陈钰、蒋桂琼、唐俊丽、阳军

一、成果背景

（一）研究的缘起

2010 年，我校承担了"十二五"小学学科市级骨干教师培训项目。培训期间，我校通过调研发现，行政指令性安排的任务不能充分调动参训学员的积极性，如何把培训和日常研修有机结合起来成为师培机构亟待解决的一个问题。为做好本培训项目，我校外聘了全国知名专家现场指导，在与专家的交流中，名师引领合作研修的理念开始萌芽。同时，全国各地名师工作室如雨后春笋般发展壮大，而我区在这方面的工作刚刚起步，没有太多的经验，基于此，我校于 2014 年申请省资助重点课题"名师引领下的教师合作研修'三元生态发展'模式"。

（二）研究所要解决的问题

"三元生态发展模式"包括"名师引领""合作研修""专业发展"构筑的生态大系统，在"三层递进""三元研修""三力发展"生态子系统的共同作用下解决名师引领下的合作研修理念认识不深刻、合作意识不强烈等问题，解决名师引领下教师合作研修机制不全、专业发展激励不够等问题，解决名师引领下教师合作研修目标不明确等问题。

学校管理／

二、成果内容

（一）理性认识成果

明确了名师引领下的教师合作研修"三元生态发展"观。

名师引领下的教师合作研修"三元生态发展观"，指在相关教师教育的理念、资源、政策等背景下，以名优教师教育教学理念为引领，以专业发展为目标，组建相互信任、合作共享的学科团队，融"教学研讨、教师培训、教育科研"为一体，开展形式多样的研修活动，形成递进发展态势，构建持续发展的研修体系，形成专业协调发展的理念。

1. 三层递进生态观。

"三层递进生态观"，指各学科研修室成员在首席名师的引领下，在研修过程中，经过初级、中级、高级三层递进，形成"带与动、引与跟、领与追"的关系，双向互动、层层递进，持续发展的理念。

2. 三元研修生态观。

"三元研修生态观"，指在"实践、时代、特色"三大课程体系下，通过专业引领、双向驱动、"三层"合作，开展"教学问诊""课程研发""课题研究"的主题研修活动，形成以课程体系支撑的"引领—驱动—合作"的"互动、互化、共享"的持续发展研修理念。

3. 三力发展生态观。

"三力发展生态观"，指在合作研修中，以合作研修为载体，首席名师与研修室成员的"学习能力、研究能力、教育能力"这三大专业能力相互促进、相互影响、持续提升的专业生态发展理念。

（二）实践操作成果

形成了名师引领下的教师合作研修"三元生态发展"模式。

名师引领下的教师合作研修"三元生态发展"模式是在全国教师教育这个开放的大环境，在教师培训的实践探索中不断创新，追求卓越，形成以"三层递进""三元研修""三力发展"为生态系统的"三元生态发展"双向互动循环的合作研修模式。该模式以名师研修室为平台，实施"三层递进"生态引领，以课程体系为依托，实施"引领—驱动—合作"的研修质量调控，在学习、研究、教育三大能力目标的提升上完成持续发展支撑。

三、成果特点

（一）理念创新

成果以"生态发展"为理念，遵循生态系统法则，构建的合作研修模式在认识上有创新之处。

一是以"三层递进，生态引领"为关系，促首席名师和成员共同发展，具有时代性。

二是以"引领—驱动—合作"为研修策略，建构"三元研修"生态系统，在研修理念上有独到的见解。

三是以"学习能力、教育能力、研究能力"为目标的专业发展指向，建立了"三力发展"生态体系，在教师专业发展方面有新的认知。

确立的"三元生态发展观"对当前中小学教师继续教育的实施具有指导意义。教师个体作为自然界的人，将在自然生态系统中接受的新思想、新理念作用于合作研修中，形成了绿色可持续循环的研修系统。"三元生态发展观"的形成正是基于对教师专业发展科学预判得出的，为今后深入实施继续教育开辟了新的道路。

（二）技术创新

"三元生态发展"模式，具有操作性和创新性。"三层递进、三元研修、三力发展"这三个子系统相互联系、相互促进，既有理念引领，又呈现双向循环持续发展的运作态势，具有可操作性。

一是首席名师引领研修成员不断发展方面的"三层递进，生态引领"这一策略具有创新性。

二是研修策略的"引领—驱动—合作"三元具有互相促进、互为补充的效果，在研修内容、研修方法、管理评价等方面上具有独特性。

三是通过学科研修室的合作研修，促进教师专业发展的路径具有创新性。

四、成果效果

（一）学术评价

成果完成人先后在《新课程》《中国教师教育研究杂志》等期刊发表"三层递进，生态发展""名师研修室的探索与实践"等10余篇论文；成果来源课题曾在 2015 年与 2016 年省级阶段评审中两次荣获二等奖;《南充教研》2017 年第 3 期科研成果专栏刊载了本成果。

(二) 区域交流

成果已运用在本区其他培训中,如新教师培训、骨干教师培训、学科岗位研修、网络研修等;本区的名师研修室及成员多次受邀到外地做专题讲座,并进行经验交流;成果的推出为本区教育局制定教师专业发展方案及推动"名师工程"项目实施提供了决策参考。

(三) 示范作用

成果已在南充市中小学名师工作室组建方案(试行稿)(南市教体【2016】123 号文件)中得到充分体现:从工作室的指导思想、目标定位、申报程序、成员条件、经费保障、入室待遇、工作管理等诸多方面都借鉴采用了我区组建名师研修室的做法;2017 年 9 月,我区中小学美术名师研修室首席名师许红平,作为主持人组建市级名师工作室(南市教体办【2017】258 号文件)在全市美术学科中推广本成果;同时,区内外 10 多所师培机构到我校就名师工程成果进行经验借鉴,主要有武胜县教师进修学校、邻水县教师进修学校、广安区教师进修学校、巴州区教师进修学校等及 9 所市内教师进修学校。

(四) 社会影响

成果的推出提升了名师的理论水平和实践能力;调动了教师研修的积极性和主动性;丰富了研修形式,实现了引领示范作用;促进了师培机构研培能力提升(为其他培训起到示范作用、发挥资源优势提升培训品质、促进师培机构研究能力提升);形成研修合力,促进了各学科教师团队专业发展。同时,成果为"名师工程"建设提供了决策参考:一是为本区"名师工程"推进提供了实施方案(名师研修室组建原则:实践引领,合作研修;名师研修室管理模式:"三层"管理,职责分明;名师研修室评价体系:"三化"评价,促进发展;名师研修室运作机制:动态管理,优胜劣汰);二是为市教育体育局组建名师工作室提供了借鉴。

撰稿人:许红平

审核人:龙红林

构建乡村少年宫"圆梦课堂"
促进学生综合素养提升

完成单位：南充市蓬安县河舒镇中心小学

完成人：刘英明、汪军、毛小红、黄淑荣、程斌、郑键

一、成果背景

（一）研究的缘起

为了我们的教育从学生适应学校向学校适应学生、关注学生的教学理念向关注学生的明天、传统教育向素质教育、"授之以鱼"向"授之以渔"的转变，达到重视学生品德、文化、智能、体能、心理等素养全面提高，让学生学会做人、学会学习、学会生活。我们构建了乡村少年宫"圆梦课堂"，为促进学生综合素养的提升做了实践研究。

（二）研究所要解决的问题

1. 解决学生心理素质不好、抗挫能力差，不能正确面对挫折，不善于克服困难等问题。

2. 解决如何引导学生积极参与活动、善于开动脑筋、勤于思考的问题。

3. 解决如何促使学校评价体系完善、评价内容丰富、评价方法多样的问题。

二、成果内容

（一）理性认识成果

1. 深化了乡村少年宫"圆梦课堂"对提升学生综合素养的认识。

面对现代化、国际化、信息化对人才素养的新要求和人们对教育的新期

盼，学校以更大决心、更高要求、更实举措，提升未成年人的综合素养，促进学生全面、个性发展，为推进立德树人，提升学生综合素养，主动应对未来经济社会发展的新挑战打好基础。

2. 深化了乡村少年宫"圆梦课堂"在主体认识的基础上产生的新认识。

能说会唱、能写会画、能歌善舞、琴棋书画者增多……这些都是学生素质提升的表现，但这些仅仅是素质的外在表象。学生真正的综合素质是向上的态度、内在的涵养、良好的习惯、正确的人生观与价值观，而综合素养的提升仅从表象是无法完成的。我们不但要利用少年宫开展各种活动，而且要让学生走出学校、走入社区、走向社会，亲自实践、亲身体验，动手操作，在实践中感悟，提升综合素养。

3. 深化了对乡村少年宫"圆梦课堂"内涵的认识。

圆梦课堂，就是让学生在少年宫里参加校内活动和校外活动，在活动课堂中激发兴趣、动手操作、亲身感悟，不断努力，逐步实现和完成自己的梦想。教师在设计活动内容时，尽可能为学生提供可听、可看、可触、可感、可操作的项目，贴近生活、贴近实际，激发学生兴趣和求知欲，达到提升学生综合素养的目的。

（二）实践操作成果

成果构建了乡村少年宫"圆梦课堂"的实施路径："六定"——定项目、定课程、定时间、定地点、定人员、定目标；"两活动"——校内活动：开展体育类（篮球、排球、毽球、乒乓球、羽毛球、棋类）、艺术类（器乐、声乐、书法、剪纸等）、国学类（欣赏川剧、经典诵读等）、语言类（当小记者、叙写我心、演讲口才、群文阅读等）、科技类（信息技术、科学探究、手工制作、云端互动）、礼仪类（传统礼仪、现代礼仪）等六大类活动；校外活动：走进社区、参观文物古迹、体验农耕、参观工业、品尝美食等。学生通过各种活动，实际操作、亲身体验，完成梦想，促进综合素养的提升。

三、成果特点

构建乡村少年宫"圆梦课堂"，在内涵上实现了教育方式的创新：从以前教师教、学生学转变成学生想学、主动学、互动学、创新学、实践学，促进了学生的全面发展，促进了教师的成长，促进了学校的发展。

四、成果效果

（一）促进了学生发展

1. 学生自主管理能力提升。

实行班级学生自主管理，使处在不同学习方向和层次上的学生有了充分展示自己、表现自己的机会，让成功的喜悦进一步激发学生的主动参与意识。

2. 学生交际能力提升。

一些性格特别内向，不爱与人交往的学生，参加了乡村少年宫活动，性格变得开朗。

3. 学生动手操作能力提升。

生性好动，学习成绩不是很好的学生，在少年宫"圆梦课堂"中，充分发挥他们的"独特优势"，进行航模训练，在参加市航海模型（速度）比赛中，两名学生获得一等奖。

4. 学生合作能力提升。

现在，学生合作意识增强了，合作能力提高了，无论是在学习上还是在其他方面，大家既分组又合作，提升了课堂学习效率，还能高效地完成其他工作。

5. 学生创新能力提升。

在美术课上，学生通过在准备好的鹅卵石、草帽、废纸箱等上面进行设计、填色，制作成各种精美物品。绝大部分学生对学习活动颇感兴趣，活动前积极准备，活动中参与研讨。学生动手操作和参加活动的时间多了，主动展示的机会多了，由原来的被动接受者变成了主动学习者，由原来的听众和观众变成了表演者。

学校通过研究实施，促进了学生全面发展。学生参加艺术人才大赛，5人获省级奖励；参加演讲比赛，1人获国家级奖励，2人获省级奖励，6人获其他级奖励；参加科技（航海模型）活动、运动会、作文大赛，有29人获奖。六年级学生参加全国爱国主义读书教育活动，表现突出，获"全国爱国主义读书教育活动组委会优秀奖"。

（二）促进了教师成长

1. 教师观念的转变。

研究实施前，很多老师认为，活动搞多了，有碍于学生成绩的提升，活动開不開展都無關緊要。研究實施後，教師的觀念發生了改變，認為學生在活動、實踐中獲得的學習方法和經驗是課程的重要組成部分。活動不僅不會影響學生的學習成績，反而能促進學生學習成績的提升。

2. 教師教學行為的改變。

教師課程觀和教學觀的變化，給師生關係帶來了明顯的變化：由教師單項向學生傳遞信息變為師生之間信息的相互交流，由教師與學生、學生與學生的單向學習變為教師、學生、小組、全班立體式的交流學習。

3. 教師科研教學水平的提升。

該課題的研究，提升了教師的科研和教學水平，收到了很好的效果。幾年來，教師參加各級賽課活動有 34 人次獲獎，教育教學成績位居縣同類學校前列。

4. 教師科研能力的提升。

三年來，我校教師積極撰寫論文 200 多篇，有 20 多篇論文在國家級、省級等刊物上發表，其中在《四川教育》雜志上發表 5 篇，在國家級刊物上發表 8 篇，在市級刊物發表 6 篇，還有 31 篇在其他刊物上發表。

（三）促進了學校發展

1. 學校辦學條件的改善，助推了學校可持續發展。學校辦學條件不斷改善，寬敞的活動場地，齊備的功能室設施設備，教學教研管理制度不斷完善。

2. 學校知名度的提升。學校建校歷史悠久，文化底蘊濃厚，學校教育教學成績位居縣同類學校第一名，是第一個在全縣建立少年宮的小學，有豐富的少年宮教學經驗，強大的輔導員隊伍，加之少年宮規模的不斷擴大，輻射到周邊，吸引了眾多學校及教育同仁來校參觀學習，借鑒經驗，均取得了很好的效果，提升了學校知名度。

3. 學校藝體特色發展。目前全校 80% 的學生參加了社團活動，學生的實踐能力、創新能力、演講表演能力、寫作水平得到普遍提升。學校的藝體教學成績顯著，學生參加各項藝術人才大賽，獲獎人數逐年增多，獲獎檔次逐年上升，參加比賽的項目也逐漸增多。

撰稿人：毛小紅
審核人：李中文

农村中小学教师教学技能提高的形式及策略

完成单位：南充市仪陇宏德中学

完成人：肖代华、晏波、王炜、刘鑫、刘原、王廷辉

一、成果背景

新课程改革逐渐深入，人们的教学观也在发生着许多转变。随着大众对传统教学反思的深入，教学研究更多的将方向转向教育领域中的微观成分和可操作性的成分。20 世纪 90 年代微格教学提出以后，教师教学技能的研究大大加强了。近年来国家采取切实措施加强边远贫困地区乡村教师队伍建设，于2015 年出台了《乡村教师支持计划（2015—2020）》，旨在明显缩小城乡师资水平差距，让每个乡村孩子都能接受公平、高质量的教育，造就一支专业素质出色、甘于奉献、能够安心扎根于乡村的教师队伍。本课题旨在解决以下问题：

1. 解决教师教学技能应用形式过于单一的问题。经调查，许多地区的教师注重常用的几种教学技能，不太注重教学技能全面合理的运用，如许多教师注重讲解技能和板书技能，而全面评价学生的技能则不太受重视。

2. 解决农村地区一些年轻教师的惰性心理问题。有一些年轻教师向往城市生活，不愿意留在农村地区，由此造成农村地区师资短缺、年龄结构不合理的现象。

二、成果内容

（一）提高教师教学技能水平的方法

1. 无生上课。无生上课就是教师或者准教师，根据自己设计的教案，按照有生上课的程序，在没有学生参与的情况下面对同行、专家或评委进行的情景教学。无生上课的形式对于教师个人专业能力的提高具有非常有效的作用。

2. 说课。实践证明，说课作为一种教学、教研改革的常见手段，可以有效地调动教师投身教学改革、学习教育理论、钻研课堂教学的积极性，是提高

教师专业素质的有效途径。

（二）提升教师教学技能的策略

1. 学校要有全新的"学校发展观"，关注教师自身的发展，改革评价方式激发教师教学动力。只有学校得到了充分、合理的发展，学校的资源才会被充分利用起来。而且学校的教学资源的利用有且只有通过教师这一关键的教学要素才能被科学合理的利用。学校和学生的发展都只有落实到教学活动上才能够被充分体现出来，最终只有通过教师的教学行为体现出来。学校在关注教师发展的同时也要改变对于教师的评价方式，进行多元评价，关注教师课堂内的教学质量和过程，激发教师继续学习和再深造的动力，从而在一定程度上克服教师的惰性心理。

2. 农村教师的培训方式应该以校本培训为主，专家培训为辅。课程权力的下放，使教师在课程中扮演的角色得到了根本性的转变，由以前仅仅负责传输知识的角色转变成教学内容的生成、执行和加工等多种角色。学校校本课程的开发可以在很大程度上满足教师角色转变的需求，让教师拥有课程的设置和执行乃至加工的权利，并在这个过程中提升其专业能力。但是在这一过程中，农村地区教师的专业知识毕竟还是有限的，需要得到专业人士的指导与帮助。所以教师如果能够得到当地高校课程专家的支持和帮助，定期参加一些专业培训，其在理论和实践上的双向发展将会更加合理。

3. 学校倡导多元化的评价方式。新课程倡导学校的教学评价活动要把质性评价与量性评价有机结合，摒弃传统教学评价中落后的成分，比如过分注重对学生死记硬背的记忆力的考察，应该倡导多元化的评价，注重学生学习过程的评价。

4. 教师要营造良好的人际环境，促进其人际关系的和谐。教师在努力营造自身人际交往环境的同时可以愉悦自己的身心，和同事之间多沟通、交流学习，不仅可以增进同事感情，缓减上课时的心理压力，轻松耐心地上好每一堂课，让学生感受到课堂的良好情绪和感情，还可以促进自身教学成效往好的方面发展。

三、成果特点

（一）理论创新

本课题研究是在新课程理念背景下进行的一种教师教学技能的研究，新课程的运用会扩充原来在教学意识统领下教学技能的使用范围，使教学技能得到丰富。

（二）模式创新

第一，提出教师无生上课的方法，发展教师的教学技能。

第二，提出让教师说课，家长代表听课并进行评价教师的方法。

四、成果效果

本课题不仅需要研究教师教学技能提高的策略，还需要了解如何让农村地区教师能够吸收到发达地区学校教师的教学技能水平中具有优势的元素，让各年龄段教师的教学技能精益求精。

（一）提高了课堂教学质量

本课题研究对教师的教学技能水平的提高起到了推动作用，深化了教师对教学技能的认识和课堂教学实际操作技能的运用。教师教学技能水平的提升带来了课堂教学效率和质量的提高。

（二）促进了学生的发展

课题组成员通过观察、访谈和测试，发现学生确实是取得了许多进步，素质得到了均衡发展，在和谐的氛围中快乐学习。

（三）促进了教师的发展

教师同样是课题研究的直接得益者。在本课题的实施过程中，我校教师对教学技能的认识更加深入，尤其是教师对问题的探究意识和科学研究能力提升到了一个新的高度。

（四）促进了学校的发展

学校对课题的关注、对教育资金投入的增加及教学条件的改善使得教学环境进一步优化。通过开展上述系列活动，我校得到了长足发展，使得当地民众对我校的学风、校风交口称赞，家长及学生也更加认可咱们宏德中学。

撰稿人：晏　波
审核人：王　炜

新型城镇化背景下县城高中学校家校合作

完成单位：南充市仪陇宏德中学

完成人：何玲珑、龚自西、程厚强、林定明、蒋学梅、吴前明

一、成果背景

中国城镇化进程的加快，给中学教育领域带来了一些新问题。首先，城镇化快速发展与教育发展相对滞后的矛盾日益突出。随着我国城镇化快速发展，城镇数量、规模得到了较大发展，人居环境得到了较大改善。但大量农业转移人口在教育、就业、医疗、住房、养老等基本公共服务方面还需继续完善。其次，仪陇县是一个新县城，城镇化进程发展较快，从我县的实际情况来看，留守学生日益增多。第三，我校原有家校合作模式简单，缺乏较强的可操作性。针对以上系列问题，我们根据科学的教育理论，对高中家校合作存在的具体问题进行深入探讨，并申请了"新型城镇化背景下县城高中学校家校合作存在的问题与对策研究"的研究课题。

二、成果内容

（一）理性认识成果

1. 认识之一：家庭和学校是对学生教育最具影响的两个要素。

家庭和学校形成合力对学生进行教育，使学校在教育学生时能得到更多的来自家庭方面的支持，而家长在教育子女时也能得到更多的来自学校方面的指导。

2. 认识之二：家校合作的范围应扩展到社区。

家校合作是"学校、家庭、社区"合作，三者对孩子的教育和发展负有共同的责任，同时三者对孩子的教育和发展是相互影响的。

3. 认识之三：家庭群体关系在时间上最为持久。

家庭这种初级群体，是建立在血缘关系基础上的，家长对子女有一种天然

的亲切感，而子女对父母则怀有很深的依恋与信赖，父母通过情感方式对子女教育的影响在其效果上就显得异常有力。家庭以"缩影"的形式包含着几乎所有的教育内容和教育功能。家庭教育所具有的这些特点与优势是学校教育无法比拟的。

4. 认识之四：目前在家庭教育的实践中存在种种误区。

其突出表现在：教育观念落后，教育方法不科学，教育内容有偏差等，这些都严重影响着家庭和学校对学生教育的质量和效果。因此，学校教育必须加强与家庭教育的结合，增强对家庭教育的指导，提高家长的教育素养和家庭教育的水平，形成合力，共同促进学生的健康发展。

（二）实践操作成果

1. 深入学习，提高研究人员的认识，提高教师的理论水平、研究水平。

家校合作没有专门的常设组织机构，缺乏系统的组织章程。调查发现，只有 16.7% 的学校有家校合作机构，这也只限于组织召开家长座谈会，而组织章程几乎是空白。许多学校缺乏家校合作的整体计划，没有将此项活动纳入学校、年级整体教学工作计划中。基本上是因为班主任、任课教师有了问题或者学生出了问题后才想起和家长沟通与合作，或者等到期中、期末考试后召开家长会时才与家长联系，家长更是处在合作的被动方，68.9% 的家长只有得到教师邀请才会到学校。由此可见，家校合作的计划性不强、准备不足，合作随意，家校合作难以相互配合，因此很难达到家校合作的预期目的。

2. 现代化通信工具，为家校合作提供了广泛的平台。

本课题通过一系列问卷调查、走访、座谈等方式，为了解城镇化背景下县城高中家庭教育和学校教育、了解学生的生活情况和心理状态，提供了大量的第一手资料。家校合作渠道较为畅通，联系形式多样。在家校合作的方式中，学校管理层经常使用的方式有家长座谈会、校讯通、校长信箱等；教师经常使用的方式有电话、短信或校讯通、家长座谈会、网络、家访、请家长到学校面谈等。电话、短信或校讯通这些方式省时、便捷、时效性强，成为教师使用最多的家校沟通方式，而家长最常使用的依次是电话、短信、到学校与教师面谈、家长座谈会。

3. 建设学习型和劳动型家庭，开辟家校合作新途径。

引入多元评价体系，促进学生健康成长。从家校合作工作的情况来看，大部分中小学的家校合作工作都是集中在教师专业能力的提升、家长委员会的组建、家长资源与学校资源的互补、现代信息技术的运用等方面上。因此，在课题研究过程中，我们遵循"项目引领、组团推进"的原则，选择了 10 所学校进行有针对性的实证研究：运用行动研究法、经验总结法等实践研究的方法，设计符合我区地域特点的家校合作的内容、方法、途径、形式，构建家校合作的新模式——项目引领、组团推进。

三、成果特点

本课题敏锐地观察到在国家推动城镇化的宏观背景下，新一轮城镇建设快速发展，群众对优质高中教育的需求相应激增，城镇学校学生人数迅速增长，给城镇教育特别是高中教育带来巨大挑战，高中学校必然面临诸多新的教育问题，促使我们直面新情况，探索新方法，追求新突破。目前，我们的研究从模式的构建到教育效果的显现，从学生的发展到教学质量的论证，从教师的转变到学校特色的形成，从教育的管理到成果的形成，都取得了初步的成效，但仍有许多方面需要进一步进行整理、总结和反思。

四、成果效果

（一）本研究成果的推广范围

1. 家校互动教育认知需不断完善的学校。

我们采用了"形而上"和"形而下"的哲学思维方法来深入探讨，以不断完善、充实其理论体系，故为家校合作教育做出了一定的理论研究贡献。

2. 家校互动教育内容需不断生成、整合的学校。

家校互动教育只有整合更多的教育内容，家校互动合作才能得以实施，才能全面优化教育行为模式。

3. 家校互动教育模式需不断专题化的学校。

积极构建并完善各主题活动的具体实施模式，追求家校互动教育行为的最优化。

4. 有推进家校互动教育课程化需求的学校。

把实践与理论成果进行整合，形成校本课程，推进家校互动教育课程化、常态化，能惠泽更多的学生和家长。

（二）本课题的推广价值

1. 提升家长素质。

学校的教育教学理念逐步得到了家长的认同。在教学开放日中，我们请家长来到学校走进班级与自己的孩子一起听课，一同感受新理念、新课程，让家长亲眼看见孩子在课堂上的表现。展示学校教育教学的特色，使家长更好地了解学校，了解孩子，使家庭教育更有针对性。每个学期，我校都举行以课堂教学观摩、班级学生才艺展示、家长座谈会为主要内容的教学开放日活动，家长普遍反映受益良多。

2. 促进教师成长。

由于家长的参与，教师备课、上课更加认真了，教学水平突飞猛进。每位教师都能在课堂教学中淋漓尽致地展示自己的风采。家长每听一次课，教师的教学就会上一个台阶，教学理念就会上升一个层次。

3. 全面提高学生素质。

通过家校合作的开展，教师更新了观念和教法，家长也积极参与学生的日常学习生活中来，对学生产生了全面积极的影响。他们不仅学习更积极，能力更出众，生活更主动，综合素质得到了进一步发展。

4. 进一步加强家校联系。

学校与家庭建立联系制度，教师和家长经常沟通情况、交流信息，学校教育和家庭教育同步效果提高，家长参与学校管理的积极性也逐渐增强。

撰稿人：程厚强
审核人：何玲珑

基于县域教师专业发展的名师
工作室研修"合取"范式

完成单位：南充市嘉陵区教育科学研究室
完成人：王瑜、陈建平、张诚、杜波、严才富、何小丽

一、成果背景

（一）研究的缘起

本成果是源于南充市嘉陵区教育局于 2013 年 7 月开始的自选课题"以名师工作室为平台引领县域教师专业发展研究"，该项目于 2017 年 5 月由南充市教科所组织专家采用会议鉴定方式进行鉴定并顺利通过。在此基础上形成的研究成果是省级名师工作坊——嘉陵阳光工作坊项目"果实""以名师工作室引领骨干教师专业发展机制实践研究"的深化研究。

（二）研究所要解决的问题

1. 解决名师工作室"是什么"和"为什么"的模糊认识。
2. 解决名师工作室"怎么办"的问题。

二、成果内容

（一）理性认识成果

1. 名师工作室研修的"五大"原则。
（1）导向性原则。充分发挥当地名优教师的示范、引领、辐射作用。
（2）保障性原则。工作条件保障、制度保障、经费保障。
（3）志趣性原则。领衔人与成员之间的关系超越传统、简单的师徒关系，形成"学习共同体"。
（4）学术性原则。在领衔人的引导下，开展教育教学研究活动。

（5）发展性原则。工作室每位成员都要成为可持续发展的优秀教师。

2. 县域教师专业发展的四条规律。

（1）"师承效应"规律。在教师教育培养过程中，成员的德识才学得到领衔人的指导、点化，达到事半功倍的效果，形成"师徒型人才链"。

（2）"转益多师"规律。教师要吸取不同教学风格、不同教学流派的有益营养，通过"博采众师之长"超越前贤，成就自己教学的独特风格和思想。

（3）"期望激励"规律。教师的专业成长有个过程，需要给予更多的"期望"和"等待"，也就是教师的成长过程存在"期望激励"规律。

（4）"共生效应"规律。教师的涌现通常具有在某些县域、学校、学科领域和教师群体中"共生共荣"的倾向。

（二）实践操作成果

1. 建构了名师工作室研修"合取"范式。

采用"1+"价值定位，建构了"2C"建设方略、"3N"运行机制、"4F"支撑平台。

2. 总结了名师工作室研修的组织策略。

从成长规划、专家引领、阅读反思、合作教研、专题研究、评价促进几个方面进行。

3. 探索了名师工作室引领县域教师专业发展策略。

教师专业发展模式类别有个人引导式、专题培训式、观察评估式、合作反思式、专题探究式。

4. 操作技术。

（1）确立工作室"1+"价值定位，注重引领教师专业情意塑造。

1——"一个"价值取向。

2——"两项"工作性质。

5——确立"五大"职能（名师展示的舞台、骨干培养的基地、教学示范的窗口、科研兴教的引擎、教育改革的论坛）。

（2）探索工作室"2C"建设方略，注重引领教师专业目标架构。

——理念与目标、组织与制度。

（3）探索工作室"3N"运行机制，注重引领教师专业技能操练。

◆确立"三化"的设计机制。

——主题系列化。研讨的主题既要多样化，又要有一定的逻辑关联。

——形式多样化。自主研修、主题研讨、学术沙龙、案例剖析等多样化形式。

——方式情境化。把培训者置于教学过程中，使其体会教学事件所蕴含的理念和原则，从而把教学理论知识内化为自己的行动智慧。

◆聚焦"三课"的实践机制。

——聚焦课例。按"问题—设计—实践—反思—总结"进行。

——聚焦微课。开展微课制作与应用培训活动。

——聚焦课题。

◆建立"三维"的交流机制。

——"点"式互动交流，指在一定的情境中，根据教育教学实践的需要确立交流的"点"，交流者以主体的身份遵循一定的规则、规范进行的活动。

——"线"式合作探讨，是根据研讨需求，把某一个主题细化为若干个小专题，长时间、持续地开展合作探讨。

——"面"式网络虚拟交流，是指将网络技术作为构成新型学习研究生态环境的有机因素，以探究学习、交流研讨作为主要学习方式的教学研究活动。

◆建立"三成"的展示机制。

——成绩，指工作室成员所任教学科每学期期末的班级学生成绩的综合分。综合分主要从平均分、巩固率、合格率、优良率、提升率等方面进行评价。同时，横向比较工作室成员所任教班级的成绩在全区同年级同学科的排位，纵向比较这学期与上学期的成绩升降情况。

——成效，从成员个人看、从工作室看、从学校看、从社会看。

——成果，包括写的读书心得，上的研究课，做的学术报告，发表论文，制作的课件，主持、主研或参与教育科研课题情况等。

（4）搭建工作室"4F"支撑平台，注重引领教师专业空间拓展。

◆研修感悟场：分为学习园、研究园和反思园。

◆研修体验场：是在工作室成员之间开展的"同题异构"活动。活动的组织经历"选题—备课—上课—议课"等环节。

◆研修 QQ 群：专业性、远程性、交互性、自发性。

◆研修微信：有效性、及时性、互动性和可持续性。

三、成果特点

（一）创新性

本成果通过创造性实践总结形成了名师工作室研修"五四"律的认识性成

果，这一成果具有创新性。

（二）实践性

按照"问题—实践—建构—实践—修订—实践—理论—实践"的范式开展，从实践中产生，在实践中验证，又在实践中完善，具有极强的实践性。

（三）探索性

本成果针对县域内教师专业发展所做的研究，以名师工作室为依托，从不同的研究视角、不同的研究方法、不同的研究对象均能进一步触及教师专业发展的内核，也更能探索名师工作室建设的基本规律。

（四）引领性

本成果形成的名师工作室研修"五四"律的认识性成果和名师工作室研修"合取"范式的操作性成果，有引领、示范、辐射作用。

四、成果效果

（一）推广范围

南充市嘉陵区、高坪区，乐山市，资阳市，安岳县。

（二）成果实效

1. 促进了教师专业素质全面发展。

缩短教师专业发展周期，提高教师专业发展能力，增强教师的专业自信。

2. 促进了名师效应的彰显。

充分发挥名师的示范效应和辐射作用，助推名师专业成长。

3. 带动了县域内教研方式的变革。

名师工作室蔚然成风，县域内网络教研方兴未艾，新型教研方式层出不穷。

4. 产生了极大的社会反响。

撰稿人：王　瑜
审核人：蒲大勇

特殊教育学校"送教上门"实施策略

完成单位：南充市南部县特殊教育学校
完成人：范毅、杨奉双、何永明、柴建国、邓刚林、梁佳

一、成果背景

为中重度残疾儿童少年"送教上门"是落实《国家教育事业发展第十三个五年规划》，深入实施《国家中长期教育改革和发展规划纲要（2010—2020年)》，全面推进"全纳教育"的重要举措。在目前的特殊教育中，存在着一些问题，如对中重度残疾儿童少年接受义务教育的重视度不够，对中重度残疾儿童少年家庭关心不够，对中重度残疾儿童少年已开展送教上门的学校，其送教策略不当，且送教上门评价机制缺失等。基于此我们确定了本课题研究，解决了肢残和生活不能自理的中重度残疾孩子无法到校就读的问题；有暴力倾向和特异体质的孩子不能在校学习的问题；因父母残疾或家庭困难不能陪护，而无法到校随班就读的问题。

二、成果内容

（一）理性认识成果

第一，"送教上门"是特殊教育学校教育的有效补充和不可或缺的一部分。

第二，"送教上门"是落实国家的教育发展规划和党的惠民政策的必然要求。

第三，"送教上门"是促进中重度残疾儿童少年更好发展，促进家庭和谐，推动社会和谐发展的重要举措。

第四，"送教上门"课程既应注重对学生基础知识的传授，更应注重学生生活技能的培养和身体机能的康复。

第五，中重度残疾儿童少年的教育与康复不仅仅是特教校的工作，更应是社会各界的共同责任，推动学校与残联、社会福利机构、康复机构、社区、家庭多方联动，是"送教上门"工作的有效保障。

（二）实践操作成果

构建了"送教上门"工作"六大管理保障机制""七大实施策略"，形成了较为完善的送教上门实施策略体系，分别解决了"送"和"教"这两个核心问题。

1. "六大"管理保障机制。

（1）组织管理机制。

学校成立"送教上门"工作领导小组，小组下设"教务、安全、后勤保障"三个分组，以确保送教工作的顺利实施。

（2）制度管理机制。

学校制定《送教上门实施方案》《送教上门工作纪律》《送教上门工作人员职责》《送教上门人员分工安排表》等管理机制。

（3）安全管理机制。

学校安全组制定了《送教上门安全工作预案》，提前对送教人员进行安全教育培训，对交通工具进行检修、送教线路进行详细规划，对安全问题做到了预知、预判、预防，确保了"送教上门"活动的顺利完成。

（4）师资保障机制。

学校教务组在对送教学生进行深入分析评估的基础上，根据每个送教对象的特征、施教计划、教师专业特长，确立适合学生发展的送教小组，保障送教工作的有效开展。

（5）时间保障机制。

学校教务组统筹规划，采用集中与分散、学校确定与自主安排相结合的方式，精心安排送教时间，做到校内教学和校外送教两不误。

（6）后勤保障机制。

学校后勤保障组安排合格的车辆和优秀的驾驶员，发放给送教对象包装好的学习用品、康复器材、玩具、生活物资等，确保送教工作的开展。

2. "七大"实施策略。

（1）科学评估，分班管理。

建立学生档案分班管理，对学生进行基础性评估，因人因情制定施教方案。

（2）数据化管理，分层施教。

按学生的"身体状况""残疾类型和程度""个人知识水平"等情况分成A、B、C三个层次，在送教时分层施教。

（3）个性化教学，分类管理。

按学生智力水平和学科特点，将送教课程分为生活语文、生活数学、生活艺术，有针对性地对学生实施个性化教学。

（4）精心设计，康复训练。

根据残疾程度分类进行站立行走康复训练、运动协调性训练、生活技能训练。

（5）长远规划，家校共育。

指导家长培智，指导家长康复。

（6）社区联动，医教结合。

健康知识进社区，医教结合恢复健康，多校联动关心残疾儿童成长。

（7）悉心关怀，送去温暖。

"送教上门"实施过程中，把学校的教育、社会的关爱、国家的温暖送到每一个家庭，为他们分忧解愁，以减轻他们的生活压力。

三、成果特点

（一）创新了"送教上门"课程设置

"送教上门"根据送教学生的残疾情况，安排专业的特殊教育教师对应上门授课，除生活语文、生活数学外，我们还有唱游律动、运动保健、康复训练、劳动技能、绘画手工、生活适应等课程，满足了各类残疾儿童的需求。

（二）创新了"融合教育"模式

对一些需要家长陪伴才能到班就读，但又因各种家庭原因无法陪读的残疾儿童，学校联系当地普通教育学校，让他们就近入校（园）随班就读，多校联动，实施融合教育，为他们今后更好地融入社会创造条件。

（三）建立了"家长、社区课堂"

"送教上门"对象大多为中重度脑瘫儿童，根据他们肢体活动状况，分类为其制定康复方案，配一名康复教师，指导家长及社区志愿者掌握基本的理疗康复操作方法，按康复方案实施训练，并定期回访。

四、成果效果

（一）推广范围

特殊教育学校"送教上门"实施策略，解决了中重度残疾儿童少年无法到校就读的现实问题，扫除了"义务教育的死角"，保障了每一个孩子接受义务教育的权利，保证了教育的均衡发展。可广泛推广于特殊教育学校、普通教育学校、各类残疾人康复机构。

（二）成果实效

一是每一个送教上门工作对象在智力水平、身体机能和生活自理等方面都能得到大幅提升。我县面积2235平方公里，人口130多万，残疾儿童少年近800人，其中中重度残疾儿童约占25％，分布在全县近50个乡镇，残疾类别包括脑瘫、多重残疾、精神障碍、肢体残疾、听力残疾、语言残疾等。根据不遗漏、不放弃的原则，通过送教上门，使各类残疾儿童都能受到良好教育，部分中重度残疾儿童少年能够入校就读。

二是让教师的个人潜能得到发挥，个人能力得到发展提高，强化教师集体凝聚力和团队意识，培养教师的教学与科研水平。

三是让"科研兴校"思路得到推广，促进我校进一步形成良好的教学与科研氛围，以教学科研为龙头将我校打造成为具有教学科研特色的知名特殊教育学校。

四是使残疾儿童少年的家长在育人理念、育人方法、康复训练技能等方面得到有力提升，提高了家庭成员对残疾儿童少年成长的重视程度。

五是通过本成果的实施推广，顺应世界特殊教育的发展趋势，推进"融合教育"，深化落实教育改革，以改革促发展，以科研创特色，以特色创品牌。

六是紧跟社会发展步伐，以更实际而优质的"送教上门"方式落实国家的教育发展规划和党的惠民政策，让每一个残疾儿童少年及家庭都能享受社会发展带来的好处，推动社会和谐全面发展，增强"关爱残疾儿童，我应有责任"的社会共识。

撰稿人：范　毅
审核人：严　谨

民办小学教师专业发展的有效策略

完成单位：南充市第十中学校附属小学

完成人：李素梦、吕维勇、王文娟、杨冬丽、贾洪均、卓凌燕

一、成果背景

提高教师专业水平、加强教师队伍建设，是提高教育质量的关键和促进学校发展的动力。我校近五年不断努力探索更为有效的促进教师专业发展的模式与策略，采取多种方式推动、促进教师专业发展，提升一线教师的专业素养和专业技能，适应教育新形势的需要，更好地服务于学校发展、服务于学生发展。为此我校申报了"民办小学教师专业发展有效策略研究"课题，希望能通过课题研究的形式进一步梳理思路，开展较为系统和全面的研究，总结和发现一些深层次的规律，探索更为有效的促进教师专业发展策略，建立完善科学的评价激励机制，促进教师专业水平得到持续稳定的发展，进而推动学校为川东北教育事业做出更大的贡献。

二、成果内容

（一）理性认识成果

1. 充分认识教师专业发展是扎实推进新课改的需要。

我校通过加大教师专业发展研修活动的力度，围绕典型的教学难题，以学科小组为单位，集思广益解决问题。

2. 正确认识教师专业发展是学校实现学习共同体的需要。

我校采用以教师发展学校培训为主、外出培训学习为辅的方式，努力为教师的专业成长提供必要的物质条件和经济基础，为学校学习共同体的整体提升营造浓厚的学习氛围。

3. 努力实现"过一种幸福完整的教育生活"。

探索真正符合教育规律的幸福教育，不是简单的感官上的享受，不是没有

智力挑战的幸福，而是促进每一个人在愉悦中获取自信、尊严与成就。我校正打造着"过一种幸福完整的教育生活"的师生团队。

（二）实践操作成果

1. 形成了民办小学教师专业发展六大有效策略体系。

（1）建立起有利于教师专业发展的运行机制。精心设计了教师专业发展学校课程，规范了校本研训制度，创新了教师评价机制，完善了教师激励机制。

（2）充分利用校本培训助推器，优化培训内容、创新培训方式。

（3）搭建了互助合作的交流平台。大力开展集体备课，认真落实"个人自备—集体议课—专人整理—反思修改"的备课程序；开展说课活动，将传统的"操作型说课"转变成"反思型说课"；开展同课异构活动，采取同一教学内容由多人上课，再进行评课，找出他们的优点和不足，再加以改进，达到共同提高的目的；开展评课活动，实行"执教自评—听课者互评—骨干教师点评"的三方评课制度；开展专题研讨活动，围绕自选专题，备课组成员平等参与，充分讨论，共同解决教育教学中的问题。

（4）创建了网络研修的加油站，开展了丰富多彩的主题交流活动，上传教学案例 384 篇，教学论文及反思 536 篇，共享教学资源 860 项，学校被省教厅授予"四川省教师网络研修先进单位"荣誉称号。

（5）激发了教师自主发展的根本动力源，更新了专业发展理念，构建了自主发展策略。

（6）抓好了课题驱动的升华点。

2. 创造性开发并编撰出版了近 40 万字的校本课程教材。

其主要为《国学承继》《经典诵读》《礼仪课堂》《语文思维拓展》《数学思维拓展》《英语口语交际》。

3. 建构了"教师发展学校"课程体系及运行模式。

（1）建构"教师发展学校"课程体系。

课程板块：论坛、沙龙、讲座、拓展、参与式培训、经验交流。

课程内容：课堂教学改革、课程研发、青年教师培养、中年教师发展、学生教育、家庭教育、教育教学策略研究。

（2）优化学校课堂发展结构。课堂板块：情景展播（撷取 10 分钟左右，实况展播各班课堂及活动时间的师生状况，大家互相取长补短）＋健康快车＋心灵鸡汤＋主题活动。

（3）探索出教师发展学校常规运行模式。

①教师发展中心：负责教师发展学校的课程设置、计划拟定、统筹协调、活动主持等组织工作，确保发展学校课程顺利高效开展。②网络中心：负责"情境展播"。③艺体中心：负责"健康快车"，带领、组织教师做韵律健身操、分享养生小常识，以及对经典音乐、美术作品的赏析，以缓解疲劳、放松心情、促进健康。④心理中心：负责"心灵鸡汤"，收集、选取、下载教师励志方面的演讲、短片视频资料。⑤主题活动中心：根据小学教师发展定位和每期核心工作而定。⑥宣传中心：负责宣传报道，每次会议、活动的摄影与文稿撰写，并及时将文稿上传校园网、学校QQ群、微信公众平台。负责学部展板制作、橱窗内容的更换。⑦档案中心：负责教师、学生获奖登记、复印件存档。收集、筛选、整理学部各项活动的照片，分类存档。⑧教师发展中心：负责会议记录。

三、成果特点

（一）培训学习课程化

成立了教师专业发展学校，制定了"以润心励志、专业发展、团结幸福为目标，以打造优秀年轻骨干教师为核心，以校本培训和校本教研为载体，全面推进教师专业发展学校建设"的策略。

（二）常规管理极致化

我校的管理理念：以人为本，严和兼融。

以人为本：做到刚性管理与柔性管理相融合，制度管理与情感管理相渗透，形成共同的价值取向，使学校管理有序而生动，并充满文化内涵和人文关怀。

严和兼融：鼓励教师育己育人，在教育过程中成长、成熟、成名、成家、成功，成就自我，实现其人生价值，努力打造"道德共同体、事业共同体、利益共同体"的教师队伍，使教师张弛有度。

（三）成长评价多元化

我们把教师的专业知识素养、专业技能、专业理想和专业情操作为专业素质的基本成分，确立了以教师职业道德、职业角色、专业知识、学历、业务能力、教育科研等方面为主要内容的评价机制，通过学分研修来促进教师专业素养的全面发展。

四、成果效果

（一）教师的专业水平显著提高

通过有计划、分步骤地实施研究活动，采取行之有效的措施，创新工作机制，组织丰富多彩的活动，不断提高教师的教学水平和科研能力，切实有效地促进教师专业水平的整体提升。

（二）学生的综合素质全面发展

在实施课题研究的过程中，我校学生的综合素质得到了全面的提升。学生在全国、省、市、区各类竞赛中屡获大奖，成效显著。其中 2016 年参加中国汉字听写大赛获南充市冠军、四川省亚军。

（三）学校的办学水平大力提升

学校认真践行"对每一个学生负责，使每一个学生进步"的育人准则，以培养"绅士淑女"为德育目标，积极实施"高效课堂"，强调教育教学的有效性、高效性，改进课堂教学及评价方式，学生的学习能力得到加强，学生的综合素质得到和谐发展，连续六年小学毕业监测考试获南充市顺庆区第一名。

同时，学校践行"多元智能"理论，着眼学生未来，培养身心健美、头脑聪慧、有责任感和创新实践能力的新生代。坚守"教孩子一天，想孩子一生"的教育理念，遵循"全面发展，人文见长"的发展定位，彰显了办学品位和特色，诠释了精品教育的内涵和主题，赢得了全社会的高度认可和广泛赞誉，成为川东北小学教育的优质品牌。

撰稿人：王文娟
审核人：李光明

以"双向定位＋分层发展"为基础的义务教育阶段教师专业技能自主发展的模式

完成单位：南充市三原实验学校

完成人：赖莉辉、王惠、何碧桃、何树柏、陈洪、张宇

一、成果背景

（一）研究的缘起

第一，教师专业技能自主发展，是深入推进中小学教育质量综合评价改革的需要。

第二，教师专业技能自主发展，是实施《中小学教师专业标准（试行)》的需要。

第三，教师专业技能自主发展，是顺应教师专业技能自主发展国际化趋势的需要。

第四，教师专业技能自主发展，是中小学教师继续教育、自我提升的需要。

第五，教师专业技能自主发展，是把三原实验学校打造成川东北一流名校的需要。

（二）研究所要解决的问题

第一，解决教学设计生搬硬套，缺乏与作者、编者、读者、生活的对话的问题。

第二，解决教学实施方法单一，学生负担重的问题。

第三，解决教学不善于总结和反思，职业倦怠明显的问题。

二、成果内容

（一）理性认识成果

我们创造性地提出了教师专业技能发展的"发动机"理论。我们认识到要解决教师自主发展的内动力问题，只有通过内驱外引，形成动力系统，解决发动机的"启动"问题；通过以教师自主定位为基础、调查问卷和自主积分量表为依据、专家引领为辅助的科学分层，达到"教师主体"和"专家引领"的统一，在发展过程中，跳出静态的发展模式而代之以动态调整，解决了发动机运转"有序"的问题；从自主发展的态度、过程、价值观三个维度解决了发动机"是否正常运转"的判断标准问题；我们同时满足了共性化和个性化发展的需求，有效地避免了"资源不足"和"教师发展需求旺盛"的矛盾，达到了二者的平衡，解决了发动机如何"高效运转"的问题；通过常设各种专业技能提升活动解决了发动机"长效运转"问题。

（二）实践操作成果

1. 形成了激活教师专业技能自主发展的"3+3"动力系统模式。

通过"愿景激励＋榜样力量""开放办学＋派出请进""搭台展示＋合作共赢"的动力系统，撬动了教师专业发展的内驱力，增强了教师职业认同感、归属感和幸福感。

2. 创建了"6+2+2+3"教师专业技能自主发展的运作模式。

通过自主发展规划落实、自主发展过程真实、自主发展材料翔实、自主发展感受深刻、自主积分晋级高效、自主发展成果突出等"六个自主"，自发参加教师专业技能自主发展活动、自发为教师专业技能自主发展献计献策等"两个自发"，自觉学习各种理论、自觉发挥个人在教师专业技能自主发展中的重要作用等"两个自觉"，两年评一次学校教育教学特殊贡献人员、一年评一次教师先进示范岗、一年推选一次魅力（最美）教师等三个评选，让教师在自我认识、自我研究、自主发展中形成了自我认知和自我规划。

3. 确立了"双向定位＋分层动态发展"的教师专业技能自主发展模式。

"双向定位＋分层动态发展"是将教师专业技能发展的定位层次、定位方式和层次调整有机结合在一起。在定位层次上，根据教师的专业技能发展现状，将全校教师划为基础层、突破层和研究层三个层次。在定位方式上，学校以教师自主分层量表统计为基础，根据教师自主定位和学校、专家建议相结合，确定每一位教师所在层级，对不同层级的教师设立不同专业技能提升的目标和学习内容。在层次调整上，依据教师个人的发展状况做出实事求是的调整，以求获得收益最大化。

4. 构建了"公共＋特制"的教师专业技能自主发展双重路径模式。

"公共＋特制"双重路径模式是指教师借助教师团队力量，通过"公共路径"和"特制路径"两种途径互相观察、互相学习、互相点拨，发现问题，提升专业技能。其中，公共路径适用于基础层、突破层和研究层所有层级的教师，特制路径针对具体层级使用，这样就使教师的共性发展和个性发展完美地统一在一起。

5. 开辟了教师专业技能自主发展自助式"加油站"模式。

自助式"加油站"是指教师在专业成长过程中，自己主动利用学校提供的各种专业技能训练平台进行基本功训练，相互学习、相互促进，用智慧点燃智慧，用事例引发思考，解决学科教学设计、实施、反思中的热点和焦点问题。

三、成果特点

本课题在常规的搭建教师专业技能发展成长平台的基础上，侧重于对教师自主发展意愿的激发，创造性地提出了教师专业技能发展的"发动机"理论，进而提炼出了教师专业技能自主发展的五大策略——"3＋3"动力系统模式、"6＋2＋2＋3"运作模式、"双向定位＋分层动态发展"模式、"公共＋特制"双重路径模式、"自助式加油站"模式。

四、成果效果

（一）推广范围

本研究成果主要适用于基础教育类学校：学校教师人数相对较多，教师专业技能水平差距较大；学校和教师有共同促进专业自主发展的共同愿景；学校有培养教师专业技能发展的相关经验，有较为浓厚的教研氛围和较强的科研实力。

（二）成果实效

1. 创新教师专业发展模式，促进教师专业成长。

经过该课题研究的实施推广，教师的教学设计更加科学有序，符合课堂教学规律，教师的课堂教学实施方法先进、过程优化、效果明显，反思意识和能力不断增强，培养了一大批专业技能精良的科研型教师队伍。

2. 深化了学校高效绿色管理，人才质量得到了大力提升。

开展课题研究以来，我校坚持教师专业技能自主发展之路，初中部和小学部分设了课题研究小组，提出了课题组研究成员"上课题研究课、小组研讨、撰写研究论文"的"研究三常规"；并将课题研究成果及时推广运用到学校的管理中，丰富了学校的管理内涵，提升了教师的整体素质，初步摸索出一套加快教师专业技能自主发展的模式。

课题研究让我们更加重视学生核心素养的培育，立足构建"规范＋特色、合格＋特长"的艺体课程理念，推行特色校本课程和实践体验式教育，着力搭建适合每个孩子个性化成长的空间和平台。

3. 注重成果有效应用推广，引发媒体广泛关注。

三年来，我们协办、承办区级以上专项活动、展示交流 60 余次；建立涉外友好交流学校 2 个、国内友好交流单位 9 个，承接跨区域交流活动，办学眼界和对外交往能力得到不断拓展；省市主流媒体对我校宣传报道 100 多次。

撰稿人：王　惠
审核人：赖莉辉

新课改背景下"管研评引"校本研训模式

完成单位：南充市蓬安县河舒初级中学校
完成人：唐渊、彭永忠、张孝益、陈显胜、陈慧玉、吕彩屏

一、成果背景

学校于 2010 年开始进行课堂教学改革，出现的一些新的问题呼唤"校本教研"与"校本培训"的创新，2014 年 3 月，学校获评四川省校本研修示范学校，并承研了四川省资助课题"新课改背景下'管研评引'校本研训模式"。本研究着力解决教师对"校本研训"的认识问题，创新"校本研训"的内容与形式，健全教师培训策略体系及效果评价体系，探寻新课改背景下校本研训的"管理、研修、评价、引导"模式，形成一个完整且操作性较强的"校本研训"方案。

二、成果内容

（一）理性认识成果

1. 牢固树立终身专业发展观。

学校通过宣传、动员、征求意见，彻底颠覆了校本研训在教师头脑中的固有印象，经过学习、研究、"充电""造血"，使全校教师重新认识了自己，清除了自我的认识误区，反思了自己的教育教学行为，树立了活到老学到老、终身专业发展的观念。

2. 牢固树立兴趣激发观。

建立健全校本研训的规章制度是必须的，但不是长久之计，创新校本教研的内容与形式，让教师自觉参加，喜欢参加，才能解决根本问题。教师在教育教学中遇到的大多数问题都能在教研活动和校本培训中得到有效解决，教师参加的热情自然高涨。

3. 牢固树立校本培训主阵地观。

提高教师的教育教学水平，上级的规范性培训固然重要，切合实际的校本研训也必不可少。对于农村学校课改，校本培训更是师培工作的主阵地。原因有三：第一，农村学校的硬件设施相对薄弱，现代化的教学设施装备进展缓慢；第二，农村学校进行课改，可以解决师资队伍急需培训提高的问题；第三，上级的各种培训不可能完全对接一个学校的实际需要，况且上级安排的培训数量也是有限的。因此，依靠学校的自身优势，发挥学校的固有潜能，走接地气的校本培训之路，就成为必然选择。

（二）实践操作成果

1. 管理体制：建立了规范的校本教研制度及培训的管理体制。

（1）制定了校本教研管理制度。

（2）创建了教研活动量化评分制度。

（3）建立了校本研训的经费保障和奖励机制。

（4）构建了校本研训管理机制，成立了学校名师工作室。

2. 创新机制：创新了校本研训的手段和形式。

（1）手段创新。

①教研动"真"格，成效"真"资格。教师遇到需要研究解决的问题，以书面形式交给教研组长，教研组长统一汇总到教学副校长处，经整理、分类后分配给教研组进行研究。②你"需"我"培"，你"求"我"训"。研训内容完全服从于教师的需求，帮助其解决教育教学实际问题。③评课倾听"学"的声音。学校统一对各班班长、学科班长和学习委员进行培训，上课前由教研组长发放评课表，在听课结束时快速、简明地填写评课表，然后由教研组长收回。

（2）形式创新。

①本土资源利用式。当研究取得阶段性成果时，选出一两位教师做"土"讲座，讲述自己的研究过程、取得的成绩和存在的问题，同时与其他教师交流互动。②研培答辩式。对于某一观点或某问题的认识，教师会不自觉地站队，形成正方和反方，将教研活动演变成辩论赛。③集中研讨式。小组的集体研讨活动每两周召开一次。④主题活动式。共性问题课题化，每次主题研讨一个具体问题。⑤问题探究式。围绕课题，对课堂教学的目标达成度进行探究。⑥反思交流式。对课堂教学的目标达成度、策略的有效度进行评价，研讨改进措施，形成书面的教学反思材料。⑦沙龙论坛式。学校组织教研小论坛、网上论坛、沙龙论坛等。

（3）借助外力支撑。

①高校资源利用。我校是西华师大的本科生实习基地、陕西师大硕士研究生实习基地。两所大学都十分关注我校的新课堂教学改革——高效课堂建设。于是，学校顺利借力高校的理论指导与智力支撑助推研究。两所大学的领导来校调研，主动会诊课堂，并对我校承接的课题进行方向引领。②建立了网络自主研修加油站。因课题研究的需要和高效课堂的顺利推进，学校给教师配备了办公电脑，开通了城域网，方便教师上网查阅资料、编制导学案、制作考卷，为教师参加网络学习、自主研修创造了条件。

3. 目标内容：以教师可持续发展为目标，制定了校本研训的内容体系。

（1）每学期各教研组开展集体听评课 6 次以上，议题研究 4 次以上。

（2）每学期与外校开展联合教研 4 次以上，学校教师讲座 3 次以上。

（3）每学期每位教师提交教学问题至少 3 个，升为学校课题 1 个以上。

（4）每位教师每星期上网学习不低于 3 次，每月上传教学反思 2 篇。

4. 评价激励：完善了以人为本的评价激励体系。

（1）评价体系。从评价内容、方式、标准、结果四个方面构建。

（2）教研经费等级发放。每学期结束，教导处根据教研组长收集整理的"教师参加教研活动量化评分表"计算出每位教师可领的期终教研经费。这一举措彻底改变了以前教研经费平均发放的状况，切实保护了教师参与教研的主动性、积极性。

（3）教研活动量化总分进入年终考核，与其他考核项目一起拉大奖级差距，真正做到奖勤罚懒、奖优惩劣。教研活动量化结果属于三、四等奖的教师，当年的年度考核不能评为优秀，当年不能评选先进，职称不能晋级；量化结果属于一、二等奖的教师，在国培计划、外派学习等方面优先推选。

三、成果特点

（一）理念创新

借力高校智力支撑的校本教研更实用，校本培训成为师培工作主阵地。

（二）模式创新

"管、研、评、引"直指校本研训的核心问题。

（三）方法创新

开展教师"土"讲座，教研、师培量化评分，学生参与评课。

四、成果效果

（一）成果推广

本课题成果荣获 2017 年度南充市人民政府表彰的一等奖，已在蓬安县周口中学、徐家中学、杨家中学、罗家中学，南充市一中、南充市白塔中学，以及巴中市第五中学推广应用。

（二）成果实效

1. 锻造了课改团队，教师呈跨越式发展。
（1）教师自主钻研能力、教科研能力显著提高。
（2）教师驾驭新课堂的能力增强，教学业绩节节攀升。
（3）教师专业技能明显提高，各种竞教、赛课捷报频传。
2. 促进了学生的全面成长。
（1）学业成绩大幅提升，学生学习后劲强大。
（2）各种能力显著增强，获奖人数直线上升。
（3）综合素质明显提高，德智体美全面发展。
3. 合力提速，学校发展驶入快车道。
（1）学校的硬件设施跃上新台阶。
（2）稳步跻身地方名校行列。
（3）形成独具特色的高效课堂教学模式。

撰稿人：彭永忠

审核人：李中文

新型城镇化背景下农村学校管理问题与对策

完成单位：南充市嘉陵区土门小学

完成人：张栋梁、李光荣、杨舟、王良兵、全刚、夏渊明

一、成果背景

（一）研究的缘由

在新型城镇化背景下，大规模的农村学龄儿童流向城镇，农村学校出现了生源逐年减少、学生流失严重、优秀教师涌向城镇、教师队伍结构不合理等问题。因此，农村学校现有管理机制已经不适应新型城镇化变革需要，找根源，寻对策，谋发展，已刻不容缓，时不我待。

（二）研究所要解决的问题

1. 解决管理理念陈旧，管理方法简单；教师职业倦怠，职业信念缺失；从业能力不足，新设备不会用等问题。

2. 解决教学观念落后，不符课改需要；教师流失严重，缺编现象突出；生源严重萎缩，教育资源闲置等问题。

3. 解决现有机制陈旧，制度执行困难；常规检查，过程监管不力；分数唯一，评价重智轻德等问题。

4. 解决绩效工资保稳求平，绩效平均分配；考评单一，考核表面文章；使用多年，方案急需修订等问题。

5. 解决学生营养餐不合胃口，零食吃得多；营养早餐质量差，学生挑剔不愿吃；思想教育没跟上，营养餐浪费严重等问题。

二、成果内容

（一）理性认识成果

成果提炼了新型城镇化背景下农村学校管理需坚持的五个原则：

第一，坚持学校管理制度化，制度落实民主化原则。

第二，坚持教师管理人性化，师德师风规范化原则。

第三，坚持教学管理科学化，教学质量不淡化原则。

第四，坚持学生管理个性化，健康成长全面化原则。

第五，坚持阳光管理系统化，开放办学有效化原则。

（二）实践操作成果

对策一：集思广益，探索建立"民主管理"新制度。

1. 牢固树立创新理念，坚持管理服务于人。

学校树立民主意识，进一步建立健全各项规章制度，减少管理过程的随意性，坚持用制度管人、以制度管事，提高学校管理水平。

2. 科学诊断管理问题，健全民主管理制度。

学校完善管理制度，创新管理机制，为学校管理的规范性与权威性提供有力的保证，使学校管理工作有章可循。

3. 完善民主监督机制，实行校务真正公开。

学校设立了"学校工作群"，将校务"上网"；设立了"意见箱"，将校务"上墙"；设立了"公开栏"，将校务"上栏"，接受教职工的监督。

对策二：创新理念，探索建立"服务管理"新机制。

1. 设立服务管理信箱，明确师生服务需求。

学校设立服务管理信箱，坚持认真听取师生意见，把学校的发展与师生的利益诉求紧密联系在一起，在服务中实现管理，在服务中渗透管理，以服务促发展、聚人心、保稳定。

2. 建立日常服务小组，实行结对服务管理。

学校先后建立"安全巡视服务组""网络电路维护服务组""车辆组合服务组""突发事件应急服务组"等相关服务小组，服务于师生的日常需要。班子成员对有特殊情况的师生实行结对帮扶服务，真心实意地为师生办实事。

3. 落实后勤服务措施，服务师生日常生活。

学校后勤服务做到事事有人管，注重从小事做起，从日常工作做起，对师生急需的服务，力求做到随叫随到，确保每日教育教学工作顺利进行。

对策三：创新实践，探索建立"精细管理"新办法。

1. "四评师德"常态化，对照整改促发展。

学校对师德考核方式采用了"四维度"评价法，即学生评价——学生喜欢度；教师自评——自我认同度；教研组考评——教研组长认可度；学校总评——领导称心度。对有师德问题的教师，限期整改，纳入绩效考核。

师德得分＝学生评价分＋教师自评分＋教研组考评分＋学校总评分。

每月结束，学校根据教师师德考评最后得分，按教师10%的比例评选一等奖，给予奖金60元/月；按教师80%比例评选二等奖，给予奖金40元/月。

2. "三查常规"精细化，落实奖惩讲实效。

学校对教师常规考评，逐步构建了"三维度"评价法，即"教研组长日查"→"教导处月查"→"校长抽查"的教学常规管理模式。学期结束，全校共评出"教学常规先进个人"5名，学校奖励每位获奖者奖金200元。

教学常规得分＝教研组长日查分＋教导处月查分＋校长抽查分。

3. "劳动纪律"规范化，违规惩处力度大。

学校实行按日签到、周公布、月末汇总的考勤登记制，考核情况每月在教职工大会上公布。学校设立出勤奖励，当月出满勤的教职工，享受每月50元的全勤奖。当月请事假、病假的教职工一律不享受出勤奖励。

对策四：优劳优酬，探索建立"绩效分配"新方案。

1. 完善分配方案，打破平均分配。

学校反复修订完善《学校奖励性绩效工资考核分配实施细则》，建立和完善考核内容，把师德放在首位，注重教师履行岗位职责的实际表现和工作贡献，打破了平均分配制，建立了公平合理、公开透明、有效激励的绩效分配机制。

2. 注重实绩考核，实行优劳优酬。

学期结束，教导处根据教师的德、能、勤、绩考核情况，按照《奖励性绩效工资考核分配实施细则》进行认真考核量化，接受教师的监督和质疑，切实做到公平、公正，实行优劳优酬，确保稳定。

对策五：开放教育，探索建构"阳光管理"新模式。

1. 开放阳光班级，实施自治管理。

学校对班级纪律、清洁、学习、安全、生活各个环节管理实行"日检查→周评比→月奖励→期总评"的班级阳光管理模式，学校对班级评比结果实行现金奖励。

班级得分＝清洁督查分＋纪律督查分＋学检分＋安检分。

2. 开放阳光食堂，学生自主管理。

学校实行营养午餐自助服务模式，学生就餐实行固定餐桌座位，每桌设一名桌长，负责就餐纪律和清洁，严禁学生乱倒剩菜剩饭。学校"清洁督察组"和"纪律督察组"每天督察食堂清洁卫生和就餐纪律秩序，实行量化打分，并将该项工作得分纳入班级日常清洁、纪律的考核。

三、成果特点

本课题研究以新型城镇化背景下的农村教育为视角，以农村学校管理为内容，研究具有前瞻性和创新性，目前国内研究此课题的人还较少，至今还没有一个现成的研究成果。

四、成果效果

（一）推广范围

课题组将研究成果分别在片区不同类别的农村学校中实施应用推广，取得了良好效果，提升了学校的管理水平。

（二）成果实效

1. 该成果获奖了省、市多项奖励。

2015 年 9 月，该成果获得了四川省教育科学研究所颁发的研究阶段成果"三等奖"；2017 年 7 月 6 日，经四川省教育科学研究所审核，获得了"结题证书"；2017 年 12 月，该成果获得了南充市人民政府颁发的"南充市第五届优秀教学成果二等奖"。

2. 五篇科研论文发表在国家级教育类核心刊物上。

课题组五位主研人员在国家级教育类期刊上共发表了 5 篇科研论文。

3. 学校多次获上级奖励，家长和社会评价良好。

近两年来，学校通过对课题研究成果的应用，管理水平和教育教学质量显著提升，获得了五次区级及以上的奖励，教师有 21 人次获得区教育局及以上不同类别的奖励，学校教育教学质量位居片区前列，深受上级的充分肯定以及家长和社会好评。

撰稿人：李光荣

审核人：王　瑜

农村中学教师职业幸福感提升策略

完成单位：南充市西充中学校

完成人：蒲小川、邓太平、张龙、庞春会、李红群、青飞燕

一、成果背景

（一）农村中学教师的现状制约了农村中学教学质量的提高

课题组通过问卷调查和访谈发现，相较于城镇城市中学教师，农村中学教师面临更大的生存与发展压力；有超过 2/3 的农村中学教师缺乏幸福感或幸福感较低，只有极少数教师幸福感较高。这显然不利于农村教师自身的身心健康和专业发展，也必然会影响到农村中学教学质量的提升。

（二）城乡教育均衡发展的时代要求

2012 年国务院《关于深入推进义务教育均衡发展的意见》强调："切实缩小校际差距，加快缩小城乡差距，努力缩小区域差距，办好每一所学校，促进每一个学生健康成长"。农村中学教师这样一个特殊群体，他们的工作直接关系到农村教育的发展，关系到城乡教育均衡发展目标的实现。

（三）教师职业幸福感对提高教育质量具有重要意义

教育的希望在于教师，教师是否快乐和幸福，直接决定着教师的工作状态，决定着教育质量的提高，而且会对学生的学习和成长产生深远的影响。

二、成果内容

（一）理性认识成果

1. 厘清了两个重要概念。

（1）农村中学教师。农村中学教师指主要以农业人口作为教育对象，并为

农村社会经济服务的中学教师。

（2）教师职业幸福感。教师的职业幸福感是指教师在教育教学工作中，基于对幸福的正确认识，通过自身不懈的努力，自由实现自己的职业理想，实现自身和谐发展而产生的一种自我满足、自我愉悦的主体生存感觉。

2．形成了对提升农村中学教师职业幸福感的全新认识。

（1）提升农村中学教师职业幸福感是农村中学教师生命价值的必然追求。

农村中学教师是不仅能在教学中传道授业解惑，也应能在工作中获得幸福感的生命个体。教师在教育教学的过程中，获得了成就感和价值感，这就是教师的生命价值所在。

（2）提升农村中学教师职业幸福感是建设和谐校园的现实需求。

教师在践行自己教师使命的过程中，通过外化的教育环境和教育行为，把幸福传递给学生，感染周围的同事，使他们以积极的心态，在教育生活中创造幸福、享受幸福，为和谐校园的建设奠定坚实的基础。

（3）提升农村中学教师职业幸福感是提高农村中学教育质量的可靠保证。

只有幸福的教师才能在教育教学的过程中创造性地引领学生，分享生命个体成长的快乐，保证农村中学教育质量的持续提高。

3．确立了影响教师职业幸福感的因素。

（1）价值观念。（2）职业压力。（3）经济待遇。（4）健康状况。（5）专业能力。（6）社会支持。

（二）实践操作成果

1．构建了提升农村中学教师职业幸福感的操作模式。

探索和构建了"环境建设—思想引领—专业成长—制度保障"的提升教师职业幸福感的操作模式。

环境建设包括学校人文校园环境、舒适的办公环境、融洽的同事关系、尊师重教的社会环境等，这是提升教师幸福感的良田沃土；思想引领是通过师德锻造工程，让教师树立正确的职业幸福观；专业成长是提升教师职业幸福感的活水源头；制度是提升教师职业幸福感的保障。这四个方面围绕提升教师职业幸福感这一中心，四点齐抓，互促共进。

2．形成了五种提升农村中学教师幸福感的策略。

（1）引领策略。通过领导引领、思想引领、榜样引领、活动引领，教师树立了正确的人生观、价值观、幸福观，在工作中自觉形成强烈的责任感、精益求精的工作精神和自我发展的意识。

（2）管理策略。制定一系列更人性化、更公正的规章制度，在职称评定、评先选优、绩效工资发放、干部提拔选用等方面做到了公正、公开、透明。

（3）激励策略。制定一套完善的激励机制：物质鼓励与精神鼓励相结合。这些对教师提高工作激情、增强职业幸福感有积极作用。

（4）评价策略。一是评价的内容多元化，通过制定制度从德、勤、能、绩多方面进行量化考核；二是评价的主体多元化，构筑了包括教师、家长、学生、同事在内的多元、互动评价结构；三是评价时间由集中转变为分散。

（5）人文关怀策略。以工会为平台，送温暖，送祝福，推广全民健身，提倡教师培养广泛爱好和业余兴趣。

三、成果特点

职业倦怠已成为农村中学教师的一大症结。课题针对当前农村教师的实际，以提升农村中学教师职业幸福感为切入点，唤醒教师灵魂，塑造教师人格，美化教师心灵，促进教师愉悦幸福地从事"太阳底下最光辉的职业"，具有现实性。

该课题在研究中运用了行之有效的"构建制度文化""深化师德建设""提升专业能力""加强校园环境建设"等方法，构建了提升农村中学教师职业幸福感的操作模式，五大策略促进了教师幸福感的不断提升。

四、成果效果

（一）教师职业幸福感不断提升

通过调查对比分析显示：在工作压力、学校的工作环境和办公条件、同事关系、业余生活、专业发展、学校管理、经济待遇、社会地位等量化指标上，有超过70％的教师选择了满意；在对自己的幸福感水平打分上，平均分达到了82分。

（二）和谐校园文化进一步彰显

教师注重营造和谐的师生关系，努力以高尚的师德，去影响和引导学生，使他们由他律走向自律，学会道德判断，树立正确的人生观。近几年，我校教师满意度测评和家长满意度测评结果呈现逐年递增的趋势。

（三）智慧型教师团队基本形成

打造了一支师德高尚、业务精湛、敬业乐教、充满活力、大气儒雅的幸福教师队伍。学校有特级教师4人，高级教师130人，全国优秀教师6人，最美基层教师1人，省、市、县学科带头人、骨干教师、优秀青年教师200余人。三年来，在高考中获奖163人次，参加省、市、县各级教学竞赛获奖达105人次，有200多篇论文在省级及以上刊物上发表。

（四）学校办学质量显著提升

教师职业幸福感的提升极大地推动了学校的发展，学校的知名度不断提高。一是"质量取胜"成效显著，学校教育教学质量连年稳步攀升，整体办学水平有质的飞跃；二是素质教育硕果累累，我校学生在各级文艺演出、体育、书法、绘画、摄影比赛中获奖100余人次。

撰稿人：邓太平

审核人：谢洪麟

农村学校促进教师参与教育科研的激励机制

完成单位：南充市仪陇中学校

完成人：王大军、邓兴德、饶彬、张虹、胡文新、邹刚

一、成果背景

广大农村教师身处信息比较封闭落后的环境，教育教学信息的获取与城市教师相比较少，只"教"不"研"的现象在农村高中学校比较常见。通过研究，主要解决教师教育科研意识问题，营造学校教育科研环境，增强教师教育科研内驱力，提高教师教育教学效率。

二、成果内容

（一）理性认识成果

1. 明确了农村教师参与教育科研的意义。

以农村教师的专业成长需求为导向，以学校教师为研究者，以校本资源为基础，把教师的科研行为与专业成长联系起来进行有实效性、针对性的研究，探索以科研课题带动教师专业成长的工作模式，形成教师专业成长的实施策略体系，从而促进教师队伍全面发展。

2. 明确了教育科研促进教师专业成长的重要性。

教育改革的成败在教师，只有教师专业水平的不断提高，才能造就高质量的教育。我国的农村高中学校及其教师专业发展效果直接关系到我国基础教育的质量，也关系到我国教育改革的成败。农村教师的专业发展对于我国整个教育的健康发展有着重要的意义，而教育科研是促进教师专业成长的重要途径。

3. 梳理了农村教师教学与科研的基本关系。

教学与科研是涉及两方面不同领域的两项活动，教学与科研既相对独立又共存于学校这一特定的环境之中，是具有内在联系的辩证统一体。通过适宜的协调和处理，两者的关系可以得到强化，相辅相成、互为促进。

（二）实践操作成果

1. 构建了激励农村教师参与教育科研的路径。

农村学校在激励教师参与教育科研时，必须明确农村学校教育科研的性质和职能，明确农村教师教育科研激励策略的重点，要掌握农村教师队伍科研水平的现状和发展方向，要以促进教师专业成长和提高学校教育教学质量为目标，在精神奖励和物质奖励相结合的原则下，制定激发全校教师参与热情的教育科研激励政策，成立学术委员会实施教育科研引导、组织、评价。通过晋级、评职等方面激励教师参与教育科研。

2. 通过对课题的研究，学校形成了一系列激励机制。

（1）目标管理激励机制。

（2）量化考核激励机制。

（3）民主管理激励机制。

3. 健全了学校的教育科研管理制度。

为教师参与教育科研提供有力的支持，建立了科研管理机构。学校制定了一系列管理制度：《仪陇中学教师聘任实施方案》《仪陇中学高考目标责任书》《仪陇中学教学质量目标管理方案》《仪陇中学教研组长考核条例》《仪陇中学备课组长考核细则》《仪陇中学教育科研实施条例》《仪陇中学教育科研成果奖励条例》等。

三、成果特点

（一）适用性

通过我校及其县内外兄弟学校的实施和检验，"健全教师管理制度，加强学校岗位管理，创新聘用方式，规范用人行为，完善激励机制，激发教师积极性和创造性"具有适用性。

（二）科学性

采取激励制度，促进学校教育教学工作的全面开展，努力提升农村学校的育人质量，采取激励办法，挖掘教师教育科研能力，提高学校教育教学质量，是具有科学性的。

（三）创新性

1. 将激励农村教师参与教育科研作为农村学校推进教育改革的全新视角。

2. 激励农村教师参与教育科研的创新：分层次培养目标。

3. 农村教师参与教育科研的激励机制和激励路径的创新：从激励路径和激励机制来调动教师参与教育科研的积极性。

四、成果效果

课题组同志参加仪陇县扶轮育才中学教学活动周，分享教育科研的激励机制，并在全县教育科研工作会做经验交流发言，通过成果推广，有以下成效。

（一）引发了教师进行教育科研的课堂变化

课堂上教师能为学生创设丰富生动的教学场景，充分调动学生的学习积极性，为学生提供各种便利，引发学生思索，促使学生探究，点燃学生思维的火把，将学生从没有问题、不想问题启发得有问题、思考问题。教师在课堂中能从讲台上走下来，参与学生的活动之中，与学生共享知识，体验收获。

（二）促进了学校教学质量的提升

教师参与教育科研，可以提高自身的研究能力和教学业务水平。在学校大力提倡教师参与教育科研的号召下，教师专业发展水平在不断提升，弥补了因客观条件造成的影响。一年一度的教育研讨会，给教师搭建了相互切磋、展示自我的平台，也为学校的教学质量提升创造了条件。几年来教学质量稳步上升。

（三）形成了促进教师参与教学科研的环境合力

学校将教育科研纳入学校发展规划，鼓励教师进行微课题研究。以课题带动教研，以课题提升内涵。紧扣课题与教学的关系，使课题服务于教学，通过微课研究，让教育科研更贴近教育教学实际，更利于教师的自我完善。

（四）实现了教师对教育科研意识的真实变化

1. 转变观念，领导深度参与。

2. 制定制度，增强教师科研意识。

3. 消除认识误区，营造浓郁科研氛围。

（五）带动教师和学校全面和谐的发展

1. 通过本课题研究，推动学校完善了一流的办学条件，提升了学校办学水平。学校先后获得"全国群众体育先进集体""国家青少年体育俱乐部""省文明单位""省校风示范校""省中小学德育工作先进单位""省现代教育技术示范校""省实验教学示范校"等荣誉称号。

2. 通过本课题研究，我校培养了一支优秀的师资队伍，凝聚了人心，鼓舞了士气。尽管远离县城，现在我校依然是全县高中教育中质量最好、影响最大的学校。

撰稿人：邓兴德

审核人：王大军

德育与心理

农村小学生不良行为习惯矫正策略

完成单位：南充市西充县多扶镇小学

完成人：黄东、李武银、胥红波、张昭军、冯彩虹、赵淑芬

一、成果背景

近年来，留守学生和独生子女增多，使得部分孩子的家庭教育缺失，给学校德育教育管理工作带来严峻考验，学生除学习困难外，还表现为道德失范，学习、生活和交际等不良习惯。留守学生的教育管理缺乏长效机制，没有真正解决"父母"监护缺失的问题，不少活动存在"运动式""一阵风"的问题，现有教育管理也多采用"一刀切""齐步走"的办法，缺乏针对性、科学性，效果不理想。德育工作评价虽然有制度可依，但这些制度缺乏对评价指标的量化，德育工作中对教师和学生的评价多停留在教学成绩和学业分数上，德育评价虚多实少，学校职能部门和班级的多级评估体系没有真正建立起来。这些原因导致农村小学生养成了一些不良行为习惯。因此，在我校开展"农村小学生不良行为习惯矫正策略研究"具有较高的研究价值和实践意义。

课题组从 2014 年 3 月至 2017 年 3 月进行了研究，在实践研究的过程中，全校有 60 多名教师和 1000 多名学生参与，发放问卷 1000 余份，共收到意见和建议 57 条，修订完善了学校管理条例 6 个，并于 2017 年 5 月顺利结题。

二、成果主要内容

（一）理性认识成果

1. 厘清了两个重要概念。

习惯，从辞源上看，最早写成"习贯"，有两种基本的含义。一是指习以旧贯，习于故常。二是指长时间养成的不易改变的生活方式。

所谓行为习惯，是指人们在日常生活中，所有行为方式的总和。行为习惯有如下特点：

（1）行为习惯具有自动性。

（2）行为习惯具有后天性。

（3）行为习惯具有情绪性。

（4）行为习惯具有双重性。

行为习惯是具有经常性且持续性的动作行为。行为习惯还可以分为良好行为习惯和不良行为习惯。良好的行为习惯即好习惯，一般指能促进人往正确的、积极的方向发展的行为方式，反之则为不良行为习惯，即通常所说的坏习惯。学生的不良行为习惯通常集中在学习、行为、心理这几方面。比如：注意力不集中、怕写作业、撒谎、打架、不讲卫生、行为霸道、不懂礼貌、磨蹭马虎、好吃懒做、自私任性、孤僻胆小等。不良行为习惯会严重影响学生的学习和生活，是种种错误甚至罪恶的根源。

2. 总结提炼出了与本课题有关的一些认识成果。

（1）课题组撰写了《农村小学生不良行为习惯矫正策略研究》研究报告，结题报告，农村小学生不良行为习惯矫正策略研究案例精选。

（2）子课题"提高农村家长学校学员参学率的实践研究"（市级课题）2015 年 9 月被南充市教育局和市关工委评为一等奖。

（3）子课题"农村学前幼儿亲子阅读实践研究"（市级课题）已于 2016 年 9 月 20 日在我校顺利开题。

（4）课题组成员赵本昌［六（1）班班主任］老师是心理咨询室辅导老师，他与课题组其他人员一道，共同编写了乡村少年宫心理咨询校本教材《福乐文化与心理健康》，该书在 2016 年 9 月参加了南充市第二届校本教材的评选，获得二等奖。

（5）课题组收集并整理了《农村小学生不良行为习惯矫正策略研究论文集》。

（二）实践操作成果

1. 总结出"1＝2＋3＋4"的矫正小学生不良行为实践模式。

我们结合农村小学生身心发展特点，以学生道德行为调控模式为基础，在实践中总结出"1＝2＋3＋4"矫正小学生不良行为实践模式：

"1"指围绕一个目标，即矫正学生不良行为，培养学生良好道德，促进学生全面发展，使之成为社会主义"四有"新人。

"2"指突出两个重点，即矫正学生不良学习习惯和矫正学生不良礼仪行为习惯。

"3"指遵循三大原则，即方向性原则、实效性原则和自我教育原则。方向性原则：坚持学校德育以服务社会、发展个性为基本，有目的、有计划地引导、矫正学生的不良行为，提高学生道德素质，促进学生全面发展。实效性原则：不说空话、虚话，不搞花架子，所有的教育活动均务求实效。自我教育原则：处处体现学生的主体地位，围绕学生主体地位展开纠偏工作，使学生在教师的指导下，在思想上形成正确的观点，内化为自身品质，指导正确的行为，最终实现道德的自我完善。

"4"指实施四个"育人"，即环境育人、管理育人、教学育人、社区育人。

2. 构建了培养学生良好行为习惯的管理机制与策略。

探索和构建了"学校—年级—班级—小组—个人"的四级学生自我管理模式。

从 2015 年下学期开始，由学校德育处总负责，少先队大队部牵头，红领巾监督岗具体负责实施，按照学校制定的班级、学生操行评定考核细则，对学生的行为习惯和班级管理，进行每天一监督、每周一通报、每月一小结、每期一评选，坚持做好这"四个一"的监督、评比、管理工作。在班级管理上，学校每周将从低、中、高年级中评选出"流动红旗"获得者各一个，并由少先队大队辅导员鲜春慧老师在每周一的升旗例会进行总结表彰，每期评选两个先进班集体。

3. 构建了西充县多扶镇小学学生良好行为习惯多元评价体系。

课题组在学校的配合下出台了《多扶镇小学学生操行评定方案》，共设立了 5 大方面，20 个星种，完善了学生行为习惯的评价体系，对学生进行星级评比。学校每期每班都要评选"班级三星"——管理之星、学习之星、进步之星。学校每年通过擂台赛，进行"校级五星"评选——学习之星、和谐之星、礼仪之星、生态之星、创新之星，通过班级和学校评选出来的"星级"学生，学校都将在每期的开学典礼上给予隆重表彰，并在学校橱窗里进行红榜表扬。

三、成果特点

（一）现实针对性强

习惯影响人的一生，习惯对发展学生的核心素养（人文底蕴、科学精神、学会学习、健康生活、责任担当、实践创新）具有基础性作用。本课题针对农村小学生在生活、学习、卫生、纪律等方面存在的不良习惯开展研究，对培养"公民"具有现实意义。

（二）实施成效显著

课题研究促进了本校学生良好行为习惯的养成，教育逐步科学化、系列化、规范化；学生道德素养得到了提升，乐观向上、行为文明、习惯良好、社会公德和法制观念明显增强；班主任对学生的了解与指导能力、自身的组织协调能力得到了增强。参加研究的人员在教育教学理论水平和业务能力方面有了明显的提高；学校社会声誉越来越好。

四、成果效果

本次我校的研究课题，通过开展一系列适应小学生年龄特点、具有实效性的教学活动，总结出了可操作的并带有规律性示范性的教育措施，从而使我校学生良好习惯的养成教育逐步科学化、系列化、规范化。

第一，从服务权威变成自我参与，即学生自我矫正、自我管理意识显著提高。

第二，从"保姆"角色变成"导师"角色，即教师管理理念、业务科研能力大幅提升。

第三，学校管理方式发生根本转变。

第四，小学生不良行为习惯矫正模式的研究，培养了学生的良好习惯，学校也因此赢得了殊荣。

撰稿人：胥红波

审核人：谢洪麟

精准扶贫背景下小学感恩教育"三元六法"

完成单位：南充市高坪第五小学

完成人：苟红彬、杨利、杨光、李小梅、杨成、胡梅桂

一、成果背景

（一）研究的缘起

在国家全面推进"两个百年"目标的过程中，农村贫困人口脱贫保障制度逐步建立，农村贫困人口大幅减少。然而，一些受助对象对得到国家的扶持表现得理所当然，感恩之心缺失，甚至受到社会上一些不良风气的影响，私欲膨胀，过度追求物质享受，人格扭曲，这种现象令人深思。

教育要从娃娃抓起，感恩教育在扶贫攻坚及共同富裕的征途中显得尤为重要。在课题研究之前，我们从网络、新闻中获取了相关信息，也在我校及周边学校做了大量的调查，发现当前小学生当中普遍存在着唯我独尊、自私冷漠、获得助益理所当然的心理，部分孩子渐渐远离感动，忘却感恩。他们不理解贫困家庭的孩子能上学、生病时得到救治、吃饱穿暖、享受成长的权利，都是国家扶贫政策与共同致富的国策方针使然。

2012 年，我校成立之时，就明确要求把感恩教育作为我校重要的教育内容之一，启动了感恩教育项目，并于 2015 年确定为高坪区 2015 年度普教科研重点课题（高教〔2015〕25 号）。经过几年的研究、实践、总结，2015 年 3 月项目成果基本成型，成功申报为市级立项课题，形成了"扶贫背景下小学感恩教育"三元六法"模式"研究成果。

（二）成果所要解决的问题

第一，解决了在扶贫背景下小学感恩教育在社会、家庭、学校认识肤浅的问题。

第二，解决了学校感恩教育在内容、方法、目标三个方面如何达成的问题。

二、成果内容

（一）理性认识成果

1. 对"知恩图报"的理解。

"知恩图报"是指受恩者谋划准备以后报德于施恩的人的行为。该词出自《说苑·复恩》。本成果通过对精准扶贫家庭的在校生子女进行感恩教育，让他们"知恩、表恩、报恩"——知恩图报，通过家庭教育、学校教育、社会教育，让全校师生共同参与，让知恩图报理念深入人心。

（1）知恩：知施恩之人，存感激之心。我国自古就有"羊跪乳，鸦反哺"的古训。对于今天的广大青少年来说，感恩意识绝不是简单的回报父母养育之恩，它还是一种责任意识、自主意识、自尊意识和健全人格的体现。

（2）表恩：具感恩之心，表感谢之情。我们努力创设各种活动让孩子们参与其中，亲身体验来自各方面的恩情，真正实际地让孩子们体会到恩情，在他们幼小的心灵里留下爱的烙印，心怀感激，感谢党和国家、帮扶干部、老师、父母对自己的关怀和帮助，用实际行动回报社会。

（3）报恩：修报恩之德，立报恩之志。通过从小接受系统、全面的感恩教育，并亲身体验参加活动，将感恩意识深入每个孩子的心灵，并外显于行动。在学校里尊敬老师、团结同学、和善待人，在社会上做一个积极向上的好公民，遵纪守法、帮助他人。

2. "三元六法"模式的认识。

（1）"三元"既是感恩要素，也是教育课程。"三元"即感恩三要素，指知恩、表恩、报恩。"知恩"引领学生在生活中去体会恩情，发现感恩行为，知施恩之人，存感激之心。"表恩"是引导学生用心去发现和感受，耳濡目染，成长为有爱心、孝心、责任心的人。"报恩"是用自己的所学和能力去回报祖国、社会与他人，回报父母和家人。"三元"既是感恩教育的方法，又是要达成的目标，知恩是基础，表恩是形式，报恩是核心。

（2）"六法"既是感恩教育的形式，也是感恩教育的方法。任何形式的教育理论实施最终都要体现在方法上，通过方法达成目标。本成果总结出感恩教育的方法统称"六法"，即"环境育人法、主题活动法、课堂教育法、家校共育法、社会实践法、激励评价法"，并围绕三要素开发了知恩、表恩、报恩的校本课程，使教育的内容得以固定化，循序渐进地培养出具有感恩美德的好公民。六种教育方法能达到内容和形式的完美契合，实现感恩内容的外显。各种有趣的活动、生动的课堂、优美的校园文化、开放的教学平台，让感恩教育不仅仅是停留在口头上，而是通过行动潜移默化让学生、家长、每一个接触的人都受到教育。

（二）实践操作成果

1. 构建了扶贫背景下的感恩教育"三元六法"的教学模式。

（1）以"知恩、表恩、报恩"三元为主题，开发了感恩教育校本课程：以"知恩"为主题开发了"爱之源"校本课程，该课程以"感恩社会、感恩父母、感恩老师、感恩自然"为内容，并把每周二下午第二节课定为感恩教育课；以"表恩"为主题开发了校歌《感恩伴我成长》，并在每天第一节课之前全校齐唱；以"报恩"为主题把每年的 11 月作为学校的感恩月，并开展各种丰富有趣的感恩活动，如演讲、征文、给亲人和老师献爱心等。

（2）六法：以"知恩、表恩、报恩"三元为载体，学校在开展感恩教育时用以下六种方法进行指导：环境育人法、主题活动法、课堂教育法、家校共育法、社会实践法、激励评价法。学校进行感恩教育依据不同学段开设"知恩、报恩、表恩"课程，通过活动、环境、家庭、评价等多种手段来实现感恩教育的目的。

2. 总结出适合小学感恩教育的多种方法和途径。

（1）营造感恩文化氛围，实现环境育人。

（2）开展感恩主题活动，实现活动育人。

（3）实施课堂感恩渗透，实现教学育人。

（4）开放感恩课堂，携手家校育人。

（5）创设感恩场景，社会实践育人。

（6）建立感恩评价，创先争优育人。

三、成果特点

（一）理念创新："知恩图报"作为感恩教育观

本成果通过对精准扶贫家庭的在校生子女进行感恩教育，让他们"知恩、表恩、报恩"；通过家庭教育、学校教育、社会教育，让全校师生共同参与，让知恩图报理念深入人心。

1. 将知恩图报赋予新的内涵——立志报恩。

2. 对感恩教育的课程体系有新的认识——"三元"，即"知恩、表恩、报恩"。

3. 对感恩教育的方法有新的认识——六法。

（二）模式创新："三元六法"模式

扶贫背景下的小学感恩教育"三元六法"模式："三元"指"知恩、表恩、报恩"，"知恩"是感恩教育的基础，"表恩"是形式，核心在于"报恩"；"六法"是指实施感恩教育的途径和方法，既是形式又是内容。

1. 课程创新——"知恩、表恩、报恩"三大课程体系。

2. 方法创新——六法融为一体。

3. 模式创新——"三元"课程与"六法"紧密结合。

四、成果效果

（一）效益

1. 学生感恩意识增强，学习成绩明显提高。

2. 教师教学业务水平明显提高。

3. 学校德育教育的针对性提高，师生共同营造正能量氛围。

4. 家长好评如潮。

（二）推广

1. 该课题自开展研究以来，全校教师积极投入实验研究，并在研究过程中及时总结，写出了多篇有价值的论文，十多篇获国家、省、市级奖项，语文组教师合作的课题"学会感恩"获区级二等奖。

2. 本成果以我校为核心进行试验，并在周边学校推广，获得了推广学校的认可和好评。

撰稿人：杨　光

审核人：杨　利

立德树人视域下中学校风建设实践

完成单位：南充市高坪中学

完成人：杨永刚、左明金、文明、张红、李莉萍、杨汉蜀

一、成果背景

（一）研究缘起

习近平总书记指出："学校立身之本在于立德树人。"要在中学阶段落实立德树人根本任务，校风建设尤为重要。我们从 2014 年起，结合学校实际，开始探索中学校风建设策略，并成立课题组进行研究，力图找到符合本校现状的教育方法，以促进良好校风的形成。

（二）研究所要解决的问题

1. 解决一些教师和管理者对德育建设、校风建设的重要性认识不足，教育观念落后、创新意识薄弱的问题。

2. 解决一些学生学习目的不明确，学习和生活习惯较差，世界观、人生观、价值观偏颇的问题。

3. 解决校风建设体系不完整、制度和落实相脱节、理念和现实相矛盾的问题。

4. 解决校风建设中宣传氛围不浓、育人环境薄弱、文化建设欠缺等问题。

二、成果内容

（一）理性认识成果

1. 对德育工作"四观"的认识。

研究认为：学校德育工作要树立教育为提高国民素质、为社会主义现代化服务的目标观；树立提高学生综合素质、充分发展个性特长的质量观；树立只

要符合社会和生产需要，能取得社会、生产、生活上的成功和成就的人就是人才的人才观；树立以人为本，尊重学生人格、个性、尊严、特征的学生观。

2. 对德育工作改革和创新的认识。

研究认为：学校德育工作要从教育观念到教育内容、方法途径、评价体系等方面进行改革创新，采取自我教育、自我激励、自我反思的教育方法，强化学生在教育中的主体地位和推进社会化进程。

3. 对德育功能与德育内容关系的认识。

研究认为：学校要正确研究和规定学校德育工作的基本内容和要求，使教育工作和学生思想品德教育遵循人的思想道德形成与发展现律，正确处理好诸种教育因素对学生品德形成的相互关系，以深刻影响学生世界观、人生观、价值观的形成。

（二）实践操作成果

学校锤炼出"立高世之德、建高世之业"的办学理念，形成了"向上向善、仰高达远"的校风，"敬业爱生、德行高远"的教风，"勤勉善思、学高笃行"的学风，着力改变传统校风建设的说教方式，以培养德智体美劳全面发展的社会主义建设者和接班人为目的，构建了符合教育规律、体现时代特征的校风建设四大体系。

1. 目标体系。

通过对领导作风、教师教风、学生学风的三维目标建设，构建以"德"为首的多层次立体化的校风建设目标，以适应教育改革发展趋势，提升教育内在竞争力。

2. 内容体系。

以校风建设为核心，创新教师、干部、学生三支队伍建设实践策略，着力强化教师育人能力，提升干部管理水平，培养学生高尚的道德情操和扎实的科学研究精神，优化"仰高"校园文化氛围，让立德树人的根本任务落地生根，开花结果。

3. 方法体系。

在实践操作中，通过文献法、调查法、行动研究法、个案实验法、经验研究法等研究方法，得出翔实数据和科学结论。

4. 评价体系。

构建了领导作风评价体系、教师及班主任评价体系、学生操行评价体系、班级量化评价体系等，形成完整的校风建设体系。

三、成果特点

本成果以"校风是学校的生命"为理念，把"仰高"校园文化精神和思想政治工作贯穿教育教学全过程，实现了全程育人、全员育人。在"细"字上着力，创新德育模式，变"说教"为"体验"，以学生自我教育为抓手，对学生进行系统的、经常性的教育，构建了自我激励、自我反思、自我调整的新机制。

四、成果效果

（一）促进了学生形成良好道德品质，身心得到健康发展

1. 促进学生形成良好的道德品质。

学校德育工作措施，促进了校风的明显好转，学生品质更纯正，习惯更良好，学风更浓厚。他们的言行举止既符合《中学生守则》要求，也符合社会道德规范和伦理价值观，促进了其全面健康成长。

2. 促进学生身心健康发展。

在良好的校园氛围中，学生身心健康发展，综合素养得到提升。每年学生体质健康测试合格率达 95％，良好率达 42％，优秀率达 10％；有 100 余名学生在省、市、区的毽球、排舞、健身操、征文、演讲等各类竞赛中获奖，累计获奖达千人次；有 300 余名体艺学生被大学院校录取，双上线率居同类学校前列。

（二）促进了教师形成过硬专业能力，个人素养得到提升

1. 促进师资队伍高素质。

教风建设增强了教职工的劳动纪律观念，增强了责任感、使命感，使得过程管理落到细节处，从根本上纠正了少数教职工纪律松弛、迟到早退等问题，树立了爱岗敬业的良好形象。

2. 促进教师课堂教学高效率。

校风建设有效促进了教师在专业知识、教学智慧等个人素质体系的和谐发展，促进教师转变育人观念，落实"五环"课堂教学，提高教学质量。

3. 提升了教师教学科研的能力。

通过校风建设实践，学校进一步推动了教育科研工作。学校有省级课题 1 项，参研省级课题 2 项，承担市、区课题 27 项，获得各级表彰课题 28 项，全

员参与小课题研究。252 名教师（占教师总数 78.3%）在市、省级以上刊物或学术会议发表学术论文和教改经验文章，平均每年发表论文 108 篇。

（三）促进了学校提升办学水平，学校获得了良好的发展

1. 学校整体办学水平提高。

2017 年，学校成功创建四川省示范高中，并获得省阳光体育示范学校、省实验教学示范学校、省依法治校示范学校、省五四红旗团委、市最佳文明单位、市美育示范学校，以及省毽球比赛第一名、省健身操比赛一等奖、省排舞联赛一等奖等多项荣誉。

2. 促进了学校教育教学质量的提升。

校风建设促进了高效课堂的整体推进，跨班选修、小组建设、"五环"教学等方式已逐步为师生所用。学校高考本科、一本率连年增长，教学质量居市内同类学校前列，赢得了社会上的良好口碑，得到了学生、家长和社会的高度认可。

（四）促进了办学成果彰显，学校美誉度得到提高

学校狠抓校风建设，推行实施的德育工作措施被省教育厅领导誉为"细中见高、特色明显"，受到团中央和教育部的好评。2016 年 4 月 16 日，高坪中学校长杨永刚作为南充市普通中小学唯一代表参加了中央中学共青团工作调研座谈会，受到与会的国家副主席李源潮同志接见，团省委将高坪中学德育工作措施向李副主席及团中央领导同志做了汇报；同年 11 月 17 日，该措施再次被团中央和教育部作为成功范例向全国进行了介绍和推广，获得了学生、家长、社会和同行的赞誉，在省内外产生了广泛影响，取得了显著的社会效益。

撰稿人：张　红

审核人：杨永刚

幼儿生命启蒙教育"5335"课程体系

完成单位：南充市营山县机关幼儿园
　　　　　成都大学
完成人：肖凤碧、王雨露、杜琳、马瀚、唐红军、王岚

一、成果背景

幼儿生命启蒙教育"5335"课程体系，主要源于南充市教育科研规划重点课题"幼儿珍爱生命启蒙教育的研究"。为解决区域幼儿园在生命启蒙教育中存在的问题，如教师对生命教育的认识不足，幼儿生命四维表现不佳、生命教育课程体系与资源建设不完善等问题，课题组进行了深入研究。

二、成果内容

（一）理性认识成果

1. 加深了教师、家长和社会对生命启蒙教育的认识和理解

在传统的教育和生命教育的实施过程中，家长、教师、社会往往存在责任互相推诿的情况，出现两种极端情况：要么三方都认为生命启蒙教育是对方的主要责任，要么认为这就是自己的事与对方无关。生命启蒙教育研究与应用使得区域内幼儿园、家长和社会充分认识到三方相互合作建立教育共同体，形成生命教育合力，对提高生命教育效果具有极其重要的作用。

2. 加深了教师对生命课程体系建构与实施的理解

在成果实施应用后，教师对生命教育课程的认识从单主体、单维度、单方式转变到多主体、多维度、多方式，认识到生命教育课程的实施从主体上不仅仅依靠幼儿园，更应该将家庭和社区纳入课程体系实施过程中；认识到生命启蒙教育的实施应该符合幼儿年龄发展特点，在维度上应从单一的主题教育活动转变为多样化的游戏活动、生活活动、社区共享活动、家园共育活动；认识到传统的、单一的说教式生命教育活动方式应转变为以生活化、活动化和游戏化

为主的多方式活动。

3. 加深了教师对建立生命教育资源库重要性的认识

研究成果的实施与应用使得教师充分认识到生命教育资源库的建立对课程实施与应用的重大意义，认识到教育资源可以源于家长、社会、教师以及幼儿自身的经历，资源库可以以线上加线下、理论加物化的方式存在，资源库应该以"我为人人，人人为我"的方式存在，即市域内幼儿园、家长和社会都应成为资源库不断扩充的重要来源，同时应该共享给区域内的教师和家长。

（二）实践操作成果

1. 建构了幼儿生命启蒙教育"5335"课程体系。

（1）"5335"课程体系概述。

"幼儿生命启蒙教育'5335'课程体系"是幼儿启蒙教育最重要的操作成果之一。第一个"5"指的是对生命启蒙教育课程体系的整体描述，包括5个要素，即"理念—目标—内容—实施—儿童发展评价"；两个"3"指向的是5要素中的目标和内容要素，分别包括3个维度（目标维度包含人与自我、人与自然、人与社会，内容维度包含认识、欣赏、保护）；第二个"5"指向的是五要素中的实施环节，指由幼儿园、家庭、社区"三位一体"共同参与的生命教育实施路径，包含主题教育活动、游戏活动、生活体验活动、家园共育活动和社区共享活动五大版块。因此"5335"实质是一种总分关系的表述。

（2）对"5335"课程体系的具体解读。

课程体系的理念：基于人本主义理论，结合《幼儿园教育指南》和《幼儿园教育指导纲要（试行）》核心观点建构了"儿童为本解读生命"的核心理念。

目标体系建构的三大维度：课题组以幼儿生命教育内容为根据的三个目标维度——人与自我、人与自然、人与社会。

内容体系建构的三大维度：认识、保护、欣赏。

课程实施的五大活动：在市域范围内幼儿园中进行了应用与推广，不断反思总结与凝练，初步建构了"三位一体二重整合"的五大活动体系。"三位一体"：以幼儿园为主体，以家庭为基础，以社会为依托，共同参与幼儿生命教育，促进幼儿健康成长，形成一个教育共同体。"二重整合"：将幼儿园的主题活动、生活活动、游戏活动、家园共育活动、社区活动有机整合在一起，丰富生命教育的内容、形式、路径；将幼儿园、家庭、社区有机整合在一起，共同参与到幼儿生命教育中来。在五大活动体系具体的实施过程中，幼儿园围绕组织管理、教师成长、运行方式等出台了相关的制度，确保活动体系的实施落地有效。

儿童发展评价：课题组基于《幼儿园教育指南》，参考诸如 ECERS（幼儿园环境评价质量量表）等，根据多彩光谱评价方式，初步设计了适用于幼儿生命发展的评价量表，该评价量表主要采用情景测试的方式对儿童在真实情景中的具体表现进行评分。

2. 建构了生命教育教学联动运行机制。

园内在课题组织保障机制方面，"四保障"（组织机构保障、制度保障、经费保障、时间保障）促进成果顺利的推广与应用。

在教师培训成长机制方面，构建了"培训＋教研"教师培训长效机制，保障教师专业成长的可持续发展。

区域内制定了一系列规章制度，确定了教研程序及研修方式。一是建立组织机构，二是建立健全系列制度。

3. 建构整个课程体系评估方案，确保生命教育课程体系实施效果。

对儿童的发展评估仅仅指向儿童本身，为确保从理念—目标—内容—实施—评价五要素每一个环节不出现偏差，或者在出现偏差后能及时调整，研究组初步建构了整个课程体系的评估方案。

三、成果特点

（一）理念创新：儿童为本，解读生命

成果形成了幼儿生命启蒙教育的核心理念——"儿童为本，解读生命"。一是以儿童生命为本，促进儿童生命的可持续性、全面性、终身性的发展；二是从儿童的视角出发理解、尊重、支持儿童发展，为儿童提供适宜的教育；三是以儿童为本，从幼儿园、家庭、社会三方面着手，帮助儿童从小开始探索与认识生命的意义、尊重与珍惜生命的价值，热爱并发展每个人独特的生命，并将自己的生命与天地人之间建立美好的共融共在关系。

（二）技术创新：幼儿生命启蒙教育"5335"课程体系

根据幼儿生命启蒙教育的五大活动途径、三个目标维度、三个内容维度、五个操作步骤，构建了幼儿生命启蒙教育"5335"课程体系。该课程体系深度落实了《幼儿园教育指南》中"一日生活皆课程"的教育理念，构建了幼儿生命教育的活动体系，建构了"三位一体"的幼儿园生命教育实施策略和路径，开发了幼儿生命启蒙教育园本课程。

四、成果效果

从 2013 年 10 月至 2017 年 8 月，历时 4 年，课题研究与实践运用覆盖面广，涉及区域教育行政部门、教研培训机构以及高校（成都大学、西华师范大学）、市域内 4 县、省级示范性幼儿园 5 所、县内乡镇中心幼儿园 38 所，参研人员达 400 多人，惠及幼儿 20000 多名；在区域内产生了良好的教育教学效果，建构了生命启蒙教育区域联动机制，形成了富有特色的生命启蒙教育的"5335"课程体系，完善了生命教育资源的课程建设，打造了富有"生命活力"的教师团队，培育了幼儿生命启蒙教育的合作伙伴，促进了幼儿生命的健康成长，共建了生命成长的乐园。

撰稿人：王　岚
审核人：肖凤碧

利用新媒体优化家校共育策略研究

完成单位：南充市阆中市实验小学
完成人：陈正琼、刘敏、杨雨玲、缪金炎、权少林、侯炯

一、成果背景

我校是一所中等规模的城镇小学校。随着城市化进程的加快，大量农村孩子进入城市读书，家长文化层次不高、家庭教育引导性不强；受生活压力所迫，很多家长需要外出打工，"留守儿童"逐步增多；同时"单亲家庭""隔代教育"等教育问题进一步凸显……加之现在的学生多是独生子女，大多被娇生惯养，导致其依赖性强、独立性差，做事缺乏意志和毅力，心理承受能力和自我管理能力差。有相当部分孩子因为家庭教育的疏忽，没有良好的行为习惯。针对以上现状，我校于 2014 年 3 月确立了"利用新媒体优化家校共育策略研究"课题，进行研究。2016 年形成了"以新媒体为载体的家校共育的有效策略"研究成果。

二、成果内容

（一）理性认识成果

1. 对"新媒体时代家校共育"的理论内涵进行了深入探索，拓展了素质教育理念。

现代互联网的高速发展以及新媒体的广泛运用，为广大青少年的成长与发展提供了广阔的舞台，学校教育、家庭教育只有互补、多向互动，才能形成整体育人的合力。

2. 深化了对德育课程资源的认识。

通过研究，我们深深地体会到思品课教材不是唯一的德育课程资源，学校教育的方方面面、学生的家庭生活、社会实践活动皆是重要的德育课程资源。新媒体下，德育资源的无边界性和无限性，让德育课程资源更加丰富多彩。

3. 对"利用新媒体优化家校共育"的含义做出了科学界定。

我们认为"利用新媒体优化家校共育策略研究",实质上就是对"育人途径开放"的研究,就是在开放教育思想的指导下,以生为本,创设环境,采用多种途径,培养学生全面发展。同时,新媒体时代、无纸化联系、远程联系,拓展了师生之间沟通和互动的渠道,家校共育更及时、更便捷。

(二)实践操作成果

1. 构建起"引领、沟通、参与、合作"的"利用新媒体优化家校共育"策略体系。

(1)引领——培训充电,提升素质。

成立家长委员会,组织各类培训。学校每学期组织一至两次理论讲座,邀请有专业知识的行家辅导,指导家长实施科学的家庭教育方法,有效地推进家庭教育的开展。成立了家长阅读俱乐部,通过 QQ、微信、博客等方式线上阅读、线下阅读、家庭共读、家校共读等多种阅读方式提高家长素质。

(2)沟通——交流碰撞,反思实践。

利用报刊、展板、信件沟通,充分利用校讯通沟通平台,做好家访工作,定期召开家长培训会。

(3)参与——体验感悟,认同配合。

每学年,我校都会举办各类大型活动,如感恩教育、环境保护教育、"六一"节文艺汇演、表彰"四好学生"等活动,学校都会邀请家长到校参与。让家长亲自见证孩子成长与进步的点滴,这对于孩子的健康成长,家长对学校的了解、认可、信任,都具有重要意义。

(4)合作——社会合力,延伸教育。

积极协调学校周边的部队、消防站、醋厂等部门开展丰富多彩的教育活动;努力争取社会团体组织教育力量;借助关工委组织,充分发挥"五老"教育优势。

2. 构建了"利用新媒体优化家校共育"的"四好学生"评价体系。

学校提出用"四好学生"(好学生、好孩子、好公民、好苗子)评价学生。

"四好学生"目标评价体系及相关要求:

好学生——用语文明、礼貌待人、自主学习、两操规范、值日积极、讲究卫生、有独立生活能力。

好孩子——尊敬长辈、邻里和睦、礼貌待客、认真学习、兴趣广泛、生活自理、帮做家务。

好公民——出行礼仪、做客礼仪、公共道德、积极学习、讲究卫生、爱护公物、遵纪守法。

好苗子——学会认知、学会做事、学会共处、学会生存。

三、成果特点

（一）研究工作的延续性

我校于 2007 年确立的"'三延伸'整体育人实验"科研课题（即教育向家庭、社会、未来延伸），对家校共育工作的原则、方法、策略等进行了一定研究，于 2010 年顺利结题并荣获南充市普教科研成果二等奖。于 2011 年确立的国家级科研课题"学生、教师、家长三位一体心理健康教育"，对学生、家长和教师的心理特点、存在的心理问题及其矫治策略进行了系列研究，并取得了较为丰富的研究成果。本课题在延续之前课题研究的基础上进行了更微观细致的探索，以新媒体为载体加强了家校共育，培养了学生的良好习惯，符合少年儿童身心发展的特点，也克服了城市化进程中教育发展的弊端，有力地促进了家庭教育的改进。

（二）评价策略的可操作性

本成果的形成建立在学校德育机制及学生评价机制的基础上，以各种新媒体方式搭建家校共育的平台，促进学生良好行为习惯的养成，具有极强的可操作性。

四、成果效果

（一）推广范围

利用新媒体优化家校共育的实践体系，即引领、沟通、参与、合作的延伸教育的策略体系和"四好学生的评价体系"，丰富了家校共育的实践理论与方法，可广泛运用于学校、家庭育人工作。

（二）成果实效

1. 建立了"家校共育"整体育人的学校德育机制，完善了学校各项育人管理制度。

从校长到班级，形成一种纵向联系，以保证联系密切、指挥灵动、步调一致、信息畅通、管理有序。

2. 家长对家庭教育重视程度显著提高，教育孩子更有方法，家长幸福感提升。

利用家校联系平台、班级 QQ 群等渠道，根据年龄特点分享给家长一些儿童成长特点和规律等知识，帮助父母调整家庭教育方式，帮助家长纠正日常教育中的一些失误，经常与家长进行微信沟通，共同商讨家庭教育的方法。通过培训等系列活动，很多家长认识到：家庭教育和学校教育一样重要，作为家长，应积极配合学校和老师的工作，及时地解决孩子成长过程中出现的问题，促进孩子更好地成长。

3. 学生的素质显著提高。

通过潜移默化地浸润与影响，我校学生自信心增强、良好的习惯逐渐养成、学生美好情怀逐步形成、道德水平显著提高，学生的个性特长也得到全面和谐的发展。

4. 教师在互动式研究中反思成长。

我校教师围绕课题，三年来认真学习理论，积极开展育人课题研究，努力探索素质教育的新途径、新方法，不断加强育人科研实践活动，总结经验，撰写科研论文，全校形成了空前浓厚的科研氛围，全体教师的科研意识和科研能力大大增强。同时，课题参研教师共同编写近 6 万字的幸福教育校本教材。

5. 通过课题研究提高了学校办学水平，形成了学校教育特色。

在研究的过程中，教育资源得到充分挖掘，办学观念发生转变，提高了学校的办学水平，促进了全校工作的全面发展和上档升位。

撰稿人：刘　敏

审核人：杨雨玲

农村中小学明德教育实践

完成单位：南充市阆中市双龙镇中心学校
完成人：何正胜、杨小林、董绍宇、张小军、郑玲玲、任秋香

一、成果背景

（一）让学生懂得做人做事的基本道理，践行社会主义核心价值观

习近平总书记指出："做人做事第一位的是崇德修身"，"一个人只有明大德、守公德、严私德，其才方能用得其所"。因此，在这一阶段让学生懂得做人做事的基本道理，学会正确看待个人与他人、集体、社会、国家的关系，对于他们走好一生的路至关重要，对于在全社会培育践行社会主义核心价值观也十分重要。

（二）解决现阶段学生的道德危机

在新时期，学校教育面对的不仅是新技术革命的挑战，更有关于学生道德挑战的危机。纵观现阶段，学校德育普遍存在着"重智育轻德育""一手硬一手软""重课堂教学轻社会实践""重校内教育轻校外教育"的严重倾向，加之农村学校的留守学生愈来愈多，他们得不到应有的关爱，本已青春逆反的心理在不利的社会环境中变得扭曲，因此，加强和改进学校德育工作迫在眉睫。

（三）传承中华优秀传统民族文化

无论是国家的强盛，民族伟大复兴，还是公民个体素养的提升，都要求我们必须积极弘扬忠诚爱国的坚贞信念、自强不息的进取精神、勤劳节俭的优良风尚、追求高尚的精神境界、海纳百川的宽阔胸怀，只有这样，我们的国家才可能巍然屹立，人民才可能过上幸福生活，美好的中国梦也才可能得以实现。

二、成果内容

（一）理性认识成果

1. 初步形成了农村中小学"四维八德"的德育工作理念。

通过课题研究，使我校师生全面了解了我国从古至今的明德教育理论的演变史，充分认识了孙中山提出"以国为本"的"忠、孝、仁、爱、信、义、和、平"新"八德"伦理道德观。习总书记提出"社会主义核心价值观"，特别是公民个体"爱国、敬业、诚信、友善"的"四维"价值取向，贴近新时期时代性气息，指明学校道德教育的发展方向。我校积极探索农村中小学明"八德"教育，努力做好社会主义核心价值观的践行者，紧紧跟随时代发展主旋律，转变陈旧教育观念，提升师生道德修养，为社会发展培养品质过硬、学识更高、综合能力更强的社会主义建设者和接班人。

2. 拓展了学校德育及素质教育内涵。

我校根据农村中小学实际，紧紧围绕《公民道德建设实施纲要》中的基本道德规范、社会公德、职业道德及家庭美德的相关内容，以"科学发展观""八荣八耻"社会主义荣辱观及"社会主义核心价值观"为核心，结合《基础教育课程改革纲要》，将德育与素质教育有机结合，让学生通过勤学、励志、感恩、修身、孝义、雅行、行善、礼仪等方面的道德认知教育与实践体验教育，最终达成师生明德至善之目的。

（二）实践操作成果

1. 建构了明德教育课程研发体系。

通过研究，打造了明德教育四大研究平台，开发了明德教育校本课程。我校教师根据明德教育实践活动的不断探索，结合农村中小学实际，有机融入地域特色，在大力收集传统文化的基础上积极创新，形成了较为科学的校本课程研发及应用体系，研发并编写了系列校本教材。

为确保校本课程开发的有效性，促进教师专业发展，张扬学生个性，形成学校特色，我们还定期对校本课程开发使用情况进行评价。

一是对课程标准的评价。评价要素包括：课程目标是否与学校办学理念相符合、课程内容是否有针对性和价值性、课程的组织是否恰当、是否符合学生的身心特点。

二是对教师的评价。教师组织"明德教育"课堂教学和课外明德实践活动都必须有计划、有进度、有教案、有考勤评价记录。学校通过听课、查阅资料、现场观看、访问等形式，每学期将班级、教师的明德教育实践活动及校本教材教学情况纳入业务考核、记入业务档案。

三是对学生的管理与评价。校本课程不搞书面测试，主要以考勤评价记录为准，教师根据每个学生参加学习的态度进行等级评价。

2. 完善了明德教育评价体系。

明德教育实践评价体系围绕评价方式（校内校外相结合、学校班级学生相结合、家长社会相结合）、评价内容（明八德）、评价结果（专题活动成果、综合能力展示、系列表彰与奖励）三方面，制定相应考核量化细则，通过考核督促师生积极参与明德教育实践活动，努力提升师生道德素养。

3. 建立了明德教育系列推进策略体系。

我校自2014年开展课题研究以来，课题组参研教师分别根据"勤学明德、励志明德、礼仪明德、修身明德、感恩明德、孝义明德、雅行明德、行善明德"各子课题特点，通过"理论学习、实践运行、信息反馈、修正升华"等环节，结合农村中小学实际情况，总结提炼出了具有可操作性的明德教育系列推进策略：一是勤学明德，"三种形式三种策略"；二是励志明德，"三维评价五大途径七种策略"；三是礼仪明德，"三大板块四个环节五种策略"；四是修身明德，"四大途径""一核五化"实践策略；五是感恩明德，"四个维度，四种策略"；六是雅行明德，"一个模式、两个转变、三种体系、四大抓手"策略；七是孝义明德，孝义明德教育"四步曲"：知（认知）、情（激情）、意（明理）、行（践行）；八是行善明德，"三种方法、四大环节"，构建了"六雅"雅行教育文化系统。

三、成果特点

（一）理念创新

积极探寻一种适合本校特色的学生德育规范管理与自主发展特色的德育操作方法与模式。通过教育理论、教育体制、教育方法、育人途径的创新促进教育各要素的重新整合，形成了"大德育观"的全能理念，优化了教育教学效果，提高了办学效益。

（二）模式创新

课题组参研教师根据八大子课题特点，结合农村中小学实际情况，总结提炼出了具有可操作性的明德教育系列模式。

四、成果效果

（一）提升了师生道德风气

学校校风、班风、学风日渐浓厚，教育教学质量全面提升，家庭教育效果明显。社会和群众对学校开展的明德教育系列实践活动充分认可，积极响应，营造出了"人人明德、个个至善"的良好氛围。

（二）养成了学生良好人格与行为习惯

"明八德"系列实践活动的开展，有利于帮助中小学生培养理性的道德认知，使学生懂得捍卫个体的正当权益，能够树立远大理想，培养学生勤奋学习、知礼懂礼、知恩感恩、行孝正义、言行高雅、厌恶扬善、修身养性的意识，使学校涌现了大批德才兼备的优秀学生。

（三）改善了学校校风校貌

我校紧紧围绕"明八德"的德育实践研究，进一步加快了校园明德特色文化的建设步伐，创设了良好的文化氛围。

（四）形成了以明德教育为特色的校园文化

通过实践研究，学校围绕明德教育八大主题，结合"三区"布局（运动区，教学区，生活区）特点，强化了"三区"文化建设，处处彰显着明德特色，时时散发着浓郁的特色文化气息。在课题研究过程中，我们先后迎来了省市内外近二十个教育团体和学校参观学习，为阆中市教育系统和江南督导责任区提供活动现场 3 次，研究成果在许多兄弟学校中得到推广应用，均收到了较好的效果。

撰稿人：任秋香

审核人：张　平

幼儿环保意识培养"一四三"实施策略

完成单位：南充市商贸幼儿园

完成人：秦旭艳、顾恒、杨婕、谢琳、李淑岚、袁林

一、成果背景

（一）研究的缘起

"环境保护，教育为本"，培养幼儿的环保意识，是社会的需要，也是我国教育事业改革与发展的必然趋势。幼儿只有具备一定的环境保护意识，在行动能力和认知情感上才能形成对待环境的正确价值观和积极参与环境保护的态度。我园一直关注环境教育，并深入探索幼儿环保教育在幼儿园教育中的问题，经过充分酝酿和科学论证，于 2014 年开始进行幼儿环保意识培养的课题研究。

（二）研究所要解决的问题

1. 幼儿环保意识培养力度不够。

改革开放四十年来，我国经济快速发展，但环境问题却日趋严重。本课题组根据调研以及文献查阅发现，只有加强公民的环保意识，才能从根本上解决我们面临的环境问题。

2. 幼儿环保教育策略不明。

目前许多幼儿园并没有持续、系统地开展环保教育活动，为此，课题组大胆创新，探寻培养幼儿环保意识的策略，实现环保教育资源最优化。

3. 幼儿环保教育路径不清。

本课题旨在通过对目前幼儿园环保教育现状的研究，在分析幼儿身心发展特点的基础上，深入探索幼儿环保教育在幼儿园教育中的问题，进一步充实幼儿环保教育的研究内涵，实现环保教育的健康、和谐、可持续性发展。

二、成果内容

（一）理性认识成果

1. 深化了幼儿环保意识培养重要性的认识。

幼儿时期是价值观、态度、生活方式、习惯形成的重要时期，培养幼儿的环保意识是推动未来发展的巨大动力。课题研究根据幼儿年龄特点，制订可行的计划，帮助幼儿增长环保知识，树立环保意识，对幼儿进行环保教育的同时，也是对教师自身与家长进行再教育的过程，因此，对幼儿进行环保教育是社会发展的需要。

2. 形成了幼儿园、家庭、社会三位一体融合教育理念。

通过构建家园共育平台，开展丰富多彩的社会环保教育活动，家长逐步成为创设环境和活动设计的潜在力量，家庭、幼儿园、社会三位一体融合教育理念促进了幼儿环保教育的持续发展，实现了良好的社会教育价值。

3. 开展幼儿环保教育是园所发展的重要举措。

在环境教育中，师生都是环境教育的受益者，以环境育人活动促发展的研究意识已深入师生心中，绿色出行、绿色生活已然成为生活常态。通过研究，基本形成了"绿色生态、和谐共生、尚美乐学、自信健康"的校园文化，幼儿园逐步走上绿色、环保、可持续发展的道路。

（二）实践操作成果

幼儿环保意识培养在课题研究中形成了"一四三"实施策略。"一"指的是一课多研的环保活动课程；"四"指的是环保节日活动四策略；"三"指的是区域活动三结合。

1. 研发了幼儿环保教育手册。

课题组在研究中发现了许多优秀的绘本蕴藏着"绿色环保"教育价值，因此，课题组以小班、中班、大班三个年级段为不同的教学纬度，以"环境保护""节约低碳""人与自然"为三大主要教育目标，以幼儿兴趣、能力为出发点，充分挖掘绘本中蕴含的环保教育内容，在"一课多研"活动中归纳、整理、拓展、延伸，最终在系列环保活动中生成了精彩的环保教育活动案例160余个，原创环保童谣41首，幼儿环保绘画作品202幅，并形成了系列环保教育手册。

2. 构建了环保节日活动"四策略"。

课题组抓住"环保节日"这一突破口，把认知教育和行为教育有效结合，以促进幼儿环保行为和谐发展为目的，呼吁小朋友、家长共同关注生态环境，共建绿色家园。在实践研究过程中，通过"发现亮点""趣味游戏""引导合作""大胆创新"四大策略，真正做到了知行合一，促进幼儿形成了爱护环境的良好行为习惯。

3. 形成了区域活动"三结合"路径。

区域活动是幼儿喜欢的自主学习活动，也是废旧物品变废为宝的另一个"家"。在课题研究中，遵循幼儿"玩中学""学中玩"的特点，在区域活动中渗透绿色环保教育元素，通过"集体—分组—个别"三结合的活动方式，为幼儿提供了自由发展的空间。

4. 建立了"多角度"教师队伍科研管理模式。

本课题从管理策略、学习模式、运行机制、推进模式等多个角度探索教师科研能力提高路径。一是形成了"组织保障，目标驱动"的管理策略，幼儿园成立了课题组，建立了"园长—副园长—主任—教研组长—班长"五级分层科研队伍；二是形成了"搭建平台，科研引领"的学习模式，为教师搭建了"专家讲座""外出培训""园内培训""教研组培训"的学习平台；三是实施了"教学课堂，示范辐射"的运行机制，环保教育内容与五大领域相结合，梳理出"高效课堂—骨干引领—公开赛课——一课三研"四种运行机制开展环保示范课；四是落实了"研学结合，综合提高"的推进模式，通过"每天一读""每周一研""每月一写"的"三个一"活动增加教师环保知识的广度。

三、成果特点

一是优化了环保教育渗透途径：以环保节日活动四策略、区域活动三结合、一课多研的绘本课程为突破口，将环保教育融入幼儿园一日活动中，体现了"在环境中教育"，增强了"教育为了环境"的教育实效。二是整合了教育资源：从幼儿兴趣、能力、家庭文化背景出发，将环保教育与幼儿园教育、家庭教育、社会教育有机融合，实现了环保教育资源最优化。

四、成果效果

（一）成果实效

1. 促进了幼儿环保品质发展。

培养了幼儿热爱自然、爱护环境的意识与行为，进而使其拥有美好、善良的心灵，懂得珍惜美好事物，能用自己的方式去表现美、创造美，达成人与自然的和谐共处，使幼儿快乐生活、健康成长。

2. 提升了教师的专业素养。

教师的教育理念有了很大的转变，对有关环保的活动、新闻、资料等会特别关注，经常自发地进行讨论、传递信息，同时变废为宝的科学意识和探究精神也大幅度提升。

3. 转变了家庭环保意识。

家长逐步意识到要用自己的言行去影响孩子、教育孩子，帮助孩子养成良好的环保习惯，让孩子学会爱护地球、珍惜资源、低碳生活。

4. 实现了良好的社会教育价值。

我园环保课题研究成效显著，形成了绿色生态的校园文化；借助媒体，积极宣传环保节日教育的特色和亮点；与多所幼儿园建立帮扶关系，将先进经验进行推广，学习借鉴的同行越来越多。

（二）推广范围

"一四三"环保意识培养实践研究，即通过一课多研的环保活动课程、环保节日活动四策略、区域活动三结合的环保教育渗透途径，实现了环保教育资源最优化，为幼儿园环保教学改革研究提供了借鉴。其成果具有普适性，可以在各级各类幼儿园推广应用。

撰稿人：顾　恒

审核人：秦旭艳

中小学班队会主题教育活动设计与实施

完成单位：蓬安县白玉明德小学

完成人：胡晓鹏、张中志、蒲成刚、胡玉蓉、何菲、廖万英

一、成果背景

《国家中长期教育改革和发展规划纲要（2010—2020）》提出：坚持德育为先。构建大中小学有效衔接的德育体系，创新德育形式，丰富德育内容，不断提高德育工作的吸引力和感染力，增强德育工作的针对性和实效性。这充分体现了德育的重要性，班队会是德育的主阵地。创新形式、让学生主动参与、注重实效是对班队会的要求，班队会主题教育活动的设计与实施就是对这一要求的具体化。

二、成果内容

（一）理性认识成果

主题班队会活动课有利于学生主体作用的发挥，主题班队会活动有利于学生道德实践能力的培养，能够鲜明突出"班队会活动"的特点——"动"。

把主题班队会作为学校文化建设的重要形式，通过主题班队会培养学生的集体主义的责任感、荣誉感，形成正确的集体舆论，树立良好班风和学校正能量，逐步培养学生自我约束、自我教育、自我管理、自我评价的能力。

（二）实践操作成果

1. 确立了班队会主题活动的核心三原则。

核心三原则：针对与及时性原则，多样与自主性原则，创新与快乐性原则。主题班队会活动要针对班队组织与建设的实际需要，针对学生的年龄特征，以及学生所处的地域环境和条件对学生进行教育。这要求我们对学生的教育相应也要以创新的方式去促进他们的发展，给孩子们提供多元化的教育环

境。主题班队会活动不能盲目，不能成为学生的负担，而应该让学生主动积极地参与，让学生在每次主题班队会活动都能身心愉悦、兴趣盎然，"动"有所获。

2. 构建了"学校＋课堂＋家庭、社会"三位一体的立体交叉的主题班会活动模式。

（1）学校在班队会主题思想教育中起引领和指导作用。

学校对班队会活动总的目标内容的设置，对各年级各班具体目标任务的布置；学校定期邀请教育专家到校进行专题讲座；在每周一的升旗仪式对学生进行思想教育；定期举行丰富多彩的文艺汇演；开展一系列围绕班队会主题教育活动的赛课评课活动。

（2）课堂是进行班队会主题思想教育活动的主战场。

（3）家庭在学校的班队会主题教育活动中起着不可忽视的作用。

3. 构建了"学校考核＋学生自主评价＋社会与家长参与"的班队主题教育活动的评价模式。

学校考核量化表、学生评价表、家长评价表是促进学校、学生和家长共同进步的保证。

主题班队活动的评价显标主要包括以下内容：

（1）德育目标内容。

（2）德育实践路径。

（3）师生参与效果。

（4）教师适时指导。

（5）活动方案质量。

三、成果特点

（一）构筑理论上学校对班队主题教育强势介入的管理体系

在班会课的制度建设、目标与内容系列、途径与方法策略方面有重大创新，尤其是在引导师生更加关注生活的细节、生活的关键事件，并对从中获得精神、品行的成长方面有着较为明显的成效。

（二）实践上探索了中小学班会课的运行机制

青少年学生活泼好动、思想活跃，对新事物特别好奇、兴趣广泛，有强烈的求知欲，喜欢参加新颖性、趣味性、知识性、文体性、竞争性强，富于幻想的活动。教育活动要关注学生的需要，建立适宜中小学生智育发展的班队会运行机制。

四、成果效果

（一）提高了学校的知名度，塑造了良好的办学口碑

学校少年宫活动——"大合唱"在央视七套（中央电视台军事农业频道CCTV-7）的播出，是对学校班队会主题教育活动开展以来所付出的努力的最大肯定，提升了学校知名度。

（二）提高了班主任的组织能力和教育管理技巧，锻炼和培育了自己的科研队伍，提升了教师们的科研能力

班队主题教育设计与实施这一课题的研究，及时地消除了过去对班队会的错误认识，使班队主题教育能够更加科学、更加贴近学生生活，形式更加丰富多彩，更能够体现新课标以人为本、以学生为主体的精神。

在课题研究的过程中，我们定期开展班队会反思工作，注意积累转化经验，不断提高教育教研能力。通过以点带面，辐射全体教师，有效地带动全校教师勤于反思，善于总结，积极撰写参与各级各类科研论文，编写了《小学主题班队会校本教材》一书，主题班队会活动课时设计方案集、经验总结（论文集）、班会活动案例汇编及光盘、课件、教师研究案例汇编等。激发了广大教师参与教学科研工作的积极性和主动性，促进了教师的专业化成长。

通过这样的课题研究，极大地提高了教师参与教学研究的激情，开发了教师潜在的素质，学会了严谨科学的实验方法，提高了其进行课题研究的综合能力。课题组的教师们还在县市级有关刊物发表了自己的论文，形成了班队主题教育的一些理论，探讨了一些切实可行的班队主体思想教育的策略，能够使班队主题思想教育做到目标明确、措施得当、收效明显，让学生满意，让家长放心。

（三）以共青团、少先队和班级活动为主阵地，初探主题班队会新模式

我校先后开展了文明礼仪、感恩励志、建设幸福中国、学习雷锋好榜样、中华传统美德等主题教育活动，充分运用一年两次的农忙假，组织孩子们"从寻找身边的幸福""从身边的小事做起"等贴近学生实际的班队会活动，让学

生自主参与、实现自我教育。学生全程参与活动，从资料的收集、节目的编排到现场主持，处处活跃着学生的身影。摘柑橘、挖红薯……孩子们通过农忙假的劳动，体验到了收获果实的喜悦、自己动手的成就感与自豪感，感受到了劳动的快乐，其吃苦耐劳能力得到了锻炼，真正落实了全程育人、全面育人的活动宗旨。

撰稿人：张中志

审核人：李中文

农村留守儿童关爱保护研究

完成单位：蓬安县罗家镇中华小学

完成人：唐科、牛程、吴鹏、孙晓琼、黄小霞、段平权

一、成果背景

（一）研究的缘起

留守儿童即一般与自己的父亲或母亲中的一人，或者与上辈亲人，甚至父母亲的其他亲戚、朋友一起生活的特殊群体。留守儿童大多来自贫困家庭，要承担大量的家务和农活，长期得不到父母的关爱，家庭教育与监护严重缺失。关爱保护留守儿童对于学校德育、全面推进素质教育乃至建设社会主义新农村都有着积极的作用。

（二）研究要解决的问题

1. 解决委托监护不力而导致的留守儿童行为偏差问题。
2. 解决亲情饥渴而导致的留守儿童心理失衡、道德滑坡问题。
3. 解决家庭教育严重缺失而导致的留守儿童学习能力普遍低下问题。
4. 解决教育合力难以整合而导致的留守儿童成长受阻问题。

二、成果内容

（一）理性认识成果

1. 认识到为学生的长远发展着想是教育的最高目标。

教育不是功利性的工作，而是发展人的事业，切不可急功近利，不能以学生的身心健康为代价换取高分。因此，我们进行留守儿童关爱保护研究时，要格外注重正面引导，积极发现和挖掘留守儿童的优点和潜能，重视对学生消极心理状态的改良和不良行为的矫正，让学生以健康、乐观、积极的心态面对生活和学习，确保留守儿童的可持续发展。

2. 认识到课外教育对于留守儿童成长的积极作用。

课外教育有利于学生开阔眼界、获得知识，有利于少年儿童个性特长的发展，有利于发展学生智力，培养学生的各种能力，有利于开展对学生的德育工作。通过课题实践，我们更加深刻地认识到，课外教育是课堂教育的延续和补充，它不但可以促进留守儿童的全面发展，而且可以为其学习生活增添乐趣，丰富其精神生活，还为其发挥特长、促进未来的专业化发展奠定基础。

（二）实践操作成果

1. 构建了系统的留守儿童关爱保护操作模式。

（1）深入调查研究。

采用问卷调查、实地考察、个别访谈等形式，全面调查留守儿童在学习、生活、心理、品德、情感、成长、家庭监护等方面存在的问题，分析现状及成因，形成调查报告，为课题研究提供依据。

（2）建立成长档案。

一是留守儿童基本情况档案，包括留守儿童个人基本情况、父母外出情况、临时监护人情况以及当前的生活情况；二是留守儿童成长记录档案，包括留守儿童就读班级情况、留守儿童表现情况、同学评价和教师评价等内容；三是留守儿童自我评价档案，记录留守儿童每周的学习、生活和成长自评。

（3）实施关爱保护举措。

基于留守儿童学习现状的学习辅导模式：第一步，围绕学习为什么、学好干什么、怎么能学好开展交心谈心，端正学习观；第二步，采用师生结对、生生结对帮扶，落实课外辅导，提高成绩；第三步，结合书香校园建设，通过经典诵读、海量阅读和阅读成果展评等，提升文化素养。

基于留守儿童家庭贫困的困难帮扶模式：一是开展访困难、访安全、访学习的走访慰问活动；二是开展爱心资助、扶贫济困活动；三是创新学生食堂自主经营，实行寄宿制教学，解决学生生活问题；四是开展生活自理能力培养活动。

基于留守儿童情感严重缺失的亲情陪伴模式：主要包括架设亲情沟通桥梁（留守儿童亲情电话和亲情视频）、开展主题班会活动、心理健康教育和举办集体生日庆祝活动。

基于留守儿童成长受阻的特长培养模式：第一步，通过调查问卷或开展活动等方式，发现"千里马"；第二步，开设兴趣小组（刺绣、书法、阅读、棋牌、音乐、舞蹈、美术、体育等），发展兴趣爱好，培养"千里马"；第三步，搭建学生特长展示平台，锻炼"千里马"。

2. 建立了推进留守儿童工作的保障机制。

（1）组织保障。

成立了关爱留守儿童工作领导小组，明确职责、合理分工，制定《农村留守儿童调查研究工作实施方案》《留守儿童个人档案管理制度》《留守儿童关爱保护工作实施方案》《留守儿童课外辅导方案》《留守儿童联席工作制度》等一系列规章制度，从组织、制度上保障关爱保护工作有序进行。

（2）阵地保障。

以"留守儿童之家"为主阵地，设置留守儿童档案资料柜，分班建立留守儿童档案袋；设置留守儿童心灵驿站，安排教师管理并接受学生的心理咨询；开通亲情电话，用于留守儿童与家长、教师之间进行沟通；开设亲情视频，创建留守儿童视频QQ群、微信群，方便留守儿童父母对孩子亲情陪伴；添置电视机，提供众多优秀影片，丰富留守儿童的精神文化生活；推荐一系列好书，供留守儿童快乐阅读，增长知识。此外，添置各种活动设施和设备、音体美器材等，确保关爱留守儿童活动顺利开展。

（3）文化保障。

我们打造了以"关爱·家园"为主题的校园特色文化，以浮雕的形式设计了一组师生之间、学生之间相互关爱的画面，设置"关爱·家园"主题场景，全方位呈现关爱保护留守儿童的成果，制作学生DIY主题墙，走廊过道以诗词和中国画为主，辅以学生作品，呈现出校园应有的书香气息，营造留守儿童倍受关爱的主题文化氛围。

三、成果特点

（一）区域性

本课题是在县教科室指导下具体开展的，本校由全体教师共同参与研究，并得到了周边学校的广泛参与和支持，涉及教师百余人，学生上千人。

（二）持续性

本课题始于2014年学校开展的留守儿童关爱活动，2015年开始进行"探索农村留守儿童关爱保护之路"课题的前期研究，2016年正式提出了"农村留守儿童关爱保护研究"，于2017年6月结题。

（三）人文性

本成果体现以人为本、和谐发展的教育理念，关注教育对象中的特殊群体，促进儿童的健康成长。

（四）实用性

本项研究成果是众多农村基层教师在教育活动实践中不断探索形成的，对于农村留守儿童关爱保护有很强的针对性和可操作性，便于各农村学校和教师在教育实践中运用。

四、成果效果

（一）推广范围

本成果经历调查研究、专家引领、活动实践、经验总结、成果推广等研究过程，为区域性课题研究提供了可参考借鉴的范例，适用于县内外农村小学留守儿童的关爱保护，特别适用于留守儿童数量较多的农村小学。在县教科室的指导推动下，本成果已在县内实验小学、王云小学、凤石小学、杨家小学、罗家小学等学校进行推广应用。

（二）成果实效

1. 促进了农村留守儿童健康成长。

通过系列关爱活动，"三观"得以正确引导，留守儿童的学习成绩得到提升，各方面的能力得到锻炼发展。

2. 促进了学校教师的专业发展。

本研究的开展，增强了教师对教书育人和教育科研的认识，提高了广大教师的业务能力，培养出一批素质较高的骨干教师。

3. 促进了学校的可持续发展。

通过研究，学校校风、学习进一步好转，办学水平进一步提高，办学特色进一步彰显，辐射带动周边区域内的留守儿童关爱保护工作。

4. 促进了社会、学校、家庭的教育联系。

构建了家庭、学校、社会三结合的教育网络，有利于形成教育合力，为留守儿童的健康成长提供了可靠的保障，促进了社会的和谐发展。

撰稿人：牛　程
审核人：李中文

创建书香校园"三雅六构建"操作体系

完成单位：南充市人民南路小学

完成人：汪莉萍、李雪莲、鲜果、何雪梅、赵长吉

一、成果背景

（一）提出问题

1. 师生读书兴趣缺乏。

据我校学生问卷调查分析，喜欢课外阅读的孩子只占了 15％，55％的孩子讨厌阅读。而老师读书的兴趣也相对淡薄。

2. 教师专业成长意识疲乏。

现今，我校的部分教师不能与时俱进，没有过硬的专业能力，不能适应培育适应新世纪发展的人才的需要。

3. 学校书香气息匮乏。

我校历史悠久，校舍陈旧。教育教学设施设备不齐全，整个校园缺乏书香气息，未能为孩子们营造良好的读书氛围。

4. 家庭阅读氛围缺乏。

现今很多家长没有为孩子创造良好的家庭阅读气氛。

5. 美育熏陶匮乏。

美育以陶冶我们的情操为目的，使我们具有欣赏美和创造美的能力。但在许多家庭中，父母多忙于工作或经济条件受限，无法为孩子提供美育熏陶的环境。

（二）研究所要解决的问题

创建书香校园"三雅六构建"操作体系，解决以下具体问题：解决师生读书兴趣缺乏的问题；解决教师专业成长意识疲乏的问题；解决学校书香气息匮乏的问题；解决家庭阅读氛围缺乏的问题；解决美育熏陶匮乏的问题。

二、成果内容

（一）理性认识成果

1. 书香校园的内涵。

"营造书香校园"是指在新教育实验的理念指导下，通过创设浓郁的阅读环境与氛围，推荐优秀的阅读书目，开展形式多样的阅读方式，培养阅读兴趣与良好的习惯，使阅读成为伴随终身的生活方式，从而为建设书香社会奠定基础。

2. 书香校园的特点。

以学生发展为基础，通过创设浓郁的阅读氛围，探索以课堂为主、课外校外为两翼的新的教育模式，进一步提高师生的人文素养，全面提高学校的教育教学质量，加强学校特色建设，努力营造"书香校园"，走内涵发展之路。

（二）实践操作成果

1. 本课题研究立足实践，从环境、课程、机制、活动等方面入手，确定了"三雅"和"六构建"具体目标与内容。

"三雅"：

校园高雅：通过优化环境创造条件，营造适于阅读的学校文化氛围。

教师儒雅：通过强化机制，促进阅读，转变教师的价值观念、教育观念。

学生文雅：通过优化资源，夯实活动，探索出学生阅读习惯培养的有效措施，促进学生整体素质全面提升。

"六构建"：

构建了具有浓郁书香特色的校园文化环境；构建了系列读书活动；构建了教师专业发展的路径；构建了家校共育模式，提高学生人文素养；构建了以"书香溢校园、经典润童心"为主题的一系列充满浓郁文化气息的活动模式；构建了书香校园研究途径与相关机制。

2. 以"三雅"目标为依托，探索出了有价值的形式与方法。

（1）构建了具有浓郁书香特色的校园文化环境。

（2）构建了读书活动系列。

①建立了完善的组织机构、制定出严格的管理制度。学校设立"校长—部门负责人—班主任"三级读书组织，建立学校、家庭、社区读书协调小组。

②规定读书时段。1～3年级每天安排20分钟，4～6年级每天安排30分钟。

③学生开展"六个一"读书活动。每天背一首诗歌；每月办一次手抄报；每月读一本好书；每学期读一本中外名著并摘录；每学期进行一次"我是小书圣"活动评选；每一学年举办一次"读书节"。

④教师开展"五个一"读书活动。每位教师订阅一份教育刊物；每天自学一小时；每月读一本教育专著；每月写一篇学习心得或教学反思；每月在周四教研活动时间开展一次读书沙龙活动。

⑤以生为本、开展主题读书活动。每学期举行丰富多彩的读书活动；成立读书社团、红领巾广播站；每月评选优秀广播员、文明班级。

⑥通过社会调查、公益劳动等社会实践活动，把读书活动与学生身边的社会结合起来。

（3）构建了教师专业发展的路径。

利用培训，促进教师专业成长；利用校本教研活动提高教师专业素养。

（4）构建了家校共育模式，提高学生人文素养。

学校要求教师每学期坚持进行家访，并做好家访记录；建立家校联系卡。

（5）构建了以"书香溢校园、经典润童心"为主题的一系列充满浓郁文化气息的活动模式。

我校在实践过程中，定期举办各种形式的汇报、展示活动；每周一在升旗仪式后进行国旗下的讲话。

（6）构建了书香校园研究的相关机制。

建立创建书香校园研究的管理机制；确立创建书香校园研究的运行机制；完善创建书香校园研究的激励机制。

三、成果特点

（一）视角创新

将创建书香校园作为薄弱学校发展的全新视角。本成果重点探索了在留守儿童占大多数比例的学校，如何提高学生综合素质，增强教师职业幸福感。此外，教育部近两年来提倡发展学生"核心素养"的研究，故培养孩子的品格和人文底蕴也成为我校进行创建书香校园研究的必要内容。

（二）实践创新

开展了"三系列"读书实践活动。一是教师读书系列活动；二是学生读书系列活动；三是亲子读书系列活动。

四、成果效果

（一）推广范围

1. 学术上。

成果形成以来，研究人员先后在《中国教育探索与实践》《教育》等期刊上发表《浅谈小学海量阅读策略》等文章。

2. 区域示范上。

成果已运用在本地区多项培训中：区级"群文阅读"教学培训；区级"经典进课堂"培训等。课题组成员多次受邀到本地区其他学校做经验交流。

（二）成果实效

1. 学校发展。

浓缩传统精华，确立了学校发展全新生长点；营造浓郁书香氛围，建设了独具特色的校园文化环境；学校办学质量大大提升。

2. 学生成长。

学生爱上阅读，养成了良好的行为习惯；学生的学习方法更优，学习成绩明显提高；学生养成良好的品格，核心素养得到发展。

3. 教师发展。

提高了在职教师的专业水平；提升了主研教师的研究能力。

4. 社会效益。

书香校园实践活动中，我校开展各项活动，相继成立了"经典诵读工作组""家长学校工作组"等十余个专项活动工作团队。

撰稿人：赵长吉

审核人：李光明

农村中小学"幸福教育"策略

完成单位：阆中市石龙镇中心学校
完成人：张军、杨钊、张军、张志斌、冯燕

一、成果背景

有关幸福的话题，从来不缺乏世人的关注和探讨。幸福的教育也是许多学校和教育人追寻的理想目标。可是，石龙镇中心学校，这所平凡的乡村中心学校，有一些让人感到不幸福的因素：远离父母的、孤独的孩子，教学任务繁重的老师，被"读书无用论"所干扰的家长，单调乏味的课余生活。但这里的孩子淳朴憨实，对知识极度渴望；这里的老师勤恳踏实，甘愿为教育发展奉献自己的力量。虽地处农村，存在一些不利因素，但广大师生自身固有的有利条件可被利用，幸福教育切实可行。于是我校确定了本课题，旨在解决以下问题。

（一）解决"留守儿童难以获取幸福"的问题

阆中市石龙镇中心学校是石龙镇上的乡村中心学校，学生绝大多数是淳朴的乡村孩子。这是一个较为偏远的乡镇，经济发展滞后，思想也较为保守，当地青壮年绝大多数都选择在外谋生。由于经济或者是精力原因，很多年轻的父母选择把自己的孩子留在家乡上学，照顾孩子们的责任便落到了爷爷奶奶们的头上。爷爷奶奶年老体弱、思想落后，对孩子的照顾仅仅停留在吃饱穿暖、不惹麻烦的层面上，和孩子们的思想交流很少，即使沟通，双方也难以达成共识，不能够从根本上解决问题。调查发现，留守学生普遍缺乏安全感和幸福感。

（二）解决"教师职业倦怠不幸福"的问题

一是随着经济的高速发展和信息时代的来临，人们的思想受到了巨大的冲击和变化，很多年轻的老师也选择"走出去"，到更广阔的天地中施展自己的才华。这种情况使我校老师教学任务普遍较重，部分教师开始疲于应对教学任务，缺乏主动学习、终身学习的意识。二是部分学生缺乏正常的家庭教育引导，认为读好书不一定就能过上富裕的生活。这样的思想灌输，让一部分孩子看轻知识、看轻老师，产生厌学心理。三是很多孩子容易到受外界的负面影响，沉溺在游戏、电视剧中难以自拔。这种现状，影响了学生对知识的专注和渴望。种种因素叠加在一起，造成了学生上课没有兴趣，老师工作没有激情的状况。

二、成果内容

（一）理性认识成果

近年来，随着"幸福教育"理念进课堂，相关活动大量的开展，学校紧紧围绕"孝行""雅行""成长""提高"四大关键词，以全面提高教育教学质量为核心，以实施"学生快乐成长行动、逐步提高，争做孝心少年，教师爱生乐业行动、家长满意提升行动、教育内涵推进行动"为重点，大力推进"幸福教育"工程，打造和美教育品牌，促进学校内涵发展。在过程中，大家升华了对"幸福教育"理念的认识，树立了正确的人生观。

（二）实践操作成果

1. 构建了幸福课程暨校本教材体系。

学校组织所有教师的力量，群策群力，开发校本课程。每位教师除在教学本专业的一门课程之外，再根据个人专长申报开发一门校本课程；全校每一名学生根据自己的爱好与特长，每学期至少选择一门自己喜欢的校本课程进行学习。

2. 构建了幸福课堂。

学校追求的幸福课堂是以完善学生的人格成长，促进学生的智慧发展，提高学生的综合素质为目标的理想课堂。在这里，不仅仅有传统的知识讲授，更有学生的主动积极探求。教师提供充分的空间，鼓励学生通过多种手段对知识进行更多的拓展延伸。学生在探求的过程里不仅仅增强了好奇心和求知欲，更体会到了自己探索知识新视角的快乐与满足。

三、成果特点

（一）理念特点

"幸福教育"是一项师生发挥主体创造性的教育。在"幸福教育"中，师生都是教育活动的创造者和受益人。"幸福教育"则希望通过师生自己的努力，实现人的全面和谐的成长，尽最大努力让每个人获得成功的智力、高尚的德行、丰富的情感。在学校课题发展成长的过程中，师生收获的不仅仅是知识，还有愉悦的精神享受。因此，在其实施的过程中，师生的思想是自由的，创造力是无穷的。

（二）实践创新

在课堂教学中渗透"幸福教育"理念。针对初中小学生不同的身心发展水平，学校开发了不同的"幸福教育"课程，小学班级可以通过手工制作、童谣大赛，初中班级通过主题班会、辩论赛、书信等不同主题的活动，感知身边的幸福。

在课堂教学中开展"幸福教育"活动。开设"幸福教育"宣传活动、开展幸福心理教材的学习活动等，让人从中感受到学习和生活中的点滴幸福与快乐。初中生通过音体美等艺术课堂，全身心浸润于艺术的洗礼，从中感受幸福。

在艺术月中举行"幸福节日"。每年的5月至6月12日是我校的艺术月。在本月，我校将举行大量的活动，如演讲比赛、合唱比赛、生活技能大赛、师生篮球赛、象棋赛等活动，活动既充分展示了孩子们的才能，又丰富了学校生活，加强了班级的凝聚力。幸福节日在6月12日这一天，孩子们身着盛装，洋溢着幸福的微笑，观看文艺汇演，庆祝自己的节日。

四、成果效果

（一）"幸福教育"指引我们前行的路

"幸福教育"，不仅仅是一种简单的口号，也是一种坚定的信念。它使老师从烦闷中摆脱出来，在周围的影响下产生愉悦感，进而拥有一种成长的力量，绵长而持久。"幸福教育"使学生在学校、在课堂上感知到学习的乐趣，让自己的心听到自己成长的声音。所以，即使他们将来离开了老师，离开了学校，遇到困难挫折时，老师的谆谆教诲犹在耳旁，鼓励他战胜困难，勇往直前。他接受的教育，让他知道了应该怎样自信坚强地生活与学习。

（二）师生群策群力追求幸福

在教育试验或活动中，师生们积极参与、踊跃思考，主动发挥创造性。面对新的教育形式，师生们的精神状态焕然一新，纷纷以积极的状态来面对。他们普遍认为："幸福教育"，不应该是一种负担，而是一种千呼万唤始出来的教育改革，是一种责任，一种愉悦的精神体验。这样，在实施"幸福教育"的过程中，师生的配合度极高。

（三）产生了强烈的社会反响

"幸福教育"策略成效显著：一是多篇论文在阆中及南充等地教科研杂志上发表，对我校也是一种积极的宣传。特别是我校胡锋老师的《追逐幸福教育》在《教育导报》上的发表，让我校的"幸福教育"理论走出阆中，得以在更广阔的天地与更多的教育同行相见；二是多次接待了市级同行的参观学习，在本片区形成了一种强大的影响力，与多所学校建立了友好帮扶关系，起到了很好的示范引领作用。

"金无足赤，人无完人"。不可否认，我们在此课题的研究中还存在很多的不足，但是，这样的理论已经深深扎根于每个师生的心里。课题的结束，不是我们迈向幸福路的终点，而是又一个新的起点。相信我们会在"幸福教育"理论的指引下，走向更辉煌灿烂的明天！

撰稿人：冯　燕

审核人：张　平

中学生和谐发展的内容与活动结构优化方案

成果完成单位：四川省南部中学

完成人：廖茂杰、张晓彬、邓小东、冯天光、舒勋全、唐兴

一、成果背景

（一）中学生成长中出现的不和谐现象

经调查和案例分析，我们发现许多中学生与同学、老师、家长关系不和谐；公德意识、环保意识差；过分关注成绩，忽视身心健康，自我发展不和谐。

（二）以"和"治校的思想理念

"和实生物，同则不继""和而不同"等传统文化理念，是我们立德树人，促进学生和谐发展的思想基础。

（三）当代教育改革发展方向

《国家中长期教育改革和发展规划纲要（2010—2020)》《新课标》及中学生"六大"核心素养，要求我们以人为本，促进学生和谐发展。

（四）成果解决的问题

解决中学生与人交往、与环境和自我身心发展的不和谐问题，实现人际和谐、环境和谐、自我和谐。

二、成果内容

（一）理性认识成果

1. 成果既是促进学生和谐发展的课程理念，也是促进中学生和谐发展的有效教学方式。

2. 厘清了学校办学理念与学生发展的关系。

（1）必须以中学生的和谐发展为本。

（2）学校淬炼出"德才兼善、和谐发展"的办学理念。

（3）坚持"科研兴校、科研兴教、科研强师"发展观。

（二）实践操作成果

1. 建构了中学生和谐发展的内容与活动结构总体认知方案。

中学生和谐发展包含面临的问题与促进和谐发展的途径和措施两个方面。

问题表现为：中学生与同学、老师、家长关系不和谐；与自然环境、社会环境不和谐；与自我身心发展不和谐。

途径和措施为：建构认知方案是前提，优化内容与活动结构是核心。创新管理评价模式保障落实，课程体系提供资源保障，高效教研模式提供智力支持。

2. 优化了学生和谐发展的内容与活动结构。

针对中学生和谐发展问题，我们优选活动内容，形成从初一到高三六个年级的梯级活动结构。如：

为促进中学生人际和谐。我们确定了尊重、互助、合作的主题，以结识新同学、体育游戏、小组合作、班会演讲、星级寝室评比、男女同学正确相处等形式建构与同学和谐相处的活动结构；以理解、平等、沟通为主题，以感谢师恩竞唱、师生书信交流、关爱留守学生、平等对话、颂歌献老师、心理辅导等形式建构与老师和谐相处的活动结构；以感恩交流、家校协同为主题，选择亲子游戏、家长沙龙、共商升学志愿等形式建构与家长和谐相处的活动结构。

为促进中学生与环境和谐。以环保为主题，以谢河镇自然探秘、"爱鸟周"、文明劝导、校园综合实践、红岩子饮用水质调查、毕业植树等建构与自然环境和谐活动结构；以公民意识为主题，参加社区义务劳动、做"四雅"新人、拒绝抛洒纸片等形式建构学生与社会环境和谐的活动结构。

为促进中学生自我和谐。确定身心健康主题，以"两操一活动"、大型团体操、篮球联赛、"运动两会""艺术两节"、兴趣社团特长课程、科技创新、心理健康课程、高考减压等形式建构自我和谐的活动结构。

3. 创新了和谐发展管理评价制度。

（1）"四三三三"学校民主管理模式。

"四"是指学校、年级、班级、学生四级民主管理系统；"三三"是指民主管理"三坚持、三完善"，即坚持教代会制度，完善民主决策机制；坚持依法治校，完善制度建设；坚持校务公开，完善民主监督机制；"三"是指开门办学，构建学校、社会、家庭"三位一体"教育共同体。

（2）"四优化"教师"千分制"评价模式。

"千分制"是我校实行的《教师工作目标量化考核方案》，总分 1000 分，俗称"千分制"。从师德师风、常规工作、教师研修、教学质量及满意度测评等方面对教师进行全方位评价；"四优化"是指优化完善"千分制"，优化评价主体，优化评价内容，优化评价效应，为学生和谐发展提供优质师资。

（3）学生综合素质"四评价"模式。

建立学生成长记录档案，以学月为单位如实记录学生在校初、高中各三年的表现、态度、学业水平、综合素质、实践能力等内容，反映学生的成长发展，采取学生自评、小组评、老师评、家长评"四评"模式，定性与定量结合，突出发展性评价，尊重学生的差异化发展。

4. 建构了促进学生和谐发展的校本课程体系。

我校先后开发了 50 多册校本课程，德育为必修，选修涉及科学、艺术、实践等系列，家长课程为特色。形成了国家课程、地方课程、校本课程、家长课程并行的课程模式，为学生和谐发展提供了课程保障。

5. 形成了促进学生和谐发展的"三四"高效教研模式。

"三"指优化师德建设、提升教师业务素质、优化高效课堂建设三环节；"四"指教师构建高效教学模式的四步骤：学习理论（转变观念）──→集体建模（建模示范）──→个体建模（各具特色）──→科研课题（形成成果）。

三、成果特点

（一）理论创新

确立了把"和文化"思想与中学生和谐发展相结合的研究方法与理念；通过对中学生和谐发展的研究，实现学生、教师、学校、家长的和谐发展。

（二）实践创新

建构了促进中学生和谐发展的多种活动模式和教师"千分制"评价模式；建构了促进中学生和谐发展的家长课程开发模式。

四、成果效果

(一) 推广范围

本成果建构的认知方案、优化的内容与活动结构、创新的管理评价制度、建构的校本课程体系、形成的"三四"教研模式，改进了办学理念，提升了师生及家长认知，促进了中学生和谐发展，可供城乡中学广泛借鉴运用。

(二) 成果实效

1. 学生素养显著提升。

通过和谐教育，我校学生的人际交往，与环境、自我和谐发展的意识和能力增强，综合素质全面提高，即团结友善、尊师孝老、爱护环境、文明守纪、身心健康。近几年，获得省市科技创新、艺体大赛等级奖数百项。

2. 教师专业化水平普遍提高。

教师转变了教育观念，认识到学生身心健康、和谐发展是我们的根本任务，并在实践中贯彻差异发展观，注重学生个性特长的培养。涌现了一批教学能手，多人获省市县竞教等级奖，在省级以上刊物发表相关论文百余篇。

3. 彰显了学校优质教育品牌。

我校教师"千分制"得到教职工认可，多所学校前来考察学习，评价甚高，《四川省招生考试报》进行了专题报道；学校先后成为全国优秀家长学校，省级德育、校风、阳光体育、科技教育、交通安全、校本研修、绿色学校等示范校；是10多所重点高校的生源基地校。

4. 产生了良好的社会效应。

我校中学生和谐发展成效显著，南充市高中教育质量研讨会、中学生田径运动会、各科年会、市家长学校经验交流会相继在我校召开；上级主管部门多次来校考察调研；《教育导报》《南充日报》、市县电视台及多家教育官网等媒体对我校成果进行了报道；我校对甘孜州道孚一中和本县多所薄弱中学进行了对口帮扶，受到好评。

撰稿人：舒勋全

审核人：严　谨

城市小学生文明礼仪养成的校本课程开发模式

完成单位：南充市五星小学

完成人：蒋鸿荣、王孜孜、黄晟铭、张秀明、汪映言、苏娜

一、成果背景

在建设五星好学校、培养五星好学生、提升五星好质量的进程中，学校通过机构重组、多级互动、项目推动等方式，深入开展课题研究，着力解决了关于城市小学生文明礼仪养成中出现的四大问题：认识错位，个体知行脱离，家校社德育合力不足，学校德育管理实效性不高。并以此为抓手，推动学校提档升级、内涵建设、绿色发展。

二、成果内容

（一）理性认识成果

1. 文明礼仪养成是城市小学生道德养成的坚实根基。

礼仪作为一种修养，是多层次道德规范体系中最基本的行为规范之一，文明礼仪养成的过程就是道德认知、道德情感、道德意志、道德信念、道德行为内化于心、外化于行、落地生根的过程。

2. 家校社合作是城市小学生文明礼仪养成的根本合力。

家庭教育是基础，学校教育是主导，社会教育是支撑。只有三者形成合力，发挥各自不同的教育功能，形成多层次、全方位、立体化的教育体系，才能有效发挥"白+黑、5+2"的效力，使孩子们在校做个好学生，在家做个好孩子，在社会上做个好公民。

3. 校本课程开发结构化是城市小学生文明礼仪养成的基本路径。

校本课程开发必须以理念为先导，以课标为蓝本，以内容为依托，以评价为保障，学校、家庭、社区、网络多渠道实施，五位一体，相互支撑，使之结构化、系统化，实现让文明落地、让礼仪生根的目标。

（二）实践操作成果

1. 制订了《城市小学生文明礼仪养成校本课程标准》。

课程标准是课程开发的纲领性文件，指导文明礼仪校本课程的开发和实施。课程标准包括课程性质、课程目标、实施建议等，各部分既要功能突出，又要协调一致。我们参考《品德与生活》《品德与社会》等国家相关课程标准，细化文明礼仪教育目标，既有阶段性，又有连贯性。

2. 构建了城市小学生文明礼仪养成校本课程开发的实践模式。

我们设计了"五彩树"课程开发结构体系。育人目的是核心，文明礼仪是途径，校本课程是土壤。教育经典是理念之树，阶段目标是标准之树，六类课程是内容之树，四种路径是实施之树，检测量标是评价之树。课程内容是课程开发的现实呈现，直接作用于学生，是从理念到实践的具体化。活动课程全面开花，学科课程并驾齐驱，社团课程长善救失，环境课程潜移默化，家校课程和衷共济，网络课程即时速递。其中，主题活动课程更是学校特色。

（1）五星大讲堂，学生登台讲礼仪。

主讲专家不是学者，不是领导，也不是老师，而是学生。小学生当大专家，没有学究气，非常接地气。在文明礼仪方面，有人讲《三字经》中的礼仪，有人讲《弟子规》里的规矩，有人讲礼仪趣闻，有人讲礼仪教训，有人讲待客之礼，有人讲观赏之礼……

（2）校长会客厅，师生互动聊礼仪。

教育，需要俯下身子，需要安坐下来，倾听孩子的心声。蒋鸿荣校长就是这样做教育的，他有时把会客厅设在学生食堂，和孩子们边吃边聊，一来近距离了解孩子们是否学会了就餐之礼，二来听听孩子们在礼仪实践中遇到了哪些问题，看看该怎样应对；他有时把会客厅放在教师书吧，典雅的环境、温馨的气氛让孩子们畅所欲言，蒋校长倾情荐书，聊传统习俗，聊国际礼仪。

（3）商品交易会，你来我往守礼仪。

在现代商业活动中，当然要讲究商务礼仪。通过商品交易会，孩子们明白了什么是公平交易，互惠互利，在交际情境中学习仪容之礼、仪表之礼、仪态之礼、交谈之礼等，这些也是城市小学生文明礼仪素养的重要内容。

（4）红色游学课，缅怀先烈遵礼仪。

革命传统教育是德育的重要内容，缅怀先烈，当然要懂得祭奠之礼。每学年下期，学校会组织五年级各班学生，到重庆进行红色游学之旅。这项活动是文明礼仪教育的一次学习、一次检验、一场检阅。整个过程中，我们可以清楚地看到，每个学生在排队、乘车、参观、祭奠、就餐、就寝等方方面面的表现。这就是读万卷书，行万里路，习万般礼。

（5）经典诵读，全员参与懂礼仪。

我们理解的经典不仅仅是国学典籍，一切人类文明的优秀成果都是经典。希腊神话、美国绘本、英国诗歌、法国小说、日本诗词……无论古今中外，都可兼收并蓄。关注生命成长，倡导生活教育，给孩子和老师搭建"一个都不少"的舞台，我们的每一个孩子和老师都是参与者。我们关注每一个孩子在舞台人生中的经历，珍视每一个孩子舞台人生的感受。在为期四天的展示活动中，各年级分别以舞蹈春秋、铭记苦难、律动四季、铿锵华夏、礼仪启蒙、家国情怀、蓓蕾俏绽为主题，分七个场次进行展演，精心编排，紧密串联，吟诵为主，辅以舞蹈、歌唱、京剧等多种艺术形式，让孩子们在演出中亲身感受传统礼仪文化，成为观赏之礼的一次重要实践。

3. 创立了城市小学生文明礼仪养成校本课程的评价体系。

学校建立了以"五星六礼"为内容，以学生自评为主，学生、教师、家长共同参与评价的"五星小学学生文明礼仪课程评价量标"体系。评价分年段进行，评价过程就是学生"学习、对照——改进、完善"的过程，孩子们在评价中提升文明礼仪素养、增强个体品德修养、提高公民道德修养。

三、成果特点

主要呈现三大特色，一是城市小学生文明礼仪养成课程化，就是把文明礼仪教育标准化，通过形式多样的课程内容，推动学生文明素养的养成；二是城市小学生文明礼仪养成立体化，是指学校、家庭、社会、网络全方位、全时段展开文明礼仪养成教育，确保全员参与，全程覆盖；三是城市小学生文明礼仪养成生活化，是把文明礼仪教育融入学生现实生活之中，回归生活，涵养德行，厚植滋养。

四、成果效果

通过城市小学生文明礼仪养成的校本课程开发，增强了整个学校的德育实效性，整体推动了学校教育质量的提升，产生了广泛的社会影响。通过数据统计，我们发现，通常文明素养越高的孩子，学习成绩也越好。

2016 年以来，课题负责人蒋鸿荣受邀在中国好老师公益联盟四川启动仪式、省陶行知研究会"问道教育"高峰论坛、新学校联盟（深圳）研讨会等多个重要活动中就文明礼仪教育进行专题交流发言。2017 年 5 月 16 日，我校参加了在德阳市第一小学举行的四川省教学改革创新联盟专题研讨活动，蒋校长就文明礼仪校本课程开发在学校管理论坛上做了主题发言。课题研究专题报告《从校本课程出发让文明素养落地》入选《校长领导力与学校品牌建设》丛书，该书由教育部主管的国家级报刊《语言文字报》编辑出版发行。

近年来，学校先后接待市内外参观访问 1000 余人次，各级媒体专题报道9 次，文明礼仪教育成果在南充市城市小学应用推广。清华大学新闻学院院长、全国人大教科文卫主任柳斌杰，原北大校长周其凤等专家来校调研时，对彬彬有礼的五星孩子大加赞赏。

撰稿人：黄晟铭

审核人：李光明

以新农村建设为契机提高
学生生态文明素养的策略

完成单位：西充县凤鸣镇小学

完成人：杜圣、陈志、吴德刚、袁鸿燕、王荣波、何旭梅

一、成果背景

随着工业化进程的加快和人口的快速增长，世界各国都面临着日益严重的生态危机。党中央审时度势，提出进行生态文明建设的重要战略决策。

2010 年，西充县被确立为"生态文明建设工程示范试点县"，随后，凤鸣镇成为省级新农村建设示范镇，先后建成了佛归寺、双龙桥、三元桥村等示范新村，和谐发展、可持续科学发展、低碳生活、环境保护、高效节能等生态文明理念逐渐深入人心。

课题组在全镇范围内，对教师、学生家长和学生，开展了生态文明意识和素养方面的调查，却发现他们在这方面都存在着不少的问题。

因此，我们如果能让每一个人的生态文明素养都得到极大提高，那么，我们就会真正明白习主席提出"绿水青山，就是金山银山"的良苦用心。

二、成果内容

（一）理性认知成果

1. 厘清了在新农村建设背景下提高学生生态文明素养的相关概念。

（1）生态。

就是指一切生物的生存状态，以及它们之间、它与环境之间环环相扣的关系。人们常常用"生态"来定义许多美好的事物，如健康的、美好的、和谐的事物等均可冠以"生态"之名来修饰。正如自然界的"生态"所追求的物种多样性一样，我们需要尽力维持生态系统的平衡发展。

（2）生态文明。

生态文明是人类为保护和建设美好生态环境而取得的物质成果、精神成果和制度成果的总和，是贯穿于经济建设、政治建设、文化建设、社会建设全过程和各方面的系统工程，反映了一个社会的文明进步状态。

（3）生态文明素养。

生态文明素养是指对以人与自然、人与人、人与社会和谐共生、良性循环、全面发展、持续繁荣为基本宗旨的文化伦理形态所保持的敬畏之心和良好习惯。总的来说，生态文明素养除了指人们对环境问题和环境保护的认识水平和程度，即"知"的水平外，还包括人们保护环境的行为取向和具体行动，即"行"的表现，是"知""行"的完美结合。

2. 通过研究，形成了对新农村建设背景下提高学生生态文明素养的全新认识。

经过三年的实践，我们认为学校生态文明建设与实践是提高学生认识、转变生活方式的有力载体，是打造学校特色、提升学校品质的有效路径，是促进新农村建设与社会可持续发展的基础性、先导性工程。

通过三年的探索，我们明白了，提高学生生态文明素养，需要创建生态绿色校园，构建生态教育体系，形成生态校园文化，抓好生态行为实践，完善生态制度。如下图所示，创建生态绿色校园是在新农村建设背景下提高学生生态文明素养的重要载体；构建生态教育体系是新农村建设背景下提高学生生态文明素养的强大根基；形成生态校园文化是新农村建设背景下提高学生生态文明素养的必要核心；抓好生态行为实践是新农村建设背景下提高学生生态文明素养的关键纽带；完善生态制度是新农村建设背景下提高学生生态文明素养的坚实保障。

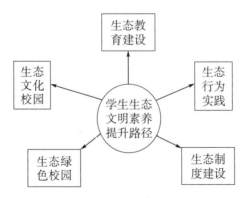

（二）实践操作成果

1. 建立了以课堂教学和社会实践为载体的教育体系。
（1）探索出了提高学生生态文明素养的途径。
（2）探索出了学生自主管理的生态育人模式。
2. 构建了生态实践行为运行模式。
（1）构建了生态行为实践操作模式。
（2）建立了生态消费行为教育机制。
（3）建立了生态保护行为教育机制。
3. 构建了提升学生生态文明素养的评价体系。

课题组还先后制定了《西充县凤鸣镇小学开展生态文明建设工作实施方案》《凤鸣镇小学清洁卫生要求和评分细则》《凤鸣镇小学"新三好"学生评价办法（试行）》《学校生态文明建设督查考核暂行办法》《凤鸣镇小学生态文明建设工作考核细则》《全民卫生行动及生态文明"进学校"工作责任区域》等规章制度，作为提高学生生态文明素养的工作机制和长效管理机制。

三、成果特点

（一）整体性

将"生态文明素养"校本课程所实施的环境教育纳入学校的整体教育工作中，各学科之间相互联系、相互渗透，着眼于学生的全面发展，注重能力的培养、素质的提高、创造思维的发展。

（二）实践性

"生态文明素养"校本课程的实施过程中，开展了大量的实践活动，使学生从实践中学会"用事实说话"，在事实中明白道理，在实践中培养能力。

（三）主体性

在"生态文明素养"校本课程的教学与实践中，要充分尊重学生的主体地位，激发和调动学生自我发展的积极性和创造性，满足学生的求知欲望和自我表现的欲望。

四、成果效果

（一）成果推广范围

（1）本地区的新农村或新农村正在建设中的学校。

（2）拥有健全的团支部、少先队组织的学校。

（二）成果实效

（1）学生生态文明意识和行为更加自律、更加生态，综合素质得到提升。

现在学生的生态文明知识更加丰富；生态责任意识、生态保护意识、生态节约意识、生态监督意识逐渐增强；生态行为日趋规范。

（2）教师教育教学的手段、方式更加多元、更加丰富，专业素养全面提升。

通过提高生态文明意识，教师深化了生态文明教育的理念，找到了生态文明教育的路径，改进了对学生的评价方式，促进了教师的专业发展。

（3）校园环境更加优美、管理更加高效，提升了办学品味和育人功效。

现在，自然生态优美，校园规划布局合理，文化设施丰富多样。推行管理生态，构建了教学、教研、行政的生态组织系统。倡导人际和谐和绿色高效理念，建立了生态教育课程体系和绿色人才培养模式。

（4）学校生态文明建设形成了生态发展的利好趋势，提升了家长的素养，赢得了社会的广泛称赞。

三年的实践探索，引领教师和学生形成了共同的价值观、人生观、世界观，师生以学校的荣辱为自己的荣辱，以家乡的秀美为自豪，师生关系、家校关系不断得到改善，人民满意度大大提高。

撰稿人：杜　圣

审核人：谢洪麟

中学生传承孝道文化的实践

完成单位：西充县育英中学

完成人：贾超、黄永奎、杜小琼、任猛光、张平、李刚

一、成果背景

现在的中学生，特别是生活在农村的中学生，以留守儿童居多，有些还是来自单亲家庭。其中少数学生自小就生活在一个比较狭小的生活空间，由于亲情缺失，友情缺失，心态失衡，他们既自傲自负，又自轻自贱。

教育学生传承孝道文化，就是让学生在道德观念、道德情感、道德行为上知孝、传孝、行孝，使其在孝道文化实践中内化于心、外化于行。我校突出以"尊敬、体贴、关心、感恩"为主题的孝道文化实践活动，不断寻求新方法，探索新途径，培养学生由爱父母、爱长辈的情怀，推及为爱他人、爱社会、爱祖国的高尚情操，这是本课题研究的价值所在。

二、成果内容

（一）理性认识成果

1. 厘清了几个重要概念。

（1）"孝"的认识。

"孝"是立德之本，其基本含义是子女对父母尽心奉养并顺从。"孝"为"百德之首，百善之先"，反映了中华民族极为重视孝的观念。

（2）孝道的理解。

"弟子入则孝，出则悌，谨而信，泛爱众，而亲仁。行有余力，则以学文。"孔子从人性的本能出发，提出"爱自亲始"，首先教育子女孝敬、爱戴自己的父母，然后旁及他人。孝道是儒家伦理的第一德目，是中国传统道德体系中最基本、最重要的道德内容，也是中国传统文化的重要组成部分之一。正是由于这种孝道精神的影响，中华民族才形成了尊老爱幼、孝敬老人、赡养老人

的传统美德。

（3）孝道文化的解读。

传统的孝道文化包括敬亲、奉养、侍疾、立身、谏诤、善终。在社会发展的历史长河中，传统的孝道文化起到了不可估量的作用：于自己，修身养性；于家庭，融洽亲情；于国家，敬业报国；于社会，团结凝聚；于历史，塑造文化。孝道文化的核心就是敬老养老，但孝道文化也应该超越亲子关系、家族体系，成为维系社会各种关系的普遍道德准则，进而推及仁爱，珍惜天地间的一切生命。

2. 形成了对中学生孝道文化传承的全新认识。

构建系统的教育内容是孝道教育的先导与基础，遵循自然与科学的规律是孝道教育的前提与准则，提升孝道意识与形成能力是传承孝道文化的核心与关键。

（二）实践操作成果

1. 建立了以学校教育和社会实践为载体的教育体系。

（1）构建学校孝道文化传承操作策略，如下图所示。

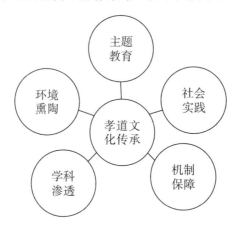

（2）构建了西充县育英中学星级学生多元评价体系。

（3）编撰了《孝道文化知识读本》校本教材，编撰了《中小学生文明礼仪教育手册》。

2. 构建了中学生孝道文化传承管理策略。

（1）制定了育英中学孝行制度。

（2）拟定了育英中学学生"怀孝心践孝行"反馈表。

（3）课题组结合我校的实际情况，研究制定了"育英中学十大孝星评选活动"方案，形成了育英中学孝星评价方案体系。

三、成果特点

1. 主题活动。

以班团活动为主阵地，进行系列化孝道教育。

2. 环境熏陶。

以校园文化和地域文化为熏陶，在潜移默化中影响学生。

3. 学科渗透。

以课堂教学为辅助，学科教学渗透孝道教育。

4. 社会实践。

以学校为主，与家庭和社会形成合力，促进学生树立孝道意识，传承孝道文化。

5. 构建机制。

强化行为习惯为保障，敦促学生养成行孝意识。

四、成果效果

（一）构建了新型孝德的校本课程体系

1. 一个目标。

通过课程学习和实践体验活动，使学生学会感恩父母，感恩师长和朋友，感恩集体和社会，促进了学生感恩人格的形成，把学生培养成了具有孝心、爱心、诚心的人。

2. 三个概念。

"孝心"即"孝顺之心"，就是感恩父母；"爱心"即"仁爱之心"，就是感恩他人；"诚心"即"赤诚之心"，就是感恩社会。

（二）培养了学生良好的孝德行为

1. 孝心献父母。
2. 爱心献老师。
3. 诚心献社会。

（三）形成了孝文化教育的良好氛围

1. 学生实践，知孝行孝。
2. 老师亲为，言传身教。
3. 家长参与，以小促大。
4. 乡镇共建，弘扬美德。

（四）为学校赢得了良好的社会声誉

通过这几年的孝道教育，学校校风纯正、学风浓郁，赢得了一定的社会声誉。近几年，我校获得了众多的集体殊荣："市示范高中""市校风示范校""市文明单位""县名校""县依法治校先进单位""县六好基层关工委学校"等，涌现出了省级先进教师 1 人，市级先进教师 6 人，县级先进教师 35 人；在历年的中考、高考全县量化评比中，均有教师获得表彰奖励。

总而言之，孝道教育是一项长期的系统工程。我们清楚地知道，我们所做的一切，只不过表明我校在孝文化建设方面，有了一个良好的开端。我们不会因为已经取得了一定的教育成果而沾沾自喜，我们会进一步加大学习研究和宣传弘扬的力度，努力把"孝文化"教育打造成为我校的亮点工作和德育特色性品牌，让孝文化建设在我们学校结出更加丰硕的成果。

撰稿人：任猛光
审核人：谢洪麟

中学生文明礼仪养成教育"双环"策略

完成单位：四川省西充中学

完成人：杨明、杜成永、韩敏、蒲小川、冯长霖、王治飞

一、成果背景

习近平总书记在五四运动 95 周年之际勉励青年学生："青年的价值取向决定了未来整个社会的价值取向，而青年又处在价值观形成和确立的时期，抓好这一时期的价值观养成十分重要。"

近年来，西充县加快推进"四城"建设，城乡面貌显著改观。但同时，随着城镇化建设的推进，城乡居民之间不协调、不文明的现象也凸显出来。我校虽然是四川省一级示范性普通高中，但研究前调查显示，学生中仍然存在着一些不良习气。因此，加强中学生的文明礼仪养成教育，让中学生成为一个讲文明、守礼仪的高素质公民，势在必行。

二、成果内容

（一）理性认识成果

1. 厘清了两个概念。

（1）文明礼仪。

广义地讲，文明是人类改造世界的物质成果和精神成果的总和，是一个国家或民族的生产、文化、思想和社会风尚发展的反映。狭义地讲，文明就是个人行为，不会伤害、妨碍他人和社会，不会引起他人的不快。

礼仪是人类为维系社会正常生活而要求人们共同遵守的最起码的道德规范，它是人们在长期共同生活和相互交往中逐渐形成，并且以风俗、习惯和传统等方式固定下来。"文明"与"礼仪"两者之间存在着这样一种关系：文明是礼仪的高度概括，属于道德的范畴；礼仪是文明的具体表现，属于行为习惯的内容。

（2）养成教育。

《吕氏春秋·本生》中说："始生之者，天也，养成之者，人也，能养天之所生而勿撄之谓天子。"所谓养成教育，是指在特定的社会环境中，教育者综合运用多种教育方法、手段，对受教育者在后天环境中进行培养和教育，使受教育者自身素质提高，最终成长为德才兼备的人。

2. 文明礼仪养成教育"认识三到位"。

（1）学校认识到位。

学校编写了校本教材《四川省西充中学文明礼仪养成教育读本》《四川省西充中学学生文明礼仪养成教育规范》，制定了文明公约。

（2）教师认识到位。

文明礼仪是师德修养和榜样示范的精神平台。教师文明行为的示范，能引领学生的文明礼仪和精神风貌。我校教师编写了《四川省西充中学文明礼仪养成教育论文·案例·主题班会选编》，收录论文43篇、案例8篇、主题班会10篇，涉及为人处事、待人接物、行为习惯、正反案例、校园文明礼仪文化建设等方面。

（3）学生认识到位。

文明礼仪培养是展现自我和提升自我的必备品格，要帮助学生改变自己不文明的形象，让自己成为有知识、有品位、有教养的中国人。学生们编写了《四川省西充中学文明礼仪养成教育学生小论文集》，收录小论文87篇，涉及说话、做事、待人接物、孝老爱亲、行为习惯、交通行走等方方面面。同时，学生会还制定了《践行文明礼仪承诺书》。

（二）实践操作成果

在不断总结并实践的基础上，我们构建了中学生文明礼仪养成教育"双环"策略。以"文明礼仪养成教育"为核心，内环的重点在"行为"，关键在"习惯"，本质在"内化"，目标为"素养"；外环的"行为"通过"制度"规范理顺，"习惯"通过"教育"养成强化，"内化"通过"课程"激发实现，"素养"通过"评价"促进提升。内环集中呈现了中学生文明礼仪养成教育的基本内容，外环针对问题采取适当的方法和措施，双环紧扣，构建了中学生文明礼仪养成教育的"双环"策略。

1. 习惯养成教育。

采用"八大手段"（主题班会、校刊宣传、展技宣传、网络宣传、校园广播、黑板报宣、电子屏宣、学校共育），教育宣传落实到位。

2. 制度规范行为。

建立"八大制度"（形象文明礼仪、课堂文明礼仪、活动文明礼仪、集会文明礼仪、交往文明礼仪、就餐文明礼仪、就寝文明礼仪、社会文明礼仪），教育制度设计到位。

3. 课程激发内化，开发系列课程，校本教材落实到位。

我们开发了系列校本课程：《文明礼仪与做人》《文明礼仪与做事》《优良家风·家教·家训传承》《孝老敬亲讲座》等。编写了《四川省西充中学文明礼仪养成教育读本》《四川省西充中学文明礼仪规范用语和动作》《四川省西充中学励志教育读本》《孝老敬亲故事读本》《四川省西充中学文明礼仪养成教育学生小论文集》等八本校本教材。

4. 评价促进素养。

实施"八方考评"（值日班考评、自觉会考评、年级组考评、值周班考评、学工处考评、家委会考评、社会化考评、学校总考评），教育规范执行到位。

三、成果特点

此项成果具有极强的针对性、操作性、示范性。在厘清中外有关养成教育概念的基础上，提出了"认识三到位"的设想，即"学校认识到位""教师认识到位""学生认识到位"。在此基础上，构建了中学生文明礼仪养成教育"双环"策略，环环紧扣，整体推进中学生文明礼仪养成教育。

四、成果效果

（一）学生文明素养大幅度提升

随着文明礼仪养成教育的深入推进，学生获得各级三好优干的人数逐年增多，学生综合素质全面提升。

（二）教师文明礼仪素养进一步提升

学校强化师德师风建设，每期开展一次教师文明礼仪养成教育活动。教师为人师表的形象进一步提升，教师的示范作用进一步彰显，教育教学再创佳绩。

（三）学校文明礼仪教育跃上新台阶

1. 文明礼仪蔚然成风，文化积淀更加厚重。
学校在教室、寝室、食堂、过道、楼梯、广场、花园等处，设置了有关文明礼仪的标语、口号、吊牌、展板、提示等。乱丢垃圾的人少了，乱写乱画的人没有了，爱护学校公共财物、花草树木、节约水电、自觉将自行车存放在指定地点的人多了，学校文明礼仪处处彰显。

2. 教育质量不断攀升，办学水平大幅提高。

校风促教风，教风促学风，良好的校风、教风和学风，提高了学校教育教学质量和整体办学水平。

（四）辐射作用明显

1. 为地方政府创建省级文明城市做出了贡献。

我校先后 3 次接待省、市、县相关单位的参观学习，为西充县人民政府申报四川省文明城市做出了应有的贡献。

2. 为地方中小学开展文明礼仪教育提供了示范。

我校的研究成果为地方中小学开展文明礼仪教育提供了示范。先后有 12 所本地学校来校参观学习，西充县校园文明礼仪文化建设现场会也在我校召开。

3. 为地区中小学开展文明礼仪教育提供了借鉴。

我校的研究成果也为南充市中小学开展文明礼仪教育提供了借鉴。2015 年以来，先后有 9 所县外学校来我校参观学习，提高了成果的应用率，扩大了学校的影响，进一步提高了学校的知名度。

（五）社会影响好

《语言文字报》在教育周刊上以"鲲鹏展翅行万里，大道中行沐春风"为题，对我校师生的文明礼仪等方面进行了报道；《四川工人日报》以"立德树人铸精品，真抓实干创名校"为题，对我校的校风校貌、思想道德建设等方面进行了报道；《精神文明报》以"构筑文化高地，打造精神特区"为题进行了报道。2016 年 11 月，在南充市优秀校本课程成果评选中，《四川省西充中学文明礼仪养成教育读本》荣获一等奖、《孝老敬亲故事读本》荣获二等奖。论文《礼仪让青春闪光》《该"棒打"还是"棒喝"》，发表于《教育科学论坛》2017 年第 6 期上旬刊。

撰稿人：杜成永
审核人：谢洪麟

幼儿良好行为习惯养成教育

完成单位：仪陇县新政幼儿园

完成人：王英梅、许玲、脣兰、蔡玉梅

一、成果背景

（一）加强养成教育是当前大环境的需要

在我国，随着生活水平的提高，子女在智力发展水平和身体状况方面一般表现出较大的优势，而优越的生活和家长的溺爱也使一些儿童产生了不良的品德和行为习惯。

（二）加强养成教育是素质教育的需要

百年大计，教育为本。现在的幼儿就是将来实现中国梦的主力军，他们将来的行为思想对我国未来的社会风貌、民族精神有着决定性的影响；教育是一个人独立于社会的基础，还决定了人的工作效率和生活质量，因此，在幼儿园实施养成教育是提高全民素质、全面实施素质教育的需要。

（三）有助于解决幼儿教育存在的实际问题

当前，幼儿行为习惯及培养存在一些问题：一是幼儿自身有不良习惯，如厌食、挑食、不讲卫生、没有礼貌；二是有的家长过于溺爱孩子，大小事情都由大人包办代替；三是有的教师不重视幼儿良好行为习惯的培养，教育观念滞后，教育方法呆板，造成了幼儿良好习惯的养成教育缺乏实效性。

二、成果内容

（一）理性认识成果

充分提升了对幼儿良好行为习惯养成教育的认识，切实解决了对习惯培养认识不足的问题，杜绝了教师和家长只注意孩子学习的问题。

一是认识到良好的行为习惯是人一生最大的财富。良好的行为习惯对于人的生活、学习、劳动、事业的成败关系重大，也是孩子全面发展的基础。

二是认识到加强幼儿良好行为习惯培养是社会现状的迫切需要。生活中部分孩子存在衣来伸手、饭来张口的现象，形成了自私、霸道、以自我为中心的不良品性，导致其心理脆弱，社会适应性差。

三是充分认识到培养幼儿良好行为习惯是社会主义教育事业向前发展中的重要组成部分。孩子是祖国的未来、民族的希望、家长的期望。

（二）实践操作成果

通过对课题的深入探究，切实探索出了幼儿良好行为习惯的培养策略。

一是以身垂范，给孩子做榜样。培养幼儿良好的习惯，教师、家长必须以人格育人格，以德育德，要求幼儿做到的自己首先要做到，通过榜样作用，帮助孩子从小事做起。

二是实践体验，为孩子创造实践自我价值的机会。从小培养孩子的自立、自主精神，合理对待孩子的生活起居，坚持放手让孩子做力所能及的事。

三是制订与孩子能力相符的习惯养成教育要求。教师要根据不同年龄阶段孩子的特点和发展水平提出与其能力相符的要求。

四是积极鼓励持之以恒。良好的习惯要经过不断重复，反复实践才能养成。

五是家园协同配合，形成教育合力。促进家园结合、社会配合，引导家长认识到培养幼儿良好生活卫生习惯的重要性。

六是按照幼儿的一日常规细则对班级孩子进行引导，我们幼儿园通过对此课题深入的研究，制订出了新政幼儿园幼儿日常常规。

七是坚持赏识教育，少伸食指，多竖拇指。多认可学生、赞美学生，促进学生进行自我教育。

八是充分调动积极性，帮助学生逐步提高自我管理能力。培养自我管理能力是养成教育的归宿点，让幼儿自身或幼儿间相互进行监督管理，提升自我教育的能力，自我教育的机会增多，行为习惯的养成就有了保障。

三、成果特点

（一）养成教育内涵清晰

养成教育所涉及的内涵包括生活、学习等内容，通过研究，我们进一步明确了幼儿行为习惯养成教育的内容：要切实加强道德习惯（文明、纪律、安全、诚信方面）、活动习惯（思考、参与、组织、创新方面）、生活习惯（饮食、起居、卫生、消费等方面）、劳动习惯（技能、学习、毅力等方面）的培养。

（二）培养目标导向明确

养成教育需要明确行为习惯培养研究的目标，要全面贯彻《幼儿园工作规程》《幼儿园教育指导纲要（试行）》，健康身心、培养兴趣、获得经验、启迪智慧，促进每个幼儿富有个性地发展，促进保教保育工作整体水平的提高。

（三）研究措施科学有力

一是加强自学与集中学习相结合，提升教师的理论水平。二是走出去学习优秀幼儿园的先进经验，2016—2017年间，所有参加课题研究的教师都分别到省、市、县示范幼儿园参观学习。三是开展有目的的大型教育活动，根据时间节点，开展相关主题教育。

四、成果效果

（一）助力师生发展

通过本课题的研究，教师们受益匪浅，提高了理论水平和引导幼儿行为习惯培养的能力，更新了教育观念，职业认识得到较大提升；当孩子行为习惯得到较好的培养与发展时，幼儿其他方面的成长也会达到事半功倍的效果，如能遵守规则、生活自理、讲文明礼貌，从而为幼儿的一生成长奠定了良好基础。

（二）助力幼儿教育发展

通过课题研究的深入，我园幼儿的行为习惯得到了较好的培养，养成教育成效明显，取得了良好的办园成绩，得到了上级部门及家长们的肯定和认可。同时，也是全面贯彻当前幼儿教育方针政策的重要体现，在养成教育研究方面，进一步充实了内容，探索出了养成教育的培养策略。

撰稿人：王英梅

审核人：李　辉

普通高中学生责商评价的实践

完成单位：四川省营山中学校

完成人：曾振宇、魏羽飞、唐建全、李云中、余玲、桂浩文

一、成果背景

良好品德是健全人格的根基，是公民素质的核心。在当今世界，民族素质和创新能力越来越成为综合国力的重要标志。国际竞争的加剧，推动基础教育课程向着更加重视公民道德教育、更加重视创新意识培养的方向发展，基础教育的历史重任要求我们加强社会主义核心价值观的教育。

二、成果内容

（一）理性认识成果

1. 责商评价是对传统教育评价的超越。

责商，即责任商数，类似于情商、智商等概念，是衡量个体责任高低现状的指数，是决定个体行为选择和责任承担与否的关键因素。

我们根据党和国家的政策与多元智力理论、第四代教育评价理论和谭焱心的责商理论，提出了"普通高中学生责商评价的实践研究"课题，这是对传统教育评价的超越。

2. 责商评价与学生学业成绩的关系。

我们深刻地认识到：责商高低与学生学业成绩的优劣密切相关。学生信念越坚定，意志越坚强，所取得的成功可能就越巨大；学生的责任行为和生涯行为掌控力越强，理想就越远大。通过责商评价，学生充分认识到学习科学文化知识是自己的责任，把全部身心投入学习，提升了学生的责商，从而提高了由学生的学业成绩。

3. 导致本地高中学生责商问题的主要因素。

此次研究得出导致本地高中学生责商问题的三大主要因素：家庭教育、学

校教育和社会教育。三者共同影响了当地学生的责商。

（二）实践操作成果

1. 评价指标和评价指标体系。

评价指标：我们按普通高中生责任培养途径，构建了"331"普通高中学生责商评价的模式。

2. 责商评价操作策略。

（1）通过问卷，摸清学生责商现状。

调查结果显示：70％以上的学生意志薄弱，经不起挫折，集体意识和社会责任感不强。

（2）开展以责商评价为主要内容的校本研修。

由校长牵头，课题组倾力合作，用半年多的时间编写出了《心灵与责任》一书，作为校本教材。继《心灵与责任》之后，课题组老师编写的另一本校本教材《生命安全与责任》，也获得了高度的评价。

（3）以责商评价活动为载体促进学生责商意识提高。

活动一：专题教育讲座。

对高一新生进行入学教育；对高一、高二各班班主任和心理委员进行培训；举办高中女生青春期专题讲座；为高三学生举办考前心理辅导专题讲座。

活动二：安全主题活动。

开设安全责任课程，抓好三个层面的建设：从理念层面规避学校安全责任风险；从制度层面规避学校安全责任风险；从策略层面规避学校安全责任风险。

开展"11·9"消防宣传月活动，举行消防灭火救援紧急疏散演练。

活动三：邀请校友回母校讲学。

邀请校友、北京师范大学文学院副教授张国龙回校讲学。

邀请校友、四川大学教授陶德源回校讲学。

活动四：师生能力展示。

积极组织开展珍爱生命活动讲座、消防逃生演练并及时收集反馈信息。

组织开展心理辅导，开展心理与责任教育并及时收集反馈信息。

（4）邀请家长参与责商评价研究。

普通高中生责商培养要注重家校结合，每学期召开学生家长会，班主任及任课老师向家长介绍学生的在校表现，家长向班主任反映学生在家里的情况。

学校对学生责商培养要注重与社区结合，我们设置了社区调查问卷，请社区共同参与培育学生责商和责商评价。

3. 责商培养的方式和责商评价操作流程。

（1）责商培养的方式。

高中生责商培养的方式需要学校、家庭、社会三方共同参与到学生的培养教育活动中。责商培养学校应主动发挥其教育职能，家庭应创造良好的家庭氛围，为学生营造积极的成长环境；而社会需要为学生责商能力的培养做好保障工作。

（2）责商评价操作流程。

我们以责商信念、责商行为和责商效果三个维度构建起了动态成长与多维动力牵引系统，即以"'信'确保'行'，保证'行'达成'效'，达成'效'再优化"。形成"信、行、效、优"的操作体系。它以责商评价为手段矫正航向，可以激发和唤醒学生的强大潜能。

三、成果特点

1. 研究对象的新视角。

本研究切合时代脉搏，以性格和人格形成关键期的高中学生为研究对象，有效地简化和节省了学校思想道德工作者的工作，同时也保障了高中学生当前的全面发展，有利于他们将来的职业发展。

2. 本课题研究特点。

本研究主要从责商的概念本质出发，对其责任感内容进行调查和分析，形成了个体责商评价体系，使责商评价直接可操作化，具有很强的实践意义。同时，本研究选取高中学生作为研究对象，既丰富了责任研究的对象，也结合了学生身心发展的特点因素，为以后的研究提供了具体的范例。

3. 实际应用价值。

研究高中生的责商评价和培养机制，有利于家长和老师了解和掌握学生的责商现状，可以有效针对出现的问题改进教育教学方式，帮助提升学生的责商，对教育实践具有一定的现实意义。

四、成果效果

自责商探研及实践在学校蓬勃开展以来，教师、学生、学校、家庭、社会都积极配合、联动互促，呈现了前所未有的可喜局面。

（一）责商教育增强了学生责任意识和能力

乐学、勤学之风初露端倪，通过提要责商教育，学生们变得自信、自重、知荣辱、负责任、明礼仪、会感恩。

（二）责商教育提升了教师的教育教学水平

1. 夯实了成功育人的根基。

学校领导和教师们踊跃参与相关论文的撰写，多位教师荣获《教育科学》杂志一等奖；合格课展评活动定期举行；每期两次的"百花讲坛"有序开展；市县校级竞教活动中涌现了一大批教学新秀；教育教学绩效得以大幅度提升。

2. 教育教学善用责商评价。

评价具有鉴定、导向、诊断、矫正等功能。我们的老师在教育教学中善于用评价的诊断、导向、矫正等功能，促进学生对照责商评价标准发现问题，进行自我认识，将评价标准转变为自觉行为、自我完善、自我发展，我们开展责商评价的实践意义和目的也在于此。

（三）责商教育使家长懂得了播种责商灵根

在学校共建了家庭社会责商育人机制后，家长们懂得了全程育人贵在内在动力、人生疏导、思维行为矫正的道理和方法。

（四）责商教育促进了学校和社会可持续发展

运用责商思维导向管理创新了学校管理机制，为学校的长足发展注入了持久的活力。

撰稿人：余　玲
审核人：罗拥军

课程与教学

高中学生英语阅读理解能力
提升的校本课程开发

完成单位：四川省白塔中学

完成人：冯涛、马长青、王志华、张颖、赵智、全晶

一、成果背景

中学英语教学大纲指出："阅读是理解和吸收书面信息的能力，它有助于扩大词汇量，丰富语言知识，了解英语国家的社会文化背景，阅读也是人们获得信息和知识的主要手段。"学好英语的关键在语感，因为语感是语言的灵魂，而语感的获得又与阅读休戚相关。因此，要学好英语，必须形成良好的阅读习惯，掌握科学的阅读方法。

通过多年教学的实践我们感到，学生接触和使用英语的时空受到一定的限制，因此，进行英语阅读教学研究不仅具有重要的现实意义，更是提高学生英语阅读能力，为其终身发展奠定基础的必然趋势，也是时代发展的必然趋势。本课题《基于高中学生英语阅读理解能力提升的校本课程开发实践研究》的开展，正是基于这样的背景提出的。

二、成果内容

（一）理性认识成果

"基于高中学生英语阅读理解能力提升的校本课程开发实践研究"是适应新时期素质教育目标实现的重要条件，在新课程标准中被列为英语课程任务的第一条。课题帮助学生树立自信心，养成良好的英语阅读习惯，形成有效的英语阅读和学习策略，发展自主学习的能力和合作精神，又力求探索以兴趣教学贯穿课堂的教学流程：激发英语学习兴趣—输入信息—实践应用—体验成功，从而得出教学必须以学生"乐读、乐学、会读、会学、会用"为指导思想。

（二）实践操作成果

本课题主要是通过探索、研究并提高高中学生英语阅读理解能力，促进学生学习成绩、自身素质和自主学习成效的提高，建立了"基于高中学生英语阅读理解能力提升的校本课程开发实践研究"的目标体系。

1. 构建"基于高中学生英语阅读理解能力提升的校本课程开发实践研究"的目标体系。

2. 研制"基于高中学生英语阅读理解能力提升的校本课程开发实践研究"的内容体系。

3. 研制"基于高中学生英语阅读理解能力提升的校本课程开发实践研究"的方法体系。

4. 建立"基于高中学生英语阅读理解能力提升的校本课程开发实践研究"的网络体系。

5. 构建"基于高中学生英语阅读理解能力提升的校本课程开发实践研究"的评价体系。

三、成果特点

（一）理念创新

成果在以校本课程为载体，遵循英语阅读教学法则，构建合作发展模式上有创新之处。

1. 以校本课程为本，促进教师和学生共同发展，具有时代性。

2. 以"引领、合作、驱动"为研修策略，建构师生成长系统，在研修理念上有独到的见解。

3. 以"学习能力、教育能力、研究能力"为目标，具有专业发展指向，建立了"师生共同发展"的生态体系，在教师专业发展方面有新的认知。

确立的"基于高中学生英语阅读理解能力提升的校本课程开发实践研究"理论对当前中学英语阅读教育具有指导意义，为今后深入实施英语教育开辟了新方向。

（二）技术创新

1. 一批优秀英语教师根据多年教学经验，结合高中生在日常英语阅读中存在的困惑，编写了一套高效英语学习的方法和技巧，帮助学生摆脱不得要领、盲目学习、呆学瞎练或低效学习的困境，成倍提高英语教学的效率和质量。

2. 弥补现行英语教材的不足，比如以课文为中心的杂乱编排词汇、零散安排语法等缺陷，使学习内容高度系统化、规律化，使学生容易学，使教师容易教，大大减轻了教与学的负担。

3. 启发学生探索、发现英语学习内容的规律、要领、特点、道理，不仅让学生吃得透、用得活，而且切实培养学生自主学习的兴趣和能力，为提高我校英语教学水平充当改革先锋。

四、成果效果

（一）学术上

1. 编写并出版《高考英语阅读短文七体裁高效训练》。

2. 《高考英语阅读短文七体裁高效训练》参评市校本教材评比获得一等奖。

3. 高一英语教师荣获四川省高中英语课堂教学展评活动一等奖。

4. 高 2015 级学生参加全国中学生英语竞赛，其中有 19 人荣获省一等奖，48 人荣获省二等奖，82 人获三等奖。

5. 我们撰写的文章《高中英语泛读教学缺位现象的思考及对策》发表于《双语报》2015 年 21 期。

6. 《高中英语读写结合教学模式初探》发表于《学苑教育》2016 年 5 月期。

7. 微型课题《优化阅读教学策略研究》于 2016 年 10 月顺利结题。

（二）区域示范上

1. 应用。

成果已运用于本区其他学校的高中英语阅读教育中，如高坪中学、南充十一中。

2. 学习交流。

区内外，南充一中、绵阳、射洪中学等 10 多所中学到我校交流，就基于高中学生英语阅读理解能力提升的校本课程开发实践研究成果进行了经验介绍。

（三）产生的教育效益及社会影响

1. 学生方面。

（1）学生英语阅读的积极性和主动性得到了显著提升。

（2）学生的阅读习惯逐渐养成，阅读能力有效提高。

（3）学生的个性得到了充分发展。

（4）学生的综合素养得到了提高。

2. 教师发展。

学校全体英语教师参加教材的研发，赢得了继续教育的良机，提高了教师的专业化素质。校本课程的研发培养了一批一专多能的复合型、科研型的教师群体；促进了教师教育观念的转变，提高了教师素质，使教师的理论水平、业务能力、研究技能都迈上了一个新的台阶。教师的业务素质得到提高，教研组整体实力得到了提升。

3. 学校发展。

通过课题研究，锻炼培养了一支教研结合的教师骨干队伍：从事研究的教师既有效地提升了自己，又在学校工作中发挥了辐射、带动作用，既带动了其他学科教师的成长，又带动了英语学科的整体发展，还提升了学校的教科研内涵，为学校发展增添了活力，从而创建了一所有着深厚文化底蕴、充满活力的教师队伍和学生素质和谐发展的人文特色学校。

"基于高中学生英语阅读理解能力提升的校本课程开发实践研究"在我校共计86个班级进行了推广实验，取得了突破性进展，英语教学质量大幅度提升。

4. 对社会的影响。

通过课题研究，教师队伍的师德水平有了明显提升，学生的思想认识和学习水平也得到了显著提升，从而使得学校和教师在社会上赢得了较好的声誉；家长对教育领域相关问题的投诉率明显下降，社会的教育满意度显著提高，学校形成了风正气顺的教风、学风、校风，教师淡泊名利、静心教书、潜心育人的氛围逐步形成。

撰稿人：张 颖

审核人：龙红林

乡村创意灯谜文化课程资源开发与研究

完成单位：阆中市柏垭中学校

完成人：戚绍勇、马志勇、李治兵、陈香、罗力鸣、张艺川

一、成果背景

（一）研究的缘起

校本课程的开发，是当今我国课程改革乃至教育改革的热点问题。校本教研的目的就是要解决学校管理能力、师资水平、生源质量这三个制约教育发展的瓶颈问题，有效促进学生发展，提升办学内涵。我校是一所农村寄宿制高中，受招生政策的调整和一些社会因素的影响，近年来，我校生源质量有所下降，学生学习兴趣不浓，教学质量难有突破，教师难以在工作中找到尊严和认同感。针对我校现状，我们尝试开发了乡村创意灯谜文化课程。

（二）研究所要解决的问题

我们着眼于学生的未来，致力于使学生获得终身学习所必需的能力，锻炼学生思维品质，提升学生学习兴趣，希望他们的学习、生活状况能因为我们的付出而得到一些积极的改善。

二、成果内容

（一）理性认识成果

校本课程开发首先表现在课程决策的变革上，它为学校提供了一个能够充分发挥自身优势与活力的空间。开发校本课程，其意义不仅在于改变自上而下的长周期的课程开发模式，使课程迅速适应社会发展的需要，更重要的是还建立了一种以学校教育的直接实施者（教师）和受教育者（学生）为本位、为主体的课程开发决策机制，使课程具有多层次满足社会发展和学生需求的能力。

校本课程的内容选择要以地域的教育性开发为推手，并形成特色。我校地处国家 AAAAA 级风景区阆中，古城民俗文化精彩纷呈，而与古城灯戏、花鼓戏等联系密切的灯谜文化，却长期以来被人们忽略。开发以灯谜文化为内容的校本课程，激发了师生们热爱家乡、建设家乡的激情，有利于形成文化传承的意识。

（二）实践操作成果

1. 构建了"灯谜"课程研发体系。

首先，构建了"灯谜"课程开发总系统，并通过实践经验总结出校本课程开发的模式。课程总目标是系统的灵魂，在其余子系统的互动发展中，要始终贯穿课程总目标这一主线。

其次，确定了课程总目标：引发学生好奇心理，激发兴趣，满足求知欲望；使学生学习到灯谜的基本知识，掌握以猜射为主的基本技能；通过灯谜知识的学习，能够初步感悟和鉴赏灯谜中渗透着的中华优秀传统文化；倡导学生自主性学习，尊重个体的不同学习体验和学习方法，开展主动参与、交流、合作、探究等多种学习活动，学会学习；提高学生的审美能力，发展学生的创造性思维和创新精神，逐步养成良好的人文素养和人文品格。

第三，构建了较为完整的教材体系。在教材编写上，我们遵循"从学生中来，到学生中去"的原则，首先编写出讲义，经过一年的教学实践，综合学生在学习过程中的具体情况，在原有讲义的基础上增删相关内容。在教学过程中反复研讨，教材几易其稿，最终形成了较为完善的教材——《灯谜》。教材一共五章：灯谜知识概说、名著灯谜解说、微型灯谜故事、灯谜谜题整理、灯谜活动掠影，约八万字。教材内容注重各科知识的结合，跨界特征明显，有利于学生的发散思维训练和各科知识的整合。教学时间安排为一学年。

2. 探索出了一套行之有效的教学体系。

一是以激发学生的兴趣来引导教学，一个灯谜寥寥数语，一段故事妙趣横生，教师短短几句话，就可以带领学生走入传统文化浩瀚的星空，让学生流连忘返。

二是倡导以自主探究、合作学习的学习方式来组织教学，单个同学的思考不一定能得到正确答案，小组讨论却又可能擦出灵感的火花，找到正确的方向，让学生收获意外惊喜。

三是在教学中处理好学生的个体性发展与共性发展的关系。每一个学生能主动发展自我，这是学生个体性的发展，具体表现在兴趣、爱好、特长等方面的发展，最终深化为创新精神和创新能力的发展。学生的共性发展也同样重要，例如，小组合作学习方式有利于学生养成和谐相处、尊重他人、平等协商等良好生活习惯。

3. 初步确立起学生学习评价体系。

评价思想是"立足教学过程，促进学生发展"。评价原则则综合了整体性评估、科学发展观、人文关怀理念、评估主体多元的综合评价原则。关于评价内容，我们设计了"学校灯谜社团学生评价表"，内容由"知识技能评价""学习能力评价""情感态度评价"三部分组成。"知识技能评价"包含灯谜基础知识的掌握，对灯谜中蕴含的古代传统文化的了解，灯谜猜射技能的掌握等；"学习能力评价"包含课堂思维表现活跃、知识迁移能够实现、自主意识强，能独立思考问题等；"情感态度评价"包含对灯谜文化有深厚的兴趣、有积极努力的精神状态、有合作精神、与社团成员和谐相处等，三部分 17 条子目合计 100 分。评价方式：首先，在纵向上划分为学生自评和教师评价，在横向上划分为学生自评和组内互评，评价每月组织一次，按照"自评 30%＋组评30%＋师评 40%"的比例汇总，确定学生等级，最后由组长将评价结果写在评价表，并上报指导教师。

三、成果特点

（一）时间上的延续性

该课题于 2014 年立项，但之前即有将近三年的前期准备，我们努力在校园文化建设中营造校园灯谜文化氛围，处处彰显的特色灯谜让学生耳濡目染、潜移默化。三年的研究中，我们处处结合学生实际和教学实际，用大量的活动、课例来逐渐推行、验证，一步一步探索、搜集，以寻求理论的获取和创新。这种课程研发的模式，也可以成为学校今后课题科研的一个参照。

（二）操作上的可行性

传统文化的唯美性、思维上的拓展性、活动课的多样性，让我们的课程研发不再晦涩枯燥，而是趣味十足，操作性很强。

（三）内容上的创新性

如何提高学生的学习兴趣，答案不尽相同。我们的选择是将学生的个人成长和终身成长、家乡情怀、传统文化联系起来，让学生真正收获自信和幸福。

它不仅仅是一种单一枯燥的课程的存在，还深入师生的学习和生活，并成为一种启迪智慧、训练思维的文化元素。跳出应试教育的桎梏和藩篱，探索乡村学校突出重围的新路子，不以学习成绩作为检验学生能力高低的唯一标准，重塑学困生的自信心，提升他们的学习热情和人文素养，也帮助学校形成了自己的特色，丰富了校园文化建设的内涵。

四、成果效果

我们初步形成的灯谜课程，正在社团中展开教学，随着教材内容的日臻完善，我们拟将其作为一门选修课，在本校和兄弟学校学生中更大范围地推广。

2014 年，阆中市学校内涵发展现场会在我校召开，灯谜文化作为我校特色教育亮点，得到了与会专家、学者的认可。在会上，校长戚绍勇做了专题发言。

几年来，我们多次接待兄弟学校的参观学习团，课题研究成果及校本课程开发得到了兄弟学校的高度肯定并被作为参考依据。

2017 年 5 月，我们的课题参加了南充市教科所课题研究的阶段性成果展示，并荣获一等奖。

撰稿人：陈　香
审核人：张　平

小学语文随文练笔策略序列

完成单位：南充市嘉陵区大通小学

完成人：苏春霞、苏晓蓉、覃文娟、蒲晓愉、邓世英、曾敏

一、成果背景

"小学语文随文练笔策略序列"是 2014 年立项的一般课题，于 2017 年完成了预定的研究任务。三年来，课题组对"小学语文随文练笔"进行了比较系统、深入的研究，梳理出了"随文练笔点"，形成了序列；探索出了"随文练笔读写双赢"的教学模式；构建了小学语文随文练笔的评价体系。

成果主要解决教育教学改革和发展中的以下问题。

（一）解决教师不知怎么教的问题

1. 教学中存在盲目性，使得学生练笔存在随意性。
2. 没有根据年龄段要求来练笔。

（二）解决学生不知怎么写的问题

1. 引导学生善于发现素材。
2. 促进学生习作能力的提高。
3. 提高学生驾驭语言的能力。

（三）解决评价单一的问题

二、成果内容

（一）理性认识成果

1. 深化了相关概念的认识。

阅读教学，指为了着重培养理解书面语言的能力而进行的一系列语文训

练，是在教师的指导下，学习自主的阅读实践活动。学生在阅读活动中具有自主性、独立性，教师起引导、点拨作用。不能以教师的讲解代替学生的阅读实践。

随文练笔，即紧紧跟随阅读教学，在阅读教学中随机进行写作训练。它就文取材，把学生的语言组织运用和课文内容的理解有机地结合起来，使其相互交融，相互促进。它是阅读过程中落实语言文字训练，促进读写结合的一项有效措施。

2. 深化了阅读与写作之间关系的认识。

阅读是吸收，写作是表达，二者看似两端，实为一体。"读写结合"是中国语文教学的精华之一。两千年前，西汉著名的辞赋家杨雄就说过："能读千赋，则善为之矣。""读"与"为"的关系，就是阅读与写作的关系，而"随文练笔"是读写结合的一种体现，是一种最直接的教学行为。这种行为使作文教学有所依傍，有所参照。因此，此举不失为提高学生语文综合能力的有效途径之一。

（二）实践操作成果

1. 探索出"小学语文随文练笔"教学模式。

（1）总结出实施随文练笔的基本教学模式。

（2）在阅读教学中巧向课文借"生花妙笔"。

——巧向课文借"题目"，引导学生自主命题。

——巧向课文借"选材"，引导学生善于发现素材。

——巧向课文借"语言"，提高学生驾驭语言的能力。

（3）在阅读教学中通过模仿实现由读到写的迁移。

——通过仿写范句锻炼学生运用语言的基本功。

——通过仿写范段提高学生构段的能力。

——通过仿写篇章增强学生谋篇布局能力。

（4）在阅读教学中进行丰富多彩的学以致用迁移实践活动。

——变换文体练习写。

——发挥想象补充写。

——填补空白扩展写。

2. 形成了"小学语文随文练笔"的序列。

（1）低年级随文练笔策略。

——识字训练，写好一手字。

——说好、写好一句话。

——写好几句话。

（2）中年级随文练笔策略。

——构段训练。

——构篇训练。

（3）高年级随文练笔策略：审题、立意、选材、组材、修改、观察等的训练。

3. 完善了师生在"随文练笔"教与学中的三大策略。

即找准落点策略、掌握方法策略、巧妙评价策略。

4. 构建了"小学语文随文练笔"评价体系。

——强化学生练笔作品展示评比机制。

——强化课堂练笔评价机制。

——强化随文练笔多种评价机制。

三、成果特点

1. "随文练笔策略序列"，指导我们利用语文教材中的文本，拓展延伸点，有效地挖掘文本中的练笔资源，引导学生开展各种形式的习作实践，在阅读中发展习作，在习作中促进对阅读的深化理解，实现两者的双赢。

2. "随文练笔策略序列"这一研究成果进一步更新了教师的习作教学观念，促使教师在进行阅读教学的过程中，适时捕捉写作教学的契机，改革作文教学方法，提高教师教育科研水平，提高教育教学质量。

3. "随文练笔策略序列"这一研究成果的运用，树立了学生的写作主体意识，激发了学生的写作兴趣，充实了学生的写作内容，为学生创设自由倾吐的氛围，使写作成为学生愉快生活的一部分，不再是苦差事。

四、成果效果

"小学语文随文练笔策略序列"课题成果使实验教师的素质有了飞跃性的发展和提高。

（一）提高了教育水平，增强了教学能力

有了具体的方法和理论作支撑，教师仿佛插上了腾飞的翅膀。教师上课做到有理可依，有方法可循，有了一套可以操作的技术，教学能力便可以再上一个台阶。

（二）更新了教育观念

课题成果使教师的教育观念有所更新，一是明确了教育科研与振兴教育的关系，树立科研兴教的观念；二是明确了教育科研与教育改革的关系，树立教育要改革，科研须先行的观念；三是明确了教育科研与提高教育质量的关系，树立向科研要质量的观念；四是明确了教育科研与教师的关系，树立教师是教育科研的主力军的观念，仅仅会上课而不会教育研究的教师不是新时期的合格教师。观念是行动的先导，更新了观念，学校也便形成了良好的学术氛围。

（三）让学生作文水平快速提高

由于在平时的教学中做到了减负增效，学生有了更多的时间来关注作文，我们依托文本资源，强化随堂练笔，使学生的作文水平得到了较大的提高。

撰稿人：苏春霞

审核人：王　瑜

小学生手绘线条图像表达能力培养策略

完成单位：南充市高坪第一小学
完成人：何明凌、张会、袁海燕、曾珠、申跃君、刘辉

一、成果背景

（一）研究的缘起

线条手绘是最为常见的绘画表达方式，手绘线条图像形象鲜明、绘制快速、用具简单、形式多样、易于掌握。手绘线条图像的表达重视基础，不受时空、地点限制，不受工具技法约束，更容易面向全体小学生。手绘线条图像是学生最为实用的技能之一，能有效解决师资问题、教育资源问题和工具问题。"手绘线条图像"作为美术教育的基础造型课程，重点在于小学生能力的培养，不仅能培养学生的造型能力，还能使学生的表达能力、分析能力、创新能力、全面的观察能力、审美能力等都得到有效提升。它还能使小学生在有策略的教学中，增强自信、发展个性、培养创新精神，并为其持续发展奠定基础。但目前，尚且没有以"小学生手绘线条图像表达能力培养策略"为主的研究。因此，我们提出《小学生手绘线条图像表达能力培养策略研究》这一课题，在探究教学理念、研究教材、结合学生实际、反复教学实践的基础上，形成系统的教学策略和方法、形成理论支撑，开发手绘线条的教学内容、形式与方法，并形成校本教材。以期构建提高小学生手绘线条图像表达能力培养的有效模式。

手绘线条图像是人们最为常见的绘画表达方式，是最简洁、最质朴、最富于表现力的造型手段，它对美术具有普遍意义，并可成为从事各种职业都用得着的工具。绘画工具的缺乏，使得对学生手绘线条图像的表达能力培养显得尤为重要。目前，大多数教师对手绘线条图像表达对学生的作用认识不够，对相关教学内容的重视也不够，教师对于如何运用手绘线条表达来培养学生审美能力的教学理论探索不足，很少运用这个美术最基本的造型手段来进行教学，没有形成系统的教学策略与方法。如何培养小学生手绘线条图像表达能力，目前

还没有系统的研究和总结，急需在实践中不断摸索，提炼出一套切实有效的教学模式。

（二）研究所要解决的问题

1. 解决当前小学美术手绘线条教学的认识问题。

（1）教师层面：教师对手绘线条图像表达的教学观念更新不及时的问题。

（2）学生层面：训练强化小学生对"线条美"的认识。

2. 解决当前小学美术手绘线条教学的实践问题。

（1）解决小学生审美素养不足的问题。

（2）解决教师对手绘线条图像表达的教学研究、实践经验不足的问题。

（3）解决小学生对手绘线条图像表达能力有限的问题。

二、成果内容

（一）理性认识成果

1. 审美素养与表达能力的辩证关系的新认识。

依据法则，分析经典，拓展整合，提升学生的审美素养。

2. 对"六步六法"教学策略的认识。

（1）六步教学打破了传统的教育模式，通过赏、示、品、摹、创、评解决了美术教学模式中理论知识与实际创作不连贯、不衔接的问题，既调动了学生的主观能动性，激发了学生的学习兴趣，又培养了学生分析问题、解决问题的能力。

（2）"六步六法"操作的实践性、合理性、科学性和推广性。能促进学生不断提高学习能力，培养学生的创新精神、实践能力。

（3）"六步六法"为美术教师的美术教学过程提供了一个实际操作模板，对提高美术教师的教学能力具有积极的指导作用。

（二）实践操作成果

1. 整合教学内容，挖掘课程资源，形成手绘线条的课程体系。

（1）研究教材，挖掘课程资源，整合教学内容。

（2）研发校本教材，形成手绘线条的研究成果——《小学手绘线条图像表达能力培养策略研究课程》。

（3）确立四个学习领域的教学目标："造型·表现""写生·应用""欣

赏·评述""综合·创造"。

2. 构建"六步六法"的教学模式。

（1）教学流程分为六步：赏、示、品、摹、创、评。

（2）六个教学方法：愉快教学法、目标教学法、自主发现法、尝试教学法、范例教学法、启发式教学法。注重引导多法训练，提升表达能力。

三、成果特点

（一）促使学生对手绘线条图像的审美价值有进一步认识

手绘线条图像是培养小学生审美能力的有效切入点。学生通过对线条变化美的认识，深化对线条组合变化与统一的理解，在学习、讨论、读图、尝试、创造的过程中，探究出手绘线条图像物象表达的意义和方法，用观察、尝试等方式锻炼了全面、整体认识事物的表达能力、分析能力、创新能力、和观察能力，让学生更加热爱美术，并学会从生活中发现美、创造美，逐步提升了自身的审美素养。

（二）促使教师形成手绘线条表达能力培养的新教学观

通过研究探索有效、高效的手绘线条图像教学模式，构建手绘线条表达能力培养的新教学观，有利于促进教师对手绘线条图像形式美原理和法则的理解，探索小学生手绘线条图像的表达能力的培养策略。

四、成果效果

（一）课题的开发研究成果为学生的终身发展打下了良好的基础

手绘线条是学生最为实用的技能之一。通过教学，学生的观察能力、记忆能力、思维能力、想象能力、创造能力及应用能力得以提升。这些能力对于建筑工程、机械制造、工业设计、科学研究等领域的从业者来说也是十分重要的。

（二）课程的运用提高了学生学习美术的兴趣

手绘线条不拘于纸笔的限制，不限时间地点，随时随地皆可作画。本课题内容极大地激发了学生的学习兴趣和表现欲望。

（三）通过手绘线条图像的学习，提升了学生的审美素养

小学手绘线条单元课程的开发研究，让学生在学习过程中可以体会到造"形"之美，线条布局形成的节奏、韵律之美，线条变化形成的意象之美。从具象到抽象，从写形到达意，学生可以从中理解生活与艺术的关系，感悟艺术的魅力，丰富审美体验，提升审美能力。

（四）课程的开发与研究成果促进了学生学习能力的发展

本课题的教学实践培养了学生全面、整体认识事物的表达能力，促进了学生观察、分析、创新等能力的发展。

（五）课题的开发与研究提高了教师的课堂教学效率

本课题研究开发的《小学手绘线条单元课程》和"六步六法"教学模式，为教师提供了方便可行的校本教材及教学模式，提高了教师的课堂教学效率。

（六）课题的开发与研究适应了学校教学条件的需要

学校处于城乡接合处，多数学生家庭经济条件较差，大部分孩子的美术工具不齐全，手绘线条用具简单，不受工具材料的约束，手绘线条单元化课程的开发研究解决了这些问题。

（七）课题的开发与研究提高了学校美术教育的整体水平

我们遵循不同年龄段学生的身心特点，选用不同的教学内容，采用不同的教学方法，设计出了有效的手绘线条教学内容、教学方法与能力培养路线图，研究、探索出了有效、高效的手绘线条教学体系，大幅度提高了我校美术教育的整体水平。

撰稿人：张　会
审核人：龙红林

小学语文生态课堂模式

完成单位：南充市高坪第一小学

完成人：李春燕、杨晓萍、任焕红、田原、杨芳、陈丽

一、成果背景

作为一线语文老师，我们一直致力于向课堂要质量，提升语文课堂教学效率，改变语文课堂老师"满堂灌"、学生被动学的状态。想将教学超载、关系失衡、无视人性、权力控制、缺少和谐的传统课堂改造成为迷人的生态课堂。"生态课堂"是本真课堂理念之一，落实了"以生为本理念，以学生的发展为中心"的课堂形态。小学语文生态课堂指的是在学校中被用来进行教学活动，以传递和建构教育知识为基本手段，培养学生品德和促进学生个性发展的场所。生态课堂模式建构有利于改变以往陈旧的课堂教学方法，提高教师的专业技术水平，促进学生全面和谐发展，提高学校整体教育质量。

二、成果内容

（一）理性认识成果

1. 优化教学方法。

新课改背景下小学语文老师的职能主要是挖掘学生语文学习的潜能，点燃学生智慧的火花，使课堂成为师生互动、心灵对话的舞台，让学生在语文课堂中享受语文学习的快乐，变课堂为师生共同学习语文知识的双边活动。让学生在自然、和谐、民主的课堂环境中富有个性地、自主地学习，使学生不断进步，获得语文素养和生命质量的整体提高。

2. 拓宽了课堂范围。

在这种生态课堂上，学生可以充分提升自己的精神品质，展现自己的风采，还孩子一片清新明朗的心灵空间，让每一个孩子有尊严地学习，让生命个体发出夺目的光彩。学生除了在狭义的课堂，还应该与社会生态连接，丰富语

文储备。电视广播是家庭语文课堂；与人交谈是别样的语文课堂，书报杂志是丰富的语文课堂，可以真正让课堂变得"清""新""活""实""奇"。

（二）实践操作成果

1. 成立了生态化课堂研究小组。

成立生态化课堂研究小组，并加强组织管理，确保研究工作有序开展。课题研究小组专门召开了教研组长会议，在会上，各位组长发表了对实施方案的意见，提出了可操作性的建议；会后，我们结合各位组长的建议，对研究方案进行了修改，制定了课题实施方案，构建了实施目标体系。

2. 强化校本培训，提升教学理念。

教学效率的提高，有效教学目标的实现，是各种因素发挥整体效能的过程，这就迫切要求教师加强学习有效教学理论，通过交流培训深化本课题的理论观念。随着课题的确立，我们进行了一系列有效教学理论的学习。通过学习，课题组成员有了可广泛借鉴的经验和理论，全体教师都能在短时间内学习生态教育教学理论，了解国内外有关生态课堂的研究现状。在学习的过程中，老师们越来越强烈地感觉到，以往难以解决的课堂低效问题找到了解决的理论支撑，"怎样才能使教学更生态"成了老师们经常讨论的话题。另外，在课题的研究过程中要通过课题的管理网络和课题研究例会组织教师学习、交流这些理论，统一思想，切实做好课题实验的前期理论准备。

3. 营造交流氛围，扎实开展研究。

为了使课题研究扎实开展，学校积极为老师们的研究搭建交流平台，开展了以有效教学为载体的各种教育论坛、教育沙龙活动，并采取"走出去"和"请进来"的方式营造多种交流氛围，进一步掀起有效教学的研究氛围。

4. 加强科研制度管理，有序推进课题研究。

切实开展教研组和备课组研讨活动，是教师掌握教育教学规律、提高课堂效率最有效的途径，课题研究成为教师专业化发展的重要载体，做好"一师一优课，一课一名师工程"，让青年教师快速成长。我校妥善合理安排"师徒结对"，做到有计划、有仪式、有过程、有总结。引导青年教师自我设计成才计划，积极开展"一师一优课，一课一名师工程"活动。并通过教研沙龙，将校级名师和青年教师组织在一起进行互动式的专题研讨。

5. 开展课堂实践，构建生态课堂。

生态课堂的教学行为设计绝不能纸上谈兵，为了验证我们的行为设计是否合理、是否具有可操作性、是否具有普遍性，学校课题组以课堂教学为依托，进行实践验证，实施课堂展示，把课题研究向纵深推进。

6. 开展校本调研，研究教学策略。

为了使我们的课题研究服务于教学，避免课题研究与教学工作脱节，我们每学期都开展了全校性的校本调研活动，调研侧重于了解课堂教学情况，分别对各年级进行随堂听课、学生问卷调查、师生座谈，通过集体听课保证研究的落实。

三、成果特点

在内涵上实现了教育理念创新：给小学语文课堂教学注入"生态"因素，尊重学生学习的主观性。课堂范围不仅仅局限于教室，还包括第二课堂、第三课堂。在教学实践上实现了教学模式创新：创立了生态教学学生学习模式，创立了多元生态课堂教学模式，创立了多方位生态课堂评价模式。

四、成果效果

（一）转变了教师教育理念

教师的教育理念转变了，在课上，老师不再以讲为主，而是只起把控课堂节奏、引领学生探索的作用；在课下，老师也不用把大部分的时间和精力花费在批改作业上，而是将更多的时间用于自我学习和提高；更深入地钻研教材、研究学生，研究怎样提升课堂效率。

（二）转变了学生的学习状态

课堂上不再是老师一个人唱"独角戏"，老师讲得眉飞色舞，口干舌燥；学生在下面昏昏欲睡，两眼一片茫然。学生不再像往常一样，被动地接受老师"灌输"的知识，而是积极主动地思考、质疑、解决问题，做课堂的主人。整个课堂充满了生机和活力，老师轻松，学生愉悦，课堂效率倍增，收到了事半功倍的效果。

（三）转变了课堂评价体系

1. 变概括性评价为具体性评价。
2. 变随意性评价为针对性评价。
3. 变廉价表扬为真诚奖励。
4. 变过急性评价为延缓性评价。

5. 变功利性评价为精神鼓励。

多元评价还孩子选择的权利：试卷评价给孩子选择的权利；能力评价用孩子喜欢的方式；终结性评价采用纵向对比式来看孩子不同时段的成绩提高幅度。这样的评价体系更全面、更科学，更便于教师了解每个孩子的优点和缺点，方便教师有针对性地激励孩子取长补短，激发孩子们的学习兴趣，提高学习效率。

撰稿人：杨晓萍
审核人：龙红林

小学生美学素养培养"三美语文"教学策略

完成单位：南充市江东实验小学
　　　　　高坪区小学语文名师研修室
完成人：赵宏、杨红、唐艳、向敏、曾萍、任华

一、成果背景

（一）研究的缘起

随着《中国学生发展核心素养》研究成果在京发布，学生的核心素养培养已成为当下教育的热点话题。通过多年的语文教学课堂实践，我们越来越深刻地感受到：当今小学生的审美素养严重缺位。调查发现，约85％的儿童受不同环境、不同教育的影响，对美的感受能力存在差异。约15％的学生美感缺失，感受不到大自然甚至艺术品的美；对美的事物缺乏兴趣，缺乏好奇心和探究欲，缺乏成就感体验……从而导致学生面对感动的场景麻木不仁；导致学生说出的句子、写出的作文千篇一律，毫无真情实感……2013年10月，我区小学语文名师研修室正式成立，我们意图以名师研修室为主阵地开展合作研究，以名师研修室成员所在学校为实验基地，开展实践活动，通过名师讲堂、同课异构、送教下乡等形式开展实践研究。

（二）本研究项目所要解决的问题

1. 提炼"三美语文教学"观。

在观念上解决教师对语文美学素养的内涵理解不足，对学生的美学素养培养重视不够的问题。

2. 确立"美学三目标"。

品格美、才能美、性格美，解决当下语文教育对学生美学素养要求不清、目标不明的问题。

3. 挖掘"美学三元素"。

现实美、形象美、艺术美，在教学资源方面解决教师对语文教材的美学元素挖掘不够的问题。

4. 探究"美学素养三方法"。

通过读、思、悟三感受发现美；通过议、比、品三鉴赏品析美；通过说、写、演三表达创造美，在教学实践上解决教师教育教学策略不够、方法不多的问题。

二、成果内容

（一）理性认识成果

1. 认识了"语文美学素养"的内涵。

小学生语文美学素养，就是小学生对美的感受能力、鉴赏能力和表达能力。通过对学生进行听、说、读、写训练，从视觉的刺激感受到情感的共鸣，最后达到精神的愉悦，获得愉悦的享受。

2. 认识"美学三元素"。

认识"美学三元素"即现实美、形式美、艺术美。现实美就是体会汉字的形象美、欣赏插图的画面美、品味词汇的丰富美；形式美就是探究修辞的灵动美、把握文章的结构美、把握主题的凝聚美；艺术美就是感悟古诗的音韵美、延伸写作的意境美、揣摩人物的情感美。通过"美学三元素"，让学生感受汉字之美、词句之美、篇章之美、情感之美、意境之美。

3. 认识"美学素养三目标"。

认识"美学素养三目标"即培养学生的品德美、才能美、性格美。尚善——品德美：学习课文中的仁爱之心、善良之举、勤俭之行、无私之心，美化学生、纯洁心灵；崇能——才能美：展现学生的语文知识与技能以及创造美的能力。语文素养不仅要求我们的学生要有比较强的识字写字能力、阅读能力、作文能力、口语交际的能力，而且还要表现出比较强的综合运用能力。塑格——性格美：塑造学生良好的个性品质，最终形成思想美、情感美、意志坚、气质佳。

4. 认识"三美语文"的教学方法。

"三美语文"的教学方法即通过读、思、悟三感受发现美；通过议、比、品三鉴赏品析美；通过说、写、演三表达创造美。

5. 认识"美学素养三评价"。

认识"美学素养三评价"即欣赏评价、相对评价、日常评价。以欣赏评价为主，用欣赏引导学生知道什么是对，什么是美，从而具有较强的鉴赏能力和是非分辨能力，以此进行相对评价，评价等级分为 A、B、C、D 四级，依次对应优秀、良好、一般和需努力；日常评价主要依托学生成长档案，在日常生活中收集能够反映学生学习过程和结果的资料，包括学生的自我评价、最佳作品、活动记录，教师、同学的观察和评价，来自家长的信息等。

（二）实践操作成果

课题充分挖掘了小学语文中的美学三元素，确定了语文美学三目标，形成了培养小学生语文美学素养的"三美语文"教学策略，力求探索小学生语文美学素养评价体系，构建提高小学生语文美学素养的实践操作模式，多角度培养小学生的美学素养。一是体认汉字的形象美。通过分析汉字笔画、间架结构、对称均衡的美学意义，培养学生良好的书写习惯。二是欣赏插图的画面美。充分利用课文插图，指导学生观察欣赏，从画面中感受语文美。三是品味词汇的丰富美。将优美的词句放入一定的语言环境中，把字、词、句有机结合起来，通过创设情境、动作演示、朗读感悟、迁移扩展等多种方式达到再现、体验、内化，从而感受文字之美。四是通过体会文本感情、指导朗读停顿、纠正方言等，培养小学生感情阅读的能力。五是通过细节的精雕细刻、修辞的巧妙运用、篇章的赏析互改，培养学生谋篇布局、遣词造句的能力。

三、成果特点

（一）理念创新：提炼"三美语文教学观"

本课题从美育的角度探索语文教学的育人功能，探索小学语文美学素养三目标，挖掘小学语文课程中的美学三元素，培养学生感受美、鉴赏美、创造美的能力。帮助教师树立培养小学生语文美学素养的正确观念，帮助学生初步形成正确的审美观和健康的审美情趣，化解小学语文教育中美育缺失的问题。

（二）技术创新：三美语文教学新策略

发现美、品析美、创造美三策略构建了提高小学生语文美学素养三美语文教学新模式，培养了学生良好的审美能力。"三美语文"教学方法，构建了具有现实意义和操作价值的操作模式，从而使学生达到自我实现、自我创新、自我发展的目的。

四、成果效果

(一) 促进了学生美学素养的不断提升

通过在课题的研究，学生能自主发现语文中的美学元素，对点画的线条美、结构的造型美、章法的整体美等方面进行剖析、欣赏，其发现美、鉴赏美、创造美的能力得以提高。此外，学生的语文能力得到了大幅度的提升，阅读兴趣更浓、阅读鉴赏能力更强、书写整体水平提高、语言感悟能力增强、作文质量明显提升，美好的意志品格得以养成。

(二) 促进了教师美学素养的提升

教师应尽职尽责，教书育人，培养学生形成良好的思想品德，不传播有害学生身心健康的思想，其兴趣爱好、为人处事等为学生树立了好的榜样。同时，课题的研究有利于打造教师的新形象、新面貌，新气质，教师的自身素养得到了明显提高。

我们围绕本课题开展了一系列的教科研活动，取得了良好的效果。参研教师课题、论文、竞技、竞教多次获得省、市、区各级奖励，教育教学教研水平明显提高。

(三) 促进了学校办学水平的提升

课题的开展，促进了学校的办学水平和综合实力的提升，挖掘了语文教材的美学资源，转变了师生的审美观念，丰富了师生的审美知识，提高了教育教学水平，促进了有效教学，提升了学校的办学品位。

撰稿人：杨　红
审核人：龙红林

农村小学生课外阅读"双主四六"操作模式

完成单位：南充市高坪区教育科学研究室

完成人：姚彩霞、罗艳、曹桂群、秦超敏、蒋秀英、刘海

一、成果背景

2011 年版《语文课程标准》增加了两项阅读要求，一是提高阅读品位，二是加强对课外阅读的指导。教育部统编的中小学语文教材最大的创新亮点就是在阅读教学方面实施"三位一体"的教学结构：教读、自读、课外阅读，中小学正式将课外阅读纳入了教材体制。过去，我们在农村小学生课外阅读研究的基础上摸索出了切实可行的关于农村小学生课外阅读的方法，积累了一些指导小学生课外阅读的经验，更进一步探讨形成了农村小学生课外阅读"双主四六"的操作模式，解决了学生课外阅读缺少方法、教师指导课外阅读不落地的问题，从而充分发挥了课外阅读对学生语文素养形成的巨大促进作用。

二、成果内容

（一）理性认识成果

1."主客观耦合系统"课外阅读理念。

"主客观耦合系统"即形成了"主客观互容互动大系统"的课外阅读体系，其中，主观系统主要包括阅读者和阅读组织者的智力因素子系统和非智力因素子系统；客观系统主要包括阅读要素子系统和阅读环境子系统，这两大系统良性的互容互动，又形成一个和谐的新系统。

2. 初步形成了精典阅读的理念。

精典阅读中的"精"是指"精品、精读、精致"，"典"是指"经典、典型、典雅"，简言之就是精读经典的作品，达成精致典雅的效果。

3. 探索构建了学生核心素养发展落地的有效路径。

课外阅读"双主四六"操作模式的新理论框架。"双主"，即教师为主导，

学生为主体，二者协调发展、协同一致；"四六"，即目标体系六梯度、指导阅读六策略、阅读交流六步骤、评价纵横六序列。

融"导与读"协调一致，"四个六"协调进行，"语文素养"协调发展为一体的理论框架。

（二）实践操作成果：农村小学生课外阅读"双主四六"操作模式

1. 目标与内容上：构建了六梯度的农村小学生课外阅读目标体系。

此目标体系的设计上从一年级到六年级共有六个梯度，由总到分，在要求上由低到高，在内容上由浅到深，宏观上包含了认知、能力、情感态度价值观，具体操作上包含了时间、篇目、数量、方法，并有一定的弹性。

2. 方式与策略上：总结设立了学生课外阅读指导的六策略。

（1）兴趣策略：提炼出了三种激发课外阅读动机的策略。

一是奖励学生阅读时的努力程度和进步情况，激发和维持其学习动机；二是鼓励学生为"学习目的"而阅读，培养学生的自主性；三是为学生提供体验成功的机会，帮助其获得心理上的满足。

（2）关系策略：构建了以教师为主导，学生为主体的双主互动结构模式。

"双主"是指小学生课外阅读要突出学生主体地位和教师主导作用，"互动"是指在小学生课外阅读中，不仅有学生的自觉主动，还应该有教师的宏观调控、组织管理、方法指导，教师的有效指导与学生的自觉主动双主并进，才能达到课外阅读的最大效益。

（3）内容策略：制定了内容选择的三大标准、书源保障的四大举措。

课外阅读内容选择的三大标准：一是知识性，二是思想性，三是趣味性。课外阅读书源保障的举措一是学校、社区图书阅览室的整体借出；举措二是校、社、家分批次购书，征订期刊；举措三是学生、社会捐赠，班与班之间进行图书交流，建立流动图书库。举措四是开设教育网站、撰写博客、建立微信群。

（4）方式策略：构建家庭、学校、社区的阅读网络体系，并据此总结出五种课外阅读高效方式。

借政府开展全民阅读活动之势，建立了"家庭书架—班级书箱—学校书室—社会书馆"的图书网络。四种课外阅读高效方式：一是课外阅读进入学校的课程体系，上好"和大人一起读"的活动课。二是家校联动，实现亲子阅读。三是大手牵小手，社区互助阅读。四是课内外结合，增加阅读量。

（5）方法策略：建构模式、教给方法、培养习惯、懂得规则是课外阅读指导的有效途径。

（6）循环策略：构建了让学生保持长久阅读兴趣的循环体系。

学生阅读总是循着"选书—阅读—回应"的循环历程，这三个环节中，每一个环节都会产生一个结果，而不是一个周而复始的循环，所以开始正是结果，而结果又是另一个新的开始。遵循这样的体系来指导课外阅读，就能让学生始终保持阅读兴趣，坚持长久阅读。

3．操作与实践上：提炼出了三种课外阅读改善策略，构建了"双主四六"的交流模式。

（1）三种课外阅读改善策略。

一是时间管理策略；二是实践操作策略；三是搭建阅读成效展示平台策略。

（2）"双主四六"阅读交流的操作模式。

该模式具有多维互动、全员参与、享受心灵和谐共存的情趣，和层层递进、环环紧扣、协调进行、相辅相成的特点。

4．管理与评价上：建立了纵横结合的六序列评价体系。

评价体系由横向和纵向两个维度构成。横向序列明确评价主体，纵向序列规范评价流程。由"学生、家长、教师、小组"组成的评价体系使评价更易操作，也更加公平、公正，同时也激发了学生课外阅读的兴趣。

三、成果特点

（一）理念上

独创了"主客观耦合系统"课外阅读理念，形成了区别于"经典"的"精典"阅读理念，建构了"双主四六课外阅读"的新理论框架。

（二）策略上

探索出了小学生课外阅读指导的六大策略：激发兴趣策略、导读关系策略、阅读内容策略、导读方式策略、导读方法策略、导读循环策略，具有可操作性和创新性，能解决目前小学生课外阅读的种种问题。

（三）模式上

"双主四六"阅读交流的操作模式以课外阅读的过程为经、以课外阅读的诸要素为纬，形成了一个较为完备的系统，有利于阅读指导者的组织和阅读者的参与，也有利于对课外阅读程度进行评价、评估。

四、成果效果

（一）开创了学生学习语文和课外阅读的崭新局面

一是学生的语文学习兴趣上升，自主性增强；二是学生养成了良好的课外阅读习惯；三是学生掌握了系统的阅读方法，提升了阅读品味；四是学生的关联成果非常明显。

（二）为教师的专业成长注入生机与活力

教师的教育观念发生了变化，评价行为发生了改变；以课题、工作室、现场活动以及网络平台互动四类研究方式促进了教师的专业成长。

（三）优化了学校教育科研氛围和阅读环境

实验学校的老师在参加研究的过程中要及时发现问题，自立微型研究课题并进行研究。本成果的运用，营造了很好的书香校园氛围。

（四）促进了全民阅读社会的建设

转变了家长的教育观念，带动了社区文化建设，得到了大批专家学者的高度评价及媒体的专题报道。

（五）成果推广

通过行政支持、专业支撑、区域协作、分层推进等方式在全区推广。

撰稿人：曹桂群
审核人：姚彩霞

中学物理自主学习课堂教学模式

完成单位：南充市高坪区教育科学研究室

四川省白塔中学

完成人：龚立江、刘欣、张长春、尹晟、赖敏、邓霞

一、成果背景

（一）研究的缘起

在传统的教育模式中，教师一直占据主导，学生则处于被动学习地位。中学物理教学一直需要学生通过事物的现象去看清事物的本质，这一教学过程往往需要学生自主探索和学习，传统的物理课堂教学模式已不再适应当前的教育形势发展的需要。新课改要求教师在教学过程中处理好传授知识与培养能力之间的关系，注重培养学生的独立性和自主性，引导学生质疑、探究，在实践中学习，促进学生在教师指导下主动地、富有个性地学习。为了使课堂教学促进学生自主学习能力的发展，需要对中学物理自主学习课堂教学模式进行研究。

（二）研究所要解决的问题

要培养学生自主学习物理的能力，带领学生参与到教与学的教学活动中，培养学生独立发现问题、分析问题和解决问题的能力。教师通过循序渐进的引导，帮助学生掌握物理学习的最佳方法，从而达到事半功倍的效果。

二、成果内容

（一）理性认识成果

1. "物理自主学习"课堂教学模式的内涵。

"物理自主学习"课堂教学模式是指学生通过教师科学合理的教学指导，采取能动的创造性学习活动。物理自主学习重视学习者的主观能动性，同时强

调教师在课堂上的创造性教学。形成以学生为中心的生动活泼的学习环境，以物理问题情境、分组讨论和课堂探究为教育主线，把传授物理知识的过程变为学生自主学习知识、建构知识的过程。

2. 中学物理自主学习课堂教学模式的结构。

自主学习课堂教学模式包括三个方面：第一，自主学习课堂教学过程中各要素的组合方式；第二，自主学习课堂教学程序；第三，自主学习课堂教学策略（具体方法）。

自主学习课堂教学模式的教学环节包括：第一，设疑激趣，激发动机；第二，自主探索，尝试解决；第三，自主总结，延伸扩展；第四，自主练习，评价调控。自主学习课堂教学模式的这种结构体现出课堂教学促进学生自主学习能力发展的功能。

（二）实践操作成果

有利于学生自主学习的中学物理课堂教学的模式主要包括以下几个环节：

确定学习目标。教师给学生制订具体、明确的学习目标，并将下一节课的学习目标提前告诉他们。

激发学习动机。激发学习动机应贯穿教学始终。主要形式有：一是增加学生对物理学科知识的理解，提高学生对物理学科的重视程度；二是对学生的学习结果做能力和努力方面的归因反馈。

自主探索学习。一般采用课外学习和课内学习相结合的方法，遵循"教学""导学""自主学"的顺序，并要求学生记学习笔记。

自主学习检查。此环节的目的是及时呈现学生反馈的学习信息，其有效形式是让学生做紧扣课本内容的练习题。可通过学生板演，让教师发现教学中的不足。教师还可在此环节中通过巡视了解学生的学习情况。

组织讨论。讨论一般从评议练习着手，学生能讲出做对的道理就是解决了教学重点，说出做错的原因就是突破了教学难点，这样的讨论是一种简便有效的教学方法。

教师解疑。解疑应以基本原理或规则为核心内容，一般结合练习题讲，重点分析做对的道理和做错的原因。如果学生对先前的知识内容仍没有掌握好，需要重新设置针对先前知识内容的学习目标。

自主练习巩固。在前面的教学活动中，大多数学生对学习内容的掌握还不牢固和熟练，因此，还需通过系统练习来巩固所学的知识。教师要注意设计好变式练习，促进学习的概括和迁移，同时注意为学生提供学习策略上的指导。

学生自主总结。在每堂课的最后，应进行课堂小结，以便于学生对知识进行系统性的概括归纳。课堂小结可以使用知识结构图、提纲或表格。

上述主体部分可形成三个闭合的环路。第一个环路由确定学习目标、激发学习动机、自主探索学习、自主学习检查、自主练习巩固、学生自主总结等课堂教学环节构成；第二个环路在第一个环路没有达到目标的情况下，通过组织讨论这一环节解决自主学习中的剩余问题；第三个环路在第二个环路没有达到目标的情况下，通过教师解疑这一环节帮助学生克服学习困难，完成学习目标。

三、成果特点

（一）理念创新

本成果从自主学习的本质出发，结合学校教育的具体环境，使学生在总体教学目标的宏观调控下，在教师的指导下，根据自己的认知风格自主确定学习目标，制订学习计划，选择学习方法，主动参与学习过程，评价学习结果，通过自我修正和控制学习活动来完成具体的学习目标。

（二）模式创新

1. 构建中学物理自主学习课堂教学模式。

本模式既培养学生自主学习的能力，让学生热爱物理、探索物理，进而主动地去钻研、去理解、去想象，使他们凭借浓厚的兴趣去认识新知，掌握技巧；又在教师培养培训方面，有效地转变教育教学理念和方法，从而促进教师在专业发展上不断创新。

2. 构建中学物理自主学习课堂教学的评价机制。

对课堂教学的评价分成"教"和"学"两方面，评价不仅关注学生的学习成绩，更发现和发展学生自主学习物理的潜能。通过对教学行为的评价和学习行为进行评价，教师可更好地优化自己的教学行为，从而引起学生学习行为的优化。

四、成果效果

（一）提高了学生的自主学习能力、学习意识、自我管理意识及团体意识

课堂开展自主性学习活动，有助于培养学生的科学素养，有效地培养学生的质疑批判能力、求异思维、发散思维和创新精神，在自主学习的过程中，学生知难而进、勇于探索、团结协作的态度和科学精神得到了全面弘扬。

（二）学生的实践能力、创新能力得到提高

通过自主学习的实施，教学中心明显移向学生，学生表现出强烈的好奇心和积极主动的学习热情，学习兴趣浓厚。在学习过程中，学生的思维方式灵活，能主动与同伴进行合作并进行信息交流，以达到相互提高的目的；独立意识强，能够以个性化的眼光对待自己的学习结果与经验。从课堂表现看，学生积极主动回答问题，敢说敢问，能独立思考并提出自己的见解；学习充满自信；敢于质疑和挑战。

（三）教师的教学理念和教学方法发生了很大的变化

中青年骨干教师的业务水平得到了较大幅度的提升，新一代教师也被较快培养成才。白塔中学物理组在会议交流、发表论文、各级竞教和公开课等各方面取得了很大进展。教师的教学理念从传统的"重视传授学科的知识体系"向"重视培养学生物理学科思维与方法，培养学生综合学习能力"的方向转变。

（四）提高了学校的办学能力和社会影响力

通过此次研究，学校办学理念由过去单纯追求升学目标转向既保证学生高考成绩的提高、又关注健全学生素质和促进学生的全面发展。同时，也加强了学校的师资队伍建设，使教学效益明显提高，学校知名度不断攀升。学校教育教学工作得到了社会的信任、学生的认可、家长的赞同。学校的办学水平得到了显著的提高。

撰稿人：刘　欣

审核人：龚立江

有效教学视野下的小学数学动手操作

完成单位：南充市高坪第七小学

完成人：王莉、何秀、邱晓莉、吴小菲、明玲、盛冬梅

一、成果背景

《数学课程标准》指出：动手操作应成为小学数学课堂教学中一种重要的教学活动形式。在我国，课标精神早已深入人心，基于动手操作在数学课堂中的重要性，我校确定本课题，旨在解决以下问题。

（一）解决课堂教学实践与课程改革要求接轨的问题

通过课程功能的改变、课程结构的重建、课程内容的调整、课程实施的落实，把学生引向"综合社会实践活动"，引领其在开放情境中探索，从动手、动口、动脑的活动中掌握知识。从而扩展学生的学习空间，加强课程与学生生活实践的联系，培养学生的创新精神、科学精神和实践能力。

（二）解决当前传统的课堂教学模式存在的导向问题

通过对小学数学课堂的现状调查研究，我们发现，小学数学动手操作中存在五个主要问题：教师演示代替学生操作；为了操作而操作，流于形式；操作与观察、思维分离；操作与言语发展不同步；评价上对学生的实践操作能力关注较少。

二、成果内容

（一）理性认识成果

生成了课堂动手操作"四明确""三阶段"的教学理念。

1. 四明确。

（1）操作目标明确：学生在操作前要明确要解决什么问题，并能带着任务

自觉地进行操作活动。明确自己为何操作，懂得该如何操作。这样活动也就有了明确的指向性，使操作成为学生解决问题发展思维的一种有效手段。

（2）操作要领明确：明确具体要求，进行必要的分工。既培养了学生的合作意识，又提高了学生合作实践探究的能力。

（3）操作步骤明确：第一步：按照要求操作学具，充分感知表象。第二步：口述操作过程，加深对知识及操作的理解。第三步：动脑思考形成认知结构，概括出规律性的知识。

（4）操作方法明确：适当指导、必要示范、指导到位等操作方法，不仅使学生获得了丰富的知识，而且有利于提高学生的逻辑思维能力。

2. 三阶段。

第一阶段，课前进行操作，构建认知结构。第二阶段，课中进行操作，经历探究过程。在教学重难点处进行操作；在概念生成时实施操作；在观点碰撞时验证操作。第三阶段，课后进行操作，应用内化新知。

（二）实践操作成果

1. 形成了一套行之有效的小学数学动手操作策略。

学生在实物操作过程中获得的直接体验及操作策略，将为后阶段的学习打下坚实的基础。策略的生成更有利于知识在学生内心自然形成，且掌握得更加熟练。策略一，规范操作常规，促进有效操作；策略二，改进操作材料，促进有效操作；策略三，优化语言指导，促进有效操作；策略四，设计操作活动，促进有效操作；策略五，及时分析总结，促进有效操作。

2. 形成了小学数学动手操作的课堂模式。

第一步：基本训练，激趣导入。

这一步是学生进行操作前的准备阶段。对解决尝试性的操作问题的基础实践进行准备练习，然后采用"以旧引新"的方法，从准备题过渡到"尝试题"，发挥旧知识的迁移作用，为学生操作尝试题起到铺路搭桥的作用。

第二步：认准目标，指导操作。

出示操作尝试题后，学生转入自我动手实践。在这个过程中，教师必须目标明确，深入学生之中，了解学生的动手实践情况，对操作得当的学生给予表扬，操作不当的给以帮助引导。

第三步：合作实践，引导发现。

学生在尝试过程中发现问题，可以在学生之间进行讨论，可以在课本范例中获得信息和启示，也可以向老师请教，解决开始提出的尝试问题，这是学生自我操作后的第一反馈。最后，老师抓住操作中出现的普遍性的关键问题进行点拨，做最后的指导。

第四步：变式实践，反馈调节。

这是第二次的集中反馈，经过前面的实践操作，学生解决了尝试性的问题。这时教师要通过变式实践活动的训练，使学生从本质上了解所学知识，从多角度掌握解题的方法，从而达到训练学生思维、帮助学生掌握解题技巧的目的。

第五步：分层测试，效果回馈。

独立操作是一堂操作课必不可少的环节，分层操作是从面向全体学生的角度出发，设计不同层次的独立操作题。使不同层次的学生通过实践都有所得，都能从实践中获得成功的感受。

3. 构建了小学数学动手操作的多元评价体系。

在教学过程中，我们把评价贯穿于学生操作活动，对学生学习评价方式主要采用小组评价、自我评价、对评价的再评价等。评价内容包括学生对知识的理解和掌握；学生从生活中收集、处理信息的能力，思维特点，解题策略；运用所学知识解决实际问题的能力。学生通过自我评价反思学习的成败得失，找出自身的长处和问题，体验自我评价的乐趣，从而不断地超越自我。

三、成果特点或创新点

（一）理念创新

旨在解决小学数学课堂教学中学生动手操作的问题，围绕有效教学开展实践研究，力图构建新课程理念下的新教学观：让学生动手做数学题。

（二）模式创新

总结出了让小学生动手操作的五大策略和步骤、方法，提炼了小学数学动手操作课的"五步四清"有效教学模式，初步探究了动手操作有效性的评价办法。

四、成果效果

（一）提升了教师的理论素养，提高了教师的教育教学业务水平

教师在教学中不仅在形式上把情感、过程目标排列在第一，更是实实在在地把情感、过程目标作为教育教学的重点，这样的目标定位，反映了教师在教

育理念上从"以知识教学为本"向"以人的教育为本"的重大转变。

（二）改变了教师的教学方式，提高了教师的教学效率

全校掀起了有效动手操作实践的教学热潮，教师的教学观念和方法有了改变，能根据学科特点及学生生活经验设计操作方法，为学生提供丰富的学习情境，创设合作交流、动手实践的课堂气氛，促进了数学课堂教学向童趣化、生活化、科研化的根本转变。

（三）提升了学生在课堂中的地位，提高了学生的学习积极性

学生的主体作用得到了充分的发挥，发展性领域的目标得到了较好的落实，学生的学习成绩和学习能力显示出较明显的优势，学习方式由被动变为主动，初步形成了自主、合作、探究的课堂学习模式。

（四）提升了学校整体形象

自课题研究以来，我们探究出的《有效教学视野下小学数学动手操作》的教学策略及课堂教学新模式受到了广大教师及上级领导的一致好评。目前，我们的课题成果已经在学校范围内推广，课题研究与实施促进了学校的全面发展，端正了校风、学风，学校处处充满了生机与活力。

撰稿人：明　玲
审核人：龙红林

基于生活经验重构的小学生
"三步九环"教学策略

完成单位：南充市高坪第七小学
完成人：易鹏程、文进、蒋晓军、杨虎、唐新梅、曾珠

一、成果背景

新课程理念下，学生的基本生活经验得到凸显，教师应该如何利用小学生的生活经验提升学生的素养？如何创设一定的学习情境，开展让学生积极参与的活动？如何利用学生的数学知识解决生活中的数学问题？为此，我们于2014年开展了《小学生数学生活经验重构三步九环教学策略》的研究，重在让小学生对生活经验进行挖掘与重构，让这些生活经验走进课堂，并且对学生生活经验重构的能力进行研判，以提升学生走进生活、密切联系生活的能力。

通过对课题的深入研究，以及对课题研究成果的进一步推广，我们逐渐形成了课堂教学三步九环的教学模式，改变了教师学生原来对生活经验的认识，利用了生活资源，体现了"数学来源于生活，又服务于生活"的理念。这样的研究，促进了教师、学生、生活的进一步结合，得到了广大教师和学生的认可，促进了教师专业素质的发展，也促进了孩子们学习上积极性和主动性的提高。

二、成果内容

（一）理性认识成果

1. 升华了数学生活经验重构与循环的教学观。

在课题展开研究的过程中，参研学校、教师对学生经验的利用，引导学生到生活中去发现、收集、整理数学信息，特别是小学生数学生活经验的重构与循环有了更深的认识。

所有参研老师都深刻体会到了数学学习和生活联系的紧密性，都更加重视数学在生活中的体现，也让孩子们充分认识到学习数学的乐趣，增强了学习的

动力和研究热情。

2. 对"三步九环教学模式"的操作有了更深的认识。

建立"三步九环"教学模式，由间接经验生成新生经验，进而解决生活中的数学问题。这些经验又将被学生带进课堂，变成下一个联系的知识点的"老经验"，如此循环，创新了课堂教学模式，初步构建了具有特色的数学实践活动教学模式，并将这样的操作模式在区内部分学校进行推广。

（二）实践操作成果

1. 构建了"三步九环"的课堂操作模式。

"三步九环"的课堂操作模式是课题在研究过程中不断积累、慢慢总结形成的，主要分为三个大的步骤：第一步：再现生活经验；第二步：生成间接经验；第三步：升华间接经验，这三个步骤是一个大的循环。每一步里还有三个小的环节，这三个小环节也是在不断地循环。

2. 形成了让小学生数学生活经验重构和循环的教学策略。

学生已有的直接经验，是学生通过自身的体验、家长的教育、朋友间的相互学习得到的经验，是学生掌握的第一手资料。但是，这部分经验是很随性的，具有散乱性、具体性等特点。教师上课时，要充分尊重学生的生活经验，将这部分经验和课堂、书本中抽象出来的经验结合起来，变抽象为具体，帮助孩子们理解和把握。学生在课堂上学习到了新的经验，还要回到生活中去，运用这些经验解决生活中的一些问题，这个过程是学生把学到的知识变成一种能力，这种能力也会变成他们学习下个知识点的直接经验，为学习与之相关的间接经验奠定基础。这样，螺旋上升，源源不断，形成良性循环。

3. 收集典型案例，完善了数学名师研修室的教学资源库。

自研修室成立以来，其成员围绕小学生的数学生活经验重构与循环做了大量的研究，开展了一系列的活动，逐步探索出了一条适合我区特色的课堂教学操作模式，实现了小学数学教学的生活化。

三、成果特点

（一）理念创新：明确提出和重视了小学生数学生活经验的重构和循环

本课题不但重视学生现有的生活经验，还注重让这些生活经验通过一定的研究转变为间接经验，并让学生带着这些间接经验回到生活中，解决生活中的问题。在这个过程中，学生的间接经验又转化为学习下一个知识点的直接经验，就这样，学生的生活经验得到了重构和循环，不断循环往复、螺旋上升。

（二）操作模式创新：形成了"三步九环"教学策略，具有很强的操作性

其具体操作流程如下：

第一步：深入生活，再现生活经验。

1. 分析教材，布置任务。

2. 观察体验，获得经验。

3. 整理经验，发现问题。

第二步：创设情境，生成间接经验。

1. 创设问题，呈现情景。

2. 经验共振，解决问题。

3. 反思提炼，生成经验。

第三步：链接生活，转为直接经验。

1. 初步引用，巩固经验。

2. 链接生活，自主运用。

3. 升华经验，创新建模。

四、成果效果

课题的研究成果主要以高坪七小为核心，在全区，具有代表性的城市中心学校 5 所，城郊接合部学校 3 所，乡镇学校 12 所，较偏远的农村 4 所共 24 所学校进行了试验，均取得了良好的效果。通过三年多的研究，小学生重构生活经验、收集数学信息、解决生活中数学问题的能力得到了进一步提升；教师也由此形成了较为完善的理论体系：建立了"三步九环"的课堂操作模式，提升了小学数学教师的教学能力，增强了我区校、区级骨干教师的综合素质，提高了我区的教育教学质量。

撰稿人：文　进
审核人：易鹏程

环境创设活动中幼儿创新意识培养的实施策略

完成单位：南充市高坪区白塔幼儿园

完成人：郑健、邓玲、罗玉平、杨瑶琴、刘志明、陈燕

一、成果背景

为适应我国基础教育课程改革及当前幼儿创新意识培养改革的需要，我园确定了本课题，旨在深化对"环境创设活动中培养幼儿创新意识"内涵的认识；探索"环境创设活动中培养幼儿创新意识"实施策略的操作细则，增强活动的有效性；指导幼儿面对具体问题时如何实施创新这一关键操作环节的研究，形成具有普遍指导意义的方法系列。

本成果主要解决幼儿创新意识培养中存在的如下问题：

1. 对幼儿创新意识培养重视不足。

2. 目标上只重视知识的传授、技能的达成，忽视对幼儿实践应用能力、创新精神的培养，也忽视了对幼儿情感、价值观的养成教育。

3. 教师在幼儿园环境布置上有很大的主观盲目性，很少考虑幼儿的兴趣需要，通常是为了装饰而装饰，完成布置任务。

二、成果内容

（一）理论认识成果

1. 通过本课题的研究，深化了教师对幼儿创新意识培养中师生角色定位的认识。

我们认为，老师在设计区域活动时居于主导地位，要有一种创新性理念，要能吸引幼儿的兴趣，要更贴近幼儿的生活经验，这样才能让幼儿积极主动地参与到活动中来，他们只有积极主动参与活动，才能进入角色探索问题并及时找出答案。同时，幼儿是活动的主体，是活动的参与者，老师要放权让幼儿做主人，多提一些发散性的问题，启发幼儿的创新思维，让他们自己去探索。

2. 通过本课题的研究，深化了区域活动中操作材料作用及投放原则的认识。

操作材料是区域活动灵魂，是进行活动的载体，是培养创新意识的主轴，材料的投放是重要且复杂的，既要满足幼儿的兴趣创新，又要保证幼儿创新结果与活动目标的一致，所以幼儿园的材料投放要有目的性、丰富性、层次性、灵活性，让幼儿有创新的空间。孩子们的好奇心很强，想象力很丰富，需要老师通过丰富多样的材料激发他们的好奇与想象，让他们把富有创造性的东西在活动中慢慢展现出来。投放的材料要适合幼儿的年龄特点，要有关联性，要有目的性，对于同样的区角，不同的班级需要投放不同的材料。

（二）实践操作成果

1. 建构了"环创—教育—创新"的新环境创设模式。

通过研究实践，形成了环创前收集资料和材料（环境创设生活化）——环创中自主合作——环创后教育实用性（应用于教育教学）的环境创设体系。我们在环境创设活动中，充分挖掘了校园、家庭、社会等各种环境中有关幼儿创新意识培养的因素，力争多层次、多角度、立体式地培养幼儿的创新意识，让环境最大限度地唤醒幼儿的创新意识，为幼儿的大胆想象、大胆实践、大胆质疑、大胆研究、大胆创新提供原动力。当幼儿的创新意识、创新能力得到提升后，他们又将反作用于周围的环境，在环境中去发现更多新现象，提出更多新问题，探索更多解决问题的新办法。这样不仅有利于改善环境，更能激活幼儿的创新意识，进一步促进幼儿创新能力的发展。

2. 立足幼儿整体素质的发展，建立幼儿动手能力、创新能力的培养目标体系。改进幼儿教师的教学方式，提升其教学水平及活动组织能力。

我们研制了幼儿培养目标体系：

小班：熟悉环境——适应环境——培养兴趣——萌发创新

中班：探究环境——增强创新意识——探索问题——动手动脑

大班：改造环境——目的操作——创新实施——成果验收

围绕目标体系，教师开课前做好充分准备，为幼儿创设多听的机会，创设多看的条件，搭建多动的平台；课中创设和谐的师生关系，鼓励幼儿多动口、多动手、多动脑，并适时加以鼓励和引导；课后给予孩子正面的评价，培养幼儿的自信，从而培养幼儿的拓展和想象力。

三、成果特点或创新点

（一）理念创新

该成果适应我国基础教育课程改革的需要，适应当前幼儿创新意识培养的需要，从多层次、多角度创设环境，为唤醒幼儿的创新意识提供了必要的物质条件和心理条件，能激发幼儿的好奇心和认识兴趣，鼓励幼儿动手动脑大胆探索，对提高师生的创新意识和创新能力都具有较强的理论价值和实践价值。

我们要最大限度地为幼儿提供宽松自由的环境，引导幼儿大胆尝试，对幼儿多鼓励、多支持、多肯定，并在适当的时候给予帮助，以保护幼儿初步的创新意识，使他们充满自信，保持旺盛的创造欲望。

我们认为，要培养幼儿的创新精神，关键是要为幼儿创设一个能使他们想说敢做、喜欢说、有机会说并能得到积极应答的平等、民主的交往环境。

（二）模式创新

1. 建构了"环创—教育—创新"的新环境创设模式。

2. 立足幼儿整体素质的发展，建立幼儿动手能力、创新能力的培养目标体系。改进教师的教学方式，提升其教学水平及活动组织能力。

四、成果效果

（一）提升了教师对环境创设的理论素养，提高了幼儿在环境创设中动手实践的能力

幼儿在环境创设中的自主性与创新性都得到了提升，老师对环境创设的目标和要求与生活教育相结合，让幼儿能从中更真实地感受到我们的环创教育。环创理念上实现了以"教师与幼儿合作为主"的教育理念的重大转变。教师在参与研究的过程中，不断总结提升，撰写了数篇经验论文。

（二）改变了教师对环境创设的模式，提高了幼儿园环境创设的实用性及教育性

教师根据自己班级和幼儿的年龄特点，组织孩子积极自主地为环境创设而努力，创设了师幼合作交流的环创气氛，促进了环境创设向童趣化、生活化、实用性、园本特色化的根本转变。

（三）提高了孩子们在环境创设中的地位，提高了幼儿自主参与环境创设的积极性

幼儿的自主创新积极性得到了充分的发挥，环境创设体现出明显的童趣性与生活教育性，幼儿的创新意识也得到了培养，初步形成了自主、合作、探究的环创模式。

（四）提升了教师素养

强化了教师的角色意识，使教师学会了有目的地组织评价活动。

（五）提升了教师观察、反思的能力

反思是促进教师专业成长的有效途径，没有经过反思的经验是狭隘的，没有生命力的。在前阶段的研究活动中，我们通过自我反思、集体反思的方法，提高了教师组织环创活动的能力。通过反复研究反思，教师们真正地成长了起来。

（六）产生了强烈的社会反响

我园区角活动成效显著，多次接待各地教育局考察团、国培项目以及市内外幼教同行来园参观学习，多次承办市级科研培训，与多所幼儿园建立了支教帮扶关系，积极推广课题成果，起到了示范引领作用。

撰稿人：郑　健
审核人：龙红林

核心价值观视野下的小学语文时令教学

完成单位：南充市高坪区实验小学

完成人：杨彤、向敏、张露文、马献虎、林燕、杨广亨

一、成果背景

（一）研究缘起

调查发现，不少学生的语文学习和时间信息相脱离，学生的诵读、阅读、写作较少关注具体的时间和事情。于是，我们开始探讨与时间有关的话题，如时令的蔬菜能带给人营养健康，同样，我们思考时令的学习也会带给学生成长与收获。2008 年，在新教育研究的指导下，山东临淄的常丽华老师在自己的班级开展了名为"在农历的天空下"的晨诵课程研究，以农历时间为线索，诵读"此时此刻最适合"的诗。2013 年，中共中央办公厅印发《关于培育和践行社会主义核心价值观的意见》，倡导将"培育和践行社会主义核心价值观融入国民教育全过程"。受这些启发，我们尝试在语文教学中加强时令学习的积累。2014 年，我们正式提出小学语文时令教学，在语文中学生活，在生活中学语文，在学习中渗透社会主义核心价值观，让社会主义核心价值观润泽学生的心灵。

（二）研究所要解决的问题

1. 解决语文教学时令信息被弱化、学用脱节的问题。

2. 解决语文学科德育渗透性不强、部分学生对传统文化的积淀不多、社会公德退步等问题。

3. 构建以"语文环境"和"语文活动"为双翼的小学语文时令教学模式。

4. 结合社会主义核心价值观弘扬传统美德，承担起"体认中华文化、厚植传统精神"的重任。

二、成果内容

（一）理性认识成果

1. 认识到小学语文时令教学就是在语文教学中抓住"时间"这条线。

结合季节、节气、气候的不同特点，关注具体的时间发生的具体事件，将这些资源整合，纳入语文教学，安排诵读、阅读、写作、专题活动等方面的学习。

2. 更多地了解一些关于节日方面的历史背景以及文化内涵。

通过学习每个与节日相关的诗词歌赋，使学生体验到每个节日的庆祝方式和风俗习惯不一样，体验到每一个节日带来的不一样的感受，进而更多地了解每个节日的文化内涵。

3. 认识了社会主义核心价值观关于公民个人层面的基本内涵。

（二）实践操作成果

1. 探索出"以诵读为主，诵读和讲读并重"的时令教学策略。

借助晨诵走进经典；借助课堂引用诗文；借助媒体主动搜集；借助活动丰富体验；借助教材拓宽阅读。

2. 设立研究性学习目标，形成了发挥学生互助作用的有效机制。

第一，学生自主性学习；第二，建立研究性学习组织；第三，综合实践学习，开展面向社会的生活实践活动、班级举行的各种语文运用活动。

3. 构建了以"语文活动"和"语文环境"为双翼的新的语文教学模式。

第一，发挥校园文化的熏陶作用，加强校园时令文化建设。第二，丰富体验，把时令内容渗透到教学中。第三，重视活动，专题展示。

4. 开发了以时令为主题的教学设计。

时令主题阅读设计；时令主题实践设计；时令主题展示设计。

三、成果特点

（一）理念创新

1. 把时令教学作为培养学生语文素养的重要手段，形成系统的教学策略与方法。

为小学语文时令教学教育开辟了新方向，对当前农村学校开展语文综合实践活动具有指导意义。

2. 将语文教学和社会主义核心价值观进行有机融合。

通过学生对时令文化的认识，让他们感受中华文化的博大精深，在校园德育建设上发挥着重要作用。

(二) 技术创新：新的教育模式

1. 抓住"时间"这条线索。

构建了以"语文活动"和"语文环境"为双翼的新的语文教学模式。

2. 主题活动实践新颖有效。

时令学习走出课堂，开展调查研究、实验论证、社会参与、社区服务，创办手抄报、征文比赛等活动，学生的创新能力、动手能力、书写能力、探究能力等得到发展。

3. 开发出适合小学生特点的校本课程。

编写了《时令诗词》《时令成语故事》《时事新闻》《365 诵读》《适时写作》《少先队时节专题活动手册》等校本课程读本，推动小学语文时令教学操作模式运用实施。

四、成果效果

(一) 促进了学生全面发展

1. 学生学习语文的自主意识增强。

通过诵读中华经典诗文，推动我校语文教学生活化、自主化。学生有较强的自主学习意识，能关注生活，并能结合时节主动地搜集资料，自觉地进行相关语文学习，同时使学生搜集资料、处理信息的能力得到锻炼。

2. 学生阅读量增加。

学校图书馆的图书利用率达到了 94％，实验班学生平均阅读总量远远超出了《语文课程标准》的要求。使学生掌握了一定的阅读方法，阅读能力大大提高，学生的文学积淀越来越深厚。

3. 学生综合实践能力增强。

通过节日主题活动实践，使时令学习走出课堂，使得语文学习与综合实践活动相辅相成，相得益彰。开展时令主题活动后通过创办手抄报或写征文的形式，给了学生展示才华的舞台。学生的 200 多篇习作参加区级以上作文比赛，并部分获奖；25 篇习作在《学语文之友》《读与写》《语文学习方法报》《少年百科知识报》等刊物上发表；16 名学生的手抄报获市、区等级奖。

4. 培养学生形成良好的道德品质。

促进学生对祖国传统文化的深入了解，增强对祖国传统文化的热爱，让学生在潜移默化中形成良好的道德品质。诚恳谦虚、诚实守信、主动行善、宽容仁爱、以德报怨、大公无私、乐于助人、乐于分享、伸张正义、尊老爱幼等体现美好品质的行为比比皆是。

（二）提高了教师的专业能力

通过课题研究，提高教师对教材进行二次整合和二次解读的能力。教师依据教学时间环境，对语文教学内容进行重构，实现教学内容的选择与创新，拓宽语文学习资源，达到资源整合“可持续化”的目标。教师在各级刊物共发表论文 55 篇，7 项科研课题获市、区等级奖，26 次教学竞赛获市、区等级奖。学校获得“市校风示范学校”“市现代教育技术示范学校”“区教育工作先进集体”“办学水平一等奖”等荣誉。

（三）推动校本课程的探索和实施

通过课题研究，实现课程的教学时空向自然环境、生活领域和社会领域的扩展，我们编写了《时令诗词》《时令成语故事》《时事新闻》《365 诵读》《适时写作》《少先队时节专题活动手册》等校本课程读本，推动小学语文时令教学操作模式运用实施。

（四）带动家长弘扬和践行社会主义核心观

对学生进行弘扬社会主义核心价值观教育，同时达到辐射周边、影响社会的目的。使广大家长了解社会主义核心价值观的内涵，唤起弘扬传统美德的热情，形成守护共同精神家园的文化自觉。使校园文化成为弘扬和培育伟大民族精神的重要载体，成为满足人民群众精神文化生活需要的重要渠道。

撰稿人：杨　彤

审核人：龙红林

高效课堂背景下交互式电子白板运用策略

完成单位：蓬安县周口小学
完成人：陈兴宇、汪萍、唐伯军、兰淑兰、蔡铭、林红军

一、成果背景

（一）研究的缘起

交互式电子白板作为新兴教育技术的代表，极大地推动了学校教学信息化的进程，但由于它有别于传统的多媒体，是全新的教育技术，在教学实践特别是高效课堂教学中能够借鉴的成功经验较少，2012 年 3 月至 2014 年底，我校开始尝试在高效课堂教学中运用交互式电子白板，从中积累了很多经验，2015年 1 月，我们正式提出交互式电子白板策略运用思路，并成立课题组进行研究。

（二）研究所要解决的问题

1. 解决教师认知问题。

有教师认为运用电子白板教学，作用不大；有教师甚至认为，交互式电子白板课堂不如传统课堂，对交互式电子白板的推广有抵触情绪。

2. 解决教师对交互式电子白板操作的技术问题。

教师对交互式电子白板各项功能应用不熟练，有效运用信息化资源的能力还需提高。

3. 解决高效课堂各环节与电子白板有机融合问题。

教师未能发挥交互式电子白板的交互作用，在高效课堂的各个环节中，学生操作机会少，参与面低，参与度不高，主体地位不能充分体现，课堂效率不高。

二、成果内容

（一）理性认识成果

1. 明确了交互式电子白板在高效课堂教学中的独特优势。

（1）可以实现师生完美互动。

在交互式电子白板教学过程中，师生可以共同参与，学生根据自己的理解和遇到的困惑，提出质疑，在交互式白板上进行修正，消除了传统课堂对学生的束缚和限制，增强了课堂教学的自由度和民主性。

（2）可以整合多种教学资源。

交互式电子白板与各种软件都能很好地兼容，还可以直接调用交互白板内置的多种资源，实现多种教学资源的优化整合。

（3）可以自建资源库，便于优质资源共享。

交互式白板能将课堂生成的板书、文字、图形、符号及学生学习过程的全部细节保留下来，方便教师进行教学反思、建立自己的教学资源库。教师在课后可将课堂实录进行分享，共同点评研讨，相互提高。

2. 认识到交互式电子白板在高效课堂教学中的局限性。

交互式电子白板不管其功能怎样，对"教"与"学"的促进作用有多大，它也只是一种教学的辅助手段，不会也不可能取代教师的课堂教学，师生间的情感交流，对学生分层教学、因材施教，只能通过师生间的平等交流、对话来实现。对交互式电子白板的运用，仍需要我们通过研究去寻找它与课堂教学的整合点、适合点、应用点。

（二）实践操作成果

1. 构建了在高效课堂背景下交互式电子白板运用"3+1"教学模式。

我们将课堂教学基本环节划分为四个模块，即：自主学习、小组交流、展示点评加反馈测评，简称"3+1"教学模式。

"3+1"中的"3"强调三个问题："学什么""怎么学""学得怎么样"，其教学操作相对应的分为三个基本环节实施：自主学习、小组交流、展示点评，这也是师生互动、合作探究的过程；"1"是指对学生的"训练扩展"，是对学生学习成果的检测、巩固、提高。其中，自主学习是基础，小组交流是关键，展示点评是提升，反馈测评是保证。

（1）自主学习：利用交互式电子白板，提出学习任务，指出重点、难点，学生自主学习。

（2）小组交流：利用交互式电子白板，小组内交流自学成果，探究预设问题。

（3）展示点评：利用交互式电子白板，小组成员上台展示，其余学生质疑、对抗、补充。

（4）反馈测评：利用交互式电子白板，教师现场出示分层试题，学生完成后利用展台讲评指正。

2. 形成了完善的在高效课堂背景下交互式电子白板运用评价机制。

评价包含三个维度，即教师评价、学生评价、家长评价。教师评价主要针对学生的学习目标与方向，指导学生收集、分析、选择和使用信息，帮助学生理解掌握知识，激励学生主动学习；学生评价主要包括自评、对学习小组、对其他小组的评价；家长则为教师和学生评价提供重要的支持。

3. 逐步形成课堂教学六大策略。

通过两年多的实践与研究，课题组已探索出了有效的教学策略。

（1）生动有趣策略。

"兴趣是最好的老师"，充分利用交互式电子白板的各项功能，激趣导入，趣题引学，趣延课后，让学生在"学中玩"，在"玩中学"。

（2）真实有效策略。

利用交互式电子白板，通过提前录制微视频、QQ 远程现场对话等方式，将学生带到真实的情境中，将学生带到实际生活中，学生现场跟学跟做，简单方便，让学生通过体验、经历、操作、交流，获得对知识的真切认知。

（3）自主参与学习策略。

通过动手、动眼、动口，最大限度地让学生参与到学习过程当中，充分落实了学生的主体地位，让交互式电子白板成为学生和老师交流共享的平台。

（4）合作探究策略。

营造氛围，鼓励学生敢合作交流；提供机会，激发学生想合作交流；搭建平台，引导学生乐合作交流；精心设计，促进学生会合作交流。

（5）活用教材策略。

利用交互式电子白板，充分发挥学生的主观能动性，对教材进行改进和补充，使之更好地为教学、为学生服务。

（6）资源共享策略。

利用交互式电子白板和网络班班通，有效聚合学校教育教学资源，形成多层次、多功能、交互式的教育资源服务体系，扩大优质教育资源的覆盖面，实现学校优质教育资源共享，推进教育一体化、均衡化。

三、成果特点

以打造"高效课堂"为核心，通过交互式电子白板创新使用，强调自主学习、合作学习、探究学习，师生同受益；构建了"3+1"教学模式，解决了交互式电子白板与高效课堂的相融问题；形成交互式电子白板课堂教学六大策略，特别是真实有效策略被各个学科广泛应用。

四、成果效果

（一）学生良好学习习惯逐步养成

通过课题研究前后的问卷调查对比发现，学生的学习兴趣明显增强，学习潜能得到充分发挥，学习热情更高，自学能力提升较大。学生获得了更多交流、展示的机会，良好学习习惯逐步养成，综合素质得到了较大提高。

（二）教师在课题研究中逐步成长

课题研究不仅促进了广大教师的思想解放和观念的更新，而且极大地调动了教师投身教育教学改革的积极性，促进了师生间的交流。教师对交互式电子白板的应用越来越熟练，运用交互式电子白板教学的效果越来越好，逐步由经验型向科研型转变。

（三）硬件条件较大改善

由于课题研究的需要，学校配齐了交互式电子白板教室，实现了网络班班通，局域网资源共享。利用现代信息技术将学校的教学、科研、学科建设、管理等活动移植到一个数字网络空间环境下，着力推进"办公、管理、教学、服务"现代化，学校教育信息化硬件建设走在了全县学校前列。

（四）社会影响明显增强

学校课堂改革成效显著，两年来，学校多次承担县级及以上教研活动，接待市内外学校教师参观学习760余人次，他们对我校高效课堂背景下交互式电子白板的使用模式高度肯定，并纷纷效仿。学校与全县多所兄弟学校建立了支教帮扶关系，积极推广课题成果，引起社会各界普遍关注和好评，学校美誉度、知名度大大提高。

撰稿人：陈兴宇

审核人：谢　洁

初中语文群文阅读课堂教学策略

完成单位：南充市汉塘初级中学

完成人：苏刚、肖海燕、瞿谦、周明

一、成果背景

本课题来源于自选课题，研究本课题的起源来自我校 2013 年研究的"初中生语文阅读能力培养策略研究"项目，该课题荣获南充市教学成果三等奖，在此课题中有关的初中生阅读能力培养基础上，我们进一步探索新的教学模式，更好运用于语文阅读教学。鉴于此，我校开展了初中语文群文阅读课堂教学策略研究，旨在解决以下问题：

（一）教师教学的问题

1. 语文阅读教学效率不高的问题。
2. 语文课外阅读训练无序性问题。
3. 改革传统的教学观念和陈旧的教学方法问题。

（二）学生学习的问题

1. 解决传统阅读方式带来的枯燥、乏味、效率低下问题。
2. 拓宽阅读空间，帮助学生提高阅读的数量和质量。
3. 全面提升学生的读写能力和阅读素养。

二、成果内容

（一）理性认识成果

本课题立足于初中语文群文阅读课堂教学策略理论，将初中语文群文阅读教学的重点环节抽取出来，逐点分析研究，系统地创建初中语文群文阅读教学策略，并通过教学实践，反复验证，建构成一套相对完整的初中语文群文阅读课堂教学模式。

本课题提出的群文阅读课堂教学模式构建理论，实质上是一种大阅读的概念。提出群文阅读课堂教学"四字、五步、六型"策略理论，即：

1. 群文阅读课堂结构四要素："读—思—议—展"。

2. 群文阅读课堂教学结构的"五步"流程。

群文阅读课，老师主要可以采用"五步教学法"操作模式，即为：主题回顾—阅读概览—片段分享—精彩赏析—主题拓展。

3. 群文阅读课堂教学的六类课型：理解感悟类、知识技能类、策略方法类、思考辨析类、迁移运用类、趣味阅读类。

（二）实践操作成果

群文阅读教学以议题为统师，以多文本比较阅读为主要形式，以集体建构和达成共识为主要目标。在极为简约的群文课堂教学指导中，我们探究出以下策略。

策略一：遴选文本

群文阅读概念的提出，要求教师打破书本束缚，广泛选取文本，引导学生进行群组阅读，由课堂延伸到课外，由单一扩展到多样，由教条主义的文章阅览延伸到多观点多视角的文章阅览。

1. 文本选择要求：选文体现课标要求；选文紧扣议题；选文注重能力培养；选文做到适时适度；选文要保证质量。

2. 文本选择的方法：找准文本选择的基点，做相应的准备，掌握文本组织的方法，即分析议题、明确目标、考虑条件。

3. 文本选择的原则：在具体组织文本过程当中，或者说对组织到的文本进行遴选并且最终确定教学文本，必须遵循以下原则，即指向议题、文本异质、文本自足、难易适度、文质兼美、体式多元。

4. 文本选择的技巧。文本选择因人而异，技巧很多，下面提供最常见的几种，以供参考：

借助现成的群文读本；对现行教材进行重组；老师凭借自己的阅读经验，自行组织文本；围绕议题，老师和学生共同组织文本；依照某个议题，每位学生推荐一个文本，而后集体讨论确定；自行组织，请人推荐。

策略二：建构初中语文群文阅读课堂教学模式

通过两年多的教学实践，课题组逐渐提炼出群文阅读教学"四字、五步、六型"的基本框架，引领全区兄弟学校有效组织群文阅读课堂教学，探索形成了丰富多元的教学模式，极大促进语文教学方法从单一走向多元的变革，课堂教学结构从零散、封闭向密集、开放转变。

策略三：拓展群文阅读方式

1. 引导学生进行自主阅读。

2. 指导学生进行立体阅读。

3. 运用比较联结促进学生探究性阅读。

策略四：整合教材内容

教材整合包括单元内整合、单元与单元之间进行整合、教材与教材之间实现整合。

策略五：延伸课外阅读

1. 教师适当拓展课外阅读。

2. 学生结合自身的阅读体验，增强课外阅读主观能动性。

三、成果特点

我们所研究的成果总的特点表现为理论基础深厚，操作性强，经推广获得受益单位一致好评，且受益面积广泛。其具体特点表现为以下几点。

（一）开阔了学生的视野

初中生不是不喜欢阅读，相反他们非常喜欢阅读，只是他们不喜欢为了考试而进行的阅读，也不喜欢长期对教科书进行阅读。群文阅读这种新的阅读方式能弥补传统语文课堂教学的不足，教师在课堂上补充大量的阅读材料，使学生的阅读量逐步增大，能开阔他们的视野。

（二）帮助学生回归生活阅读

我们处于一个网络信息技术极为发达的时代，初中生已经有了较强的阅读能力，他们会经常接触一些网络文章。这一类型的文章并不需要精读，浏览、速读、跳读都可以。群文阅读采用的是对一些课外书上的材料大量阅读，让学生有了浏览、略读、速读的机会。对此，教师可以指导学生将这些阅读方法运用到生活中去，利用生活化的阅读提高学生的阅读能力。

（三）对学生的阅读习惯进行重塑

群文阅读就是要让学生自己阅读，让他们利用阅读的机会去学会阅读，成为真正意义上的学习主体。

四、成果效果

（一）课堂教学的变化

1. 教师不再是课堂的主宰者，而是学生学习活动的组织者、合作者。

2. 学生不仅是教学的对象，更成了教学中的资源。他们在课堂上学习兴趣高涨、学习积极主动、思维活跃、大胆质疑，敢于提问，敢于向教师挑战，向权威挑战。

3. 真正把课堂还给了学生，使学生成为学习的主人。

（二）学生的变化

增加了阅读的数量，提高了阅读的速度，强化了阅读的主体，丰富了阅读的方式，学生中出现了一批口头表达达人。

（三）教师的变化

转变了教学观念，提高了专业素养，取得了可喜的成绩。

撰稿人：肖海燕

审核人：王　瑜

实施"三善"校本课程建设学校文化品牌

完成单位：仪陇县宏德小学

完成人：熊英、张昌敏、王培文、罗松林、王雪梅、杜莉

一、成果背景

随着教育的发展，现有课程体系已不能满足社会发展对教育多层次、多元化人才的需求。基于学校"积小善成大德，六年影响一生"的办学理念和培养"品格高尚""身心健康""行为厚重"学生的育人目标，我们进行了"三善课程"的建构及实施研究。

该成果较好地解决了"学校育什么样的人"的目标问题，使学校的教育教学工作有据可依、有路可走；较好地解决了校本课程和学校文化建设相结合的问题，使校本课程成为学校文化的载体；较好地解决了校本课程内容问题，使校本课程体系明确，内容丰富。

二、成果内容

（一）理性认识成果

"三善课程"是一种系统的校本课程，是国家课程、地方课程的有效补充。实施"三善课程"是培养全面发展学生的有效途径。

（二）实践操作成果

1. "三善课程"的基本体系。

"三善课程"分为"善品课程""善身课程""善行课程"三大板块。其中"善品课程"包含习惯课程、礼仪课程、德育课程等。"善身课程"包含体育教育类的阳光课间、传统游戏、课间水果、足球课程，健康专题和心理教育类的男生女生、爱心小屋、悄悄话信箱、成长营活动、法制安全课程等。

"善行课程"包含语言与人文类的经典诵读、海量阅读、翰墨飘香、语文

主题、英语戏剧，数学与科创类的数学绘本、数学探索、益智游戏、数学步道、数学主题、科学主题，个性选修类中的艺术型、体育型、表达型、益智型、综合型以及特色练能类的学科主题活动、实践活动、环境课程、全员管理。

2."三善课程"的实施途径。

"三善课程"根据其内容的不同，分别选用不同的实施途径。

（1）长短课时分配课程时间。

在保证课时总量不变的前提下，将原来固定的每节课40分钟，变为长短不一的课时。"长课时"70分钟，主要安排选修和艺体连排。"短课时"20分钟，安排晨诵、午读等。长短课时交错，张弛有度，时间安排趋于合理，学生学习也觉得更轻松。

（2）自主课堂推动传统课程。

自主课堂基于思考"怎么学，怎么教"提出学习方法和教学方法的变革。由原来的教师一条线教学变成"自学自练—合作排练—互动展练—评价点拨"的立体网络式教学，容量大、进度快，让学生个性张扬、心灵放飞、能力提升，实现了"我的课堂我做主"。

（3）素养测评指引学科课程。

学科素养测评如语文与人文的善阅读、善表达、善倾听，数学与科学的善探究、善运用、善创新，艺术与审判类的善欣赏、善表现、善创作，重在测试学生的综合素养，纳入对学生和对教师的评价。因学科成绩只是测评中的一小项，若只是成绩好，而学科素养、身心素质、行为品德不好，学生将不能获得高的星级，教师也得不到认可。这样的评价对教师教学和学生学习具有明显的导向作用。

（4）学科内容丰富。

例如，在"大语文"课程里，我们设有"经典晨诵""午间阅读""随文写作""一手好字""专题朗诵""我会倾听""主题绘本"等课程内容，通过"群文阅读""单元整合"和"专课训练"等方式，把这些课程内容落在了实处。

（5）课内开发落实艺体课程。

课内开发落实艺体课程指在课程内容、上课时间、上课教师不变的情况下，在每个学科选择一个载体训练，以提升学生艺术素养。音乐全员推广口风琴，体育推广校园足球，美术建设陶艺特色。如音乐的口风琴，学生先强化学习一段时间，入门后再随课学习，学习某首歌曲，学生不再用手打节奏，不再用口唱谱，而是用口风琴吹奏。这样，学生学习兴趣更浓，音乐性更强，在课程内容不落下的情况下，还学得了一门特长，音乐素养明显提升。

（6）多管齐下推进选修课程。

选修课程内容丰富，设音乐类、体育类、美术类、科技类、国学类、智力类、综合类等共 50 余个选修项目。每周安排两次选修课，学生全面参与，梯队层次管理。

（7）专设团队带动阅读等课程。

在阅读团队的组织下，学校每天的静心阅读课质量得以保障，系列读书活动得以有效开展。如学期中的读书漂流、班级共读、四月阅读节等活动，寒暑长假中学校与远川阅读教育联盟合作，利用网络引导孩子进行"假期整书细读"活动。

（8）习惯养成强化善品课程。

德育不是说教，有效的德育途径一是学科渗透，二是活动体验。为此，我们将德育活动进行分解和强化，如常规主题开学强训，时令主题周推进，年段主题班队实施，资源主题基地体验，重大主题活动月推动，生活主题家校配合，个别主题竞赛带动。

（9）文化打造建设环境课程。

学校处处开放书吧、地面可玩地图、楼层艺术文化、人人一盆植物、人人作品展示。校园翰墨飘香、书香四溢、绿荫灵动、异彩纷呈，孩子在潜移默化中成长。

（10）家校合力开发共育课程。

为提升学生综合素养和社会适应能力，在十二学期开设十二个共育实践活动。孩子从入校到六年级毕业，依次经历十二个共育实践活动，活动由年级组织实施，家校配合完成。这些活动从低段的生活安全、生活能力，到中段的责任担当、交际体验，再到高段社会生活智慧、励志成长，带给孩子不同的成长体验。

3. "三善课程"的评价反馈。

采取多元评价、多方评价、动态评价方式对学生成长情况进行及时评价反馈。善品评价根据学生课程学习情况和生活实际表现，由学校和家长共同评价。善身评价由体育、心理教师以及班主任共同评价。善行评价中，将传统学科笔试和平时成绩作为学生的期末成绩；学科素养测评数据作为学生学科素养成绩依据；选修课开展情况作为特长选修成绩依据。所有各项评价数据综合评价成长星级，最高为五星级。

三、成果特点

"三善课程"的主要特点在于综合性，三级课程，含多种资源，涉教育全程，求全面发展；其次是开放性，能与时俱进，因地制宜，因人而异。"三善课程"最大的创新在于有机融合，众多资源相得益彰，多条途径各显神效，时间被合理分配，在未加重学生课业负担的情况下，实现了教育效益的高效化。

四、成果效果

（一）推进了"小善大德"文化品牌的形成

学校成为国家级足球示范学校、篮球示范学校、国防教育示范学校、省优秀少先队集体，多次在市运动会中获奖，获县荣誉共计 18 项。学校在教育系统内和社会上有较好的口碑，校公众号进入南充市最具影响力公众号排行榜前十。

（二）促进了学生全面发展

课题以课程为载体，提升了学生核心素养，促进了学生全面发展。学生变得更阳光、更自信、更快乐、更会学习了。他们品格优良、身心健康、言行举止得体。各类活动体验让学生的童年变得五彩缤纷。

（三）教师体验到专业尊严

课题组主研人员及学校教师多次在市、县活动中对"三善课程"进行交流，多次参加"送教下乡"活动，充分展示"三善课程"的生命力，辐射影响区域教学改革。

撰稿人：张昌敏

审核人：李　辉

小学语文生本智趣识字教学策略

完成单位：南充市嘉陵区火花第三小学
　　　　　南充市一立初级中学
完成人：何伟、杜国芳、罗晓玲、祝玲、杨春芳、杜国容

一、成果背景

通过实践探究，探求既符合儿童心理特点，又能引发学生的识字思考；既减轻学生负担，又提高学生的识字质量；既关注学生识字效果，又关注学生在学习活动中表现出来的情感和态度的方法，让学生感受中国汉字的魅力，自主有效地学习汉字。

二、成果内容

（一）理性认识成果

1. 通过研究，学校认识到智趣识字对提高学生识字兴趣和能力的现实意义，明确了基于"以学生为本"的教育理念的智趣识字观。

2. 通过研究，学校探索出学生智趣识字的情感、态度、价值观的形成途径和方法，形成了学校、家庭、社会三位一体的智趣识字教学网络。

（二）实践操作成果

1. 形成以生为本的前置学习策略。

一读，把课文读正确，读通顺；二标，标出自然段（小节）序号；三圈，圈出课文中的生字；四认，在认识的字下面打勾，在认识的字上面注拼音，会组词的在旁边画一朵小花。

2. 形成以生为本的智趣识字策略。

（1）形变识字策略：形变识字策略是利用熟字迁移认识熟字加偏旁的字、熟字去偏旁的字、熟字换偏旁的字。

（2）建构识字策略：教师努力激发学生的识字动机，探究有利于学生建构意义的情境创设，以实现学生自主性的"知识建构"。主要包括：形象识字、会意识字、特征识字、归类识字、语境识字等。

（3）童趣识字策略：歌诀识字法、谜语识字法、动作识字法等。

（4）联想识字策略：初级阶段主要从单字字形联想、联词联想和词意联想入手；高级阶段主要从部首联想、形近字联想、音近字联想等入手。

（5）生活识字策略：校园环境识字、家庭环境识字、社会环境识字。

3．以生为本的多元智趣识字评价策略。

（1）明确多维性评价目标：对汉字有浓厚的兴趣、有良好的识字习惯、有较高的识字能力。

（2）创设多样化评价方式：利用课内外资源、发挥情感迁移、形成性评价与终结性评价相结合。

（3）实施多元化评价主体：学生自评、小组互评、家长评价、教师评价。

4．以生为本的智趣识字效果巩固策略。

（1）开辟"识字园地"。

（2）建立"识字记录袋"：班级同学录、识字档案、在生活中识字的评价小喜报、光荣榜、学期终结性评价表。

（3）编读儿歌。

（4）开设课外识字交流课。

三、成果特点

（一）针对性特点

本课题选择当前小学低年级语文课堂教学中的一个热点、难点问题——识字教学进行研究，就是为了改变"教师的教"和"学生的学"的问题，改变当前教师识字教学效率低下和学生识字能力薄弱的问题，针对性强，顺应新课改趋势。

（二）实践性特点

生本智趣识字教学策略克服了当前一些识字流派的教学只建立在教师"教"的基础之上，而没有真正从"学"的角度去制定教学策略的问题，从学生独立自主识字的目标去解决教学上的不足。通过创设生动有趣的学习情境，充分调动生活学习的经验，运用符合儿童心理特点的、儿童喜闻乐见的教学方法，让学生有主动识字愿望，喜欢学习汉字，培养学生主动识字的能力，帮助学生更好地阅读，从而使学生识字兴趣得到激发，智慧得到唤醒和发展，实践操作能力提高。

（三）应用性特点

本成果适用于低年级识字教学，不论是城区学校还是农村学校，不管学生有无识字基础，都可以推广应用，且成效显著。"生本教育"理念下的智趣识字教学观要求教师在进行识字教学中，强调智慧与情感因素在识字过程中的动力作用，主张以智激趣，以趣启智，智与趣互相交融，从而使学生识字兴趣得到激发，智慧得到唤醒和发展。基于生本教育理念的智趣识字教学观关注学生成长，做到了育人至上。

四、成果效果

（一）教育教学改革效益

学校认识到智趣识字对提高学生识字兴趣和能力的现实意义，明确了构建智趣识字教学策略的方法，纠正了以往识字教学中的几个误区，探索出了学生智趣识字的情感、态度、价值观的形成途径和方法，形成了学校、家庭、社会三位一体的智趣识字教学网络，构建了基于生本教育理念的智趣识字教学模式。

1. 课题研究带给学生的变化。

（1）学生对自己的识字效率有信心。

（2）学生识字的途径增多，主动识字的意识增强，识字兴趣浓厚。

（3）学生普遍喜欢用多种多样的方法识字。

（4）学生在识字方面更希望得到老师、家长的认可、鼓励与帮助。

2. 课题研究促进教师的提升。

通过理论培训、教学模式分析、优秀课例观摩、互评式评课、交流设计方案、集中座谈和个别访谈等多个层面和多种形式的培训，并在日常教学中不断反思和实践，转变了教师的思想观念，提高了教师的理论素养和趣味识字教学生活化教学技能，使大部分教师基本掌握了智趣识字教学设计方法与课堂教学策略和评价方法。经过实践研究，教师研究能力强了、创新意识强了，驾驭课堂能力提高了。

3. 课题研究推动学校教育教学工作稳步发展。

在对学生识字状况进行调查了解的基础上，对当前小学生识字存在问题的原因做了详尽分析后，学校研究设计出了一系列学生乐于参与的、效果较理想的智趣识字活动。进行识字活动教学设计和教学实践，注重在日常教学中挖掘、提高学生识字兴趣与效果的有效途径，从而达到提高学生识字的效率和质量，促进了学校教学工作稳步发展。

（二）社会影响

本成果引起了实验学校领导和嘉陵区小学语文名师工作室的高度关注，课题成果在区内部分学校低年级识字教学中得到推广和应用。课题成果受到了老师和家长的欢迎，他们普遍反映该课题研究大大提高了学生的识字兴趣和能力，有效提升了教师的课堂教学效果，促进了学校教育教学工作的持续发展。课题组成员把有关资料上传到嘉陵区小学语文名师工作室 QQ 群，并多次与工作室成员在线讨论，得到了高度评价。嘉陵区安平小学、里坝小学、西兴初中等学校先后组织教师来校观摩生本智趣识字课堂教学，教育行政机关领导、教育科研机构研究人员来访 4 次。

撰稿人：杜国芳

审核人：王　瑜

义务教育数学课程标准适切性评价"四维"模型

完成单位：南充市嘉陵区教育科学研究室
完成人：杜娟娟、林红春、李茂胜、肖胜琼、唐凤英、杨敏琼

一、成果背景

本成果来源于四川省中小学教学名师优秀课题《义务教育数学课程标准的适切性研究》（省二等奖课题）。该课题主要对《义务教育数学课程标准（2011年版）》的适切性进行实证研究和建立相应的评价体系。其成果主要解决以下问题：

1. 运用义务教育数学课程标准适切性评价观解决教师对义务教育数学课程标准"为什么评价""适切的重要性"等认识问题。

2. 运用义务教育数学课程标准适切性评价"四维"模型解决教师对义务教育数学课程标准评价"怎么评价""如何操作"的问题。

二、成果内容

（一）理性认识成果

义务教育数学课程标准适切性评价观是以义务教育数学课程标准为基本评价依据，以及教科书、教师、学生、教学环境相互之间与义务教育数学课程标准匹配程度为评价标准的一种方法论。

1. 基本内涵。

适切性评价具有综合性、相对性和生态性。它是一个多向互动的发展过程，其评价标准会随着这个发展过程而相应改变，最终目的是课程标准与相关因素之间的高度融合、协调发展。

适切性评价本质是个评价标准问题、方法选择问题和文化选择问题，适切性评价是对适切程度的描述，其本质是对所涉及事物的评价。因此，它涉及评价的标准、方法和评价价值取向的问题。

2. 基本原则。

课程标准的修订完善是一个长期动态的发展过程，科学的适切性评价体系应与时俱进，提供科学的评价判断和适宜的对策建议，促进课程标准与教师、学生、教科书、教学环境等高度融合，协调发展。因此，它要遵循五个基本原则：发展性原则、科学性原则、指导性原则、可操作性原则、社会性原则。

3. 基本功能。

评价的基本功能是对评价对象做出"是什么"的判断描述，做出"为什么"的分析解释，提出"怎么做"的策略建议，义务教育课程标准适切性评价也不例外，它具备的基本功能有：描述功能、评价功能、解释功能、监测功能和预测功能。

（二）实践操作成果

1. 明确评价维度。

义务教育数学课程标准适切性评价"四维"模型是以课程标准、教科书、教师和学生为轴的四维评价模型。课程标准适切性包括课程标准与教科书、教师、学生、教学环境之间，教科书与教师、学生、教学环境之间，教师与学生、教学环境之间，学生与教学环境之间等多维立体因素，课程标准适切性就要探讨每个维度的匹配程度，总结成绩，找出问题，剖析原因，提出对策。

2. 提炼评价要素。

义务教育数学课程标准适切性评价包括五个要素，即课程性质、课程目标、内容目标、实施建议以及课程调整，旨在弄清课程标准这五要素于学生、教师、教科书以及教学环境的适切程度。

3. 构建评价量标。

根据"义务教育数学课程标准"适切性评价的五大要素，我们结合影响学生学习效果的主要因素，即学习动机、学习目标、学习内容、学习方法和学习评价，构建了含二十五个指标的"义务教育数学课程标准对学生适切性的评价量标"；结合影响教师教学效果的主要因素，即教学目标、教学内容、教学方法和教学评价，构建了共二十个指标的"义务教育数学课程标准对教师适切性的评价量标"；结合影响教科书与课程标准一致性的主要因素，即课程广度、课程深度和课程难度，构建了含十五个指标的"义务教育数学课程标准对教科书适切性的评价量标"；结合影响教学环境的主要因素，即地理位置、硬件条件和教学设备，构建了"义务教育数学课程标准对教学环境适切性的评价量标"。这四个量标的构建，为课程标准适切性评价提供了量化依据和操作方法。

4. 形成评价认识。

课题研究从课程标准与教师、与学生、与教材、与教学环境四维度出发，采用实证调查、课堂观察、文本分析等方法，采取确立数学课程标准适切性评价构成要素、建构评价量标、建立评价技术模型和现状调查等手段，对教师学习与应用水平、教师与学生的适切性水平进行现状调查，对教科书与其匹配程度进行文本分析。

研究结果表明，教师学习和应用《义务教育数学课程标准（2011 年版）》的总体水平偏低，教师的适切性水平比较高，学生的适切性水平处于中等，教科书的课程广度总体上大于《义务教育数学课程标准（2011 年版）》要求的课程广度，课程难度略大于《义务教育数学课程标准（2011 年版）》，教科书在了解水平上与《义务教育数学课程标准（2011 年版）》是适切的，而在理解水平、掌握水平和运用水平上与《义务教育数学课程标准（2011 年版）》的适切性不高。

5. 提出对策建议。

（1）建议要适当调整课程标准的内容要求；

（2）学校和各级培训机构要多管齐下让教师理解课程标准；

（3）教科书编写者要修订完善教科书内容；

（4）政府要加大投入促进义务教育均衡发展。

三、成果特点

（一）模型化

本成果把对数学课程标准适切性评价的五个要素指向教科书、教师、学生和教学环境四个维度，构建了立体化的评价模型。对课程标准适切性评价的本质和途径进行了高度概括和直观呈现，具有很强的指导性。

（二）可量化

本成果建立了数学课程标准对教科书、对教师、对学生适切性的评价量标，使课程标准的适切性评价更具体、更客观、有依据、可量化。

（三）实践性

本成果是在实证调研基础上形成的课程标准适切性理性认识成果和适切性评价技术模型操作性成果，源于实践、用于实践、成于实践，服务于课程标准与教材的修订，服务于教学方式的改进，服务于教学质量的提高，具有较强的实践性。

（四）创新性

目前，国内学者对义务教育数学课程标准的研究主要是对课程标准本身理念、内容和实践的分析，而从课程理念、课程目标、课程内容标准和实施建议等全方位地研究义务教育数学课程标准的适切性还是一片空白。而本成果从认识层面厘清了适切性认识，从技术层面构建了义务教育数学课程适切性评价"四维"模型。因此，本成果具有创新性。

四、成果效果

（一）推广范围

本成果适用于使用《义务教育数学课程标准（2011 年版）》的小学、初中数学教师、教材编写人员、学校、教学研究机构。本成果曾在四川省中小学数学教学名师培训班中通过会议、书面等方式进行交流和推广，并在南充市部分县、区教研室和嘉陵区部分农村中小学、乡镇中心学校、城区中小学通过实证调查、课堂观察、观课议课、座谈交流等方式进行研究与推广。

（二）成果实效

本成果建构了课程标准适切性评价量标，建立了课程标准适切性评价的原则与功能，形成了对《义务教育数学课程标准（2011 年版）》适切性的理性认识，提出了改进义务教育数学课程标准适切性存在问题的对策，具有很强的实践性、应用性和可操作性。在调研和成果推广过程中，为教师更新教材观念、改进教学教研方式，学生优化学习方式提供了有益的参考；为学校提高教学质量起到了促进作用；为完善课程标准理论研究、构建课程标准的适切性理论体系做出了一定贡献。在提炼研究成果过程中，主研人员先后有 12 项相关论文发表在省级刊物上，从总体上讲，本成果产生了良好而广泛的社会影响。

撰稿人：杜娟娟

审核人：王　瑜

农村特岗教师发展 EMD 生态机制

完成单位：南充市嘉陵区教育科学研究室
完成人：蒲大勇、任新政、肖姗、杜鹏、秦伟、王琳华

一、成果背景

"特岗计划"为四川省农村贫困地区补充了大量学科结构合理、高学历的年轻教师，特岗教师的到来增添了农村学校的活力，提升了农村学校的办学品位，促进了城乡教育均衡发展。"特岗计划"政策基本解决了农村教师"进不来""下不去"的问题，但是还存在"留不住"和"长不高"等问题。

二、成果内容

（一）理性认识成果：确立生态机制观

生态机制观是以构建生态环境为绿色保障，以协同机制为集约管理方式，坚持和谐统一、持续发展的一种方法论（见图1）。

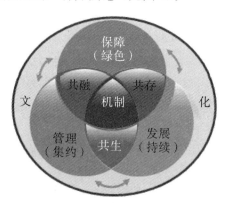

图1 农村特岗教师发展生态机制

1. 基本内涵。

（1）"农村特岗教师发展生态机制"是以绿色保障、集约管理和持续发展为要素，在农村特岗教师与环境及共同生活环境中的各个个体间或种群间建立和谐共生关系的一种协同运行原理。

（2）"生态"是一种新型关系形态。

（3）"生态机制"是一种基于要素之间和谐关系的运行原理。

2. 理论基础。

（1）依据中国传统文化的"天人调谐思想"。

（2）依据"马克思主义生态哲学理论"。

3. 基本内容。

农村特岗教师发展生态机制观确立了三种观点，把握三大要素，明确三种关系，凸显四个特性，实现三种价值。

（二）实践操作成果：建构生态机制

1. 研制了EMD生态机制运行方案。

（1）在绿色保障上做文章，让农村特岗教师"留得住"。

——强化了政策支持，让特设岗位有"吸引力"。一是适时完善政策，突出目标指向。二是强化省级统筹，优化配置结构。三是推行弹性服务，激发发展活力。四是建立荣誉制度，强化价值认同。

——拓展了招考渠道，让有志者"来得了"。一是坚持公平选用，保证选用质量。二是完善招考政策，优化选用结构。三是注重服务引导，降低离职风险。四是建立约束制度，引导诚信服务。

——提升了待遇水平，让特岗教师"留得住"。一是加大经费投入，全额保障工资。二是建立激励机制，全程吸引人才。三是设立奖励基金，全力提高薪酬。四是实施安居工程，全面关心生活。

（2）在集约管理上下功夫，让农村特岗教师"愿意留"。

——注重了生存引导，让特岗教师"稳得住"。一是加强教育政策宣传，增强教师职业认同感。二是强化事业意识引导，增强教师历史使命感。三是创设和谐工作环境，增强教师人际愉悦感。四是做到因势利导培养，增强成长获得感。

——实施了心理干预，让特岗教师"愿意留"。一是加大社会支持力度，打造心理安全环境。二是营造和谐心理氛围，夯实心理安全基础。三是开展心理咨询活动，化解心理健康问题。四是普及心理卫生知识，引导自我心理调节。

——优化了考核评价，让特岗教师"有动力"。建立一种面向未来的特岗教师评价制度，即发展性特岗教师评价。一是树立人本管理观念，确立正确评价思想。二是制定规划发扬民主，构建科学指标体系。三是注重全程动态评价，引导教师持续发展。四是建立多元评价机制，注重发挥导向功能。

（3）在持续发展上做出了成效，让农村特岗教师"长得高"。

——注力事业定向，让特岗教师"有方向"。一是重视教育发展研究，提高培养的科学性。二是探索"家乡教师"项目，增强培养的针对性。三是设置实践活动课程，凸显培养的师范性。四是开展协同定向培养，彰显培养的目的性。

——引领了专业发展，让特岗教师"长得高"。一是开展培训需求调研，科学制订培训规划。二是重视师德修养培训，提升教师专业思想境界。三是采用教学现场培训，优化学科教学知识。四是探索校本特色培训，助推教师彰显个性。

2. 制定了生态机制操作指南。

（1）厘清政策核心，找准"问题关键"。

政策保障是农村特岗教师发展的基础，也是农村特岗教师发展的"发动机"，更是"生态机制"的关键。在辨明农村特岗教师发展所面临问题的基础上，还必须明了这些问题的政策核心，由此，找准"问题关键"之所在。

（2）研制问题清单，锁定"主要问题"。

各地应该结合本地的实际问题，研制问题清单，系统辨明自身的主要问题是什么，然后按照问题的严重程度逐一将其排序罗列出来，依次分为最严重的问题、次严重的问题、再次严重的问题、解决较好的问题、不用解决的问题等。

（3）划清责任权属，落实"对策措施"。

针对每个不同的关键问题，确定该问题解决政策的制定主体和执行主体，并明确政策制定者的权属。特别是在问题解决和政策制定过程中涉及多方主体时，必须明确划分不同政策制定主体的各自权限与具体政策制定范围。

（4）建立督导制度，保证"政策落地"。

建立健全专项督导检查和工作问责制度，高度重视督查相关政策的落实执行情况。定期组织开展农村特岗教师队伍建设专项督导评估，把保证农村特岗教师队伍建设经费投入、依法理顺教师管理职能等纳入政府年度工作考核体系。

3. 验证了生态机制实践路径。

（1）落实运行保障，实现绿色发展。

让用人单位适时完善政策，突出目标指向；充分利用国家政策，强化省级统筹，以县为单位优化配置结构；在区域内推行弹性服务，激发发展活力。在实验县中建立荣誉制度，强化价值认同。

（2）强化集约管理，驱动持续发展。

一是加强教育政策宣传，增强职业认同感。二是强化事业意识引导，增强历史使命感。三是创设和谐工作环境，增强人际愉悦感。四是做到因势利导培养，增强成长获得感。

（3）搭建成长平台，助力和谐发展。

开展以特岗教师为主体的教研活动；实施师徒结对，以特岗教师在教育教学中出现的困惑为主题开展专题研讨；安排促进特岗教师发展的任务，进行任务驱动式自主研修。

三、成果特点

（一）成果的创新之处

1. 确立了农村特岗教师发展生态机制观。
2. 构建了农村特岗教师发展生态机制。

（二）成果的特点

1. 政策性。
2. 实践性。
3. 战略性。
4. 前瞻性。

四、成果效果

（一）成果的改革效益

1. 提升了特岗教师的职业幸福指数，"主动留"成为潮流。
2. 提升了特岗教师的专业发展水平，"长得高"成为趋势。

（二）成果的社会影响

1. 受到各级领导、专家的肯定。
2. 受到学术界的高度认同。
3. 成果已被各级政府和教育部门采纳。

撰稿人：蒲大勇

审核人：王　瑜

我国现行初中数学不同版本教材比较

完成单位：南充市嘉陵区教育科学研究室

完成人：张明、曹丽、帅旭、李蓉、兰平、何黎

一、成果背景

1. 提炼的"数学教材比较解读观"解决初中数学教师对教材解读重视不够的"认识"问题。

2. 形成的"数学教材使用策略"解决初中数学教师解读教材方法缺失、"盲目"使用教材的"实践"问题，使初中数学教师弄清了我国现行初中数学教材版本的种类、使用区域以及不同版本教材的编排特点。

二、成果内容

（一）理性认识成果：数学教材比较解读观

数学教材比较解读观是在"三个理解"（理解数学、理解教学、理解学生）的基础上，教师通过对不同版本数学教材的编排体系、特点、教学目标、重难点等要素，采用"与文本对话""与编者对话"等方式进行研读、理解的一种方法论。

1. 指导思想。

数学教材以数学课程标准为依据，在编排上力图体现现代教育观念、重视学生创新能力；突出问题解决在数学教学中的重要性，适当体现建构主义的教学思想和合作学习的教学方式；在内容编排、数学活动设计以及处理与以前学校数学内容衔接等方面努力实现义务教育阶段数学课程的基础性、普及性和发展性。

2. 编排原则。

（1）整体性原则。

（2）时代性原则。

（3）探索性原则。

（4）基础性、普及性和发展性原则。

（5）教育性原则。

3. 结构特点。

数学教材的设计思路是根据《课程标准》规定的"知识与技能""数学思考""解决问题""情感与态度"四个方面目标在第三学段（7~9年级）的具体要求和内容标准确定教材的教学内容。以"问题情境——数学活动（包括观察、实验、猜测、尝试、推理、交流、反思等）——概括（包括建立模型）——巩固、应用和拓展"的叙述模式呈现数学内容，突出问题解决的意义、过程和方法。按"数与代数""空间与图形""统计与概率"三条主线展开教学内容。"课题学习"根据内容所属领域编入相应的章节。根据本学段学生的年龄特征、学习经验、认知规律和各领域数学知识自身的逻辑体系，科学、合理、高效地编排各年级、各学期的教学内容，并使教师易教、学生易学。对重要的数学概念和思想方法采取逐级递进、螺旋上升的编排方式。

（二）实践操作成果：数学教材使用策略

1. 以"三个理解"为基础。

（1）准确理解数学。

教材是数学知识的重要载体。教师要透过教材理解数学，弄清数学是什么？数学的本质是什么？对数学知识，教师不仅要了解其本身的含义，而且要把它们纳入整体知识结构中，与其他知识作纵横向的比较。在横向方面，要比较某个知识点与其他知识之间的关系，了解它们的相似、相同和差异之处，明确它们的区别和联系，从而帮助学生形成"由点到线，由线到面"脉络清晰的知识结构框架；在纵向方面，要致力于揭示知识之间的从属关系，弄清知识的结构顺序，从而把握知识的内在联系。

（2）深入理解教材。

教材只是最基本的教学素材。新课程标准提倡教师对教材能够"创造性的用，个性化的教"，而理解教材是创造性使用教材的前提。教师要理解所用教材的特色、内容编排体系、编排体例等，掌握各内容的分布和在各个阶段的所属层次；要不拘泥于现有教材，在紧密围绕新课程标准理念的同时，对教材进行二次挖掘开发，优化整合；要创造性地使用教材，对教材要灵活使用，必要时应有所创新；更要敢于超越教材的内容，用开阔的视野来认识和处理教材，把教材作为教学系统的一个要素来看待，在有效处理各种关系的过程中充分有效地使用教材。

（3）全面理解教学。

学生的认知规律是教学的起点。不同版本教材都遵循学生学习数学的心理规律，强调从学生已有的生活经验出发，让学生亲自经历将实际问题抽象成数学模型并进行解释与应用的过程，进而使学生理解数学的同时，在思维能力、情感态度与价值观等方面都得到进步和发展。

2. 使用数学教材的策略。

策略一："敬"的策略——走"敬"教材，用敬畏之心重视教材。

敬畏教材其实是敬畏教材的科学体系，敬畏教材对学生不同阶段的训练方式，敬畏教材中练习题与知识点的紧密结合，敬畏教材中一些阅读材料等拓宽学生视野内容的设置。只有怀揣敬畏之心使用教材，才能真正意义上吃透教材、领悟教材内涵，才能充分体现教材是教学的蓝本的价值。

策略二："近"的策略——走"近"教材，用研究之眼研究教材。

要研究整个教材的编写结构，了解教材中分整编写的内涵，领悟教材螺旋式上升编写原则的本质，揣摩编写的意图，以编者的视角发现不足，以专家的视角欣赏差异，以实践者的视角深入思考。只有走近教材，才能让自己的教学更有价值，才能缩短编者与教者之间在认识上的差异，才能创造性地使用好教材。

策略三："进"的策略——走"进"教学，用实践之情使用教材。

要多角度专研教材，挖掘教材，提高教材的附加值，更好地促进学生的发展，从数学学科的视角分析教材，弄清楚知识的来龙去脉；从教的角度理解教材，对教材内容按教的角度进行重构；从学的角度思考教材、挖掘教材，更好地理解教材，提高师生课堂对话的深度；从考的视角深度领悟教材，真正意义上走出教材；从研究的角度反思教材，跳出教材，形成教学特色。

三、成果特点

（一）成果的创新之处

1. 理念创新：数学教材比较解读观。
2. 技术创新：数学教材使用策略。

（二）成果的特点

1. 文献性。
2. 普适性。
3. 操作性。

四、成果效果

（一）成果的改革效益

1. 已产生的教育教学改革效益。

（1）更新了初中数学教师的教学观念。

（2）提升了初中数学教师使用教材的综合能力。

（3）提高了初中数学教师的课堂教学水平。

2. 已产生的社会影响。

（1）《初中数学教材修订建议》被"初中数学"编写者采纳。

（2）完成的 11 篇具有学术价值和影响力的论文被多次转载或引用。

（3）教育专著《数学教师"教"之"意蕴"》列入"国培计划"和"省培计划"使用教材。

（4）主研人员多次参加教材编辑部的座谈，并多次外出举办讲座。

（5）得到社会各界广泛认可。

（二）成果的社会影响

1. 受到各级领导、专家的肯定。
2. 受到学术界的高度认同。
3. 成果已被各级政府和教育部门采纳。

撰稿人：张　明

审核人：王　瑜

小学高年级学生自主学习能力培养

完成单位：仪陇县金城小学校

完成人：汪海英、黄忠、徐卓、袁红梅、蔡荣芳、王莉民

一、成果背景

如何培养学生自主学习的能力，是课堂教学所追求的重要目标。我校在这方面的探索中也遇到了一些问题。为此，学校决定对"培养小学高年级学生自主学习能力"这一课题进行研究。努力探索"学生自主学习"方式的主要特征和基本原则，探索培养学生自主学习能力的有效策略。

二、成果内容

（一）理论认识成果

1. 探索"自主学习"的主要特征。

（1）教师通过创设情境，引发学生的认知冲突；借助问题和任务，激发学生的学习兴趣，让学生以主动的姿态投入学习，在学习过程中获得积极的情感体验；学生在自主探究中"自主学习能力"得到发展。

（2）教师充分考虑学生的原有基础和他们的实际需要，针对同一班级不同学习水平的学生，制定教学目标，使目标指向每一个学生的"最近发展区"。

（3）教学时，让学生自主选择自己喜欢的内容学习，以激发学生主动学习的积极性，引发学生与"文本对话"的欲望。

（4）教师引导学生通过自主反思肯定自己，激励自己；正视不足，鞭策自己；总结经验，促进自己。

2. 发现"自主学习"的基本原则。

（1）生活化原则。在阅读教学中，教师不仅把自己对文本的感受、理解、体验传授给学生，更应把教学当作是一种"导体"，让文本与学生的感受、理解、体验发生"碰撞"，产生火花，让学生感悟生活。

（2）自主化原则。教师要重视培养学生的自主性、能动性和创新意识。教学时，把课堂还给学生，多让学生自主安排时间。在自主学习之后，设计一个交流的环节，挖掘学生心灵深处的感悟。

（3）训练核心原则。选取典型题目让学生进行训练。对于非重点内容，让学生通过做练习题来完成学习，一般放在基础题中；对于重点内容，选取典型题目进行强化训练，一般放在拓展题中。

（4）趣味性原则。老师根据教学内容，巧设悬念，使学生情绪高昂，思维活跃，信心倍增，从而激发学生的想象力，调动学生探知的迫切欲望，使学生自然产生求知的心理冲动。

（二）实践操作成果

1. 探索出指导学生自主学习的方法。

（1）设计课前预习，将自主学习活动前置。

内容包括了解课文背景、搜集整理资料；分步骤朗读；学习文章中的生字、新词；提出自己的见解，完成课后思考习题。

（2）分层次设计自主作业。

后进生减少有难度的作业量，优等生增加有难度的作业量，给予学生自由发展的时空。

（3）将自主学习活动延伸到了课外。

让自主学习深入到学生的现实生活，不仅拓展了学生自主学习、合作学习的空间，而且在具体可感的充满生活情趣的合作氛围中，使学生的自主学习意识、合作技能都得到提高。

（4）运用"小组合作"学习方式。

根据学生的能力、性格等因素将学生进行搭配分组，以小组合作学习为主要教学形式，通过组员的合作，提高了个体学习的动力和能力。

（5）开展丰富多彩的语文实践活动。

让学生亲自参加实践，在实践中巩固知识，培养能力，发挥个性特长。实践活动的方式多种多样，办班刊，出作文集，开朗诵会，举办辩论赛，增加课前三分钟演讲，让学生完成每日一记、每日一摘，进行社会调查，开展课外阅读比赛……

2. 探索出"引学—助学—自学"的教学模式。

对我校已有的"简明课堂"进行优化，形成了一套适合高年级学生的自主性学习模式和课堂教学模式："引学—助学—自学"教学模式。

（1）引学：以讲导练结合教方法。

课前教师精心设计训练提纲，授课时学生边听边对照训练题答题。教师在讲导练的过程中，指导学生弄懂学习的主要内容，教给学生一些基本的学习方法，是"指路走"。

（2）助学：讲练结合学方法。

在总结基本的学习方法后，教师帮助和指导学生学会和运用这种方法，称之为助学。教师根据不同学生的情况，给予具体的指导和点拨，使学生在助学中能把自己片面的理解补充完整，错误的理解得到纠正，肤浅的理解得到深化，直至学生能运用这些基本的学习方法，是"扶手走"。

（3）自学：以练为主的使用方法。

学生在教师的指导下通过讲练结合掌握了基本的学习方法后，按自学提纲，自己学习，是"放手走"。

这种模式，把老师从知识的传授中解放出来，更多地关注学生对学习方法的掌握和其学习能力的培养。

三、成果特点

（一）理念创新

在课题研究的逐步实施中，全体实验教师认真学习新课程理论，接受并运用新的教育理念；在平时的课堂教学中关注学生自主学习能力的培养，注意积累案例，深刻反思教学过程，积极探讨学生主体自主性的特点；坚持以人为本的教育思想，努力提高学生的自主学习能力，提高了课堂教学的实效性。

学生则在教师的指引下，积极主动地发现问题，获取知识，自主性发展学习活动，变"要我学"为"我要学"。

（二）模式创新

学校构建稳定可操作性的"自主性学习"课堂教学模式，对我校已有的"简明课堂"进行优化，形成了一套适合高年级学生的自主学习课堂教学模式："引学—助学—自学"教学模式。在这种结构中，学生是探索的主体，教师是"引路人"和"顾问"。

四、成果效果

（一）学生的自主学习意识明显增强

学生不再是"配角"，而是课堂的"主体"。学生喜欢学习，喜欢讨论，喜欢合作；课堂上呈现的不是"教"而是"学"的课堂场景，是一个师生互动、生生互教互学的生机勃勃的学习场面，学生的学习方式和思维方式发生了质的飞跃。学生的学习能力得到了很大提高，学生的综合素养得到了很大提升。

（二）促进了我校教师队伍的建设

教师的教学观念和教学行为有了很大的转变，教师的自我研修能力得到提高，教师的科研素养得到提升。

（三）学校办学质量显著提升

通过课题的研究，学校办学特色得到彰显。学校形成了以"开展能力教育，打造智慧校园"为主的办学特色。

撰稿人：汪海英

审核人：黄　忠

乡土美术资源课程化实践策略

完成单位：阆中师范附属实验小学校

完成人：席筠梅、李明俊、张炳俊、刘天珍、杨小清、王英

一、成果背景

众所周知，从总体上看，美术教育仍是整个教育事业中的薄弱环节。目前美术教学大多仅使用国家统编教材实施国家课程，缺乏乡土美术内容和美术社会实践活动的内容，不能满足各民族、各地区学生成长的个性化需求，不能完全承担培育学生的美术素养和人文精神的重任。同时，中国地大物博、文化积淀深厚，特别是具有悠久历史积淀的古城、古镇及农村地区，遗存着丰富的乡土美术资源。但这些乡土美术资源被长期忽视，与美术教学存在严重脱节，乡土美术资源课程化的路径与策略层面的研究十分薄弱，乡土美术校本课程开发相对滞后。

因此，传统美术教学方式亟待改革，呼唤乡土美术资源融入当地学校课程进行课程化开发。这已受到文化教育人士和美术老师的广泛关注，但缺乏系统性的乡土美术资源课程化变革视角和行为研究。

二、成果内容

（一）理性认识成果

1. 乡土美术资源课程化对于更好地培养学生的人文精神和美术素养具有十分重要的意义。

乡土美术资源课程化，基于美术、超越学科，重视学生乡土情怀的培育，能让学生认同地方文化，认识乡土美术的艺术价值，从而培养学生爱家乡、爱祖国的情感和传承优秀传统文化艺术的责任感，对培育学生人文精神意义非凡。

乡土美术资源课程化，在传承弘扬乡土艺术的同时，学生的学习能力、探

究能力、创新精神、动手动脑能力能够得到提高并使之终身受益，对于培养学生美术素养作用重大。

2. 乡土美术资源课程化是全面落实《关于全面加强和改进学校美育工作的意见》和《全日制义务教育美术课程标准》的重要手段。

乡土美术资源课程化，能有效开发利用丰富多彩的乡土美术资源，构建具有地方特色的校本美术课程，落实国家课程改革政策；有助于创新美术教学方式，使美术教学充满乡土气息；有助于改善美术教学生态，使美术教学富于情景性；有助于激发美术教学活力，使美术教学具有自主性；有助于优化学校美育环境，提高学校环境文化的育人性。

3. 乡土美术资源课程化是丰富学校的美术教育内容、完善美术课程体系的重要途径。

乡土美术资源课程化，可弥补教材资源的不足，让国家课程和地方课程乡土化、生活化、情景化，是乡土美术融合国家、地方课程，实现国家课程和地方课程校本化实施的重要途径；可拓展延伸教学内容，让国家课程和地方课程更加丰满、更有质感，更接地气；有助于校本美术课程开发，完善国家、地方、学校三级课程体系。

4. 乡土美术资源课程化必须遵循科学性、情景化、个性化三大原则。

乡土美术资源课程化是把资源转化为课程的系统化过程，必须具有科学性，即内容选择的合理性、实施过程的系统性，同时必须遵循教育学与心理学的原理和国家教育方针政策。

乡土美术资源课程化就是要把情景化的乡土美术资源转化为具有可操作性的美术课程，进行课堂教学应用，要符合情景教学理论，其核心在于激发学生的情感。

乡土美术往往是一个地方、一个民族独特的艺术，其资源性质的个性化决定了乡土美术资源课程化必须遵循个性化原则。

（二）实践操作成果

1. 探索乡土美术资源收集整理的基本途径与方法，建设乡土美术资源库。

乡土美术资源收集整理的基本途径包括专家指导、家校协同、师生参与、互助共享、去粗存精；基本方法包括古城写生、采访专家学者、古迹拓印、摄影摄像、测量记录等。通过收集、整理，建设了乡土美术电子资源库，编辑了乡土美术资源图集《大美吾土》，图集收集了本地乡土美术资源图片 500 余幅并进行详细介绍用于教学参考，其本身也是一本难得的乡土美术欣赏作品集。

2. 构建了乡土美术资源课程化的基本路径。

（1）融合路径。

融合路径指将乡土美术资源融入国家和地方课程之中并进行补充、延伸和改造，实现国家和地方课程校本化实施。补充是指用乡土美术资源弥补国家课程资源的不足，延伸是指将乡土美术资源作为国家和地方课程的内容扩展，改造是指利用乡土美术资源对国家、地方课程进行校本化改造。

（2）开发路径。

开发路径指利用乡土美术资源，结合学生年龄特征和教学实际，开发具有乡土特色的校本课程体系和校本教材，完善国家、地方、学校三级课程体系。

①目标体系。包括乡土美术校本课程总目标、阶段目标、单元目标和课时教学目标。

②内容体系。以本地古城镇优秀乡土美术资源为依托，按感知、体验、传承、创新的设计思路，精心选择了"保宁大门神"等七项乡土美术资源，按循序渐进的原则分单元设置校本课程内容体系。

③教材体系。按年级段分单元编写了校本美术教材《古城记忆》。同时编写了资源图片集《大美吾土》、教学设计集、教学反思集、师生作品集、课堂实录光盘等教学辅助资料，形成了完整的校本教材体系。

④实施体系。构建乡土美术校本美术课程教学实施体系，作为乡土美术校本课程教学实践的依据。

⑤评价体系。创新了"学生的一个创新点比一个百分更有价值，学生发现一个问题比解决一个问题更有意义，学生的一个猜想比直接得出一个答案更值得欣赏"的评价标准，并通过作业展评、书画展览、艺术比赛、素质测评等方式，对乡土美术课程实施进行评价。

3. 构建了乡土美术资源课程化实施策略。

一是整合性策略，包括校本美术课程与国家美术课程的整合，校本美术课程与地方美术课程、通用美术教材、美术活动的整合。

二是灵活性策略，即教学时间和教学方式灵活多样。

三是体验性策略，提倡与课外活动和社会实践活动紧密联系，倡导自主、合作、探究的学习方式。

四是生活化策略，即围绕学生最熟悉的资源构建课程内容，让学生能够轻松地把身边所见所闻与书本内容联系起来，实现知识的结合、融会和贯通。

三、成果特点

本成果以美术课程的视角审视乡土美术资源与国家课程的关系，系统建构了乡土美术资源课程化实施的路径和策略，开发了完整的乡土美术校本课程和教材体系，符合国家教育方针政策的要求，符合教育学与心理学的基本原理和教育教学本质规律，具有系统性、科学性的特点。

四、成果效果

本成果适合小学，特别适合在历史文化悠久、乡土美术资源丰富的地区和农村小学推广运用。我校以研讨活动、教学展示、展览观摩等形式在省内外进行了推广，产生了良好的教育教学改革效益和社会影响。一是提高了学生的基本美术素养和人文精神，从实践层面落实了《国务院办公厅关于全面加强和改进学校美育工作的意见》等文件精神；二是丰富了学校美术课程资源，扩展了美术教学空间，完善了国家、地方、学校三级美术课程体系；三是改善了学校美术教学生态，激发了教学活力，促进了乡土美术资源课程化变革；四是促进了教师的专业成长，促进了学校可持续发展。

撰稿人：李明俊

审核人：席筠梅

基于生本教育的小学英语教学活动 3S 设计

完成单位：阆中市教育教学研究室

完成人：王丽君、董永、张平、蔺登勇、杨琴、王玉萍

一、成果背景

小学英语课堂教学活动设计存在如下问题：活动随意性大，缺乏科学性；活动远离"学生"，缺乏操作性；活动"为活动而活动"，缺乏指向性；活动只重视工具性，缺乏人文性；活动浅层次，缺乏深度性；活动脱离学，缺乏教学一体性等。

二、成果内容

（一）理性认识成果："7F7P"认识性成果

1. 教学活动设计与生本教育的"七融合（Fusions）"，即 7F。

（1）从心理学角度进行生本教育的融合。

（2）从感知角度进行生本教育的融合。

（3）从认知角度进行生本教育的融合。

（4）从思维角度进行生本教育的融合。

（5）从"掌握学习"角度进行生本教育的融合。

（6）从发展角度进行生本教育的融合。

（7）从需求角度进行生本教育的融合。

2. 生本教育与教学活动设计的深度融合需要"七原则（Principles）"，即 7P。

（1）主体性原则。

（2）发展性原则。

（3）科学性原则。

（4）整体性原则。

（5）趣味性原则。

（6）开放性原则。

（7）控制性原则。

3. 生本教育既关注学生内在主体性情感、智能等心智结构体系的创造性发展，又关注人的主体性与社会及教育发展环境适应性的关系。

（1）生本教育是一种关乎生命的未来性和教育生存实践的教育，它既是一种教育方式，更是一种理念。

（2）生本教育与教学活动设计表现为一种相互依存、相互融合的关系。

（二）实践操作成果：基于生本教育的小学英语教学活动 3S 设计

1. 建立了基于生本教育的小学英语教学活动设计的"六环"模型图。

2. 建构了基于生本教育的小学英语教学活动"七阶"过程模式。

一阶：活动热身（Warming up）——从心理学角度进行生本教育融合。

二阶：情景导入（Leading in）——从感知角度进行生本教育融合。

三阶：新知呈现（Presentation）——从认知角度进行生本教育融合。

四阶：操练巩固（Practice and consolidation）——从思维角度进行生本教育融合。

五阶：检测反馈（Detection and feedback）——从"掌握学习"角度进行生本教育融合。

六阶：拓展延伸（Expansion and extension）——从发展角度进行生本教育融合。

七阶：总结评价（Summary and evaluation）——从需求角度进行生本教育融合。

3. 形成了基于生本教育的小学英语教学活动设计"八策略"。

策略一：搭架。策略二：升华。策略三：补白。策略四：串联。策略五：衔接。策略六：拓展。策略七：重组。策略八：创生。

4. 形成了基于生本教育的小学英语教学中"九课型"的课堂教学活动设计方法。

（1）词汇教学活动设计：A. 直观教学法，B. 表演法，C. 就地取材法，D. 情境教学法，E. 比较法，F. 歌谣教学法，G. 猜谜法

（2）语音教学活动设计：A. 自然拼读法，B. 听音模仿法，C. 韵律记忆法，D. Chant 巩固法，E. 诗歌体会法，F. 绕口令玩味法，G. 情景表演法，H. 趣味游戏法。

（3）语法教学活动设计：A. 情景交际法——情景交际中设计，B. 文本故事法——语篇文本中设计，C. 吟唱法——歌谣中设计，D. 任务法——在任务中设计，E. 游戏法——在游戏中设计，F. 归纳法——在观察、自学中设计。

（4）字母教学活动设计：A. 听音跟读法，B. 观唇意会法，C. 谜语识记法，D. 比较鉴别法，E. TPR法，F. 儿歌记忆法，G. 字母传递法，H. 玩转卡片法。

（5）复习课教学活动设计：A. 思维图法（Thinking maps），B. 情境创设法，C. 表演法，D. 反馈检测法，E. 串联整合法，F. "授之以渔"法。

（6）故事教学活动设计：A. 视频法，B. 猜读插图法，C. 掏空搭架法，D. 表演法，E. 改编故事法。

（7）对话课教学活动设计：A. 视频法，B. 猜读插图法，C. 表演法，D. 交际法。

（8）写作课教学活动设计：A. 储备法，B. 思维导图法，C. 任务教学法，D. 循序渐进法。

（9）数字教学课教学活动设计：A. 听音跟读法，B. 观唇意会法，C. 学科融合法。

三、成果特点

（一）创新之处

1. 从认识层面，提出了生本教育与小学英语教学活动设计深度融合的"七个视角"。

2. 从技术层面，建构了小学英语教学活动3S设计。

（二）成果特点

1. 实践性。
本成果是在课堂教学实践中得来。

2. 实用性。
本成果有着很好的借鉴性，操作性强。

3. 推广性。
本成果适于为小学英语教师进行生本教育活动设计提供依据，适于为培训机构提供参考，适于为教研机构提供借鉴。

四、成果效果

(一) 影响广泛

1. 多项阶段性成果和建议得到社会广泛认可。

2. 受到专家的高度赞誉和多家媒体的关注，发表课题文章 4 篇。

3. "六环""七阶""八策略""九课型"在阆中市 23 所小学校进行推广。

4. 在西华师大名师讲堂进行专题为"小学英语教学活动设计的认知与实践"的讲座。

(二) 成果实效

1. 促进了当地小学英语教师综合素养的提升。

一是更新了小学英语教师对生本教育理念的认识。

二是增强了小学英语教师对教学活动的优化设计。

三是促进了小学英语教师专业化成长。

四是帮助小学英语教师初步形成了富有个性的教学风格。

五是提高了小学英语教师实施新课程的能力。

六是提高了小学英语教师的业务水平。

2. 课题组内教师专业上获得长足发展。

一是课题主持人的研究态度与教研工作方式发生了转变。

二是参研教师研究意识得以增强，专业得以提升，综合素质得以提高。

三是激发了其他教师的研究欲望，吸引了更多教师参与课题的研究。

3. 促进了学生健康、快乐成长。

一是促进了学生养成科学的学习方式。

二是培养了学生健全的人格。

三是提高了学生的英语学业成绩，提升了区域教育质量。

撰稿人：王丽君

审核人：张 平

基于课堂教学的小学语文全息阅读研究

完成单位：阆中市白塔小学校

完成人：刘光泽、张政、姚伟、何绍华、缪吉芬、辛顺智

一、成果背景

"热爱读书，每天阅读，养成习惯，坚持终身"是我们在指导小学生阅读时提出的核心目标。在语文新课程标准中，对不同阶段学生的阅读总量做出了较大的增加。抓好阅读是国家教育教学的要求，指导学生进行各种独立的阅读活动，是语文活动中提高学生语文素养的主要形式。通过实践探究，创新了语文教学观，深化了语文课堂教学改革，提高了教师科研兴趣，促进了教师专业成长，创新课堂教学，大面积提高教育教学质量，激发学生的阅读兴趣，养成好的阅读习惯和方法。在区域内发挥示范、引领、辐射作用，促进我区教师教育新发展，形成了全息阅读"三段五环"模式及全息阅读课堂教学评价体系。

（一）解决学生"阅读兴趣及阅读质量"的问题

兴趣是能量的调节者，小学生自觉性差、注意力集中持续时间短，阅读效果差。教师就要循序渐进地、有选择性地指导孩子们广泛涉猎其喜闻乐见的各类读物，要让孩子们记录下阅读中迸发的写作灵感和思想火花。让孩子们感受文学的魅力、文化的力量，促进心灵的感悟、思想的净化，为孩子们打下"精神的底子"。

（二）解决"教会学生阅读方法"的问题

教师要指导学生选择思想健康、知识性强、有益于学习的读物，让学生明白，只有读好书，才能陶冶情操，提高素养。教师要选择针对性强的书籍或篇目，做到课内外结合、举一反三、相互促进，使阅读成为教学的自然延伸，传授阅读方法。

二、成果内容

（一）理性认识成果

1. 深化了全息阅读的理论认识。

2. 深化了全息阅读在整个语文学习中地位的认识。

3. 深化了全息阅读对发展学生思维能力重要性的认识，明确了全息阅读是发展学生想象力、创新能力的重要途径。

培养了学生阅读兴趣；加强了学生自主感悟、乐于交流能力的培养；充分发挥了教师在阅读教学中的引导作用；在学科活动中发展了学生的自觉学习能力，扩展了学生的学习空间；营造了宽松、愉悦的课堂教学气氛。

（二）实践操作成果

1. 形成了全息阅读"三段五环"模式。

（1）全息阅读三大板块。

课前：扩宽愿景，"视界期待"。在初次接触文本时，要扩宽学生的视界期待，首先要丰富学生的生活体验。有了丰富的生活体验，在阅读文本时更易于把相关的形象延伸转化为审美形象，更易于激起共鸣。

课中：多元发散，多元探究。以全息思维方式的阅读教学，是将教学过程看作一个全息元的系统，其关注的焦点是教师、学生、文本三个全息元之间的互动关系。教师和学生以平等的身份，围绕文本从听、说、读、写四个方面进行互动交流。

课后：综合实践训练。学习语文不局限于课堂，要从封闭走向开放，让学生在开放的、无比丰富的教学内容中自由徜徉、自由搏击；又要立足于课堂，再向课外扩展延伸。在课堂中充分利用这些空间，尽可能地让语文课堂更开放，将教学内容变得更充实，将教学思路变得更宽广，将教学方法变得更灵活。

（2）全息阅读"五大环节"。

①对文本内容整体感知。"整体感知"应该是学生在完整地阅读一篇文章之后，在某一个或某几个方面引起了思想观点或生活情愫的共鸣。学生能整体感而有知，不仅与学生原有的生活经验和知识积淀有关，还与教师精心设计的独特的教学视角，以及教师创设的学习情境密切相关。

②聚焦问题：让学生通过理解文本内容，提出学习目标。问题设计三合原

则即合法、合时、合境。合法原则，指问题设计要符合一定的法则；合时原则，就是把握好问题设计的时机，达到《学记》中的"愤、悱"状态，这样的问题设计既能吸引学生的注意力，又能开启学生的思维，让学生有话可出；合境原则，"境"指的是课文中构建的故事情境，即问题设计要符合一定的情景，以免学生像老虎吃天一样，无从下手。

③畅想发散：针对聚焦的问题，比如文章主题、中心、人物、形象、意境、优美词句等引导学生进行思维发散。选准切入点，培养积极性；多角度多方向，培养灵活性；大胆突破，培养独创性。

④多元探究：在学生畅想发散的基础上，让学生分小组合作探究、交流展示。以文本的情感性引导体验式多元阅读；以文本的衍生性引导链接式多元解读；以文本的思辨性引导创造式多元解读。

⑤延伸应用：通过学科整合，做到文化跨界。根据教材要求、文本特点、教学目标、学生基础、教师个性，在课堂教学中适时、适度、适量、适情地引入文本背景和相关内容，其中包括文字、音乐、图片、影像等媒介，整合成读写思的教学策略，促进感悟，促成建构。

2. 形成了全息阅读课堂教学评价体系。

通过阅读课堂教学中教师、学生活动进行综合评价，从课堂设计的目标理念、教学活动、教学方法、教师素养以及学生的阅读状态、集体建构和阅读策略等评价要素，编制了多元化的全息阅读课堂教学质量评价量标。教师根据评价方法，保证评价的真实有效。

三、成果特点

（一）理念创新：创新了语文教学观

有助于教师树立"大语文"观，在扩宽语文学习的空间上改进教学方法，大胆走出课堂、走出教材，让学生在课内"长骨"、课外"长肉"，让学生的潜在创新意识得以最大限度挖掘。

（二）技术创新：创新了以读为主的自主学习阅读模式

该模式强调以人为本，以读为主，充分发挥学生的主体作用，让学生在阅读的全过程中自读自悟，读出自己的情感体验，读出自己的所思所想，培养学生良好的语感和整体把握能力，发展学生的思维。运用此模式教学旨在将这一教学理念渗透在整个教学过程中，而不能唯模式而模式。

四、成果效果

(一) 学术上

1. 论文。

成果完成人先后在《教育周刊》《中小学教育》《教研周刊》等期刊上发表了《小学语文教学中的德育渗透》《小学语文教学如何培养学生的创新能力》《浅谈语文评价性说课》《点燃语文课堂的创新活力》等 20 余篇论文。

2. 科研。

课题在 2016 年南充市教学成果等级评定中获一等奖。

3. 成果。

我校制作的《传诵国学经典　奠基人生底色》视频荣获四川省中华经典诵读二等奖；我校制作的《弟子规》视频获南充市校园经典诵读活动一等奖。

(二) 区域示范上

1. 培训。

成果已运用在本市的新教师培训、骨干教师培训、学科教师岗位研修、专业教师网络研修等培训课上。

2. 决策参考。

成果的推出有力地助推了本市语文教学的提档升级。

(三) 产生的教育效益及社会影响

第一，深化了语文课堂教学改革。

第二，激发了学生的阅读兴趣，使学生养成了好的阅读习惯和方法。

第三，提高了学校的语文教学质量。

撰稿人：张　政

审核人：张　平

县域乡土特色课程资源开发策略

完成单位：阆中市教育科学研究室

完成人：邓维斌、张平、雷湘、马在军、赵雪、王灏

一、成果背景

中国是地大物博的多民族国家，各地方各民族的历史遗存、风俗习惯、物产特色各不相同，并形成了厚重独特的地方文化。开发遵循学校历史沿革、风土人情、地域特点的校本课程和特色课程，不仅是落实课程改革，建立地方、校本课程的要求，而且能有效弘扬地方传统文化，形成具有明显地域历史文化、风土人情、乡风乡俗等的教育特色。同时，乡土特色课程能让学生在童年得到乡土文化的浸染，形成感恩乡情延续根脉的"乡愁"情结，让乡愁铸就学生生命底色，促进学生的全面发展。

二、成果内容

（一）理性认识成果

1. 从建设中国特色社会主义理论出发，对区域教育的特色化发展做了有关理论探索。

（1）明确了特色课程基本内涵。

特色课程是指为实现某种教育愿景，在先进理念引领下，从本地区或本校实际出发，在长期教育实践探索中所形成的，被社会公认和教育部门认可的独特的、稳定的、具有典型性特征的教育风格和具有一定创新性品质的课程形态。

（2）探索了特色课程创建的基本要素。

特色课程创建主要包括四大要素：一是课程思想要素，二是课程资源要素，三是研发机制要素，四是课程实施与评价要素。

（3）明确了特色课程创建的基本策略与方法。

形成了"八抓"策略和两大模式。八抓：一是抓调研——析因探本选课

程；二是抓策划——分步分层推进定方案；三是抓宣传——理论导向掀氛围；四是抓培训——活化观念强素质；五是抓办学行为规范——优化环境强基础；六是抓点示范——以点带面增动力；七是抓教育科研——深化改革添活力；八是抓总结提炼——升华理论成经验。两大模式：课程要素优化模式，课程发展创新模式。

2. 深化了地方乡土特色课程的认识。

乡土特色课程是指具有地方特色、地域特色、乡土特色的课程，是对学生进行乡土地方传统文化教育的重要载体，是重要的地方课程、校本课程。它以研究性学习、综合实践活动为载体，是课程体系的重要组成部分。乡土特色课程具有隐喻性、多元性特点，是培养学生乡土意识、乡土情怀，丰富学生心理，形成学生"乡愁"情结的重要课程。

（二）实践操作成果

1. 建构了地方乡土特色课程开发的策略与思路。

（1）顶层设计策略。

形成了"着眼发展，顶层设计——理论探索，强化培训——强化管理，深入指导——总结提炼，彰显特色"的管理和指导思路。

（2）课题推动策略。

区域特色课程开发不仅关系地域文化、地方文脉的调查与研究，同时需要根据学校教育与办学需要将特色文化资源转化为课程资源，并进行课程化实践，因此，课题研究是推动区域性乡土地方特色课程开发的有效途径。

（3）主题引领策略。

通过归因，提炼出地方乡土特色课程的主题类别，以点带面进行指导开发，并在全市形成了八大主题乡土特色课程：乡土地域文化课程、地方国学课程、乡土美术课程、农耕文化课程、乡土游戏课程、乡土民俗文化课程、地方科技课程、地方故事（口述史）课程。

三、成果特点

从主体人"文化—心理"积淀建构的角度，提出乡土特色课程是铸造人的生命底色、形成学生"乡愁"情结的重要课程的观点，提升了乡土特色课程的教育价值及意义。

四、成果效果

（一）初步形成了县域乡土地方课程特色

1. 形成了地域文化课程特色。

彭城中心学校深挖三千多年前的彭排文化，提炼出"天性劲勇，激情澎湃"的彭排文化主题，进行校园文化打造，开发出了彭排文化课程；木兰中心学校挖掘韩娥代父亲从军的历史文化，开发出了木兰操、木兰拳及木兰故事等课程。两校形成了鲜明的地方文化课程特色。

2. 形成了地方科举文化课程特色。

东风中学及白塔中学深入发掘书院文化及阆中的科举文化、"状元文化"，建设了地方科举文化课程，传承了国学，形成了地方科举文化课程特色。

3. 形成了乡土美术课程特色。

阆中师范附小依托《乡土美术资源课程化实践研究》，搜集整理阆中乡土美术资源，并进行课程化实践，探索了乡土美术课程与国家课程的融合策略；垭口中心校发掘民间剪纸课程资源，传承创新民间文化，形成了地方系列剪纸课程资源库。两校的美术课程资源开发形成了乡土美术课程特色。

4. 形成了乡土农耕课程特色。

天宫中心学校依托劳动实践基地及教科局修建的农耕文化教育博物馆，开发课程资源，不仅形成了乡土农耕课程特色，更让博物馆成为川东北农耕文化传承与保护之新看点，素质教育实践与体验之新基地及旅游文化继承与创新之新风景，有效辐射了周边的农耕文化教育，产生了广泛影响。

5. 形成了乡土游戏课程特色。

江南小学通过收集整理传统游戏，创新开发乡土游戏课程，不但保持了当地传统运动特色，而且丰富了国家体育课程内容，深受学生喜欢。

6. 形成了乡土民俗课程特色。

小垭中心学校开发梨园文化校本课程，让每个孩子从小都循序渐进地受到梨园文化艺术教育；土垭中心学校发掘地方民俗文化，开发实施了牛灯戏、马灯戏、车灯戏、竹马、快板等系列民俗课程。小垭中心学校与土垭中心学校的戏曲（民俗）艺术教育极大丰富了学生的艺术文化素养，激发了学生爱乡、爱校的热情。

7. 形成了乡土科技课程特色。

城北小学研发了《科技与实践》1—12册系列教材，实施科技课程，让孩子动手动脑，探索实践创新，形成了科技教育特色。

8. 形成了地方口述史课程特色。

滕王阁小学整理流传于阆苑民间的各种故事，开发了图文并茂的阆中故事体系校本教材，整理传承了阆中民间历史文化，形成了地方口述史课程特色。

（二）促进了地方文化的保护与传承

通过开发地方特色课程，不但让师生们感受了地方乡土特色文化的魅力，更让地方乡土特色文化得以保护和传承。东风中学开发整理国学文化，形成了文化专著《千秋东园》，不但是阆中的书院史，也是难能可贵的校史；江南小学整理的地方游戏，形成的校本游戏教材《对抗游戏》《盈亏游戏》《放松游戏》《自娱自乐游戏》等，是对散落于地方的民间游戏的一次彻底开发整理；滕王阁小学开发的《阆中故事》是一次彻底的阆中口述史文化整理，其中阆中古城街道得名故事等已引起文化部门重视；土垭中心校整理即将失传的民俗文化，是对濒临失传的地方民俗文化的挽救性保护。

（三）提升了阆中教育品质，扩大了教育影响

2016 年 1 月，中国陶瓷学会农村教育专业委员会年会及"阆中朴素而幸福的乡村教育"现场推介会在阆中召开，朱小蔓教授、杨东平教授及来自全国 18 个省（市、自治区）的各级陶友，共同品味了阆中的朴素教育、幸福教育内涵，他们高度评价了阆中的乡土特色课程开发实践等乡村教育改革成果。《中国青年报》《中国教师报》等国内十余家媒体文聚阆中予以报道。近年来，省内外来阆参观考察农村教育的专家、学者共计上万人次，他们都对阆中的校园文化建设、乡村特色教育、课程资源开发给予了高度赞赏。

撰稿人：邓维斌

审核人：张　平

农村小学科技活动教育策略

完成单位：阆中市思依镇小学校
完成人：杨保全、宋明生、杜绍诗、王正兵、何华清、胡光君

一、成果背景

本成果的开展，能激发学生学习兴趣，提高学生科学文化素养，培养学生劳动技能，还能向学生渗透思想品德教育；成果还重在构建农村小学科技活动教育"科普知识宣传""科学考察活动""科技实践活动""科技制作发明"四环节的有效运行机制，构建农村小学科技活动教育"学校科技教育与德育工作相结合""学校科技教育与人文科学相结合""学校科技教育与理论研究、实践探索、师资培养相结合""学校科技教育与生活教育相结合"四结合的运行模式。

二、成果内容

（一）理性认识成果

1. 提高了科技活动对素质教育的影响。

（1）开展科技活动，激发学生学习兴趣。

课外科技活动内容丰富，形式多样，符合小学生活泼、好动、有强烈求知欲和好奇心的年龄特征及心理特点，能有效地调动学生学习的积极性，激发其学习兴趣。

（2）开展科技活动，提高学生科学文化素质。

学校每年组织学生深入大自然，学生们细心观察各种植物的生长环境，认真研究植物各个器官的形态、结构，并与课堂上所学知识进行对照，加深理解。科技活动小组的学生还对乡镇企业的环境污染情况进行调查，调查后认真整理材料，撰写调查报告和科学小论文。

（3）开展科技活动，培养学生劳动技能。

学校重视对学生劳动技能素质的培养，让他们毕业后能适应当地经济发展

的需要。课外实践活动时间带领科技兴趣小组的学生学习苹果树、板栗树的修剪技术以及食用菌的栽培技术等，有些学生还帮助家长走上了科技致富的道路。同时，他们从自己的劳动成果中体会到了成功的喜悦，感受到了劳动的光荣，进而培养了学生热爱家乡、热爱劳动的情感，以及改变家乡面貌的强烈责任感。

（4）开展科技活动，向学生渗透思想品德教育。

我校地处阆剑南三县交界山区，当地自然资源丰富。教师通过开展科技知识小课堂，让学生了解家乡丰富的自然资源，有的植物资源还需要进一步开发和利用，从而激发了他们热爱家乡、热爱大自然、保护大自然的美好情感。在了解自然资源的同时，教师不失时机地渗透国情教育，唤起学生珍惜资源、保护环境的意识，进而培养学生高尚的道德和情操。

2. 强化科技校本资源开发在学校科技教育活动中的功能。

（1）激发学生学习科技知识的兴趣。

学校进行科技模型教育，符合青少年的心理特点和成长规律，更能充分体现学生学习的自主性、探究性、体验性、实践性。

（2）培养学生思维能力和实践能力。

在科技活动教育中，我们提供了大量的感性材料让学生进行感知，提供动手的机会；在制作过程中引导学生发现问题、提出问题，活跃思维；通过对仪器、工具的使用，材料的加工，整体的装拆等活动提高实践性。

（3）养成良好的人际关系。

科技活动教育多采取自主开发的方式，教师、学生处于平等地位，人人都有参与权，使师生之间、学生之间的关系更加紧密和谐，提高了学生对现代社会的适应能力。

（4）丰硕科技教育成果。

我校举办的每年一届的科技艺术节已经成为阆中市教科局科技教育的一面旗帜。先后有全国十几个省市兄弟学校的领导来我校参观学习，推崇我校科技活动的开展方法，赞许活动内容丰富，活动方法灵活。《中国青年报》《中国教育报》先后详细报道过我校科技活动的开展情况。

3. 深化了科技活动对小学生核心素养的培育。

（1）在科技活动中培养学生的科学素养。

我校通过开展系列的科技专题讲座，让学生对科学研究成果、科学发展前沿、科学不同领域有所了解，激发了学生对科技活动、科技学习的兴趣，提升了学生对科学精神的认同感，提高了学生的科学文化素养。

（2）在科技活动中培养学生的沟通、交流能力和团队合作精神。

通过组织科技辩论活动，让各团队成员进行分工合作，通过辩论过程及其结果，让学生都能够认识到辩论的成败取决于一个团队的合作情况，认识到具有良好团队合作能力的团队都会取得好的结果。

（3）在科技活动中培养学生的信息技术素养。

在科技活动中，通过开展科技主题活动，将大的活动主题分解为一个个小主题，让学生通过不同的手段收集和分析相关资料信息，并制作成主题成果进行展示交流，以提升学生的信息技术素养。

（4）在科技活动中培养学生的创新与创造力。

开展各类创意大赛，为学生创意思维的发挥搭建平台，让学生们用文字、图示来表述自己的创意，并通过评奖来鼓励和促进学生们形成更多的创意，并将一些优秀的创意，指导成为作品，参加各级各类的竞赛活动（如青少年科技创新大赛、青少年创意与发明大赛、四川省少年儿童发明奖等），使学生能在更广阔的平台上展现自我，开阔自己的眼界。

（二）实践操作成果

1. 构建农村小学科技活动教育"四环节"有效运行机制。

（1）科普知识宣传：通过科技板报（手抄报），科技主题班（队）会，读科普书籍，看科普影视，举办科普报告会等形式，广泛开展科普知识宣传活动。

（2）科学考察活动：观察自然现象、环境污染、动植物生长发育过程、动植物和微生物培育等，并形成科学观察日记或科技小论文。

（3）科技实践活动：以小组、班级为单位，以学校、社会为实践对象，进行科技实践，并形成具有真实性、示范性、教育性、完整性的科技实践论文。

（4）科技制作发明：立足于生活实际，充分发挥广大师生的聪明才智，开展技术改造、创新与科学探究等小发明、小制作活动。

2. 构建农村小学科技活动教育"四结合"运行模式。

（1）学校科技教育与德育工作相结合。

（2）学校科技教育与人文科学相结合。

（3）学校科技教育与理论研究、实践探索、师资培养相结合。

（4）学校科技教育与生活教育相结合。

三、成果特点

（1）开发出了以科技教育为主体的校本课程。

（2）丰富学生科学创新实践活动。

（3）社区科技实践活动开展更有效。

（4）学生生活科技化，科技创新活动丰富多彩。

（5）科技教育出现新的模式。

（6）小学科技教育的评价进一步完善。

四、成果效果

1. 培养学生的兴趣和动手操作能力。

（1）生活处处是科学成果。

（2）通过课外活动，提高科学素养。

2. 促成农村科技教育特色发展。

（1）农村学校开展科技教育活动，要发展学生的主动性。

（2）农村小学科技教育，可以为学生的主动性发展提供广阔的空间。

（3）开发适合农村科技教育的校本课程。

（4）农村学校科技教育的内容必须与时俱进，开拓创新。

（5）开展科普活动，培养创新人才。

3. 促进教师专业成长。

教师的专业成长，科技教育活动有助推之力。专业成长是教师按照职业岗位需要，实现学科专业发展和教育专业发展的过程。它包括两个方面的内容：一是学科知识的专业化；二是教育科学素养的专业化。

撰稿人：宋明生

审核人：张　平

农村小学语文阅读教学中随文习作训练策略

完成单位：南充市嘉陵区礼乐小学

完成人：谭洁兵、陈瑞春、马建军、杜丽、樊丹

一、成果背景

（一）研究的缘起

作文教学是小学语文教学的一项重要任务。作文是学生认识水平和语言文字表达能力的体现。小学作文教学效果如何，将直接影响其以后写作能力的发展，尤其是农村小学作文教学一直是老师叫苦、学生叫难的事。如何提高学生的习作能力？人们更多地把视线聚集在作文教学的研究上，而往往忽视阅读教学中习作资源的开发和利用。其实，文本不仅是阅读教学的主要凭借，而且也是习作训练的直接资源，习作既可以"取其法"，还可以"用其材"。我们认为学生最经常、最有效的写作训练，应该渗透于阅读教学之中。

（二）研究所要解决的问题

第一，根据教材的特点，以课文内容作为写作素材，精心选择读写结合点，给学生提供有效借鉴的对象和创造的依据，让学生及时进行模仿和创造性运用练习，使学生加深对课文写作方法的理解，提高写作能力。

第二，进一步更新教师的习作教学观念，促使教师在进行阅读教学的过程中，适时捕捉写作教学的契机，改革作文教学方法，提高教师教育科研水平，提高教育教学质量。

二、成果内容

（一）理性认识成果

1. 实验教师在阅读教学实践中精心选择读写的切入点，让随文习作焕发

无限魅力。

"写"要有生长点，准确把握练笔的时机，在文本的空白处、学生与文本的"思维撞击点"，采用补写、仿写、续写、改写等形式，激发学生思维，"写"出语文课的精彩。

2. 开发了学生的学习潜能，促进了学生的全面发展。

（1）随文练笔，培养了学生良好的思维品质。

（2）随文练笔，陶冶了学生高尚的道德情操。

3. 更新了教师的教学观念，提高了自身的教学水平。

通过对该课题的实验和研究，教师的教学观念更新了，设计课堂教学过程和课堂教学的能力也提高了。

（二）实践操作成果

1. 随文习作的基本策略。

（1）依托精炼段落仿法创文。

教师紧紧依托对文本的理解，借助文本特色（语言、结构等），让学生灵活运用所学技能和本领进行写法迁移的练笔训练。

（2）巧借灵动语句重组成文。

阅读课上教师引导学生捕捉文章中闪光之处并细细品味，使学生感悟这些语言的精妙之处，并滋养成语言储存。

（3）触发文本情弦感悟生文。

教师及时地捕捉学生情感的爆发点，把学生语言的内化、情感的积淀凝结成学生的思想。

（4）拓展文本空白畅想思文。

教材中许多内容是没有写出来的，给人一种余音缭绕之感，耐人寻味。教师要善于捕捉这些空白，让学生自读自悟，放飞思绪，把简练处写具体。

2. 总结出了适合我校语文阅读教学中进行随机习作的教学模式。

从课文中精选出一个或几个"训练点"，在每个训练点上组织有层次的一系列听说读写训练。在一个训练点上，可以采用以下的操作程序。

（1）"疏通文意"，给学生提供质疑问难的机会，帮助学生解决难点，点明重点，了解文脉，概括内容，等等。

（2）"重点导读"，主要指有助于学生习作的部分。要求词求其义，充分理解，熟读成诵。

（3）"体会表达"，在充分理解、熟读成诵的基础上，紧扣课文训练重点，引导学生体会作者是怎样表达内容和思想感情的，学习习作方法。

（4）"课堂练写"，围绕随文习作训练目的要求，抓住"训练点"，让学生进行课堂随文习作。

（5）"交流反馈"，学生习作结束后，当堂交流、讲评，欣赏优点，修改不足，并逐步由教师的评价和反馈引导学生相互评价、自我评价，使学生养成完成自我检查、自我修改的好习惯。

3. 各学段"随文练笔的"训练。

各学段训练中注意连续性，一项一项扎扎实实训练，做到由仿到放，由仿到创，由内容到形式，由形式到内容，做到课内外读写结合。

（1）低年级练笔策略。

按先后的顺序，按事情发展的顺序，还可以按方位顺序，写好几句连贯的话，写好一段连贯的话。

（2）中年级练笔策略。

中年级的读写训练重点是在精读的基础上，学习连续结构篇、并列结构篇、总分结构篇、概括与具体结构篇，使学生理解文章中段与段的逻辑关系。

（3）高年级练笔策略。

着重进行审题、立意、选材、组材、修改、观察等的训练，掌握随文练笔的七个对应关系：理解与审题、拟题；归纳文章中心与表达文章中心；分段、概括段意与拟习作提纲；区别主次与内容详略；捕捉重点段与突出中心；品评课文与自改习作；学习观察事物与独立习作。

三、成果特点

（一）理念创新

第一，在阅读教学中注重让学生学习和运用语言，让文本成为习作的典范和习作的秘籍，使学生积累优美语句，学习写作方法，让随文练笔收到实效。

第二，学生在随文练笔的基础上，对同一类型的文章的选材、布局谋篇等进行整合，逐步落实单元习作目标，降低习作的写作难度，写出个性化作文。

（二）技术创新

通过研究，提炼出可供借鉴与操作性强的"依托文本资源有效练笔"的策略与模式。

四、成果效果

（一）学生方面

第一，激发了学生的习作兴趣，让学生乐于习作。研究后，学生对习作有兴趣，大部分学生爱习作，半个小时能轻松完成一篇习作，而且质量不错。

第二，促进学生习作水平提高，学生作文成绩有明显进步，作文质量有明显提升，语文成绩有质的突破。

（二）转变了教师的教育行为

教师的教育理念有了大幅度的提升，教育行为有了大幅度的转变，能认识到每个儿童都是独立的个体，对每位儿童的差异性表现都予以接纳和尊重，对儿童萌生的创造想法与行为表示理解与支持，敢让儿童自主、会让儿童自主。

（三）提升了师生、生生合作水平

从"不愿意让儿童自主"到"放手让儿童自主"，教师成为儿童学习语文的合作者、参与者、支持者、引导者。

（四）产生的教育效益及社会影响

1. 提升教师的理论水平和实践能力
2. 调动教师研修的积极性和主动性

我校课题成效显著，多次接待了教育局、各校同行来校参观学习，与兄弟学校建立了支教帮扶关系，积极推广课题成果，起到了示范引领作用。

撰稿人：杜　丽
审核人：王　瑜

小学语文"五字"生活化识字策略

完成单位：南充市嘉陵区里坝小学
完成人：蒲杰、任红艳、何会、柏玲、何四海、李艳华

一、成果背景

（一）研究的缘起

生活是很好的识字课本，社会也是很好的识字课堂。生活是语文的内容，语文是生活的工具。利用儿童已有的生活经验，从学生的生活实际出发，用生活来丰富识字教学，创设生活化的教学情景，运用符合儿童心理特点的、儿童喜闻乐见的教学手段，引导学生在"启、乐、窍、悟、拓"五字诀中做文章。基于把学生"喜欢学习汉字，有主动识字的愿望"列为教学的主要目标，倡导自主合作探究的学习方式，吸纳成功的识字教学经验，关注儿童身心发展规律，充分挖掘识字潜能，培养学生的识字能力，我们确定了本课题。

（二）研究所要解决的问题

1. 解决"在农村学校识字教学过程中，课堂教学现状也不乐观"的问题。

经调查，课堂上教师普遍存在讲语言，学生记语言，将知识的灵活运用人为地转化为简单传授和机械记忆，让学生失去参与的机会和学习兴趣的现象。因此，观念的落后，教学方式的陈旧，学生课堂表现糟糕等现象也影响了学生识字的效果。

2. 解决"学生的学习习惯差，兴趣缺乏，信心不足及不讲究学习策略"的问题。

调查数据表明学生目前在识字学习方面面临的困难和压力很大，学习兴趣不够浓厚，学习方法和习惯也不尽人意。很显然，学生学习习惯、兴趣、方法等主观行为也影响了其识字的学习效果。

二、成果内容

（一）理性认识成果

1. 教师培养学生在生活中识字的意识，将识字引向生活空间。

有了在生活中识字的意识，孩子们才能积极主动地在活动和交往中识字。教师在教学中就要更多地联系社会生活，使儿童尽快从"我"的世界跨入更广阔的世界，吸取各种信息，拓展想象的空间。在学生掌握识字方法，乐于识字，善于识字后，老师要有意识地引导学生在生活中识字。

2. 教师成为学生生活识字的引领者。

生活化识字是一个反复的、长期的过程，教师要创设多种方法和途径，增加汉字和学生见面的机会，在具体教学中有层次、有梯度地把识字放在一定的语言环境中，与认识事物结合起来，使学生在识字的同时，发展语言，提高认识能力。学生会终身受益。

3. 在生活实践中，创设识字氛围，拓展识字渠道。

学生识字的载体不仅仅是教材，周围的一切或者说生活中凡是有文字的地方都是学生自主识字的源泉，生活就是学生课外识字的源头活水。在学校和班级中创设一定的识字氛围，鼓励学生自主识字。鼓励学生在家庭生活中识字。

（二）实践操作成果

1. 通过课题研究，摸索出识字教学生活化的有效途径。

课题组除了鼓励教师打破传统的教学语言方式和肢体语言对学生进行有效教学外，还探究出识字教学生活化教学模式的"五字"教学策略。

（1）启——生活中启蒙，轻叩识字之门。"启"是开导，启迪，启发，启蒙，启示，承上启下。通过创设学习准备期，提高学生识字兴趣。通过趣味导入语，引发学生识字兴趣来开启识字之门。

（2）乐——游戏中认读，乐踏识字之路。"乐"是欢喜，快活，快乐，乐境，乐融融，乐不可支，其乐无穷。在识字教学中，从游戏识字，感受活动之乐；创新识字，感受创造之乐；开放识字，感受自主之乐。

（3）窍——合作中记忆，喜获识字之窍。"窍"比喻事情的关键或要害，如窍窦（窍门），窍奥（关键，要害），窍要，窍眼（关键；要害），窍诀（诀窍）。通过学生合作，将熟识的语言因素作为主要材料，同时充分利用儿童的生活经验，教给他们识字方法，力求识用结合。

（4）悟——情境中悟义，美品识字之妙。"悟"是理解，明白，觉醒，醒悟，领悟，觉悟，大彻大悟。教师要让学生扎扎实实地认会并且牢记这些生字，从理解字义着手，帮助学生学字和记字。

（5）拓——生活中拓展，轻架识字之桥。"拓"即开拓扩展。亦学亦悟，学而不辍，有悟而乐，其乐无穷。充分利用生活资源，拓展学生识字途径，加强课外阅读，拓宽识字途径。

在识字之初，课题组老师通过开导，启迪，创设学习准备期，提高学生识字兴趣。识字之中通过"乐""窍""悟"，让学生踏上识字之路，获得识字之窍，品味识字之妙。识字课外，开拓扩展，课题组教师充分利用生活资源，拓展学生识字途径，加强课外阅读，拓宽识字途径。

2. 建构了"五字"识字教学生活化教学方法。

（1）启：情景渲染法、谓之有味法。

（2）乐：游戏体验法、创新识字法。

（3）窍：相观而善法。

（4）悟：插图利用法、演示激趣法、语境提供法、形声配合法。

（5）拓：文化熏陶法、生活配合法。

三、成果特点

本课题的研究在以往各种不同的识字教学法的基础上潜心研究，将以往分散的识字方法进行归纳整理，分析实践，不断改革创新，总结出灵活多变、科学有效、与时俱进的"五字"识字教学生活化的识字方法。这种识字方法激发了学生识字兴趣，使教师和学生都掌握多种多样的识字方法，达到快速高效识记汉字的目的。本课题中总结出的识字方法对某一类字适合用哪一种方法都做出说明，列举出了具体的模式，简单易学，可操作性强，适合广大师生、甚至家长学习。

四、成果效果

（一）学生识字水平得到提高

通过对学生进行问卷调查以及前测与后测的对比，我校的生活化识字课堂教学得到老师和学生的认可，学生的学习成绩有了明显的提高，学生的各方面能力也得到提高，学生的兴趣爱好和个性特长得到了良好的发展。

（二）转变了教师的教育行为

教师的教育理念有了大幅度的提升，教育行为有了大幅度的转变，本课题的实践研究，促进了教师观念行为的变化：一是师生观发生变化，二是教学观发生变化，三是自我观发生变化，四是评价观发生变化。促进了实验教师的专业成长。

（三）提升了家校合作水平

在实验过程中，家长参与其中，帮助学生解决求学所遇到的困难，及时与教师取得联系，营造一个良好的三位一体的教育网络，拓宽了育人的渠道，建立了多元教育体系。

（四）产生了强烈的社会反响

小学语文"五字"生活化识字策略在嘉陵区里坝小学、大通小学、曲水小学语文科识字课教学中推广，均取得了良好的效果。学生们已经掌握了一些识字学习的方法，能用老师教的方法巧记汉字，记得牢又不容易忘记。"五字"识字教学生活化教学提高了学生的识字能力，培养了学生自主学习能力，激发了学生识字学习的兴趣，优化了课堂教学，提高了课堂教学效率，促进了学生综合素质的提高。

撰稿人：任红艳

审核人：王　瑜

"三陈文化"校本课程的开发与应用

完成单位：南部县大桥镇小学

完成人：衡立锋、陈晓华、袁茂、罗明伟、徐朝东、李俊才

一、成果背景

（一）传统文化的丢失

作为传统文化的优秀组成部分——"三陈文化"是"陈氏三状元"留给大桥人民宝贵而独特的人文资源和文化遗产。然而随着改革开放的逐步深入，不少人对西方文化趋之若鹜，对传统文化弃之如履，让"三陈文化"这些宝贵而独特的资源正在褪色、正在丢失，其主要表现为：对其教育意义的忽视、对其文学价值的漠视和对其人文景观的轻视。

（二）家庭教育的迷失

课题组通过调查发现，现在农村由于留守现象比较严重，家庭教育残缺畸形，弊端甚多，导致当代中小学生人生观模糊、价值观迷失，与陈氏家教形成了鲜明的对比。其主要表现为：家庭教育的失位、家庭教育的失度、家庭教育的失格、家庭教育的失当和家庭教育的失范。

（三）校本课程的缺失

经过调查，不少中小学校实施课程改革的实际情况并不理想，依然呈现校校同课程、师师同教案、生生同样本的现状。其主要表现为：学校课程改革的空白、学校发展理念的空洞、学校课题延展的空缺。

二、成果内容

（一）理性认识成果

1. "三陈"的成才之路——家教。

陈氏的家庭教育主要有以下几大特点：家教环境——艰苦幽静；家教风格——严厉为主；家教理念——品行至上；家教内容——丰富多彩；家教方式——言传身教；家教时效——终身为伴。

2. "三陈"的安身之本——德行。

"三陈"的道德品行主要是通过如下几个方面表现出来的：上忠于君；下惠于民；入孝于亲；出悌于幼。

3. "三陈"的立业之基——才艺。

"三陈"的诗文，让我们站在另一个角度和高度感受到了他们那个时代的精彩和我国传统文化的魅力，具有极高的文学价值。不仅如此，他们的礼、文、诗、书、射等才艺更是我国传统文化中的精髓。

（二）实践操作成果

1. 开发流程。

（1）打造"三陈"校园文化。

学校做了如下工作：塑"三陈"金身雕像；建"三陈"文化长廊；制"三陈"故事镜框；绘"三陈"诗词配图；办"三陈"课题专刊；访"三陈"故里遗迹。

（2）开发"三陈"校本课程。

全校师生通过网络搜索、史书查阅、民间访问、请教专家收集资料；在收集资料的基础上，课题组参与研究的教师，对各条资料、信息、文章、诗歌进行甄别、整理、解读；在参研教师甄别、整理、解读的基础上，撷取了60个经典事例，精选了"三陈"诗歌37首，并编撰成校本课程《三陈故事》《三陈诗词选读》；收集了参与研究的教师、学生创作的关于"三陈"的各类文艺作品100多篇（首、幅），并编撰成校本课程《漫话三陈》。

（3）总结课程开发流程。

课题组总结出了教程开发的一套流程，即收集资料、挖掘价值、整理解读、编撰成稿、质疑论证、审核校勘、装订成册。

2. 应用策略。

（1）听"三陈"。

在"三陈文化"校本课程的应用中，课题组很好地运用了"听"的基本方法，这对较小的学生和隔代家长，不无裨益。

（2）说"三陈"。

在"三陈文化"校本课程的应用中，课题组不仅请专家解说"三陈"故事，解析"三陈"诗词，还请教师分享研究"三陈"的体会和心得，请学生演讲"三陈"对他们的感悟和启示。

（3）读"三陈"。

在"三陈文化"校本课程的应用中，课题组将校本课程批量印制，基本做到"每生一册，每家一本"，让学生和家长自己阅读，自己从校本课程中攫取营养。

（4）写"三陈"。

在"三陈文化"校本课程的应用中，不仅对学生进行书法教学，课题组还要求广大师生写读后感、心得体会，并辑录成册。

（5）画"三陈"。

在"三陈文化"校本课程的应用中，课题组充分利用人们对画画的热爱，对"三陈故事""三陈人物"进行描绘，以培养他们超强的记忆力、丰富的想象力、敏锐的观察力、无限的创造力。

（6）演"三陈"。

在"三陈文化"校本课程的应用中，课题组利用角色扮演，通过音乐、舞蹈、戏曲、文学、武术、舞台美术等综合训练，在培养师生表演天赋的同时，以人们喜闻乐见的方式充分调动师生学习了解"三陈文化"的积极性，在潜移默化中使他们形成完美的人格，激发他们的多元潜能。

三、成果特点

（一）洞古与鉴今相结合

对"三陈文化"的教育价值、文学价值以及社会价值进行了全面、系统的论述，借鉴陈氏家教的理念、方式、方法等，来解决现代农村家庭教育的失位、失度、失格、失当、失范等弊端，针对性极强，是洞古与鉴今的有机结合。

（二）树德与育才相结合

课题研究不仅让大家了解"三陈故事"，学习他们的崇高道德品质，更让学生掌握"诗、书、礼、乐"等多方面的才艺，是树德和育才的有机结合。

（三）承前与垂统相结合

课题组在"三陈状元故事进课堂""三陈文化教育价值的开发和应用"等课题研究的基础上，一脉相承，编制了"三陈文化"校本课程，形成了"三陈文化"的优秀载体，做到承前和垂统的有机结合。

四、成果效果

（一）培养了全体学生的六种才艺

"三陈文化"校本课程的开发与应用研究，达到了让学生能以"书"怡情、以"乐"养心、以"诗"达意、以"礼"正形、以"趣"励志、以"德"修身的目的。

（二）提升了广大教师的五项素养

"三陈文化"校本课程的开发与应用研究，提升了教师的道德修养和精神境界、提高了教师的文学修养和文化储备、改进了教师的教学方法和教育理念、增强了教师的团队意识和集体观念、锻炼了教师的策划能力和执行本领。

（三）赢得了学校发展的多方效益

学校 2011 年做了"三陈状元故事进课堂"的微型课题，于 2012 年 6 月获得南充市教育科研一等奖。2013 年，"三陈文化教育价值的开发和应用"课题研究成果，获得南充市政府 2013 年度教育科研一等奖。通过"三陈文化"校本课程的开发与应用研究，学校硬件建设得到上级主管部门的鼎力支持，学校得到社会各界人士的高度赞扬，学校发展得到匿名爱心人士的友情捐赠，面临问题得到当地党委政府的及时解决，学校工作得到全体学生家长的积极配合。

（四）提升了三陈故里的文化品位

通过"三陈文化"校本课程的开发与应用研究，陈氏后裔对陈氏祖先的祭拜，各种机构对"三陈文化"的弘扬，地方政府对三陈遗址的保护，省市领导对"三陈文化"的调研，提升了"三陈故里"的文化品位。

撰稿人：衡立锋

审核人：严　谨

促进儿童幸福成长的小学数学模块教学法

完成单位：南部县第二小学

完成人：杨仕斌、郑清华、杨丽、张莉、杜宇波、范国军

一、成果背景

自 2012 年以来，我们始终坚持立足于儿童身心发展规律、小学数学培养目标、儿童学习时空、数学基本素养等要素，把小学数学学习科学地划分成了"阅读与提问、问题与解决、整理与复习、补救与提升"四个模块，探索出了把"数学知识技能、数学思想方法、数学思维、学科核心素养、儿童幸福成长"，统一于"一道题、一个问题、一次阅读、一堂课、一组练习、一次学习诊断、一次补救、一次单元复习"之中的适合儿童的教法和学法，系统地解决了不同内容、不同课型、不同时段用相同方法的数学教学老大难问题，促进了儿童的幸福成长。

二、成果内容

（一）理性认识成果

1. 小学数学模块教学法决定了儿童幸福成长的方向、速度及其效果。

在实施"促进儿童幸福成长的小学数学模块教学法"中，儿童构建了数学知识体系，思维得到了发展，养成了良好的数学素养，还品尝到了学习的乐趣，从而快乐地学习、幸福地成长、充满了生机和活力。

2. 小学数学模块教学法决定小学数学教师专业发展的方向及程度。

传统的教学法就是同一个教学法，即"老师讲授为主，学生被动学习"的教学法。而在"促进儿童幸福成长的小学数学模块教学法"中，我们设定了四个模块，根据模块的内容采用相应的教学策略，这对老师的专业发展提出了新的要求，为此，我们拟定了"教师修炼的十项基本功"：一是"整体规划"学生及其学科的发展；二是阶段数学教学经验"系统总结"；三是研读教材并画

出"教材思维图";四是"一题异构"的教学设计;五是用画"知识树"的方法整理复习;六是科学编制"三关"阶梯诊断题;七是学生"典型错题"收集及其分析;八是学生成长"归因分析";九是"有理有据"地评课;十是借"他山之石"为我所用。

3. 小学数学模块教学法能有效促进学生核心素养的养成。

在数学课程中,应当注重发展学生的数感、符号意识、空间观念、几何直观、数据分析观念、运算能力、推理能力和模型思想。为了适应时代发展对人才培养的需要,数学课程还要特别注重发展学生的应用意识和创新意识。在观察、实验、猜想、验证等活动中,发展学生的推理能力,让学生能进行有条理地思考,能比较清楚地表达自己的思考过程与结果。

4. 小学数学模块教学法演绎出了独特的数学学习话语系统。

教师赋予了"阅读与提问模块教学法""问题与解决模块教学法""整理与复习模块教学法""补救与提升模块教学法"的教学意义。

5. 小学数学模块教学法的自我评价有助于促进儿童的幸福成长。

儿童学习过程评价,要重视"自信,独立,勤奋"等学习品质,要尊重不寻常的言行,要大胆放手相互评价,要改变重结果的评价习惯,要避免恐吓式的评价方式。儿童学习过程的自我评价,是激发学生进行自我教育的一个重要途径。

6. 小学数学模块教学法的综合实践有助于儿童的知识与学法跨学科运用。

这种数学模块教学法既适合不同的学习领域,也能灵活运用到各种学习问题的解决上,既有特殊性又有通用性。教师可选择某一种教学法的思想或操作结构,或选择教学法中的某一教学策略,根据学习对象和内容的不同予以取舍。

(二) 实践操作成果

1. 建立了促进儿童幸福成长的模块化分体系。

从时空的角度划分:"阅读与提问→问题与解决→整理与复习→补救与提升",可以是一节课遵循的顺序,也可以是一个单元遵循的顺序,也可以是一本书遵循的顺序,还可以是一年、六年遵循的时间顺序。这从阅读到开始,到提出问题,到问题的解决,从对知识的整理到对知识的复习,从对知识的补救到知识的提升,都符合人的认知发展规律。

从数学素养角度划分:阅读是人的基本素养,一个人学习数学的能力高不高,首先看他的数学的阅读能力强不强,能否结合自己的经验实际,提出问题。问题与解决，是数学学习的核心素养，让学生利用生活经验，运用观察、猜想、操作、验证的数学方法，建立数学模型。

从教学法角度划分："促进儿童幸福成长的小学数学模块教学法"分为教和学两个方面，教师要按此思维模式组织教学活动，学生要用这种思维模式去学习数学。

2. 形成了促进儿童幸福成长的小学数学模块教学法操作体系。

以儿童幸福成长为目标，探索出了四个模块的教法和学法，形成了具体的操作指导策略，建构起了促进儿童幸福成长的小学数学模块教学法操作体系。其中"阅读与提问"之模块包含"提出问题、描述问题"，"问题与解决"之模块包含"探究式模块教学法、342 计算模块教学法、阶梯式模块教学法"，"整理与复习"之模块包含"画知识树、三关诊断"，"补救与提升"之模块包含"生生互助补救、师生及时补救、共同监督与补救"，每个模块之间的操作策略相互联系，形成完整的体系。

三、成果特点

（一）教学设计的系统性

本成果是从促进儿童幸福成长的角度，按小学数学的本质特征，从学科整体划分数学教学模块，探讨幸福地学数学和教数学的问题。

（二）培养目标的终极性

本成果把"知识技能、数学思考、问题解决、情感态度"的课程目标、学科内容与儿童有机地结合为一体，以促进人的幸福成长为终极目的。

（三）教学方法的适应性

本成果创造的不同内容、不同时段、不同对象的教法和学法，既可保证儿童学习的差异性，又可保证儿童个性发展的独特性。

四、成果效果

（一）数学学习促进了儿童的幸福成长

让学生学会阅读数学教材、提出问题、描述问题。

以前学生在数学学习中，把教材置于一边，只充当教师的"录音机"，根本不会阅读教材，在改革中学生学会有序地阅读教材一部分内容、一课时内容、一单元内容，还会主动地发现问题、提出问题，并寻找解决问题的方法与策略，构建知识网络。

让学生学会用画"知识树"的方法进行"整理与复习"，并自我"补救与提升"。

原来，在数学复习中，数学知识犹如"仙女散花"般地储存在学生的大脑之中，毫无系统性、结构性。现在的"整理与复习""补救与提升"的模块教学法中，学生会对知识进行横向和纵向的归类和整理，找出知识之间的内在联系，将孤立的知识串成线、联成片、结成网。

（二）研究数学教学促进了教师的专业发展和幸福感的提升

1. 课题研究促进了教师的专业发展。

课题研究中，教师的专业水平发展了，善于从实践活动中领悟教学之"道"了，会进行二次教学优化了，习惯了"探究式"教学方式。

2. 课题研究促进了教师幸福感的提升。

教师的教学改革研究，促进了儿童的幸福成长；儿童的幸福成长，给教师增添了教学的乐趣；教师教学专业水平的提升，增强了数学教师的职业幸福感；一个有数学职业幸福感的老师，必定是一个为儿童的幸福成长，不断地坚持教改的老师！

撰稿人：郑清华

审核人：严　谨

核心素养视角下高中生地理图表学与用的策略

完成单位：南部县第二中学

完成人：汪建国、王伦君、蔡旭、任永清、何文、李泽仲

一、成果背景

地理图表是地理学科中涉及的图画、影像和表格的总称。它是对地理知识点的高度概括，是传递地理信息的重要载体，常常被称作地理学科的第二语言。基于地理图表对中学生地理核心素养培养的重要作用，我校确定了本课题，旨在解决以下问题。

（一）培养学生地理核心素养

教师正确引导学生用图表，充分发挥学生的主观能动性，提升学生的学习能力，掌握地理图表学与用的技能，引导学生从地理核心素养的视角思考问题，关注自然与社会，运用图表解决学习、生活中实际问题，成为具有地理素养的公民。

（二）改变教师教与学生学的耦合

当前中学地理教学中是单方面强调教师地理图表的教学及针对高中学生地理素养培养方法的研究，而对高中地理教学最核心部分的地理图表，教师如何做、学生如何学与用的实际操作研究很少。特别是对学生如何使用地理图表获取地理信息、分析解决问题，如何提高用图、析图等地理综合能力，真正提高学生综合素养方面的研究很少。

二、成果内容

(一) 理性认识成果

1. 地理图表学与用研究有助于学生学习能力的提升。

(1) 有助于学生地理观察能力的提升。

在观察与分析地理图表的过程中，不仅仅要提升学生读图与分析图的能力，更要加强学生对于区域轮廓的记忆，提高学生空间定位的能力。

(2) 有助于空间想象能力的提升。

学生通过想象力可以获取有效的空间知识，进而联想到地理事物的过去、现在和未来。

2. 形成了高中学生学用地理图表的基本原则。

(1) 认识规律原则。

地理图表学习从形象的、感性的具体事物为基点，以已有知识作铺垫，引导学生通过自身读图、分析、归纳、判断等思维活动，完成从直观到抽象、从感性到理性的认识过程，获取新的知识。

(2) 实际性原则。

地理图表的学习要结合学生生活、实际社会知识水平和学生的接受能力，有的放矢地进行教学。

(3) 思想性原则。

教学中强化图像的德育功能，帮助学生初步树立正确的资源观、环境观、人口观，培养学生实事求是的科学态度和人地协调观。

(二) 实践操作成果

1. 编著出版了专著《图解区域地理教程》。

(1)《图解区域地理教程》依据地理考纲编写。作者创造性地提出了区域地理教学步骤：区域位置、要素分布、要素关联及归因。以思维导图的方式呈现地理要素之间的关系。

2. 编著出版了专著《教育理性的建构》。

专著《教育理性的建构》在四川师范大学电子出版社出版。本专著根据教育活动的特点，将心理、生理和教育整合起来，为教育理性的建构和探索的基础性研究提供了新的方向和方法。

3. 形成了中学生地理图表学与用的基本范式。

（1）建构了"学·导·练"课堂教学模式基本框架。

学生学习三部曲：自学质疑、回顾感知，合作探究，探寻规律、展示交流、知识生成，巩固强化、知识盘点、拓展延伸。

教师教学三部曲：自学指导、巡视答疑，明确要求、点拨精讲，互动解惑、引导归纳。

课堂教学三环节：学、导、练。

（2）构建了"学·导·练"课堂教学模式六步骤。

六步骤：导入课题、明确目标，自主学习、探究问题，合作探究、讨论解疑，强化训练、拓屏延伸，归纳小结，布置作业。

4. 系统编撰了高中地理必修一、二、三册图表学与用的经典导学案、课件、案例、课例等。

三、成果特点

（一）理念创新

在中学地理教学过程中，引导学生对地理图表进行观察、分析，掌握地理图表的解译和应用的方法和技巧，这不但可以培养学生的地理观察、想象和思维能力，建立区域地理空间定位的观念，而且有助于学生在学习实践中不断加深对地理知识的理解与认识。

（二）模式创新

系统地形成了干预教师教学理念、教师教学行动策略、地理课堂教学方式机制和地理教学质量监测评估量标和系统；创造性地提出和使用了地理学习以"习"为主体，以"学"为先导的课堂教学范式。学生学用地理图表的课堂教学范式有以下几种。

1. 建立精读与泛读相结合的读图范式。

在地理课堂教学中，学生精读基础地图，泛读辅助地图，切实把握关键信息，提高获取有用地理信息的能力。

2. 建立地图与其他形式图片的配合运用范式。

在地图教学中专业地图和非专业地图相结合，多角度培养学生地理表象。

3. 建立教师板画教学与学生填图绘图操作相结合的互动范式。

教师板画与多媒体教学有机结合，引导学生绘制简易地图。

四、成果效果

（一）提升了学生地理学习能力

学生掌握了地理图表学习的方法与技巧，通过有效的地理图表的学习，学生观察地图的能力、收集信息能力、解读地理信息的能力大大增强，学生的思维、想象、分析、综合判断能力以及创新能力明显提高，最终达到分析问题和解决问题的目的。

（二）转变了教师的教育行为

1. 转化教师轻视利用地图教学的观念。

强化教师用地理图表进行地理教学的行为，将地理图表用于课堂教学成为教师一种自觉行动。

2. 促进地理教师从经验型向专业型转变。

通过成果的实验和深入应用，促使教师养成反思自身教学行为的习惯，改革教师自身的教学方式，促使教师走专业化发展之路，提高教师的教学水平和科研水平，涌现了一批具有现代教育观念、掌握"地理图表利用"的基本方法、具备教育科研能力的教师，提高了教师的专业技能。

（三）提升了学生地理素养

在高中阶段的地理学习中选择、挖掘地理图表教育的价值，有利于改变学生学习方式，使学生学会了读图，提升了其析图、归纳、总结、理解等能力，提高了学生的地理素养，促进了学生的可持续发展。

（四）促进了区域地理教育科研的发展

在本成果的应用过程中，其形成的可供借鉴的典型教育案例和相关课程资源，包括具体的目标、评价、操作途径和实施策略等，有利于发挥学科教学的教育功能作用，推动了我市区域地理教学改革和地理教育科研的发展。

撰稿人：汪建国

审核人：严　谨

群文阅读的"三立"教育模式

完成单位：南部县第三小学

完成人：张建军、罗小蓉、毛海燕、杨菊红、敬丽、严谨

一、成果背景

群文阅读"三立"教育模式中的"三立"指"立机制""立课程"和"立方法"。旨在解决以下问题："立机制"解决以往阅读教学管理机械化、教条化、流于形式、走过场的问题；"立课程"主要改变以前单篇教学知识面窄、阅读量小、耗时低效的局面，解决老师和学生阅读资源的匮乏、阅读目标的盲目随意、有效材料的选择等问题；"立方法"主要解决教师指导阅读教学的盲目性和随意性，学生阅读的被动性，阅读方法习得的盲从性等问题。

二、成果内容

（一）理性认识成果

1. 群文阅读中的"阅读"是群文阅读指导的核心要素。

群文阅读，要改"学前教"为"学后教"，改"教课文"为"教阅读"，实现课内阅读和课外阅读无缝链接。

2. 群文阅读素材决定学生阅读素养的提升。

通过不同的文本聚焦于相同的认知点、能力点和人生主题，让学生在文本间的对比、联结和整合中不断提升阅读素养。

3. 群文阅读过程的指导比教学结果更重要。

引导儿童阅读的过程，是"选择→阅读→反应→再选择→再阅读"的循环过程，有能力的阅读者是这一循环过程的推动者、主持者与合作者。

4. 群文阅读的方法是提高阅读效益的基本手段。

学生学习间接经验（书本世界）要学会"圈点勾画，做批注，写读书笔记"。对"可画、可唱、可演、可写"等学生感兴趣的直接经验（现实生活世

界），尽量满足其要求并给予指导。

5. 群文阅读的基本教学模式是生成多元教学模式的基础。

在总结提炼出群文阅读的基本教学模式后，鼓励教师结合自身个性特长及学生实际，探究"松散型课堂结构""生成型课堂结构"等多元教学模式。

6. "群文阅读指导说明书"是推广"群文阅读的'三立'教育模式"的捷径。

"群文阅读指导说明书"由目标点、指导点、任务点、生成点组成，教师熟练掌握，能更好地实施"群文阅读的'三立'教育模式"。

（二）实践操作成果

1. 构建了群文阅读的管理运行机制。

（1）建立了群文阅读课程管理体系。

教师发展中心组织骨干语文教师，经过多次研讨，形成了以群文阅读的目标管理、内容管理、实施管理、评价管理为主线的群文阅读课程管理体系。

（2）建立了群文阅读活动管理体系。

语文教师经历了从在日常教学中尝试自主探索群文阅读教学活动，到集中进行群文阅读教学研究活动，再到校内校外群文阅读教学交流活动的三个阶段，最终形成了群文阅读活动管理体系。

（3）建立了群文阅读过程管理体系。

撰写并使用"群文阅读指导说明书"，每周群文阅读教学课时不少于两节，单班群文阅读教学有教学设计，跨班群文阅读教学有研讨记录。由此形成了群文阅读过程管理体系。

2. 建构了群文阅读系列微型课程体系。

课题组确定的管理目标有三级：学校文化目标，年级方法目标，班级特长目标。围绕目标选择寻根文化、阅读方法、班级个性化特长内容。管理内容就从文化内容、方法内容、特长内容入手。在实施过程的管理中，运行"学科带头人研究示范""全校语文教师人人过关""同年级教师跨班教学"的实施模式。在管理评价的模式中，针对学生专注度、勾画能力、理解批注能力设定评价梯度。

3. 建构了群文阅读方法指导体系。

（1）构建了群文阅读方法指导模式。

学生默读指导：边读边勾画→边读边概括→边读边批注→组内、班级展示。

学生朗读指导：读准→读通→读出感情→读熟。

学生研读指导：读熟→回归文本解读→回归生活解读→回归自我解读。

（2）构建了群文阅读议题确立指导模式。

分别从学校寻根、传统、"三立"文化、学生阅读方法、学生特长等角度确立议题。

（3）构建了群文阅读的备课模式——"群文阅读指导说明书"。

"群文阅读指导说明书"由"群文议题的确立及其组成、群文阅读目标点的确立、群文阅读指导点的设定、群文阅读任务点的实施、群文阅读生成点的预设"五部分组成。

（4）构建了群文阅读的教学模式。

在开课之前，教师选择一段文本和学生进行要点阅读，目的是让学生在短时间内找出文本要点词语，尝试阅读与勾画、阅读与批注。在开课环节，教师安排至少 15 分钟时间用于学生进行体验阅读。学生运用默读、跳读、扫读、寻读、猜读等快速阅读的方法，迅速熟悉文本。提倡边阅读边勾画、做批注，获取切合议题的相关信息。体验阅读还只是停留在表象的学习，接下来要进行深度阅读。在此环节中，教师先示范深度阅读的方法，简称"示法"；然后，鼓励学生用深度阅读的方法结合议题阅读文本，简称"劝用"；接着，学生运用此方法，小组合作阅读其余文本，简称"自用"。最后，师生进行升华阅读，学生从文本中走出来，带着新的感悟理解生活，重新认识自己。

三、成果特点

（一）支撑性

我校研发的系列群文阅读微型课程从文化、内容、过程、方法、评价等方面对群文阅读教学的有效开展进行了全方位支撑。

（二）保障性

学校建立了一套完整的管理制度，保障了各班和跨班群文阅读研究的有效运行。

（三）操作性

我校"群文阅读教学的基本模式"符合群文阅读教学规律，任何一位语文老师都能据此上群文阅读课，是适合各级各类学校开展群文阅读教学的入门范本。

（四）一体性

学校文化即"三立"教育文化，让学生语文核心素养，社会主义核心价值观，课程、方法、管理实现了一体化。

四、成果效果

（一）成果产生的改革效益

1. 教师教学和科研水平提高了。

群文阅读扩大了语文教师的教学视野；优化了单篇教学效益；教师教学改革意识、教改能力明显增强。

2. 学生的阅读素养提高了。

学生的阅读兴趣激活了，能自觉、自主阅读；阅读品位提高了；阅读质量提高了；读书的方式多样了，方法更有效了。

3. 学校建立了新的语文教学常规。

形成了"过程＋结果"全新的语文教学规范。

（二）成果产生的社会影响

1. 群文阅读在全县的影响。

在县域内推广"群文阅读的'三立'教育模式"；召开全县"群文阅读的'三立'教育模式"阶段成果推广会。

2. 开展市域内群文阅读交流活动。

一是我校带领课题组十余位教师与兄弟县市就群文阅读展开学术交流，互通有无，取长补短。二是教师代表在我市小学语文年会上进行群文阅读展示课，受到了参会专家及听课老师的一致好评。三是教师代表参加"国培－2016——小语送教下乡"活动，做专题讲座并上示范课，收到了良好的反响。

群文阅读使学生阅读量成倍增加，打开阅读视野，激活阅读思维，呈现一种"青出于蓝而胜于蓝"的局面。在此课题的继续深化和推广过程中，我们将进一步思考和研究在群文阅读教学中，老师应如何有效适应新时代的教学改革，如何深度开发和应用群文阅读课程。

撰稿人：毛海燕

审核人：严　谨

现实课堂教学优化的"五环·三级"策略

完成单位：南部县第一小学
完成人：汪小伟、甘新华、唐睿、胡荣华、王克勇、姚健勇

一、成果背景

课堂教学过程中，教师秉承"问题—实验—成果"研究模式，审视课程改革与课堂教学的价值取向及存在矛盾，从微观上进行实践研究，拟解决课堂教学缺乏教育文化支撑、高耗低效、民主开放程度不够、缺乏生命活力、缺乏资源整合、"自主－合作－探究"学习方式未能真正落实、作业设计缺乏针对性、课堂调控缺乏机智、评价关注学生个体差异与发展不够等问题。

二、成果内容

（一）理性认识成果

1. 创新现实课堂教学优化的价值取向。

优化教师课堂教学文化信念、文化行为、知识结构和教学技艺，从实践层面优化课堂教学过程，提高教学质量，从而实现学生全面发展和终身发展的教育目的。

2. 构建现实课堂教学优化的文化标准。

宏观上确立办学思想、办学宗旨、校训、学校精神、学校观、教育观、教师观、学生观。微观上确立教师课堂教学文化信念和文化行为标准。

科学的课堂教学个性化文化标准，是因材施教、注重学生个性发展以及特长发展的前提条件，是构建民主、和谐课堂的根本保证。

3. 建立现实课堂教学优化主张。

（1）备课"六认真、两结合"。"六认真"指认真备课标、备学生、备教材、备教法、备学法、备环节。"两结合"指集体备课与个人备课结合；教师构想与学生学习实际结合。

（2）上课"两统一"：科学性与艺术性统一；兴趣与效率统一。

（3）作业"三统一、一结合"："三统一"指质与量统一；课内与课外统一；布置与批改统一。"一结合"指多样化与个性化结合。

（4）辅导"两注重、一帮扶"："两注重"指注重全面性和针对性，注重家校配合。"一帮扶"指学生"一帮一"结对帮扶。

（5）课外活动"一主一重、四性"："一主一重"指以学生为主，以发展学生特长为重。"四性"指实践性、科学性、知识性、趣味性。

（6）考核与评价"一坚持、两注重"："一坚持"指坚持发展性、激励性、多元性评价原则。"两注重"指注重过程评价和综合考核。

（7）养成教育"两培养、一开展"："两培养"指培养学生课堂学习习惯，培养学生自主、合作、探究能力。"一开展"指开展形式多样、内容多彩的活动。

（二）实践操作成果

1. 构建现实课堂教学优化的"五环三级"操作模式。

五环：通过对课堂教学行为、课堂教学资源、课堂教学管理、教研活动、课题科研等五个环节的优化，进而优化教师的教和学生的学的过程，达到提高课堂教育教学质量的目的。

三级：通过对学校建设、教师成长、学生发展三个层级的研究，形成完善的管理机制和科学的指挥系统，为活动的有效实施提供根本保障。

2. 优化教研活动。

构建教研活动模式，优化教研活动的学习方式和研讨活动。学习方式优化包括"优化教师教育文化""学、讲、评、用""自学与共学""结对自学与共学"等；研讨活动优化包括"集体备课同课异构""质课引领""追问式 2＋2 评课""校际联合教研"等。

3. 优化教学资源。

优化课堂教学时间资源：根据不同年龄阶段儿童身心特征，由统一的 40 分钟变为低段 25～30 分钟，中段 30～35 分钟，高段 40 分钟。

优化课程资源：根据"1＋x"课程资源改革，把优秀的传统文化《我们读经典》、地方优秀民间艺术"川北剪纸"等引入课堂；定期举办语文、数学、艺术、体育等文化节；开展向国旗敬礼主题节日活动等。课程资源优化，激发了学生的学习激情，让学生得到了全面发展。

优化教学设备、技术：更新设备，有效使用。

优化教学环境：建设书香校园、艺术校园，营造浓郁的读书氛围。

4. 优化课堂教学行为。

（1）优化课堂导入。主导情趣导入、衔接导入、问题导入、直观导入等导入策略。

（2）优化教师课堂提问。教师本着"精、巧、实的原则"，在知识关键处提问，在疑难处提问，在思维转折处提问，在规律探求处提问，在思想升华时提问。

（3）优化学生提问。主导趣味法、反问法、类比法、联系实际法等。提问方法遵循适宜、合理、科学、新颖、梯度性原则，让学生把所学内容与生活实际相联系去发现问题，提出问题，培养学生提出具有启发性、针对性和创造性问题的能力。

（4）培养学生解决问题的能力。创设情境，激发欲望；思路引导，寻求方法；自主合作，探究交流；联系实际，拓展运用。

（5）优化课堂巡视。主导走马观花式、雪中送炭式、旁敲侧击式、普度众生式、蜜蜂酿采式等课堂巡视策略。

（6）优化课堂资源生成。以自主性、探究性、激励性、思维冲突等策略机智处理课堂资源。

（7）优化作业设计。主导：作业个性化——分层布置、自主选择；作业综合化——多学科融合、收集整合；作业生活化——课内外结合，实践操作。

（8）优化教学评价。将动态评价、多元评价、过程评价、发展性评价相结合。

5. 科研课题优化。

（1）优化选题原则：实、真、小、新。

（2）优化选题流程：罗列问题→梳理问题→剖析问题→确立课题。

（3）优化研究过程：论证课题，优化研究方案；申报立项定计划，落实措施求实效。

（4）开展子课题研究，丰富研究内容。

（5）推广研究经验，共享研究成果：选择→转化→实践→推广→深化。

三、成果特点

1. 适合学生发展的课堂教学文化信念和行为标准。

教学文化标准：学生成长是师生共同努力的结果；因材施教是学生发展的保障；注重学生个性发展以及特长发展；教学是一种技能，更是一种艺术等。

教学行为标准：课堂追求问题生成，活动注重学生的自主发现与探究、方法运用多样等。

2. 优化现实课堂教学管理与操作。

教学过程中五环的优化促进了三级管理模式的改革和优化，科学的三级管理模式又指导着五环优化的实践操作，它们相辅相成，互相促进。

3. 课程资源改革的创新。

创新适合儿童年龄阶段的课堂教学时间资源，紧密结合学生生活特征，引进优秀传统文化、地方民间艺术等课程资源。

四、成果效果

1. 形成了审视现实课堂教学个性化的文化标准。

本课题研究形成了"以学生发展为本"的课堂教学个性化文化标准，构建了民主、和谐的课堂和良好的师生关系。使教师"唯分数观"的思想和"满堂灌"的教学行为得到了根本的转变。

2. 丰富了教师教育教学理论，提高了教师课堂教学水平和研究水平。

通过本课题的研究学习，教师吸收了中外先进的教育理论信息，让自己的教学变得更加理性，也懂得教学教研同行便能常教常新的道理。四年的实验研究，教师撰写并发表论文200余篇，完成子课题研究30多个。

3. 学生在实验中得到了质的转变和发展。

学生三个转变：消极变为积极，被动变为主动，追求分数变为全面发展。在"自主—合作—探究"的学习方式中，学生积极参与到提出问题、分析问题、解决问题中去，培养了学生的学习能力，为学生的终身发展奠定了基础。

4. 丰富了学校文化内涵，扩大了学校影响。

实验形成了我校特有的校园文化。一是探索出适合社会和我校发展特征的办学思想、办学宗旨、校训、学校精神、学校观、教育观、教师观、学生观，二是打造了绿色校园、书香校园、艺术校园的特色文化。

撰稿人：汪小伟

审核人：严　谨

小学语文低段体验式"说"的教学策略

完成单位：南部县教育科学研究室

四川省南部县第一小学

完成人：杨开淑、杜琼英、向英、雍联、张学龙、李敏

一、成果背景

口头表达能力是语言实践的重要工具，是书面表达的有力基础，有利于学生发展思维的训练，有助于学生语文素养的培养。语言是在后天社会环境中通过言语实践逐步发展起来的，语言交流实践越多，儿童受到语言刺激越多，其语言表达能力发展越快。在教学实践中，我们根据低段学生的身心与语言发展规律，驻足于学生语言发展最佳期，进行了体验式说课题研究，形成了真实生活在说话课堂上精彩再现的策略研究成果，此研究成果让老师们训练学生说话的束手无策有效得到了解决，学生不愿说、不敢说、无话可说、不能完整地说、说话无头绪、说话无童真童趣、说话脱离生活、脱离实践等问题迎刃而解。

二、成果内容

（一）理性认识成果

1. 在体验式说研究中正确树立了"三观"。

（1）树立全方位的学生观。

每个学生都是独一无二的生命个体，具有独立个性、独特生活体验。采取体验式说，最大化挖掘了学生口头语言表达潜能。解决了学生个体差异，做到人人积极参与，人人有话可说，人人说自己独特的生活体验，彰显学生个性。

（2）树立全新的教师观。

"教育即生活，生活即教育"。生活决定教育，教育不能脱离生活。教师不只是"传道、授业、解惑""长善救失"的角色，还应是学生身心成长及生命

价值体现的引领者。

体验式说尊重了每一位学生，引导并促进学生对望眼可视、触手可及、过脑可思的生活进行观察、思考并实践，从而激发学生说话的极大兴趣，开发学生善说、乐说的生活天地，指导学生说话技巧与策略，最终探索出有效训练学生说话的开放性学习时空，使教学过程成为多元交流、共同发展的过程。

（3）树立全面发展的质量观。

"实施素质教育，为学生的全面发展和终身发展奠定基础。"小学生口头表达能力的培养是实施素质教育的重要一环，小学低段体验式说是学生全面发展和终身发展的重要途径。创新性、创造性与学生的生活实践息息相关，最终我们要打破仅以分数论"英雄"的教学质量观，形成以终身发展为核心的全面发展的质量观。

2. 构建体验式说"三维多式"模式。

体验式说三个维度：具体准确的目标维度，可操作性强的行动维度，稳定持续的发展维度。体验式说多式模式：有效式、多元式、创新式、专题式、家校式、常态式。

3. 建立体验式说有效机制。

（1）体验式说指导机制模式。

以提升学生说话能力素养，按"具体到抽象、简单到复杂、生活到书本再到生活"说的序列，采取形式多变说的方式、丰富多彩说的内容、变化多端说的手段，达成敢说、想说、乐说、会说的终极目的。

（2）体验说的评价模式。

评价对象多维化，评价原则多样化，评价方式多元化。最大化的发挥教师、学生、家长、社会等最优化评价模式。

4. 遵循体验式说教学原则。

体验式说从课标要求到课堂实践遵循了"以生为本"的教学原则，从学生的生活开始实践，尊重学生原生态体验，遵守学生真情实感原生态表达原则。

5. 形成体验式说的技巧与方法。

说的技巧：学生说好一口普通话，正确运用说的语气、语势、语调、语速节奏，注意说的姿态、表情，做到字正腔圆，形神兼备，从而准确表达丰富的思想感情。说的方式：教师指导学生模仿说、个人说、对话互说、表演说等方式，充分发挥学生个性，从而营造愉悦的说话氛围。说的手段：灵活利用有效的时间、空间，抓住一切有利时机，让学生说自己、说他人、说一切想说、乐说的内容。

6．建立体验式说的划分体系。

教学时空准确定位：课前 3 分钟随心所欲的说话，课中文本拓展说话，课后在家里与家长交流互动说话，创造多时空说话时机；学习时空主题定位。学校、家里、社会各时空拉网式训练说话；目标时空动态定位。多时态性、多维性、广分布性，使学生说话能力持续提高的目标有效达成。

（二）实践操作成果

1．形成具体的操作指导策略。

依托生活，开展活动，激发学生说的兴趣，是指导学生体验式说的操作策略。具体从学生说"玩耍"、说"吃喝"、说"活动"、说"情感"、说"旅行"、说"劳动"、说"交友"等方面进行说话训练。

2．构建体验说的有效方式和丰富多彩的手段。

有效的说话方式从根本上解决了学生不敢说的困惑，灵活多样的说话手段如呼吸空气与摄入食物般影响着学生的生命与生活，彻底解决了学生"不能完整地说，说话无头绪，说话无主次，说话无童真童趣"的问题。

3．构建丰富多彩的说话内容。

丰富多彩的说话内容：说动物，说人物，说事件，说词语，说图像，说实物等。

4．创新体验说课堂指导策略。

依托丰富的各种课程资源，加强学生体验式说的训练是课堂指导学生体验说不可或缺的指导策略。

体验式说课堂指导策略：全面开发利用自然、学校、课堂、网络、人力、地域、榜样等资源。

5．创建体验说的评价体系。

评价对象：师对生、生对生、家长对学生、社会对学生。

评价原则：客观性、赏识性、诱导性、多元化、个性化。

评价方式：表情、肢体、实物、光荣榜等。

三、成果特点

（一）理念归真

完全从教师主导的"说教式"转换为以学生为主体的"体验式"教学，真正遵从学生实实在在的生活体验，丰富说的内容，真正找到训练学生说话的活水源头。

（二）模式科学

构建了"体验式说"丰富多彩的说话内容，形式多样的说话手段以及切实可行的有效说话方式，形成体验式说的技巧与措施；创建了体验式说具体的操作性指导策略以及评价体系，为教师和学生建构轻松愉悦的教与学的说话环境。

四、成果效果

1. 转变了教师教学理念。

以人为本，以学生内心真实感受为本，走进学生本真的内心，让学生想说；以学生生活为主，以学生的自主性为主，说自己、说与自己有关的感兴趣的生活，让学生乐说；以学生多重感官为突破口，以学生的主体语言环境为突破口，企图抓住学生的各种感官冲击，把握契机，让学生会说。

2. 促进了教师专业水平的提高。

每周的小组主题教研活动有序进行，每学期的大组公开课、示范课、集体磨课等教研活动定时开展，使教育教学研究成为常态；指导体验式说目标的准确具体，指导模式操作性极强，有效地提高了教师指导说的水平与能力；此成果为全体教师提供了前沿化的指导方向，提高了教师教学水平与科研水平。

3. 促进了学生终身发展。

学生再也不害怕说话了，有效地激发了学生学习兴趣，从而使学生学习能力不断提高、语文综合素养得到提升。

4. 产生了强大的社会效益。

为五所联谊学校提供了借鉴的典范；为全县各级各类学校推广使用建立了机制；为县教育科学研究室再创进一步研究的课题.

撰稿人：杨开淑
审核人：严　谨

"金口才"教育品牌塑造方案

完成单位：南部县老鸦镇九年一贯制学校
完成人：孙守学、李小彬、文方全、熊华琼、李庆、杨朝霞

一、成果背景

从学生方面看，学生不敢大胆表达、不能规范表达、不会得体表达，语言运用能力差，缺乏想象力、说服力和感染力；从教师方面看，教师在教学中忽视口语交际，口才训练成了可有可无的内容；从学校管理看，学校对口语交际的管理不够重视，对学生口语交际能力的评价缺失，"立德树人"的新课改目标需要进一步落实；从社会方面看，网络与手机的普遍使用，改变了社会人群的交流交际方式，严重影响学生口语交际习惯的养成和能力的培养。

本成果既解决了当下教师中存在的不重视学生口才培养的问题，又解决了学校长期没有教育品牌的问题。

二、成果内容

（一）理性认识成果

1. "金口才"教育品牌塑造的顶层设计决定了研究的走向和价值。

从"积累"到"应用"再到"创新"是塑造"金口才"教育品牌的发展线路，从"措施"到"目的"再到"目标"是塑造"金口才"教育品牌的操作线路。

2. "金口才"教育品牌的塑造研究形成了完整的活动话语（概念）系统。

形成了"积累、运用、创新、措施、目的、目标"等概念、"群体诵读、海量阅读、主题演讲、即席讲演、创编故事、讲评故事"等活动以及"大方、大样、大气、广读、广闻、广思、会写、会讲、会听、善讲、善辩、善听、乐创、乐讲、乐评"等话语系列。

3. "金口才"是发展学生思维，提升学生素养，促进学生和谐发展的重要活动。

"金口才"让学生头脑聪慧，思维敏捷，言之有理、言之有情、言之得体，有益于自己的人生之路。

4. "金口才"是指导教育教学实践，形成管理新常规、教育新常态的重要内容。

"金口才"是义务教育阶段任何一所学校的任何一门学科都可以开展的一项活动，是形成学校管理新常规和教育新常态，实现学校可持续发展的重要途径。

5. "金口才"是传承中华优秀文化，有利于家庭兴旺和社会和谐的重要载体。

"金口才"以优秀的传统文化为基础，潜移默化，完善自我，有利于家庭兴旺和社会和谐发展。

（二）实践操作成果

1. 建构了"'金口才'教育品牌塑造"的实施体系。

通过"群体诵读、海量阅读、主题演讲、即席讲演、创编故事"系列口才培养活动的开展，培养师生的教育品牌意识，统领学校的教育教学行为，形成了学校的"金口才"教育品牌。

2. 建构了"'金口才'教育品牌塑造"的管理机制。

设计出学校、年级、班级、学科四个层面的"金口才"活动实施表，开发应用"四百"素材文库，坚持落实"每日一讲"。

3. 建构了"'金口才'教育品牌塑造"之"群体诵读"操作体系、指导策略。

以"认知示范—操作示范—实践模仿创新"为运行机制，以"作品示范—群诵示范—感受'三大'—自选作品—自由群诵"为线路，形成"个人诵读""群体诵读""亲子诵读"三级诵读活动操作体系和指导策略。

4. 建构了"'金口才'教育品牌塑造"之培养学生"大方、大样、大气"三大品质的训练案例与策略。

在教材和圣贤作品中选择关于"三大"的经典案例，凸显文本的育人功能，引导学生找到学习的榜样，感受什么是"大方、大样、大气"，形成相应的品质。

5. 建构了"'金口才'教育品牌塑造"之"有字之书"海量阅读指导策略。

探索出了"有字之书"海量阅读训练案例与策略：选择教材片段精读，品悟"文以载道"；选择圣贤作品精读，感受"文以载道"；学生模仿示范，自由选择作品悟"道"；学生模仿创作。

6. 建构了"'金口才'教育品牌塑造"之"无字之书"海量阅读指导策略。

通过"范例读人、模仿读人、读人观己",让学生"看现象、思原因、知得失",在广读中学会读人;通过"范例读物、模仿读物、创新读物",让学生"多角度读、多角色读、多观念读",在广读中学会读物;通过"范例读事、模仿读事、读事悟道",让学生"明事由、悟事理",在广读中学会读事。

7. 建构了"'金口才'教育品牌塑造"之"主题演讲""即席讲演""创编故事"指导策略。

选择"主题演讲"形式,开展以"胆怯、拘谨、空谈、气短、庸俗、目光呆滞"等问题为基点的矫正训练,提高学生"会写、会讲、会听"的水平;选择"即席讲演"形式,开展以"短答、极端、口吃、散乱"等问题为基点的矫正训练,培养学生"善讲、善辩、善听"的习惯;选择"创编故事"形式,开展以"平淡、俗套、无序"等问题为基点的矫正训练,培养学生"乐创、乐讲、乐评"的素养。

8. 建构了"'金口才'教育品牌塑造"之"探究(研究)性阅读"指导案例与策略。

模仿《朗读者》《开讲啦》,形成了探究性阅读实践活动指导策略;以"郑和下西洋与气候的关系""从雁栖湖国际会议中谈刘方磊的建筑语言"为例,形成了探究性阅读实践活动指导策略。

三、成果特点

(一)双向性

"金口才"是每个教师的教育目标,是每个学生的发展目标。

(二)素养性

"金口才"是促进学生文化知识积累和道德修养形成的手段。

(三)品牌性

"金口才"是学校的教育品牌,可以长期指导学校的教育工作和教师的教学活动。

四、成果效果

(一)"金口才"成了学校的教育品牌

"金口才"教育品牌使学校有了鲜明的培养目标和具体的操作策略,使学科教师有了共同的教育追求和明确的指导策略。

（二）"金口才"教育品牌提高了学生的综合素养

1. 大方、大样、大气成了学生的共同标志。

学生增长了知识，提高了素养，语言文明了，举止得体了，对人有礼貌了，善于与人和谐相处了，遇事不急躁了，不计较个人得失了……

2. 广读、广闻、广思成了学生的学习目标。

学生扩大了知识面，开阔了视野，增长了见闻，学会了多角度思考问题。学生变得喜欢阅读，喜欢思考，追求知识，追求真理……

3. 会写、会讲、会听成了学生的基本能力。

学生听、说、读、写的能力普遍增强，"写得倚马可待，讲得头头是道，听得声声入耳"。

4. 善讲、善辩、善听成了学生的基本素养。

学生善于言辩，巧于应对，学会了察言观色，听话听音，并能临场应变。

5. 乐创、乐讲、乐评成了学生的学习境界。

学生乐于将自己创编的故事与他人分享，交流心得、评论得失、取长补短。

6. 创新阅读、探究（研究）性阅读让学生收获了成就感。

培养了学生的创新能力，让学生收获了成功的喜悦。

（三）"金口才"教育品牌的塑造研究产生了良好的社会影响

1. "金口才"教育品牌已被当地民众所接受。

公交车上、街头巷尾，都能听到人们对我校教育的交口称赞。许多家长被孩子的读书热情所感染，离开了麻将桌，捧起了书本。文明之风吹向校外的每一个角落，社会风气逐渐好转。

2. "金口才"教育品牌得到了各级主管部门的认可。

本课题成果受省、市、县政府奖励，多名学生在各级比赛中获奖，学校也多次荣获教育质量一等奖。

撰稿人：李小彬

审核人：严　谨

"252＋2"初中数学教学模式

完成单位：南部县流马镇初级中学

南部县宏观乡九年一贯制学校

完成人：王猛、魏润泉、刘维、杨智、陈明、徐卓

一、成果背景

"252＋2"数学课堂结构模式有利于初中数学课堂的有效教学，两校从2013年开始启动"252＋2"数学课堂结构改革课题研究，2017年形成"252＋2"数学课堂结构模式研究成果，课题组通过以点带面将研究成果及时地应用于学校学科的教育，取得了良好的效果。从外地转回来的学生每年有20～30人，这些回来的学生数学成绩都有不同程度的提高。2014至2017年四年，数学中考成绩排位，两校27名专任教师中教学位次进入农村中学前三位的教师高达21人次。

二、成果内容

（一）理性认识成果

1. 课堂结构是教学方法改革的重要内容，是课堂教学改革的关键所在。

本成果充分认识到：教学过程≠教学结构≠教学环节，建立的"252＋2"数学课堂结构模式课堂结构明了，有序、有格、和谐。有很好的层次性、时代性。

2. "252＋2"数学课堂结构模式处理好了两个矛盾。

理论与实践之间具有一定距离的，要把先进的理论运用到实践中去，必须通过一定的形式和方法，而"课堂结构"是它们之间的一座桥梁。该课堂教学结构达到了教材、社会和教学思路三者统一，又充分发挥了学生的积极性，使"课堂结构"负载的质量达到高水准。

（二）实践操作成果

"252＋2"数学课堂结构模式是一个有机整体，它的有序开展，形成了课题研究态势与发展格局，促进学生、老师、学校共同发展。

1. "252＋2"数学课堂结构模式促进了两个阵地建设。

一个是以课堂教学为阵地，重实践探索；一个是以备课组教研为阵地，重理论总结。两个阵地的研究紧密结合，不断实践、总结、提高。前者，力求取得课堂教学实效，学生学得愉快，教师教得轻松，且学科教学成绩得以大幅提高；教师力求探得课堂教学规律，将实践思考上升为理论，总结出了一套较为完善的"252＋2"数学课堂结构改革模式。

2. 提高了教师课前学习活动设计的能力，优化了学生自主阅读行为。

一是课前预习活动的设计目标具体化，可操作，注重差异，点拨性强，趣味性浓，反馈性好；二是预习作业设计多样化，已经设计出勾画式，提问式，合作式，活动式，实验式，观察式，查阅式7种预习作业；三是学生自主阅读教材的指导更明确，积极探讨、归纳、总结学生正确阅读初中数学教材的方法，逐步培养学生自主学习数学的能力。

3. 加强了课堂学习活动科学设计研究，促进学生高效学习。

一是教师有效教学途径更"细"，组织教学比武，撰写教学反思，开展研讨交流，形成了"252＋2"数学课堂结构体系；二是学生课堂学习过程更"活"，通过"252＋2"课题训练，抓小组建设开展实践活动，让学生创新学，让学生自主学；学校管理制度创新，注重"实"，课堂教学随机抽检，集体备课定员定点，质量监测日周月清，活动全程跟踪考评。

4. 精心设计课后补救、扩展题目，强化学生及时补救意识。

子曰："温故而知新。"学生通过完成老师所布置的作业可以检查自己的学习效果，巩固已学的知识并发现问题，以便及时补救。做作业可以暴露学生听课时存在的问题，可以及时地引导学生进行有针对性的训练、有意识地提高听课注意力和师生间的双向交流，进而有效地巩固和提高教学效果，形成教与学的良性循环。

三、成果特点

本课题研究突出有两个特点：一是学生有自主选择阅读内容和自学方式、方法的权利，将教科书这本"小书"与生活这本"大书"整合为一体，在自主阅读过程中养成自己的学习习惯；二是老师尊重学生自学感悟，创新学习，鼓励相互交流、成果展示，体现了教与学的最佳结合，使"课堂结构"负载的质量达到较高水准。

四、成果效果

（一）推广范围

"252＋2"初中数学教学模式，把"学生、时空、学习内容、学习效果、教师"等要素有机地统一于一体，即五位一体的"252＋2"初中数学教学模式，具有改革研究的创新性，可以广泛运用于初中各个年级的学科教学。

（二）成果实效

1. 转变了学生的学习方式，促进了学生的全面发展。

课堂上的变化："252＋2"实施以来，学生最大的变化就是胆子变大了，自信心增强了。学生的学习积极性大大提高。

课下的变化：学生主动围着教师问各种问题，从完全不懂到懂一点，到懂得越来越多。作业没有出现大面积的空白了，甚至以前常玩电脑的学生也变得爱学习了。

结果的变化：最突出的表现就是低分的学生越来越少。优生学习更认真，更主动，做题更仔细，对待同学更有耐心；中等学生懂得团结协作，互帮互助，积极上进；学困生懂得了对其他同学的付出有感恩之心，懂得了上进，因为他们的每点进步都会获得同学们的掌声，从而也找到了自信。

2. 改变了教师的教学行为，促进了教师的专业成长。

课堂教学中教与学相融，师生双方相互交流、相互沟通、相互启发、相互补充，分享彼此的思考、经验和知识，交流彼此的情感、体验与发现，从而达成共识、共享、共进，实现教学相长和共同发展。伴随着课题研究，不少教师成长起来了，许多教师在研究中，积极阅读教育专著，注意对各种相关资料的收集，对教育科研工作充满浓厚的兴趣，2014—2017年这四年间两校教师共发表30篇课题论文，实现了自身素质的提高。教师乐于走下讲台，认真倾听学生之间的交流、发表自己对问题的看法，与学生共同探讨。课堂上经常能看到学生与教师争执不下、互不相让的情景，师生关系更融洽了。近四年来，有5位教师被评为市骨干教师，12位教师被评为县骨干教师，有近20位教师获得片区、县教学质量先进个人，26位教师在片区上公开课、示范课，发表论文近30篇。

3. 提高了学校的办学水平，促进了教学质量提升。

学校的环境变得更和谐了。走进教室，教室里挂满了鼓励的标语；学生随手乱扔乱丢的现象不见了，校园的环境变得更美了；课间追赶打闹的现象不见了，取而代之的是丰富多彩的大课间活动和热火朝天的学生篮球联赛。

学校管理工作有了可喜的变化。"252+2"课堂教学促进了师生关系的改善，实现了教育价值的回归，学校管理变得理性化、人性化了，对学生评价也更加全面、更加丰富，由追求知识的完整性、全面性到更加关注学生的性格、人格的健全，由注重知识能力的培养到更加关注学生的心理需求和精神成长，由传统共性和整齐划一的教育到更加关注学生的不同需求，从而使师生关系、生生关系更加和谐、融洽。

扩大了学校的社会影响，提高了学校的知名度。课题研究产生广泛的社会影响，先后多次得到督学组领导的关心，县教研室、市教科所领导的指导和充分肯定，引起全县各学区、学校的广泛关注。课题组通过以点带面将研究成果及时地应用于学校其他学科的教育，取得了良好的后续效果，有效地促进了学校内涵式的可持续发展。

撰稿人：王　猛
审核人：严　谨

"215" 快乐高效课堂教学模式

完成单位：南充市第十一中学校

完成人：易延发、何军、柴淹、周翔、陈仕国

一、成果背景

（一）低入口与社会高期许之间的矛盾问题在我校发展中凸显

1. 核心素养体系明确了学生应具备终身发展和社会发展需要的必备品格和关键能力，更加注重自主发展、合作参与、创新实践。新课程要求的自主学习、合作学习、探究学习成为课程与教学改革体现核心素养的必然要求之一。

2. 我校面临特殊的教育现状。处于城乡接合部的民办学校，生源入口质量低。城里学生不愿意"下乡插队"，乡下留守孩子由于各种原因带有一些不良习惯。面对众多留守孩子，我们最大的困难就在于缺少家庭教育的支持和社会的投入，难以形成教育合力；受教育主体素质良莠不齐，厌学现象严重。为此，我们大胆探索教育教学改革思路，以低入口高出口满足社会高期许。

（二）通过研究，旨在解决以下主要问题

教育教学改革的理念是什么；该有怎样的改革措施和策略；在课堂操作上该怎样建构；如何促进教育教学质量的提高。

二、成果内容

（一）理性认识成果

1. "215"理念。

"2"强调面向全体学生和学生全面发展两个方面，或者是"教"与"学"两者方式的转变；

"1"就是尊重学生这个课堂教学的唯一主体，或者是每堂课教会学生一种

思维的方法、技巧;

"5"是检验学生人人过关的五种方式,或是课堂教学的五大关键步骤。

2. "215"快乐高效课堂教学模式的内涵及要求。

(1) 指导思想层面:所谓"215",就是"二全""一主体""五验收"。

"二全"强调全面、全体,即学生全面发展,全体学生快乐成长。

"一主体"即学生是课堂的主体,设法调动学生自主学习、参与交流展示。

"五验收"即对子验收、小组验收、教师验收、分层验收、测评验收,强调学生人人过关。

(2) 课堂操作层面:所谓"215",就是课堂做到"二先、一教、五步骤"。

"二先"即先学后教,先练后讲。

"一教"即教给学生学习的思维、方法或技巧。

"五步骤"即课堂上自主学习、合作探究、交流展示、精讲点拨、当堂验收。

(3) 时间利用层面:课堂40分钟分别按照2:1:5的比例划分为"10+5+25"的时间模式,作为教师参考。教师精讲点评或总结10分钟左右;当堂达标验收5分钟左右;学生自主、合作、探究、质疑25分钟左右。

(二) 实践操作成果

1. 建立了集体备课流程。

这是"215"快乐高效课堂教学的前提和基础,其基本操作流程如下。

(1) 备课组根据《课程标准》制订本年级本学科的备课计划。

(2) 备课组长根据计划分配教师备课任务,领取任务的教师就是主备课教师。

(3) 主备课教师搜集材料按两纲精心备课;其余教师按自己的设想各自备课。

(4) 备课组利用教研会让主备课教师在组内试讲或者演示。

(5) 主备课教师在电子白板上演示后让大家集体讨论,提出修改意见。

(6) 主备课教师综合大家的意见二次备课,最终形成集体方案。

(7) 将方案送教科室存档,再分发给其余教师。

(8) 其余教师依自己所教班情二次备课后才可以上课,最后写出教学反思。

2. 建立了导学案编写的原则与要求。

导学案为"215"快乐高效课堂教学模式的有效实施找寻了一种方法,以下是我校导学案编写原则与要求。

（1）功能导学化。围绕重难点引领学生思维，精化内容，凸显本质；切忌变导学功能为训练功能、功能虚化、使用泛化。

（2）导学问题化。针对重难点设计出反映本质性的关键点或主问题，主问题就是重难点与学生思维的激发点的深度融合，切忌问题随意化。

（3）问题思维化。问题要有思维的价值，引领学生深度讨论，挖掘本质，切忌表象化、难以迁移。

（4）思维品质化。能激起学生的质疑辩论，切忌让某个学生单相展示，余众共鸣较少。

做到知识框架化、系统化，让学生学会迁移，辅以适当训练。

3. 建立班级学习与管理小组的运行机制。

为"215"快乐高效课堂教学模式的实施提供了有效途径。

（1）老师培训学生建立学习小组。

（2）把具有发展差异性的六名学生编为一组。

（3）组内学生按发展差异依次编号。

（4）选举品学皆优者为组长。

（5）每组给自己设计一个组名，建立组训、组规。

（6）班级制定小组量化考核标准。

（7）引导小组学生自学、互学、展学。

（8）由班委会、任课教师、班主任形成三级综合考核机制，对小组进行评价，落实奖励。

4. 建立"215"快乐高效课堂教学模式。

为课堂教学提供了有效方法，课堂关键体现为五步骤，即自主学习、合作探究、交流展示、精讲点拨、训练验收。

（1）学生提前结合导学案和教材在学科教师的指导下自主学习；

（2）组内合作探究自主学习中遇到的疑难点；

（3）组间交流展示，解决部分疑难点；

（4）教师精讲点拨，突出重点，突破难点，归纳总结；

（5）当堂验收，反馈信息，训练补缺。

5. 建立校本数据中心。

此数据中心本身就是一个各学科的大数据库，可以给教师提供资源支撑；教师利用其他资源制作的试题交由数据中心扫描，也能丰富数据库。

学生测试完毕，数据中心对答卷扫描，把信息发到校园网；

教师通过电脑或手机在线批阅；

数据中心针对学生的情况进行分析，罗列出错题，生成与错题有关的变式题及解析方法或思路，帮助学生建立错题集。

对学生训练数据进行监测和分析，再根据所得信息给予教师教学和学生学习建议，其教学或学习改进后的训练数据会反馈到数据中心再分析，如此循环。

这既给教师科学执教提供了依据，又给学校科学测试、评教提供了依据。

6. 建立了一系列评价方案。

评价机制为"215"快乐高效课堂的顺利推进保驾护航，如学生评星方案、课堂评价表、学生评教系统、绩效考核方案、学校日常管理方案，等等。学生评价由班委、任课老师、班主任三级调控；教师评价由校级领导、中层领导、教代会三级调控。

7. 学校管理围绕"215"定期开展各种活动。

每学期在全校范围内开展 2 个全校性的大活动，1 个校际师生才艺汇报展示或警校共建汇报展演，5 个小活动，形成德、智、体、美、劳 5 风尚；每周 2 次大会（教职工会、班主任会），1 次教研，每周每位老师 5 节优质课。

三、成果特点

将"快乐"与"高效"进行融合，旨在促进学生快乐成长，侧重学生学得快乐、学得高效，既快乐融洽又能高效地解决核心问题。

创建了培育学生核心素养的"215"快乐高效课堂教学模式及其配套措施。

尊重教师创造性，形成了颇具"215"特色的学校活动开展与管理方式。

四、成果效果

1. 改变了学生学习的态度，提高了学生的核心素养。学生具备了核心素养所要求的基本能力，使学生得到生动活泼的自主发展。

2. 促进了教师专业发展。我校教师参加各级竞教比赛，取得了良好的成绩，提升了我校教师的专业水平，展示了教师良好的风采。

3. 提高了学校办学效益、扩大了影响力。我校的科研成果被中国教育协会等三家单位联合授予"全国教育改革卓越成就奖"。2016 年本成果获高坪区人民政府第三届普教科研成果二等奖，在区内推广，获得各方好评。

撰稿人：柴　淹

审核人：周　翔

区角活动中幼儿自主能力培养"五轮驱动"策略

完成单位：南充市莲池幼儿园

完成人：胡伶俐、杜玲、于丽、舒娜、杨英、姚玉波

一、成果背景

自主能力的形成是孩子自我意识不断成熟和发展的标志，对幼儿自主能力的培养是幼儿教育的重要目标。区角活动给孩子们提供了自由的发展空间，它更关注幼儿自主活动的过程，它能让幼儿以更贴近其生活经验的方式进行自主学习，有益于教师更好地关注幼儿的自主能力发展和个体发展。基于区角游戏对幼儿自主能力培养的重要作用，我园于2006年申请立项课题"主题目标引领下的区角活动材料开发与利用的实践研究"，并于2009年结题；于2015年申请立项课题"区角活动中幼儿自主能力培养的实践研究"，并于2017年结题。通过全园30个班级70余名参研教师十余年的教学实践，探索形成了在主题目标引领下的区角材料开发与利用的策略和方法，构建了区角活动中幼儿自主能力培养的实施路径，建立了区角活动中幼儿自主能力评价体系。

通过研究解决了以下几个问题。

（一）解决"幼儿不能自主"的问题

经调查，我园在园幼儿90％为独生子女，大部分家庭对孩子过分保护，导致幼儿自主机会缺失，幼儿不能根据自己的意愿自主活动，不能自主解决问题，不能自主合作交往。

（二）解决"教师不会或不愿让幼儿自主"的问题

一是部分教师对幼儿自主能力培养的教育价值认识不够，不知道如何培养幼儿自主能力；二是部分教师担心太过自主会打破课堂秩序和常规习惯，不愿让幼儿自主活动，对区角活动实行高控化。

二、成果内容

(一)理性认识成果

1. 幼儿自主意识是幼儿基于身心发展、成长体验的一种心理需求。

自主指自己做主,不受别人支配。心理学中自主就是遇事有主见,能对自己的行为负责。孩子在2~3岁就表现出了"我自己来"等较为明显的自我主张和自我表现欲望,3~6岁自主意识更加强烈,凡事都想尝试、动手。这些现象充分说明了自主意识是幼儿基于身心发展、成长体验的一种心理需求。

2. 幼儿自主能力培养对促进幼儿长远发展十分重要。

幼儿期是一个人的优良品质的定性时期,在幼儿期促进其自主发展,能够为幼儿将来的学习和生活打下良好的基础,对幼儿进行自主能力培养是十分重要的。

3. 区角活动中幼儿自主能力培养需要做到"两个解放"。

区角活动中幼儿自主能力培养需要把幼儿自主意识转化为自主行为,教师必须做到两个解放:一是"解放孩子的头脑",让孩子自己去思考;二是"解放孩子的双手",让孩子自己动手去创造。

(二)实践操作成果

1. 第一轮:理念协同策略——驱动幼儿自主选择内容。

(1)"三大导向"理念协同,驱动幼儿自主选择内容。

确立"经验、兴趣、发展"三大导向为指引的活动内容,以幼儿的经验为基础,以兴趣为切入点,以发展为目标,激励孩子自主构建新的知识能力和有益经验。

(2)"五大原则"理念协同,驱动幼儿自主选择材料。

开放性原则让选择不受限、丰富性原则让选择多样化、层次性原则让选择差异化、探究性原则让选择导向化、动态性原则让选择可流动,合理利用"五大原则"制作材料、投放材料、利用材料、放置材料,能促进幼儿自主选择。

2. 第二轮:多元融合策略——驱动幼儿自主交往。

(1)纵横融合,驱动幼儿自主交往。

通过"横向——平行跨班融合、纵向——混龄跨班融合、纵横结合——多班级跨班融合"驱动幼儿自主交往,使其感受自主交往的快乐。

（2）空间融合，驱动幼儿自主交往。

"大功能房＋小班级"：将功能房活动和区角活动有机融合、相互渗透，让流动性的活动内容促进幼儿之间的相互学习，自主交往。

（3）资源融合，驱动幼儿自主交往。

通过"入内——家长入班级"，"向外——幼儿进社区"，合理利用家庭和社区资源，驱动幼儿自主交往。

3. 第三轮：动态调整策略——驱动幼儿自主探索。

随着幼儿自主意识的不断增强，教师要对区角活动实行动态调整策略，打破"时间、空间、材料、规则"四个界限，实行四个增减：增加幼儿策划、减少教师主导，增加低结构材料、减少高结构材料，增加自主探索、减少教师介入，增加自主评价、减少教师评价，满足幼儿自主探索的需求。

4. 第四轮：科学操作策略——驱动幼儿自主发展。

（1）"五步走"的科学操作模式，驱动幼儿自主发展。

第一步——自主构建：确定主题、设计情节、制定规则；

第二步——自主选择：选择角色、选择情节、选择同伴；

第三步——自主操作：独立操作、合作操作、创意操作；

第四步——自主整理：分类摆放、整理材料、保持整洁；

第五步——自主评价：分享交流、提出问题，让下次游戏充满期待。

（2）"三把握"的科学指导方式，驱动幼儿自主发展。

教师要具有敏锐的观察力和良好的判断力，观察时把握"材料与幼儿"两方面，介入时把握"放弃时、争执时、求助时、可深入时、无所事事时、乐于分享时"六时机，指导上把握"平等交往中的隐性指导和直接建议的显性指导"两途径，尊重幼儿游戏主体地位，引导幼儿由自主游戏向更深层次发展。

5. 第五轮：三维评价策略——驱动幼儿自主认知。

教师维的评价要把握自主决策、自主感知、自主交往、自主探索、自主评价五个方面，关注幼儿认知的长度、宽度、频度、深度四个角度，幼儿维的评价采用对话交流法、展示分享法、符号记录法三种方法，家长维的评价采用成长记录、约谈记录、问卷调查三种形式，在检验评价循序渐进的学习过程中提升幼儿自主认知水平。

三、成果特点

实践理念和操作措施具有实践性、可操作性、引领性和可迁移性。在实践理念上，主张摒弃"被动活动"和"他人主导活动"的弊端，倡导培养幼儿自主能力应以尊重幼儿的独立人格、发展幼儿个性为宗旨，强调幼儿自主学习。创立了"纵横结合跨班区角"的共享区角模式，实行平行班级、混龄班级、多个班级的跨班融合；创建了以幼儿发展为目标，驱动幼儿自主选择、自主交往、自主探索、自主发展、自主认知的"五步走"区角活动操作模式。

四、成果效果

（一）推广范围

我园区角活动成效显著，曾多次接待各地教育局考察团、国培项目以及市内外幼教同行参观学习，曾多次承办市级科研培训活动，并与多所幼儿园建立了支教帮扶关系，将我园区角活动成果推广到全市三区六县，起到了示范引领作用。

（二）成果实效

1. 提升了幼儿自主能力。

通过对幼儿自主能力培养进行问卷调查以及前测与后测的对比，我园幼儿的自主决策能力、自主感知能力、自主探索能力、自主交往能力、自主表达能力都得到了较大的提升。

2. 提升了教师教育素养。

教师的教育理念有了大幅度的提升，教育行为有了大幅度的转变，能认识到每个幼儿都是独立的个体，对每位幼儿的差异性表现都予以接纳和尊重，对幼儿萌生的创造想法与行为表示理解与支持，敢让幼儿自主、会让幼儿自主。

3. 提升了"家园"合作水平。

家长逐渐认识到自主能力是幼儿自身的发展需求，从"不愿意让幼儿自主"到"放手让幼儿自主"，成为幼儿学习游戏的合作者、参与者、支持者、引导者，家园合作水平不断提升。

撰稿人：于　丽

审核人：杜　玲

小学生数学合作学习"七星连珠"策略

完成单位：南充市行知小学
　　　　　南充市嘉陵区火花第三小学
完成人：时春丽、谢如意、王成、邱必禄、祝敏、杨秀琼

一、成果背景

在新课改所倡导的理念下，我们尝试把小组合作学习应用于课堂教学之中，但在实际教学中，小组合作学习是形式化的，存在学生小组合作意识不强，学生在课堂中根本不会合作，也不知道如何合作，教师设计的合作任务目标不太明确，缺乏挑战性，评价不完善，学生合作积极性不高等问题。为此，我们在小学中高段进行数学课堂小组合作学习策略研究。

二、成果内容

（一）理性认识成果

1. 合作学习不仅是有效的教学策略，还是一种较好的学习方式。合作学习，可以提高老师的理论水平、管理能力，可以改善师生关系，可以让学生学会与人合作，培养学生的合作精神和合作能力。

2. 合作学习将个人之间的竞争转化为小组之间的竞争，有助于培养学生合作的精神和竞争的意识。有助于因材施教，可以弥补一个教师难以面向有差异的众多学生教学的不足，从而真正实现让每个学生都得到发展的目标。

3. 小组合作学习是一种具有丰富内涵的教学组织形式。在合作学习过程中，学生之间的差异能得到承认，其潜能得到充分的发挥；有助于张扬学生个性，使学生感到学习有信心；能使学生体会到相互间的关心和帮助，使师生在多维互动、相互砥砺、取长补短的过程中达到和谐进步的境界。

（二）实践操作成果

1. 培养意识，学生想合作。

教师在学生平时的学习中，可通过建立长期的合作小组、举办学习方式专题讲座、开展小组合作学习竞赛活动、进行数学实践活动等方法来培养学生的合作意识。

2. 合理分组，学生可合作。

（1）遵循"组间同质，组内异质，优势互补"的原则。

所谓"组间同质"即每组成员的组织能力、学习能力、学习成绩、思维程度相近，性别大致均衡，尽量使各小组之间的竞争公平、合理。"组内异质"就是小组成员在性格、成绩、动手能力和表达能力、家庭条件等方面有一定的差异性和互补性。让不同特质和不同层次的学生进行优化组合，使得每个小组都有高、中、低三个层次的学生。

（2）分组的具体操作方法。

教师通过观察了解、走访学生等方式，充分了解学生的学习、性格、爱好等情况确定大组长候选人。大组长根据教师提名和自身对同学的了解，聘请本组的副组长和组员。组长在选组员时要综合考虑到每组组员学习、性格、特长、性别、身高、视力等因素，还要遵循双向选择的原则。这样能使组间差异尽可能小，为全班各组之间的公平竞争打下基础。

3. 加强培训，学生会合作。

为了提高小组合作学习的实效性，教师必须根据合作学习的任务，合理分工，使每个学生都明确职责，并对小组长和组员进行分工培训。其中，包括组长的组织能力、协调能力、沟通能力和小组内向心力的培养，以及组员倾听、讨论、表达、组织、评价、实践技能的培养。

4. 把握时机，学生能合作。

在课堂教学中，教师要适时地把握时机，选择有讨论价值的内容，组织学生合作学习，这样才能为学生自主学习创造机会，增加课堂信息交流量，促进学生的知识和能力的发展。可在以下几个时机进行合作学习：个人操作无法完成时；独立思考出现困难时；意见不一需要争论、验证时；解答开放性问题、自由创作时；在动手操作时；在新旧知识衔接时；复习、巩固、总结阶段时。

5. 建立制度，学生善合作。

（1）小组合作学习制度。

自学阶段：要独立学习，不能打扰别人。

交流阶段：轮流发言，一人发言时，其他小组成员注意倾听、记录，要等别人说完后再相互补充。

展示阶段：不能推诿，轮流展示，一人展示完，其他人补充完善，要学会倾听。

对特别强势的学生进行发言进行时间限制。

（2）小组合作学习方式"12345"法。

一个面向：面向全体。

两个基础：自主学习是合作学习的基础，小组交流是全班汇报交流的基础。

三种形式：同伴交流讨论，小组交流讨论，全班交流讨论。

四个原则："一个声音原则""两分钟原则""互不干扰原则""小组长轮流坐庄原则"。

五点明确：明确完成学习任务的对象、目标、内容、方式及时间。

6. 多措并举，合作见实效。

（1）灵活运用教学模式。

三段六式：预习·质疑—展示·研究—检测·反馈

（2）正确定位教师角色。

在新课程改革下，重在以人为本，既要发挥学生的主体性，也要充分发挥教师在合作学习中作为合作环境的营造者、合作情境的创设者、合作学习的引导者的作用。

（3）按法学习，常态合作。

我们将小组合作学习作为各学科学习的基本形式，贯穿于所有课堂，使其成为学生学习的主要方式，从根本上改变教师主导课堂的局面，从而强化了学生在课堂中的主体地位。

（4）实施班级小组管理模式。

利用小组合作学习的积极因素，在班级管理过程中融入小组合作竞争机制，把小组合作与班级管理有效结合起来。

7. 评价激励，学生爱合作。

教师的评价对激励学生参与活动，提高合作学习的质量有着十分重要的作用。评价的方式有课堂评价、定期评价、综合评价。同时，小组合作的评价不仅要关注小组活动本身，还应关注小组活动前的准备和小组活动后的延伸。因此，要重视个人评价与小组集体评价相结合，重视学习过程评价与学习结果评价相结合，重视过程性评价与终结性评价相结合，实现科学发展评价。

三、成果特点

（一）实践性

小组合作学习是对传统的接受式学习的一种改革，是培养创新精神与实践能力的新教育观念在教学领域的体现。它具有学科综合程度高与社会生活联系紧密、学生自主性强的特点。传统的课堂教学组织形式已与之不尽适应。

（二）操作性

新的合作学习模式，可以培养学生的合作意识，使其掌握必要的合作技巧，有利于提高学生的社会适应性；可以促进学生参与公平、有序的竞争。

（三）应用性

小组合作学习促进知识的建构，也促进学生的个性发展。学生通过小组合作学习完成各项任务，更好地实现了实践与参与，合作与互动，交流与交际，全方面提升了自身学习能力和素质。

四、成果效果

学生方面：学生合作意识增强；学生合作能力提高，改变了以往低效的合作甚至不合作的态势；学生的综合素质得到极大提升。调动了学生学习数学的积极性，学生的学习效率提高，学习成绩优异。

教师方面：教师教学观念发生彻底改变，凡是参与的教师，都以作为合作学习的规划者、引导者、协助者、激励者为荣，与学生打成一片，知识总结穿针引线。教师教学观念的转变带来了教学形式多样化，促进教学能力、科研能力的提升。

学校方面：学校培养了一批具有引领作用的骨干教师队伍。带动了区域内几所学校数学教学能力的提升，而且还将成果成功地运用于语文课堂、科学课堂、思想品德课堂。

撰稿人：时春丽

审核人：王　瑜

幼儿园节日亲子教育活动"五活五式"实施体系

完成单位：南充职业技术学院附属幼儿园

完成人：邓晓辉、李朝霞、李海鹰、尹红、何俐君

一、成果背景

每一个节日活动都蕴含着丰富的人文价值，有利于幼儿认知情感的健康发展，有利于"家园"合作与亲子共育平台的搭建。我园从 2008 年开始进行家园共育课题研究，2013 年形成"家园一体教育的有效策略"研究成果。而本成果将家园共育研究从宏观细化到微观，引入各类节日。我国在对家园共育进行深化的同时，定期开展各种节日活动。本成果探索了幼儿园节日亲子教育活动"五活五式"实施体系，开发节日亲子教育活动的人文资源与园本教材，将节日活动变为促进幼儿发展的优质资源和课程，为幼儿提供适宜的学习与成长环境。在实践研究的过程中，全园共开展各种类型的节日亲子教育活动 160 余次，参与幼儿 6000 余人次，参与家长近 8000 人次。

二、成果内容

（一）理性认识成果

1. 节日亲子教育活动"五活五式"实施体系是"活教育"思想的有效实践。

本成果成功利用"活教育"理论厘清了节日亲子教育活动的研究价值与研究理念：陈鹤琴先生认为"大自然、大社会，都是活教材"，节日亲子教育活动能够促进亲子感情，培养孩子的文化素养，丰富教育资源。

2. 节日亲子教育活动是幼儿园课程内容与组织形式的成功拓展。

"五活五式"实施体系中：活润的情境式环境创设是基本条件，鲜活的主题式课程体系是研究根本，快活的体验式活动形态是实践保证，乐活的亲和式家园平台是课题灵魂，灵活的多元式评价方法是探究基础。其中，"活润、鲜

活、快活、乐活、灵活"五个关键词指向幼儿园节日亲子教育活动的理念，"情境式、主题式、体验式、亲和式、多元式"五个关键词指向幼儿园节日亲子教育活动的根本。在课程体系的实施与构建中，以节日教育促进孩子认知、情感、行为互为发展的教育活动，已成为现有课程的有效补充。

3. 节日亲子教育活动是幼儿园家园共育平台不足的强有力补充。

"五活五式"实施体系成功地让幼儿园与家庭进一步认识到幼儿园与家庭、教师与家长、教师与幼儿、家长与幼儿这四组关系在幼儿健康成长过程中的核心地位，同时，也为幼儿园家园共育提供了充满魅力的平台。

（二）实践操作成果

"五活五式"实施体系是一个有机整体，它的协调发展，形成了节日亲子教育活动课题研究态势与发展格局，促进幼儿、教师、家长与园所的共同发展。

1. 推进了"活润"的情境式节日环境创设。

"活润"的节日环境创设有两层含义，一是环境创设方式方法上的生动之"活"，二是对幼儿潜移默化的感染之"润"。我们在一方面搞好物质环境的同时也加强了心理环境的创设。每一个节日活动的开展，幼儿园与相关班级都会结合节日活动的实际需要，进行"我的节日我做主""节日海报""节日主题墙"等活动布置，给幼儿营造浓郁的节日氛围。四年以来，全园共办节日活动展板150余期，节日海报2000余份，节日主题墙环创150余次。

2. 开发了"鲜活"的主题式节日亲子园本课程。

为了让传统而厚重的各类节日在活动内容与形式上焕发出活力，成为一个个丰富生动的教育素材与契机。我们把每个节日都设计成"鲜活"的亲子主题教育活动，内容涉及五大领域，满足幼儿认知、情感、能力等全方面发展的需要。在课程的构建中涵括了资料系统的完善、目标系统的确立、内容系统的选择、实施系统的架构四大方面。在四年多的研究过程中，全园共选择了40个节日开展活动，形成160余份节日亲子活动方案，最终在主题式节日亲子教育课程模板下定稿成型38份。同时，建立了两个节日教育信息资料库，设计了完善的节日亲子教育活动目标，优化了丰富的节日亲子教育活动内容，实践了"鲜活"的节日亲子教育活动主题网络。

3. 形成了"快活"的体验式节日亲子教育活动。

我们根据对各个节日的背景分析和理解，设计了感受型、带动型、合作型、庆祝型的以"快活体验"为主的节日亲子教育活动，融节日教育，家教指导、娱乐活动为一体，让教师、家长特别是幼儿在开心愉悦的体验过程中，进一步密切家园情、师幼情、亲子情。

4. 搭建了"乐活"的亲和式节日亲子家园共育平台。

"乐活"的亲和式节日亲子家园共育平台是课题组基于"家园和谐，形成合力；亲子主体，达成共识；快乐教育，提高实效"的基础上提出的理念。在平台的构建中，我们注重转变观念，提升了教师节日亲子教育活动组织能力；强调实践创新，引导幼儿习得节日文化教育内涵；重视各方协调，帮助家长以主体身份参与节日亲子教育活动。主要活动形式有：家园亲子活动，家长助教活动，家庭节日活动等等。

5. 完善了"灵活"的多元式节日亲子教育活动评价方法。

通过明确节日亲子教育活动的目的、编制节日亲子评价表、多元主体参与节日亲子活动的评价、活用节日亲子教育活动的评价方法，建立一套教师、家长、管理者共同参与的多元化评价方法。教师根据节日亲子活动内容与形式综合采用相应的评价方法，以保证评价内容的真实有效。

三、成果特点

（一）研究工作的延续性

本课题可追溯到 2008 年"家园一体教育有效策略的实践研究"，在延续之前课题研究的基础上进行微观探索；另一方面也弘扬了节日传统文化，培养幼儿丰富情感与各种能力。

（二）节日课程的操作性

本成果的形成建立在幼儿园自身实际情况的基础上，以各类节日为研究基础和活动依托，具有极强的可操作性。

（三）成果鲜明的创新性

将亲子活动与传统节日结合起来，在盘活了适用于幼儿园的节日教育资源与实践"活教育"的基础上，深度挖掘节日的教育价值，创新了节日亲子教育活动实施体系。

四、成果效果

（一）推广范围

"五活五式"节日亲子教育活动实践体系，即"活润"创设、"鲜活"体系、"快活"形态、"乐活"平台、"灵活"评价，丰富了家园共育的实践理论与方法，可广泛运用于学校、家庭、家园合作中。

（二）成果实效

1. 幼儿在体验感知和实践中全面发展。

我园以节日亲子教育活动为载体，通过家园互动，让幼儿体验到节日的情感内涵，在实践中让节日回归于幼儿的日常生活，培养了幼儿的良好习惯与学习品质，有效地促进了幼儿的健康成长与全面发展。

2. 教师在互动式研究中反思成长。

提升了教师队伍思想水平与业务水平，形成了优质的研究团队，师资水平总体得到提高。

3. 家与园在活动过程中同步一体。

家长对节日文化教育价值的理解显著提升，并建立了强烈的主人翁意识与积极合作的态度，从而促进了教师与幼儿、亲子、家园等关系的健康发展。

4. 幼儿园在科研过程中飞速发展。

在研究过程中园所显示出强大的示范与辐射作用，收获了丰硕的集体荣誉成果及来自各方面的充分肯定。

在课题的继续深化和推广过程中，我们将进一步思考如何在节日亲子教育活动中持续发展幼儿的多种能力，思考如何将该体系与现有课程进行合理整合，形成更具本地本园特色与实际的园本课程。

撰稿人：李朝霞

审核人：邓晓辉

小学数学习题有效设计策略研究

完成单位：蓬安县教育科学研究室

　　　　　蓬安县相如第一小学

　　　　　蓬安县河舒小学

完成人：田小红、祝小兰、梁怀国、邓君秀、朱莉萍、胡菊芳

一、成果背景

数学来源于生活，习题是教学的延伸和继续，是提高教学效率的重要手段和保证，同时也是培养学生自主学习能力的阵地，其重要性不言而喻。而改变传统的习题观，确立效率意识，从现状出发，从"有效"入手，反思当前哪些习题是低效甚至是无效的，哪些习题是有效的，让学生有效地学习显得迫切而有意义。因此我们确定了本课题，旨在解决以下问题：

（一）"盲目多练"的问题

调研中发现许多习题的安排常常是重复单调，杂乱无章，不能使学生从习题的安排中领会到知识的结构，加深对基本概念法则的理解。

（二）"过多地注重书面习题"的问题

现行教材以及各类习题册主要是书面习题，而其他形式的习题，如动手习题、社会实践等则很少，目的在于应付书面的考试。

（三）"重视封闭性的习题"的问题

习题大多是条件明确、思路单一、结论确定的封闭性习题，缺少那些条件隐蔽、思路开放、灵活多变的习题。

（四）"一刀切习题"的问题

对学习基础、接受能力不同、兴趣爱好各异的一个班的学生来说，布置同

样质与量的习题势必造成有些人"吃不饱"，有些人又"吃不了"的状况。

（五）"忽视思维能力的培养"的问题

习题最直接的目的是帮助学生掌握知识，但是部分习题停留在简单模仿与重复上，忽视习题中思维能力的培养。

二、成果内容

（一）理性认识成果

1. 有效设计要有系统性。

以作业的自主性、合作性、生活性、趣味性、实践性等方面为导向，进行系统规划与设计，使课内外数学作业能有效地成为提高学生数学学习效果的一种手段。

2. 数学习题设计要有学生的参与。

关注学生个体差异，根据作业量、作业难度、学生年级进行分层次作业的设计，让学生亲自参与习题的设计，使每个学生都能体验成功的快乐，对数学学习产生浓厚的兴趣。

3. 优化数学习题的结构。

培养学生的思维能力，帮助学生提高数学素养，在新课程背景下，习题设计要走"轻负高效"之路。

（二）实践操作成果

1. 形成小学数学有效习题设计的多种类型模式。

以学生的发展为中心，设置层次化作业、实践型作业、创编型作业、合作型作业。

2. 探索出习题有效设计之路径。

（1）教师设计路径：

首先确定习题设计的内容后，研读课标、挖掘教材；收集资料、选择增补；独立设计后实施检测，老师进行批阅。根据学生完成习题的情况，研究改进策略，优化习题设计内容，形成有效习题集。

（2）学生设计路径：

从每个实验班选出四名优秀学生，学习设计有效习题的要求；确定目标、选定内容；进行个人设计，完成组内研讨，实施检测，学生进行批阅、反馈。

研究改进策略，优化习题设计内容、形成有效习题集。

3. 研究小学数学习题设计有效性之方法策略。

（1）尊重差异，因材施教——习题设计注重分层策略。

①习题设计注重练习分层，循序渐进。

满足每个学生的不同需求，练习设计应做到分层次、走坡度、有发展，以达到因材施教，循序渐进，层层深入的目的。

②习题设计注重批阅的分层，适时调整。

学生完成练习后的反馈批阅应层次分明，根据学生不同的情况在"质"与"量"上做不同要求。

（2）巧设问题，提升思维——习题设计注重开放策略。

从学生已有的知识和经验出发，唤醒学生用多种方案解决问题的意识，培养学生思维的灵活性。

（3）丰富类型，变换形式——注重呈现习题的多样化策略。

练习设计的形式应力求灵活多样，让练习有效成为学生了解生活、了解社会和了解科学的载体，促进练习设计的正迁移。

（4）自编自创——习题设计注重原创性策略。

让学生自编自创练习，激励学生真正当一个学习的主动者、探索者，使数学练习成为学生激发潜能自由翱翔的双翼，促进学生的终身可持续发展。

（5）寓教于乐——习题设计注重趣味性策略。

趣味性习题应该与学生生活实际联系紧密，贴近学生的认知水平。习题的形式是多样的，不应局限于文本习题，也可以是一项活动或一项制作。

（6）让学生的思维飞向远方——习题设计注重探究性策略。

根据知识与生活的衔接点，设计适宜的探究性练习；根据练习的难易度，提供合适的探究情境；根据练习的内容，选择有效的组织形式。

（7）真心评价，激发动力——习题设计注重多元评价策略。

有效练习的评价类型注重多元；改革习题的评价方法和评价策略；完成有效习题的评价量表。

三、成果特点

让学生参与有效数学习题的设计：开展小学数学习题有效设计策略研究，关注学生个体差异，根据作业量、作业难度、学生年级进行分层次作业的设计，让学生亲自参与习题的设计，使每个学生都能体验成功的快乐，对数学学习产生浓厚的兴趣；构建了有效的习题设计模式；在整个有效研究活动中，让学生和老师一起参与习题的设计。

四、成果效果

（一）有效促进学生成长

一是充分调动学生学习的积极性，使喜欢动手操作的学生越来越多。

二是认识到学习数学的重要性，使学生成为知识、方法的探索者和发现者。

三是培养学生的阅读能力、观察能力、分析问题和解决问题的能力，使学生养成良好的学习习惯。

（二）促进教师专业水平的提升

通过数学习题有效的设计的研究，改变了数学教师以前布置习题练习单一、枯燥无味的情况。教师在实践中整理资料，撰写实例、心得和活动方案、论文等，形成大量文字作品，优化了教师职能，使自己的教育教学效果达到最理想的境界，使自己成为一个真正的研究型教师。

（三）促进学校的发展

一是创设良好校园环境，形成良好学习氛围。二是学校全面开展教育教学科研活动，形成鲜明办学特色。三是打破传统管理观念，培养优秀教师队伍，推进了科研兴校的步伐。

（四）产生了强烈的社会反响

经过两年的研究和实践，小学生数学习题设计及有效性研究方面取得显著成绩，在蓬安县相如一小、实验小学、河舒小学的教学实验实现了教学双赢、师生共同发展，受到家长的好评及肯定，社会反响较好！课题组将自己研究的具有本地特色的适合提升儿童数学习题有效性的对策与措施，推广介绍到县内各个片区多个学校，起到了示范引领作用。

撰稿人：祝小兰

审核人：李中文

初中生自主学习中教师指导策略

完成单位：蓬安县金甲初级中学

蓬安县徐家中学

南充市教育科学研究所

完成人：李秀文、雍建平、夏建东、徐全波、张佑民、何建平

一、成果背景

为了适应时代发展需要，培养学生自主学习的能力，建立终身学习机制，同时提升教师的教学与科研水平，课题组探索研讨后，孕育形成了《初中学生自主学习中的教师指导策略》。

（一）解决初中教师、学生共同缺失的"自主学习"意识和态度问题

师生都对"自主学习"的重要性、必要性、实践性和效益性缺乏清楚的认知。

（二）解决初中教师对学生"自主学习"缺乏有效指导和系统策略问题

学生要获得知识，需要教师指导策略的启动和引领，如教师如何运用系统流程诱发学生"自主学习"动机，教师如何设计学生的"自主学习"，教师如何构建指导学生具体开展"自主学习"指导策略体系。

（三）解决初中学生"自主学习"的方法问题

自主学习的方法使学生具有"自主学习"的可能，"方法"的长期运用形成习惯，而习惯的养成有助于形成良好的学习品格。

（四）解决初中学生"自主学习"的评价问题

评价"量化"——准确检测和评价"自主学习"的效率和效果。

（五）解决初中学生"自主学习"的常态化机制问题

构建完整并且可实施的常态机制，多次进行"强化"和"二级强化"，使"自主学习"长久持续，自主学习行为成为常态机制。

二、成果内容

（一）理性认识成果

1. 核心素养中最为基础和核心的是自主学习。

初中教育和教学的改革必须从"自主"入手。

在核心素养中，"自主"是核心成分，也是我们当前教育中最为缺失的成分。如果能在我们教育实践中很好地解决学生"自主学习"的问题，那么对学生核心素养的培育、自主学习的学习效率、学生未来的创新发展，以及"核心素养"的教育思想、方式和实践的变革都有积极意义。

2. 明确了学习方法和指导策略的认知构建。

自主学习需要教师有效帮助学生对书本知识和个体的认知构建，同时也是教师自身教学指导策略积极的自我构建。

"学习"是师生知识认知的"构建"的过程。学生在教师指导下构建自身的书本知识结构体系，与此同时，教师不断积累指导策略，并构建学生自主学习中指导策略的认知结构，有效培养学生自主学习品质，维持学生自主学习持续进行的力量。

3. 清晰地认识自主学习。

自主学习是放手而不是放纵，学生自主学习和发展全过程需要教师积极有效的参与。

学生自主学习的能力是学生学习力、应用力和发展力的综合素质能力的体现，自主学习强调了学生是学习的主体，教师成为学生自主学习的帮助者、学习过程的设计者、学习质量的监控者。教师需要对学生内在动机性因素引导，敦促"二级强化"，包括学习价值的意识、学习兴趣、合适的目标定向、结果预期等，促进学生的元认知发展，维持学生自主学习持续进行的力量，推进"终身学习"。

4. 系统地梳理影响农村学生"自主性学习方法"形成的五种因素。

清楚地认识农村学生学习行为养成教育任务十分艰巨。社会、家庭、学校、教师等因素对学生自主学习的影响很大。

（二）实践操作成果

1. 建立了"二主六线"学生自主学习模式。

以学生为主体，教师为主导。在具体操作上，在课堂上确立"六线"（定、导、测、释、补、悟）自主学习模式：第一步，"定"——定课堂目标；第二步，"导"——导自学过程；第三步，"测"——测自学效果；第四步，"释"——释自学疑难；第五步，"补"——补自学遗漏；第六步："悟"——悟能力提升。

2. 建构了教师指导学生自主学习的具体策略。

（1）学生课前自主学习指导策略；（2）学生课中自主学习指导策略；（3）学生课后自主学习指导策略。

教师借助各种途径引导学生进行反思、感悟与体验，从而使学生主动、自觉地学习和运用学习策略。

3. 确立了"四定、五统、三关"的集体备课制度。

（1）集体备课"四规定"；（2）教学案生成"五统一"；（3）教学案使用"三把关"。

4. 建立了常态化的学生自主管理模式。

5. 建立了长效的激励评价机制。

6. 建立了"三个维度"课堂教学评价。

7. 构建了学生自主学习评价体系。

三、成果特点

（一）把提升师生"核心素养"纳入课题作为指导思想

借鉴国际学术组织"罗马俱乐部"研究报告《学无止境——回答未来的挑战》，在学习过程中体现自主性和创造性。

（二）构建了切实有效的"二主六线"学生自主学习模式

学生自主，教师主导，形成师生互动合力；在课堂上确立了"定""导""测""释""补""悟"等"六线"自主学习操作程序，在学生自主学习模式中教师发挥指导策略。

（三）课题成果分学校策略、教师策略、学生策略三层面

构建学生自主学习性的指导策略体系，以学校策略为"引"，以教师策略为"导"，以学生策略为"效"，指导策略付诸实践，具有较强的针对性和可操作性。

四、成果效果

（一）学生自主学习意识增强，运用能力提高

1. 学生能力不断提升。
2. 学业成绩得到提高。
3. 各项素质得到提升。

（二）教师教育观念显著改变，核心素养大幅提升

1. 教师观念明显改变。
2. 课改名师不断成长。

（三）校风教风崭新呈现，示范辐射打造义务制教育初中阶段教育标杆

2012 年，学校被评为蓬安县"高效课堂基地学校"，同年 12 月学校编制的记录学校教学改革专题片《盛开在山乡的教育奇葩》获教育部铜奖。

2013 年，学校被评为南充市"课堂教学改革示范学校"，蓬安县"大课间活动示范学校"。

2015 年，学校获得了蓬安县第一届"汉字听写大赛总决赛优胜奖"，县中小学"素质教育督导评估优秀学校"，县学校"特色教育一等奖"。

（四）成果推广所产生的社会效益及影响巨大

2017 年 3 月结题，该课题是一项涵盖七个县市区、41 所学校，1506 名教师参与，受益学生 18092 人。本研究所产生的学习、思考、探索、实践，以及文献索引、整理、调查研究、实践案例、经验总结、专家评鉴等，为初中各学科的教学以及学生个体发展教育提供借鉴。

撰稿人：李秀文

审核人：李中文

小学语文课堂"有向开放"策略

完成单位：蓬安县锦屏镇中心小学

完成人：王瑞、李竹、黄璠、卿忠明、胡琼珍、蔡菲

一、成果背景

（一）研究的缘起

全日制义务教育《语文课程标准》要求语文教学应该要面向全体学生，适应学生个性发展的要求，使得人人都能获得良好的语文教育，不同的人在教学上得到不同程度的发展。但如何突出语文课堂教学"以人的发展为本""以学生的发展为中心"，真正落实素质教育，很多教师有自己的观念，也有自己的教学模式，但也有很多教师存在困惑、对开放教学深层含义和如何运用存在片面认识，甚至有些老师误认为是让学生自由处理学习内容，这种学习过程毫无步骤和目的，学生满教室跑，看起来气氛十分活跃，实质效果不大，一堂课下来，常常不能完成教学任务。

（二）研究所要解决的问题

"有向开放"课堂，即"互动生成式"教学模式，在学生的认知发展水平和已有的知识经验基础之上，解决教师如何激发学生的学习积极性，向学生提供从事语文活动的机会，帮助他们在自主探索和合作交流的过程，从中真正理解和掌握基本的语文知识与技能、思想和方法，获得广泛的语文活动经验。

二、成果内容

（一）理性认识成果

1. 为语文课堂教学提供了可操作实践的方法和策略。

小学语文课堂"有向开放"的策略研究，着眼于课堂，提供了可供操作实

践的课堂教学的方法策略，增强了课堂教学的实效性，将使教师的教学业务水平、课堂教学能力有一个质的提升，使学生自主学习、合作学习、探究学习的能力得到发展，从而全面提高课堂教学质量，提升了学校的科研水平和办学品位，促进了学校的发展。

2. 为课堂教学改革的发展提供理论研究的素材。

通过对小学语文课堂"有向开放"的策略研究，丰富了我校双主体，五环节的课堂教学理念的内涵，完善了小学语文课堂教学改革体系，积累并丰富其课堂教学策略，为课堂教学改革的发展提供理论研究的素材。

3. 将理论基础与依据落实到位。

解放大脑，让学生思维；解放双手，让学生动手；解放眼睛，让学生观察；解放嘴巴，让学生发言；解放时间，让学生自由；解放空间，让学生活动。这是小学语文课堂"有向开放"策略研究的指导思想。遵循"和谐高效，思想对话性课堂"的教育内涵，在课堂教学中开展"互动生成式"的教学模式。

（二）实践操作成果

有向开放是沟通知识体系与学生自主探究学习的桥梁，具有"导读、导思、导研、导做"的作用，有向开放贵在目标、重在方法、难在深度、忌在刻板。我们通过探索提炼出的小学语文课堂"有向开放"的有效策略，促使学生自主高效参与学习。我们对 60 余名教师和 1000 余名学生进行了问卷调查，从前测和后测的对比分析发现，开展小学语文课堂"有向开放"策略研究以来，学生语文学习的兴趣有所增强，能力有所提高，方法有所优化。教师们的导学目的性增强了，导学活动也轻松多了，师生在愉悦的情感体验中，享受语文活动的乐趣。

1. 学生在自学语文时对学习要求明确有显著提高。

在前测时，学生自学对学习要求明确的占 70％、模糊的占 22％、不明确的占 8％；后测时，学生自学对学习要求明确的占 90％、模糊的占 7％、不明确的占 3％。

2. 学生在语文课中能轻松明白同学讲述的内容。

在前测时，学生能轻松明白同学讲述内容的占 48％、部分能明白的占 35％、不明白占 17％；后测时，学生能轻松明白同学讲述内容的占 81％、部分能明白的占 11％、不明白的占 8％。

3. 学生在语文课中都愿意上台进行汇报展示。

在前测时，学生非常愿意上台进行汇报展示的占 28％、愿意的占 43％、不愿意的占 29%；后测时，学生非常愿意上台进行汇报展示的占 58%、愿意的占 33%、不愿意的占 9%。

4. 教师对学生自学、互学、展学的效果满意率有明显提高。

在前测时，教师对学生自学、互学、展学经常满意的占 22%、有时满意的占 68%、经常不满意的占 10%；后测时，经常满意的占 81%、有时满意的占 16%、经常不满意的占 3%。

5. 教师在有向开放前提下均能按时完成教学任务。

在前测时，教师经常能按时完成教学任务的占 58%、有时能完成的占 42%；后测时，教师都能按时完成教学任务。

三、成果特点

本课题创建了小学语文教学中"互动生成式"的课堂教学模式。遵循"和谐高效，思维对话性课堂"的教育内涵，是构建"互动生成式"课堂教学的主要步骤之一，它以目标确定为前提，贯穿于"学生探究学习"始终。学生通过有目的的自主学习、探究实践，从中发现问题，在自主思考、解决问题中，提出深层次的质疑。本课题通过师生参与和研究，先后持续了近三年时间，具有极强的针对性和可操作性，便于教师把握和在教学中运用。

四、成果效果

（一）推广范围

课题组先后开展了"调查研究、经验总结、成果推广、课堂实践、集体研讨、专家引领"等研究活动，这些研究活动既为研究成果的形成奠定了坚实的基础和有力的支撑，又为区域性课题研究活动的开展提供了可供借鉴的范例。其成果适用于义务教育阶段的学科教学，特别适用于小学语文学科教学。

（二）成果实效

1. 学生的学习能力得到了明显提升。

在自主学习过程中，学生成为学习的主人，不仅有语文知识的获得，学习方法的感悟，还有思维品质的提升；在此过程中，学会了独立思考、同伴互助、交流倾听、互补质疑等学习品质，为学生的终身学习、长远发展奠定了基础。

2. 教师的科研能力也得到了提高。

更新了教师的有向开放教学观念，提高了教师的科研能力，不再是让课堂为了要开放而做形式上的热闹，而是在研究中，掌握其精髓。

课题组成员经过努力实践研究，获得了许多新的认识和体会。三年来，我们研究知识技能、方法技巧，思维切入点，将学习的主动权还给了学生，让学生和教师都成为课堂的主体，生机勃勃地成长为最好的自己。同时，教师及时进行讨论、评价、总结，强化了科研能力。通过教学研究，教师不只注重教学实践，而且更加注重研究过程的理性思考，研究有向开放过程中边探索、边实践、边总结，撰写了一些专题论文和随笔，并把教育教学观念着眼于学生的终身发展上，引导学生习得学习方法、思维技巧，让语文真正成为思维的体操，跳开学科知识的束缚，把学生看作一个终身发展的社会个体。

3. 为转变小学语文课堂教学方式，提供了一套可供借鉴的理论依据和操作模式。

它是落实以学生为主体，把尊重和信任学生为课程理念，实现小学语文有效教学的有力抓手；它可以实现在小学语文教学中"师生同步减负"的教学愿景；它有助于教师在语文教学中积累小学生的基本活动经验，培养小学生的创新精神和实践能力。

4. 加强学校、家庭、社会之间的联系。

一个课题带动一批学生，一批学生影响一批家庭。在课题研究的过程中，学生对语文学科的喜爱，以及学习能力的提升，自然得到家长、社会的认可、关注，促进社会的持续和谐发展。

撰稿人：王　瑞
审核人：李中文

小学群文阅读课堂教学策略

完成单位：蓬安县巨龙镇中心小学
　　　　　蓬安县实验小学
完成人：文碧华、成利华、文小华、周丽萍、刘东、宇成春

一、成果背景

（一）研究的缘起

2007 年，台湾地区陈易志老师讲了一堂群文阅读课，"群文阅读"由此进入大家视野。2015 年南充市的"群文阅读课堂教学"拉开帷幕，蓬安县巨龙镇中心小学率先进行实验、探索。2016 年，蓬安县巨龙镇中心小学成立了"群文阅读"下的小课题研究小组，已经研究成功并被兄弟学校借鉴、应用。在此基础上，2017 年，为了更好解决城乡阅读差异，让"群文阅读"在孩子的语文学习中发挥更大作用，我们成立了"小学群文阅读课堂教学策略"课题组，展开研究。

（二）研究所要解决的问题

1. 农村学校阅读教学中阅读材料单一、阅读资源匮乏的问题。
2. 阅读教学中学生主体意识缺乏、被动学习疲态的问题。
3. 阅读教学中教师对学生阅读缺乏有效指导和系统策略的问题。

二、成果内容

（一）理性认识成果

1. 在一定程度上提高了学生能力、改变了学习方式、减轻了课业负担；促进了学生阅读、写作等语文能力的提高，让学生学会整合，提升学生同中求异、异中求同的能力，对其他学科的学习起到积极的促进作用。

2. 促进了教师阅读，转变了课堂教学方式；激发了老师们的创新意识和创造力，推动老师们对优质高效的阅读教学模式的探寻，同时促进老师们的广泛阅读。

3. 有利于打造"书香校园"。

（二）实践操作成果

1. 探索出了群文阅读选文途径。

群文阅读选文途径不再是单一的，可以从名家名篇、同步教材、网络媒体、其他书籍上选文，只要有相关议题引领就可选，有些文章可以根据不同的议题多次选。

2. 研究出了群文阅读组文策略。

（1）在群文阅读教学中，以主题为结构线索，系统化地进行单元组文。

（2）教师可以根据文章内容或角度的相同点进行组文。如选景点相同的，出自同一作者，表现朋友依依惜别的"古诗系列"；还有角色相同，写作方法相同的系列。另外，教师还可以寻找文章中的相同处作为联结点进行组文。

（3）教师可以选择一些语言形式上有差异或思想内涵上存在冲突的文章组文，引导学生在辨析中找到不同之处，积极主动地进行比较性阅读。

（4）阅读和写作是不能被割裂开来的，开展群文阅读教学，更有利于读写结合。因此，教师可以抓住读写结合的训练点进行组文。

3. 总结出群文阅读教学策略。

（1）有主题地选取文章，让群文紧密聚合起来。群文阅读教学时，可以从文章内容、人文内涵、表达方式等角度去定主题。

（2）有结构地呈现文章，让群文有机组合起来。在群文阅读教学中，不能一篇一篇孤立地呈现文章，也不能把多篇文章无序地全部呈现。我们可以根据文章主题和特点，合理选择举一反三、分组递进、反复重读等群文阅读教学结构，有效地呈现文章。

（3）有整体地设计问题，让群文横向联合起来。一是立足群文阅读的比较性问题设计，二是立足群文阅读的迁移性问题设计。

（4）有意识地渗透策略，让群文功效综合起来

4. 构建了群文阅读大课堂。

在"群文阅读课堂教学策略研究"过程中，我校研究出了适合小学生阅读的各种阅读形式。首先是抓好课堂内外的群文阅读教学：课内阅读有个人阅读、小组阅读、共读交流等方式；课外阅读有亲子共读、和成人一起读、共读

一本书等。其次是丰富阅读形态：包括开展阅读比赛、开办文学社团、创办校级刊物等，有效地把课内阅读延伸到课外；以读促写，读写结合。

5. 构建了群文阅读课堂教学模式。

经过课题组成员的共同努力，结合本校"152"校本课堂教学模式，构建了适合小学群文阅读教学的课堂教学模式。第一步：指导单篇阅读，明确阅读方法。第二步，合作阅读多篇，梳理整理信息。第三步，分篇展示点拨，阅读收获共享。第四步，完善阅读笔记，小试身手出佳作。第五步，交流本节课所获。

6. 形成了一套群文阅读评价方式。

一是评价的标准个别化，在评价时真正着眼于学生原有的个性发展基础，从发展的水平、速度等进行差异化评价；二是评价的角度多元化，尊重儿童的个性，尊重儿童的阅读视角进行个性化评价；三是评价的进行及时化；四是评价的手段多样化，学生"点评—自评—互评"既评别人又评自己，阶段性评价与终结性评价相结合，教师评价与学校评价、家长评价相结合。

三、成果特点

在理念上进行了创新，在教学中把完整的世界还给学生，教师只作引领与点拨，让学生成为阅读的主人；在教学模式上进行了创新，一改传统单文本阅读教学模式，在单位时间内阅读多个文本；在阅读方式上进行了整合，采取浏览、粗读、默读等多种阅读形式，真正提升学生自主阅读能力和语文修养。

四、成果效果

（一）学生能力逐步增强

学生的阅读量增加了，学生能在短时间内根据老师的引导阅读大量的阅读材料。使学生阅读到了体裁不一样的文章，阅读到了时代不同的文章，阅读到国籍相异的文章。

学生的阅读能力提升了，在阅读中学习，采用浏览、略读、跳读等多种形式，形成综合阅读能力；将阅读过程处理为探索和发现的过程，形成质疑能力；将阅读所获与小组、全班交流，形成善于分享的能力。

学生的思维方式改变了，群文阅读把大块时间用于学生的自读自悟，积极倡导自主、合作、探究的学习方式，调动学生思考，通过多文本从不同层次、不同角度看到同一个事物或问题，使学生对议题的认识或因多篇而深化，或因多篇而多元，或因多篇而升华。学生的思维方式也因此而改变，从而有证据的思考，多维度的思考，辩证的思考。

学生终身学习的能力得到了培养，在群文阅读教学中，学生不光是在课堂上学会了阅读，还把阅读兴趣、阅读习惯、阅读方法带到了课外，为学生终身学习奠定了坚实的基础。

（二）教师上课观念发生转变

转变了教师的教学方式。在群文阅读教学中，小组讨论、集体交流这种以学生为主导的教学方式更能提高课堂效率，因此教师们就更加乐于将课堂的主体地位交还给学生。

增强了教师的课程整合意识。教师摆脱现有教材的局限，广泛地选取同步拓展阅读、群文读本、课外读物甚至其他学科中的篇目，从议题角度挖掘知识增长点和能力训练点，打破传统的分学科壁垒，发现学科间的知识勾连，逐步找到课程整合的关键点，最终形成群文阅读教学课程，这也大大增强了教师的课程整合意识。

形成了合作共进的意识。一方面，教师们需要寻求本学科内教师的帮助，借助他们的先进理念、阅读经验来广泛选材，结合各年级学生的阅读需求和技能储备，商讨决定哪些优秀典型的作品能作为选文；另一方面，教师们还需要突破原有的局限，从议题出发，寻找其他学科的教学资源，学科间自然而然形成了合作共进的意识。

提升了教师教育教学及科研能力。教师研究出了相关课题成果，发表了相关论文，从一定程度上促进了课改名师的成长。

（三）学校变成了"书香校园"

为学校"书香校园"的打造营造了环境，提供了契机，促进教师阅读，促进学生阅读。

撰稿人：成利华

审核人：刘　东

高效课堂环境下小学生数学语言能力培养

完成单位：蓬安县桑梓小学

完成人：陈宏伟、罗琳、李玲、严金光、沈长、邓晓琴

一、成果背景

解决我县实施高效课堂建设中存在的一系列问题。

1. 思维不清的问题。

部分学生在回答问题时，始终不能答到正点上，语言混乱，无头绪。

2. 语言组织差的问题。

部分学生回答问题时语言不流畅，断断续续，组织语言的能力差。

3. 会做不会说的问题。

部分学生做题没有问题，但让他说出解题方法及过程，就哑口无言，默不作声。

二、成果内容

（一）理性认识成果

1. "高效课堂环境下学生数学语言能力培养教学"既是一种教学理念又是一种教学方式。

高效课堂环境下学生数学语言能力培养教学是一种教学理念，它强调以学生发展为本，关注每一位学生，关注学生全面、持续的发展和终身发展，关注合作和创造，关注知识的建构，关注学生的一生。

2. 培养了学生三种意识。

（1）参与意识。

学生能主动参与到语言表达的氛围中去，培养能力、发展自我。

（2）合作意识。

学生既是独立的学习者，又是他人的学习协作者。

（3）探究意识。

在数学学习活动过程中，培养他们独立获取知识的能力，激发对周围事物的好奇心，启发学生探究的欲望，帮助学生形成主动探究问题的习惯和能力。

3. 教师树立了四种观念。

（1）树立了以学生为认知主体的教育观。

学生是学习的主人。强调以学生为中心的主动探索，主动发现对所学知识意义的主动建构。

（2）树立了全面评价学生素质的质量观。

用发展的眼光去看待学生，全面地评价每一个人，真诚地带给每一位同学学习的信心。

（3）树立了学生可持续发展的动态知识观。

注重于当前知识的掌握，重视潜在学习的动机，学习能力的考核。

（4）树立了培养创新型学生的人才观。

时代呼唤创新，学校需要培养创新型人才。明确了教育的最终目标是培养出有创造潜力、执着敬业、面向社会的人才。

（二）实践操作成果

1. 高效课堂环境下小学生数学语言能力培养教学的基本模式。

创设情境、营造氛围：激发学生兴趣，产生学习欲望。

启发研讨、导悟结合：小组合作，收集说的素材，产生说的欲望。

奇思妙想，反复体验：通过收集的素材，组织素材，让学生主动参与说的过程。

多项联系、实践探索：在说的过程中拓展思维，达到说的能力的培养。

2. 培养主动参与的兴趣，激发学生参与欲望。

操作策略：

一是设置悬念激起求知欲望，引起认知兴趣。

二是提出问题，促进积极思考，产生探索兴趣。

三是操作训练，提供活动机会，提高学习兴趣。

四是精心设计，激发学生参与，引发学习动机。

为了激起学生学习的欲望，我们十分重视每节课的教学。以疑激欲："学起于思，思源于疑"。达到激发学生"说"的欲望；以趣激欲：教师运用教学艺术魅力感染学生，以激发学生的表达欲望；以境激欲：创设情景，使学生迅速进入最佳学习状态，激发他们表达欲望。

3. 营造主动参与的情景，引导学生参与。

操作策略：

一是贴近生活形成知识迁移，引导学生参与。

二是营造氛围，创设学习环境，吸引学生参与。

三是依据教材，设置教学环境，激发学生参与。

四是形象直观，借助多种手段，鼓励学生参与。

情景创设：创设问题情景，问题就是矛盾，创设的问题要让学生有话可说，并且能说；创设直观情境，运用可作用于视觉、听觉等感官的材料，营造具体可感的情境，有力地促进学生主动参与。

4. 及时调控参与信息，强化学生参与。

调控措施：

一是质疑问难，鼓励发散思维，及时点拨。

二是动手操作获取实践信息，及时调整矫正。

三是组织讨论畅所欲言，针对问题指导。

四是多种练习，反馈说的效果，强化学生参与。

操作调控。在教学中，让学生做到操作→观察→思维→语言表达的有机结合，使学生的认识从感性上升到理性。

"说"的调控。在课堂教学中，让学生有条理地叙述思考过程，这是组织学生参与课堂教学的重要手段。

教师情感的调控。首先教师要把微笑带进课堂，用自己饱满的精神、丰富的情感去感染学生。其次，要建立平等、民主的师生关系，这样让学生在一种和谐的氛围中有话说，敢于说。

5. 分层评价，激励学生参与。

评价主要方式：

一是积极鼓励、正面肯定，让学生从中获得情感体验。

二是客观公正、热情诚恳，使学生体验评价的严肃性。

三是因人施评，从实际出发培养学生自信心、自尊心。

四是评价与点拨相结合，不断发展学生表达能力。

6. 规范参与行为，提高参与效率。

规范参与行为，必须要规范学生的讨论行为。首先学生明白，讨论不是吵架，而是一种"研讨"。其次，要求学生做到以理服人。最后，要求学生多倾听。要听清楚别的同学的发言，分析别人意见对与错，以便修正和补充。

三、成果特点

摒弃"被动活动"和"他人主导活动"的弊端，培养学生自主能力；创建了"以学生发展为主线，驱动学生自主构建、合作探究、自主整理、相互评价四步走"的课堂教学模式。

四、成果效果

（一）学生变化

学生的数学语言规范多了，学生协作意识进一步增强。乐意帮助和接受别人的帮助建议，在协作中、协作后表现出心情愉悦；学生的发散思维，创新能力得以提升。

（二）教学课堂发生变化

形成以"语言训练为主线、思维训练为主体、教师示范为主导"的数学课堂教学基本结构，其主要步骤为：教师启动→小组讨论→大组交流→练习评定。

（三）教师的变化

1. 教师的角色转变。

教师从知识的传授者变为学生学习的促进者；学生学习的指导者变为了学生学习的引导者；学生的管理者变为了学生进步的协助者；教材的忠实遵从者变为教材的开发者；中规中矩的执行者变为教学创新者；知识的保管者变为教育教学的研究者。

2. 教师能力得到提升。

教师整合教育资源的能力、实施创新教育的能力、科研能力得到提升。

（四）学校教育教学的变化

1. 为教师提供了一个较为科学且易于操作的新型教学活动框架。
2. 为教师自我提高、自我进修、自我角色转变提供了一个好形式。
3. 为学生提高学习兴趣、培养动手动脑动口习惯与能力提供了一个好途径。

撰稿人：陈宏伟

审核人：李　畅

小学生自主·合作·探究能力培养策略

完成单位：蓬安县相如第一小学

完成人：母崇富、罗敏、龙波、吴雪琴、段雯雯、罗丽娟

一、成果背景

"小学生自主·合作·探究能力培养策略"教学成果，以"自主、合作、探究能力"培养为目标，通过课堂教学及学生日常活动管理的创新实践，让学生体验到新课程理念及各种素质活动带来的令人欣喜的变化，激发学生参与学习的兴趣，培养孩子们热爱学习的情感，发展学生"自主、合作、探究"能力，促进学生的全面、协调发展，让学生真正具备了终身学习、持续发展的能力。

基于对小学生自主·合作·探究能力培养的重要作用，我校确定了本课题，旨在解决以下问题：

1. 自主学习能力低下的问题。

2. 合作学习方法单一的问题。

3. 学生探究精神缺失的问题。

4. 教师指导不力的问题。

二、成果内容

（一）理性认识成果

1. 课题研究有助于学校品牌提升。

"小学生自主·合作·探究能力培养策略研究"，是蓬安县相如第一小学成立 50 余年来，第一项独立承担的省级实验课题。课题的实践研究，极大地鼓舞了全校师生进行教育科学研究的信心，激发了全校师生投身教育教学改革创新的热情。同时，课题研究促进了学校的发展，让学校逐渐成长为"蓬安县常规管理先进集体""蓬安县课改基地学校""南充市课改基地学校""南充市示范小学"，助推了学校品牌提升。

2. 分蘖实验课题是完成课题研究的有效方式。

在该课题立项成功后，通过专家指导引领，课题在全校展开，参研人员发现：课题呈现了许多新的可供探究学习的问题，使分蘖子课题、微型课题成为课题研究的必要。课题组根据研究进程，又确定了数个微型课题，指定人员进行研究。子课题的研究，丰富了课题的研究内涵，充实了课题的实践内容，为课题提供了有力的支撑，让课题顺利实施。

3. "教师论坛"是教育理念传播的有效途径。

"教师论坛"是拓展教师思路、打开教师言路、提升教师理论水平的不二途径，有助于教师接受新的教育理念。四年来，学校定期开展"教师论坛"，论坛中，教师学到了新的教育理念，提升了业务水平，在发展自身的同时，与学生共成长，与学校共成长。

（二）实践操作成果

1. 形成了"学校—教师—学生"三元一体的"自主·合作·探究能力"培养模式。

随着课题研究的深入实践，学校对三项能力培养的方式越来越熟悉，逐步构建"学校—教师—学生"三元一体的三项能力培养模式，获得了显著的教学成果。

（1）学校层面

确立课题研究指导思想、健全课题研究组织机构、明确课题研究目标任务、落实课题研究具体措施。

（2）教师层面

第一，理论学习，震荡思想。

第二，扎根课堂，脚踏实地。

第三，创新实践，异彩纷呈。

（3）学生层面

第一，体验不同的角色。

课题研究实践过程中，学生体验不同的角色，学生的角色有：岗位式角色、感悟式角色。

第二，参与各种各样的活动。

实验研究过程中，学校将每周三下午的第二、第三节课，设为素质教育活动课，先后设立了器乐、舞蹈、合唱、篮球、足球、乒乓球、跆拳道、书法、美术、棋类等十余个素质教育社团，供孩子们选择。

第三，做自主发展的主人。

经过各种活动的调动，学生形成了强烈学习动机，学习兴趣增浓，变得愿学、乐学。学习与生活中，学生学会主动适应，适应生活、适应学习、适应环境，并根据自己的兴趣爱好发展自己的特长，自主选择学习的内容、学习的方式。

2. 建立了学校"学生自主管理模式"。

学校实施学生自主管理，旨在提高学生自我管理的意识和能力，充分调动和发挥学生的主动性、积极性和创造性，培养和提高学生自主学习、自我发展的能力，让学生由被动管理走向主动参与，共同营造和谐的校园气氛，提升学校管理水平。做到了以下几个方面：

（1）规定学生自主管理的职责范围。

（2）设立学生自主管理的组织体系。

（3）设置学生自主管理委员会工作程序。

（4）制订检查项目及实施制度。

三、成果特点

（一）分蘖实验课题

随着研究的深入，课题呈现了许多新的可供探究学习的问题，有了分蘖子课题、微型课题的必要。课题组根据研究进程，又确定了数个微型课题，参研教师根据自己的专业特长、课堂教学特色，选择出适合自己班级的研究实验内容，分蘖出一个个较小的实验课题。微型课题及子课题的研究，丰富了课题的研究内涵，充实了课题的实践内容，为课题提供了有力的支撑，让课题顺利实施。

（二）开设素质教育活动课程

为了拓宽学生能力发展平台，夯实学生成长阵地，丰富学生素质活动，学校根据师资情况、校园活动场馆情况、学生兴趣爱好等，创造性地开设了"素质教育活动课程"。学校将每周星期三下午的第二、第三节课，统一设为全校"素质教育活动课"；学校根据教师专业特长及兴趣爱好，设立了器乐、舞蹈、合唱、篮球、足球、乒乓球、跆拳道、书法、美术、棋类等十余个素质教育社团，供学生选择。活动中，学生自主参与并完成各种素质教育活动课程，培养了学生的合作意识与合作能力，发展了学生的探究能力，健康快乐地成长着，各项素质得到显著提升，并取得了优异的素质活动成绩。

四、成果效果

（一）推广范围

1. 县域推广。

"小学生自主·合作·探究能力培养策略"教学成果，获得了两项操作成果。两项操作成果，受到了县教育局及教研室的重视。县教育局及教研室，针对我校课题研究取得的成果，召开"现场推广会"，组织县内学校观摩学习，并加以运用，取得了很好的效果。目前，全县的大部分学校，已经学习并采用了我校的"学生自主管理模式"，用于学生日常管理。

2. 区域辐射。

"你若盛开，蜂蝶自来！"我校的课题研究所取得的成效，逐渐受到了周边县市同仁的关注。资阳、中江、郫都区、嘉陵、西充、仪陇等市县区，多次到我校观摩学习高效课堂教学改革，学习学生自主管理。

（二）成果实效

1. 发展了学生"自主、合作、探究能力"。

"小学生自主·合作·探究能力培养策略"教学成果的形成及应用，实践了我校"创新、协调、绿色"的办学理念，突出了学生的主体地位，凸显了学生的自主化成长，学生"自主、合作、探究能力"得到了较为充分的发展，教育真正成为培育人的活动。

2. 提升了教师"教育教学及科研能力"。

课题研究过程中，参研教师通过"外出观摩学习、论坛思想碰撞、磨课交流提升、课堂优质高效、学生自主管理、教学开放展示"等系列活动的历练，逐渐成长为市县的课改名师。

3. 助推了"优质高效"的学校品牌提升。

课题研究，为学校品牌提升注入了新的活力。学校各项工作取得了长足的进步，课改及素质教育活动得到了社会各界的一致好评，获得了多项荣誉，为我校逐渐成长为"川东北品牌示范学校"奠定了坚实的基础。

撰稿人：段雯雯
审核人：李中文

中学生探究性学习

完成单位：四川省蓬安中学

完成人：兰梁、郑孟秋、姚妍岑、陈小春、陈建波、刘莉

一、成果背景

"中学生探究性学习"的研究，根据农村中学的实际、结合农村学生的特点实践"探究性学习"，该研究解决了以下问题：一是学生学习方式单一、自主意识薄弱和学习能力不强的问题；二是教师教育观念滞后、工作方式"单打独拼"和学科教学薄弱的问题。

二、成果内容

（一）理性认识成果

1. 探究性学习的前提——学生的主体性。

学生的主体性是学生探究性学习方式构建的前提条件。教学实践中，要致力培养学生的自主性、能动性、创造性，让学生成为学习的主体，探究的主体。

2. 探究性学习的动力——学生的学习欲望。

没有学习欲望，就不会有探究的动力。教学实践中，应该积极探索寻求点燃学生学习欲望的途径和方法。

3. 探究性学习的情境——学生的生活实际。

探究活动离不开情境，我们要打破教材束缚，挖掘生活资源，让学生感受探究性学习的生活情趣。

4. 探究性学习的突破口——问题的提出和解决。

探究性学习的途径和方法是提出问题并解决问题，教师应让学生置身于未知而又急于想知的"愤悱"境地，找到探究的方向和途径。

5. 探究性学习评价的一般原则——形成性评价。

采用形成性评价的方式，重视对过程的评价和在过程中的评价，重视学生

在学习过程中的自我评价，使评价成为学生学会实践和反思、发现自我、欣赏别人的过程。

（二）实践操作成果

1. 构建了"中学生探究性学习"的管理模式。

从课题开发、实施到学生进行探究性学习各层面职责明确，既规范学生的学习行为，又约束教师的施教行为，保证课题的有序、有效实施。

2. 构建了探究性学习"七环节"教学模式。

第一环节：创设探究情境。

通过有意识的创设问题情境，激发学生的探究兴趣，使学生带着明确的学习目标进入探究过程。

第二环节：提出探究问题。

提出若干富有启发性、能引起学生深入思考，并与当前学习目标密切相关的问题，以便学生带着这个问题去探究。

第三环节：学生自主探究。

学生从不同角度进行思考，运用各种各样的方法查阅资料、运用资料。

第四环节：交流探究成果。

学生进行小组合作交流、争辩，学会资源共享，实现共同学习这一目标。

第五环节：升华探究成果。

对学习达成的阶段性目标进行深度的质疑、挖掘和延伸，进行举一反三和由此及彼的联想、想象等迁移训练和发散性思维。

第六环节：多元评价探究。

采取多元化立体式的评价方式，进行自我评价、生生评价、师生评价，并且可对别人的评价进行再评价。

第七环节：课外延伸深究。

把课内无法尽兴的探究项目延伸到课外完成，把课内和课外连成一个整体，校内和校外形成一个网络，真正做到得法于课内，受益于课外。

3. 形成了探究性学习教学设计路径。

（1）探究性学习教学设计应遵循的原则。

①针对性原则：不同的教学内容、要完成的教学目标、现有的教育资源和环境。

②科学性原则：教学目标明确、方法得当、重点突出、过程清晰。

③主体性原则：以学生为本，以发挥学生的主观能动作用为主。整个教学

始终围绕学生自己发现→选择→探究→解决问题这一研究过程来设计。

④鼓励创新原则：不断地调整和创新，特别要鼓励学生在研究中大胆对教师提出质疑并不断调整研究方向，创造性地进行探究性学习。

⑤可持续发展原则：教学设计的思想和理念要新，不能着眼于现在，应放眼于未来，以培养学生的终身学习能力为教学的最终目的。

（2）探究性学习教学设计的内容。

①课题研究目标。对学生的操作过程进行分解，针对组内学生的工作能力、知识水平以及上次活动完成情况等来确立下次活动的目标。

②预计重、难点。对每次课题研究的活动目标的重点进行分析，对学生研究过程中可能出现的困难进行估计，这是探究性学习教学设计的核心内容。

③操作过程。一种是教师指导。结合活动所确定的主题构想，对学生进行一些知识性的指导和对学生前一阶段的研究工作做一个总结；对学生存在的共性问题做一个集体回答；专门为学生开设与课题有关的专题讲座。另一种是学生活动。教学设计的重点应放在对学生活动过程的管理上。对学生活动内容的设计，一定要尽可能从多方面考虑，多想方法，使课题的操作过程既符合规范，又有所创新。

④知识更新。对本次活动所需具备的知识做充分的准备，在指导学生研究过程中所获得的新观念、新知识、新技能，要及时反映在教学设计和指导中。

4. 构建了"中学生探究性学习"评价机制。

（1）探究性学习评价原则。

①主体性原则：充分调动学生的积极性和参与性，重视学生对探究性学习课程的评价和学生的自我评价。

②探究性原则：既要注重预先设计的课程目标，又要时刻关注实践过程中可能出现的各种情况，随时探究修正目标的措施。

③过程性原则：将评价贯穿于课程实施前、实施中和实施后的全过程，让学生参与评价的全过程，同时评价也要贯穿学生探究性学习的全过程。

④发展性原则：评价围绕学生的身心发展展开，突出学生的主体地位。

（2）探究性学习评价的内容。

一是对活动的认识和态度；二是认识水平和工作能力；三是团队协作精神和人际交往艺术；四是掌握和运用现代信息工具的能力；五是对学科学习的促进和渗透；六是解决问题的开放精神和创新能力。

（3）探究性学习评价的方法

强调质性评价，定性与定量相结合，实现评价方法的多样化。教学实践中，教师创造了许多适用、可行的评价方法，除了进行正常的考试方法改革以外，应提倡课堂观察评价法、表现性评价法、档案袋评价法等评价方法。

三、成果特点

模式创新：探究性学习"七环节"教学模式。

课题创立的探究性学习"七环节"教学模式，以"问题驱动"和"任务驱动"为教学基本模式，在基本模式的基础之上，又形成了各具特色的、具有可操作的探究性教学模式，达成了学科全覆盖。

四、成果效果

（一）学生方面

有效解决了学生学习方式单一、自主意识薄弱和学习能力不强的问题，学生综合素质全面提高。

（二）教师方面

有效解决了教师教育观念滞后、工作方式"单打独拼"和学科教学薄弱的问题，教师专业化素质得到发展。

（三）学校方面

探究性学习，促进了学校教育教学质量的提高，提升了学校的知名度和办学效益。

撰稿人：郑孟秋
审核人：兰　梁

初中语文阅读教学有效性策略

完成单位：西充县青狮镇小学

完成人：衡小刚、杜俊、杜青清、易丹

一、成果背景

（一）语文教师教学现状

在新课改中，很多优秀教师精彩的阅读教学展示，曾一度成为我们追求的理想境界。然而，当我们冷静地审视现实中的语文阅读教学，却发现许多教师还在应试教育的指挥棒下"教师苦教、学生苦学"，特别是我们农村学校的中老年语文教师，还按照原来的老办法、老经验教学。许多教师在长期的教学工作中，对于阅读教学始终停留在"读读课文，对对答案"的原始状态，而怠慢、忽视并最终放弃了对自身教学与学生学习的有效性的审问、慎思与研究，造成新课改的理念与现实行为的割裂的尴尬，这与新课标的要求还有很大的差距。

（二）学生阅读课文现状

学生对阅读的重视程度不够。在中学语文阅读教学当中，作为一名语文老师，对一篇阅读的理解和把握程度取决于本人的综合素质，这对老师的综合素质要求很高，尤其是文学、艺术修养以及对知识的链接和把握。对学生而言，对于阅读的理解和把握是有局限性的，它受本人的知识层次、知识储备以及自己的思维方式等影响的。学生一遇到语文阅读，从思想上已经处于放松状态，对阅读重视程度不够。这是中学语文阅读教学所面临的一大问题。

二、成果内容

（一）理性认识成果

1. 在整个实验中，始终坚持"三个结合"。

一是具有扎实理论功底的专家与具有丰富教学经验的教师相结合，以利于优势互补；二是实验教师与其他教师共同研究相结合，营造了一个"科研兴教""科研强校"的教研新氛围，利于教师科研意识的形成、科研水平的提升；三是点上实验与面上推广相结合，及时将实验研究成果运用到教学实践，利于大面积提高教学效益。

2. 丰富发展了"以学生为本"的教育理论。

它是对以教师为中心的传统教学模式的改革，建构体现以学生为主体的阅读教学，注重学生的感受与体验，关注学生的学习兴趣与阅读能力和提升，适应学生的特点与发展水平。初步建立了一个与新课程理念相吻合的学生阅读能力评价体系，实现了阅读教学结构的优化和学生学习过程的优化，提高了语文阅读教学效率。

（二）实践操作成果

1. 构建了初中语文阅读教学有效模式——"135互动课堂阅读教学有效模式"。

"1"指的是课堂教学要抓住一条主线，就是问题，通过一个个问题的解决，实现课堂教学的目标。"3"指的是每一节课的学习内容，主要分三个阶段来完成，每一个阶段要完成特定的教学任务。"5"指的是一节课的学习内容，一般要通过五个基本环节来完成。

2. 形成了初中语文阅读课模式评价体系。

三、成果特点

（一）激发学习兴趣，实现五大转变

"兴趣是最好的老师"。只有通过激发学习兴趣，引起师生情感的共鸣，才能达到"亲其师、信其道"的效果，从而使课堂呈现出五大转变：变"教师为本"为"学生为本"，使教师成为教学活动的参与者、组织者与引导者；变"师道尊严"为"平等、和谐、民主、互动"的师生关系，使师生在教与学中

共同感悟、共同体验；变"聚焦式"教学为"立体型辐射型"教学，营造课堂生生互动、师生互动的场面；变"被动接受知识"为"自主、合作、探究性学习"；变"知识传授"为目的，"全面提高学生能力、提升学生素质"，对学生做出动态的评价。

（二）重视教学预设，有效处理教材

作为一名语文教师，首先要对语文教材有充分的理解，懂得用灵活的方法来处理教材，精心设计出有价值的问题。

（三）营造课堂氛围，为学生创设生动课堂

在阅读教学过程中，我们致力于营造开放、合作、探究的教学氛围，激发学生主动思维，还课堂于学生，让学生成为教学活动的主体。为了达到这一目的，我们可以从教学需要出发，努力创设与教学内容相适应的教学氛围，引导学生主动参与，去探究、发现，在实践中学，在合作中学，在探究、质疑、问难中学，引起学生共鸣，提高教学效率。

（四）实现激励评价，促进学生发展

在语文课堂教学中，我们实现多元激励性评价，以促进学生自主发展，提高课堂教学效率。

四、成果效果

（一）阅读教学效率显著提高

1. 阅读教学状况显著变化。
（1）阅读教学方式发生明显变化。
（2）阅读教学氛围轻松和谐。
2. 阅读教学效率显著提高。

实施研究前，阅读教学中普遍存在教师讲得多，学生练得多的现象，虽然教师教得很辛苦，学生学得很累，但阅读教学效率一直不高。实施研究后，这种状况正在发生显著变化。

3. 学生学习心态逐步好转。
（1）学习方式由被动接受转变为积极探索。
（2）学习行为由墨守成规转变为敢于开拓。

（3）学习心理从压抑苦闷转变为轻松愉快。

（4）学习态度由厌倦学习转变为热爱学习。

（二）阅读教学质量显著提高

1. 语文会考成绩提高。

学生毕业会考语文成绩情况统计表

时间	合格率（％）	优生率（％）
2014 年	90.16	21.1
2015 年	94.4	28.3
2016 年	99.11	37.6

2. 学生的综合素质提高。

评价教育质量的另一个重要指标，是看学生综合素质是否提高。通过研究表明，学生的创新精神和实践能力都有所提高，潜能得到挖掘，个性特长得到发挥。

（三）教师的综合素质显著提高

1. 转变了教育观念。

教师正在改变"以教师为中心，以教材为中心，以课堂为中心"的传统观念，树立以教师为主导，以学生为主体，以学生发展为本的新理念，注重人文精神和科学思想教育，注重树立学生自信心，注重激发学生的学习兴趣，注重提高教学效率。

2. 教学能力逐步提高。

（1）教学基本技能的提高。

语文组织教学、教学技能、现代教育技术是阅读教学的基本技能。自2013 年起，经过培训和教师自学，这几项技能提高很快，有 70％的教师能用多媒体辅助教学，50％的教师能制作课件。

（2）阅读教学组织能力的提高。

现在，教师充分认识到组织教学的重要性，都自觉通过理论和实践培训，提高自己的能力。不少青年教师通过认识学生、了解学生和理解学生，和学生建立了良好关系，增强了和学生交往、沟通的能力，使自己的阅读教学变得通畅、顺利。

（3）教师的教研能力的提高。

在研究前，有部分教师既不了解教研也不重视教研，更不敢搞教研，但经过课题组的强化培训后，逐渐认识教研，并学会教研。如在课题研究中，需要调查统计、写教学案例、开展说课比赛等，都需要参研教师自己学会了才能去指导别人，这就逼迫教师自己去找资料，自己先练习，由于学习的目的明确，教师学习努力，教研能力得到了极大提高。

撰稿人：杜　俊
审核人：谢洪麟

新型城镇背景下城郊小学微型班级教学策略

完成单位：南充市嘉陵区石楼小学

完成人：蒲明刚、李林、任小鹏、赵雪梅、陈洪兵、张娅萍

一、成果背景

近几年来，随着国家新型城镇化的迅速发展，以及支农惠农政策的不断完善和农业现代化水平的持续提高，农民生活水平逐年提高，越来越多的农村劳动力也不断从土地中解放出来，进城务工、买房的农民连年增多，使农村学校尤其是城郊学校面临着前所未有的挑战，具体表现在以下方面。

（一）城郊小学学生大量减少

课题组调查显示，我校 40 人以上的班级不复存在，全校 10 个班级中人数在 20 人以下的就有 8 个，10 人左右的班级有 4 个，其中小学 2012 级只有 8 人。截至 2016 年春季学期，我区学生人数在 200 人以下的小规模学校有 8 所，学生人数在 15 人以下的班级已达 23 个，而且这样的微型班级有逐年增加的趋势。

（二）城郊小学面临困境

由于地处城郊，进城务工人员的增加，农村学龄人中的主动迁出与自然减少导致农村教师与学生的失调。而且留守儿童增多，给学校安全管理及教学质量的提高带来沉重压力。据统计，我校学生有 38％为双亲留守儿童，44％为单亲留守儿童。

（三）新型城镇化对城郊小学影响较大

随着新型城镇化的建设，大量的人口涌进城区，给城乡教育带来沉重的压力，尤其是城市新型教育理念、先进的培养模式、全新的教育方法和内容不断提升着进城务工农民的教育认知。他们期望学校在教育模式的人才培养上能与

城市接轨。但是我校的大部分学生为留守儿童，家庭教育严重缺失，对学校教育提出了更高层次的要求。

二、成果内容

（一）理性认识成果

1. 实施"微型班级教学"是素质教育的需要。

"微型班级教学"尊重每个学生的个性，挖掘每个学生的潜能，让每个学生在原有的基础上实现最大的发展，为每一位学生平等充分的使用显性的教育资源和享受隐性教育资源提供的保障。

2. 实施"微型班级教学"是实施新课程改革的现实需要。

"微型班级教学"可以说是新课程实施的具体实践载体，是新课程理念转为优质教学的具体反映，推进"微型班级教学"就是在积极实践新课程。

3. 实施"微型班级教学"是社会发展的客观需要。

实现"微型班级教学"，就是使教育教学的组织形式从批量生产式的大班教学，向适应个性充分发展的小班化或个别化教学转化，为学生全面而富有个性的发展创造更为优越的条件。

4. 实施"微型班级教学"是我校"精品教育"发展的需要。

我校各年级只有一个班级，没有平行班，而且人数较少，人数均在 20 人以下，符合小班化教育在人数上的要求。随着我校生源的下降和家长对子女接受优质教育的期望不断提高，被称为"精品教育"的小班化教学成为教育改革新的探索热点。

（二）实践操作成果

1. 有效整合教材，构建了适合微型班级教学的"三三九"课程体系。

"三三九"课程体系构建分三步走。一是建设"三三九"课程体系中的校本基础型课程，如生活礼仪、趣味数学、国学经典、写字（书法）等课程。现在相关课程建设已初步完善，并编制了《课程纲要》，正在有计划地实施中。二是建设"三三九"课程体系中的校本拓展型课程。如阳光艺体素养课程，先开设足球、篮球、排球、羽毛球、板球、体操、体育游戏、呼啦圈、踢毽子、跳皮筋、跳绳、舞蹈、轮滑等课程；终身读书培养课程，先开设儿童诗、唐诗宋词、文学社、我是小记者、演讲与口才、辩论与主持等课程。三是根据学生需求，进一步开发建设校本拓展型课程与探究性课程，并对国家课程、地方课程、校本课程中的基础型课程进行整合，形成比较完善的"三三九"课程体系。

2. 改革传统教法，探究了城郊微型班级课堂"三五三"教学法。

（1）课前延伸。

教师在集体备课的基础上形成具有本学科特色的"导学案"，并设计出指导课堂教学的方案。

（2）课内探究。

"五环"是沿着教师"教"和学生"学"双向进行构建的。即情境激思—定向质疑，自学指导—自主建构，引导探究—合作探究，精讲点拨—展示交流，达标测评—巩固提升。

3. 创新评价机制，形成了适合微型班级评价的方法。

（1）成长记录评价。

成长记录评价是注重过程性评价与终结性评价的统一的新的学生成长记录。

（2）行为观察评价。

在课内课外，可设立学习积分卡，年终奖励制评价，包括科学理论课学习掌握评价、实验动手操作能力评价、实验创新能力评价。

（3）评语评价。

最直接，最快捷、使用频率最高的，对学生影响最大的莫过于评语评价，特别是当众的赞赏评语。

（4）反思性评价。

主动反思、不断调节学习行为，以促进学生学会学习的发展性评价方式。

三、成果特点

（1）本成果探究了微型班级教学现状，提出了微型班级教育是在新城镇背景下城郊农村教育的最佳出路，创新了教学方式、整合课程资源理念。

（2）本成果根据新课程推进的需要提出了整合、革新、建构三种方式进行微型班级教学。

（3）本成果创新性地突出了"三三九"课程体系和"三五三"教学模式。

四、成果效果

（一）推广范围

首先在学校内推广，进而在片区内几所学校的微型班级中推广，现正努力争取全区推广。

（二）成果实效

1. 通过微型班级教学研究，促进了教师专业成长。

（1）教师教学水平得到了提高。

通过课题研究，让教师在工作中不再是"粉笔＋黑板"的教学，利用多媒体、网络等手段进行课堂教学，使教师的教学水平得到较大的提升。

（2）教师科研能力进一步提升。

通过课题研究，拓宽了教师的学术视野，使参研教师由"经验型教师"向"研究型教师"转变，并辐射带动了全校教师进行教学科学研究。

（3）在教师中形成了浓郁的研究氛围。

通过课题研究，在参研教师的带动下，学校教师们公开课、研究课等明显增加，教师教研积极性进一步增强。

（4）师生关系进一步融洽。

通过"三三九"课程体系的设置，整合了教学课程，使教师们不再有"主科""副科"之忧，再加上教学课堂不再局限于教室，座位编排不再一成不变，学生学习兴趣明显提高起来，促进了教师教学热情提高，工作量减少，活跃了课堂，融洽了师生关系，促进了良好校风教风的形成。

2. 通过微型班级教学研究，实现教育教学质量大面积提高。

近三年的微型班级课题研究，使实验班级的教学质量得到了大幅度的提升。

3. 通过微型班级教学研究，形成了一批微型班级教育教学论文。

经过研究实践，参研教师们根据研究成果形成了一批教育教学经验论文，这些论文成果，分别在区内、片区内、校内交流，得到了大家的一致好评。

撰稿人：李　林

审核人：王　瑜

小学语文兴趣阅读教学

完成单位：南充市嘉陵区实验小学

完成人：程定波、李芳、李权、弋朝霞、唐英、蒋红

一、成果背景

阅读是小学语文教学的基本环节，它具备听、说、读、写训练的综合性，既是识字的重要途径，又是写作的必备前提。为了把握好小学语文阅读教学这一关，采取科学合理的教法，切实提高学生的阅读理解能力，提高学生的语文理解水平。为了解决这一阅读教学中的瓶颈问题，我们提出了阅读教学应以生为本，构建有效阅读教学模式，培养学生自主阅读的能力，从而提高学生的阅读水平这一思想。

二、成果内容

（一）理性认识成果

1. 激趣导入"七型"。

（1）情境型。

看图导入法；借助媒体导入法；意境导入法。

（2）质疑型。

提问导入法；悬念导入法。

（3）激趣型。

讲故事导入法；谜语（游戏）导入法；启动原有认知导入（复习导入）法；背景简介、作者导入法。

（4）知识型。

（5）释题型。

（6）直观型。

（7）直入型。

2. 悦读"七式"。

让阅读教学变得轻松有效，我们总结出了"七式悦读"教学法。

策略一：改变问题式。

策略二：加入操作式。

策略三：结合活动式。

策略四：突出情感式。抓住阅读思维活动的热点和焦点，营造轻松和谐的对话氛围，激发学生的学习兴趣，引发学生的情感体验。

策略五：创设情境式。实体情境；模拟情境；语感情境；想象情境。

策略六：读写结合式。读练结合，切实进行语言文字训练，对低阶段学生而言，我们先引导学生对词语进行推敲和品味，设计灵活多样的练习。

策略七：评价激活式。

3. 拓展"四要"。

（1）拓展阅读内容要"精"：活用资料袋；重视课外书屋；关注写作背景；走进课文原著；欣赏同类文章。

（2）拓展阅读时机要"准"：课前拓展储备能量；课中拓展促进理解；课后拓展延伸阅读。

（3）拓展阅读方法要"巧"：以人为本，激发兴趣；以"本"为本，适度拓展。

（4）拓展阅读活动载体要"实"：开展评比活动，以读书小硕士、小博士和书香班级评比等活动为载体激励学生读书，读好书，读整本，举办读书博览会。

（二）实践操作成果

1. 构建课堂阅读教学模式的常用方法及途径。

从阅读教学实践中探索构建。如"四步八问多读教学模式"："四步"即整体感知，统摄全文—分步探究，研读全文—整体领悟，领会全文—消化运用，读写结合。"八问"即一问文章写什么？二问文章为什么这样写？三问文章怎样写？四问文章写得怎么样？五问你的疑问是什么？六问你悟出了什么？七问文章记什么？八问你怎样学着写？

2. 阅读教学常用五模式。

（1）"评读理解，读中感悟"阅读教学模式。

可以概括为：试读—评议—练读—感情读。"评读理解，读中感悟"阅读教学模式有三个基本教学环节：

初读课文，整体感知，把握内容；（基础、前提）

评读理解，部分深究，扎实训练；（关键、重点）

感情朗读，整体回顾，体会目的。（检验、升华）

（2）"自学辅导型"教学模式。

交代目标。寻找关键词"读、疑、悟"。

启发点拨。疑——质疑、解疑（有价值、有意义）；悟——理意情境法。

板书总结。

读写练习。

（3）"情境"教学模式。

小学语文情境教学的特征：形真、情切、意远、理蕴。

情境教学的具体做法：

——将学生带入情境的手段：以生活展现情境；以实物演示情境；以图画再现情境；以音乐渲染情境；以表演体会情境；以语言描绘情境。

——如何设计情境：运用直观的手段、情境的强度逐步加深，教师的语言描绘加深学生的情感体验，并且使学生形象思维向抽象逻辑思维过渡；情境始终注意教材语言文字的落实，即对教材语言的理解和运用。

运用于阅读教学：

初读——创设情境抓全篇，重在激发动机；

细读——强化情境，理解关键词、句、段；

精读课文——凭借情境品尝语感，欣赏课文精华。

小学语文情境教学模式的基本操作程序为五步教学法：

创设情境→感情朗读→激发情感→师生互动→写作训练

（4）"导读→悟读→会读"课堂教学模式。

导读阶段。就是从学生自读感知的效果为出发点，让学生真正地动起来——动口、动脑，进行有效的朗读实践。教师则需对学生的阅读进行合理的点拨、引导。

悟读、会读阶段。就是在导读阶段的基础上，让学生通过各种形式的读、感悟、品析、思考，产生真切的情感体验。然后习得阅读的方法、技巧。

整合阶段。系统地整理和分析课题组实验的材料和数据，汇总成比较系统的理论。

阅读体验的形式：

文字体验、情感体验、角色体验、情境体验、想象体验。

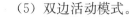

（5）双边活动模式。

"创设情景，激发兴趣—引导质疑，以学定教—共同探讨，展示成果—总结迁移，拓展延伸"模式。

三、成果特点

（一）理念创新

1. 行之有效的导入策略——激趣导入"七型"。聚焦课前导入短短几分钟，使课前教学"趣"字当头。

2. 悦读"七式"。将阅读变悦读，使学生的被动阅读变为主动阅读。

3. 变"教教材"为"用教材"。在加大思维容量的同时，扩大有效信息量的传递。

4. 课堂教学拓展"四要"。课堂阅读要"精""准""巧""实"，大大提升了课堂阅读教学的实效性。

（二）技术创新

情趣阅读教学五模式，即"讲读理解，读中感悟"阅读模式、"自学辅导型"友学模式、"情境教学模式""导读—悟读—会读"课堂教学模式和双边活动模式。

四、成果效果

1. 提高了实验教师的理论素养、科研能力和教学实践技能。

2. 提高了学生学习语文的兴趣，课题教学实验取得明显成效。

3. 扩大了学校的社会影响力。

撰稿人：李　芳

审核人：王　瑜

小学生生活作文三环一体模式

完成单位：南充市涪江路小学
完成人：唐龙云、赵晓蓉、青婧、唐丹、赵小琴、秦红英

一、成果背景

（一）研究目的

课题基于解决教师作文教学中存在的问题，树立正确的生活作文教学理念，探寻"小学生活作文"应该遵循的原则与方法，提高教师的作文教学能力和理论水平，形成自己的教学特色，促进课题组教师们的成长。通过研究和实践，高质量达成小学生作文训练要求，提高表达生活和思想的能力，给作文以生活的灵性，使学生的作文能力能基本适应社会生活的发展。探究出丰富小学生生活作文内容的策略、构建小学生活作文的课堂模式，创立高效的评价机制，得出小学生生活作文策略的理论与操作性结论，为教师作文教学提供理念指导，促使学校教学质量得到进一步提高，形成我校的特色课程、品牌课程，使学校得到进一步的发展。

（二）研究所要解决的问题

解决了小学语文教师作文教学观念陈旧的问题；编写的生活作文校本教材解决了小学语文作文教学缺乏的专用教材；找到了多渠道丰富学生写作素材的策略，构建了生活作文的运行模式，完善了生活作文的评价方式，解决学生厌写作文、教师厌教作文的问题。

二、成果内容

（一）理性认识成果

1. 让生活作文主体回归学生。

生活作文教学应以学生的作文实践为主要活动，学生是作文的真正主体，生活作文教学应该回归到学生的主体地位上来。

2. 让生活作文本源回归生活。

生活作文离开了学生的真实生活，将是无本之木，无源之水。生活作文教学应当回归到学生因生活之需，切生活之用，为真情、为兴趣、为运用而写的生活状态上来，即回归到为生活而作文的状态上来。当学生的作文真正和生活联系起来之后，学生将会觉得作文是生活的一部分，是一种享受。生活作文教学回归生活，学生就应在生活中写作，在写作中更好地生活。在作文教学目标上，把写作确定为学生与人沟通，表达思想感情，满足生活的需要。在培养学生的作文意识上，让学生在生活中情不自禁地学习和运用作文表现生活的本能，积累丰富的情感、思想。在丰富作文的写作内容上，把能看到的、听到的、想到的、经历的，用恰当的语言文字表达出来。总之，让生活作文本源回归生活，才能使学生的作文水平随着融入生活广度的拓展。

3. 让素养提升回归实践。

作文教学，要让学生获得基本的写作素养，写作素养的提升可以通过写作实践来实现。长期的量的实践积累可以引发学生写作素养的转变和提高。语文的学习资源和实践机会无处不在、无时不有。我们让学生投身社会生活，让他们感受时代的脉搏，充分接触社会上的各色人物，让学生经历写作的全过程，从搜集材料直至完成初稿，修改定稿，在丰富的写作实践中掌握表达思想、运用语言的规律，提升捕捉材料、思考表达的能力。

（二）实践操作成果

1. 构建了"三环一体"生活作文模式。

第一环：体验与积淀。找到多渠道丰富学生写作素材的策略。第二环：表达与加工。构建生活作文的运行模式。第三环：评价与反思。完善生活作文的评价方式、教师作文课堂教学评价模式。

2. 构建了生活作文的三种指导模式：生活作文选材课的"情景感染"模式、生活作文指导课的"思维联想"模式、生活作文实践课的"行动体验"模式。

3. 完善了生活作文的评价方式、教师作文课堂教学评价模式。

4. 创编了生活作文校本教材。

校本教材《生活作文》总设趣味相册、记事本、最美风景、藏宝阁、盗梦空间五个板块。

三、成果特点

（一）理念创新

本成果以"生活作文"为理念，遵循生活作文方法，构建"三环一体模式"，让学生把家园、校园及村坊街市、故土他乡等真实生活环境中生活的感悟和体验，用自己的语言，真实、自然地记录、倾吐和交际。这样的生活作文是学生真实生命的组成部分。解决了教师作文教学中存在的问题，树立正确的生活作文教学理念；探寻出了"小学生活作文"应该遵循的原则与方法，形成具有鲜明特色的理论模式。

（二）技术创新

1. 编写了具有生活活力的作文校本教材。

提高教师的作文教学能力和理论水平，形成自己的教学特色，促进课题组教师们的成长。

2. 高质量达成了小学生作文训练要求。

提高了表达生活和思想的能力，给作文以生活的灵性，使学生的作文能力能基本适应社会生活的发展。

3. 探索出了丰富小学生生活作文内容的策略。

构建小学生活作文的课堂模式，创立高效的评价机制，得出小学生生活作文策略的理论与操作性结论。为教师作文教学提供理念引导，促使学校教学质量得到进一步提高，形成我校的特色课程、品牌课程，使学校得到进一步的发展。

四、成果效果

（一）推广范围

1. 学术推广。

该成果形成以来，在课题支撑下，成果完成人赵晓蓉《浅谈习作教学中如何激发学生的学习兴趣》等多篇论文获全国优秀论文一等奖；唐丹《浅析小学语文作文教学措施》论文获国家级一等奖。

2. 区域示范推广。

该成果已运用在本地区其他学校。校本教材已在多学校运用，我校教师在全市作文教学活动中作引领示范，成果主要完成人应邀在本区科研培训会上做引领交流专题讲座。

（二）成果实效

1. 校本教材得到广泛应用。

校本教材《生活作文》被多所学校选用。

2. 课题成果实施深入交流。

2014年顺庆区小学语文习作教学研讨会在我校举行；2014年南充市习作课堂竞赛在我校举行，李海滨老师代表我校参赛，获得了第一名；2017年我校吴飞菲、刘先碧老师在顺庆区"单元整合·群文阅读"课堂教学研训活动中进行献课、经验交流；2017年，我校接待了四川省校长培训班学员的参观与交流；课题组负责人唐龙云在四川省校长培训班上做主题交流——《我想办一所没有特色的学校》。

3. 教学质量得到多方认可。

学校先后获得四川省教师职业技能示范学校、四川省现代教育技术示范校、四川省校本研训示范校、南充市校风示范学校、南充市安全示范学校、南充市高效课堂示范校、南充市中小学书法特色学校、南充市首批数字化校园示范校、国家青少年体育俱乐部基地、四川省绿色学校、南充市示范学校等荣誉称号。学校被中国新学校研究中心授牌为"新学校研究实验学校"，同时被四川陶行知研究会授牌为"陶行知研究会实验学校"，学校教育教学工作多次被《人民日报》《四川教育》、南充电视台等主流媒体报道。学校连续3年获得了教育主管部门颁发的教学质量评估一等奖。截至目前，300余篇教师论文在国家级、省级、市级刊物上发表并获奖。学生在作文竞赛、演讲比赛等项目获奖达1600多人。

撰稿人：唐　丹

审核人：李光明

教材外群文阅读组文及教学策略研究

完成单位：南充市西河路小学

完成人：余海燕、郭林芳、董清才、陈碧蓉、杨明英、张娅

一、成果背景

本课题是省级重点课题，于2014年至2017年在全校40个班开展了实践研究，其研究成果是在百余位参研教师进行了三年多的课堂教学实践探索下，课题组组织开展了研讨、展示、总结，以及专家引领等一系列研究活动的基础上产生的。

本课题解决了以下问题：学生的阅读兴趣不高，阅读范围狭窄，阅读能力较低；学生阅读教学课堂效率不高，普遍存在"少、慢、差、费"；学生课外阅读多存在要求整齐划一、内容单一、被动阅读、阅读品味低下、效果不佳等问题；教师缺乏阅读教学教材开发能力；教师阅读教学缺乏有效策略，课堂效率不高；教师缺乏整合开发教学资源的能力。

二、成果内容

（一）理性认识成果

1. 加深了教师对"群文阅读"教学的认识。

（1）加深了对"阅读能力"这一概念的理解。

（2）加深了对"群文阅读教学内容"的界定。

2. 加深了教师对群文阅读"2389101"理论的认识。

（1）"2"即是指"两大理念"——集体建构，寻求共识。

（2）"3"即是指"三种组元类型"——教材内组元，教材内外组元，教材外组元。

（3）"8"即是指"八类课堂结构"——课堂结构模式化：一篇带多篇，群文齐读，群文共享；生成性课堂结构：一篇带多篇，群文齐读，群文共享；松

散型课堂结构：群文齐读，群文共享。

（4）"9"即是指"九类文本结构"——文本之间的同：语言议题、内容议题、形式议题；文本之间的异：语言议题、内容议题、形式议题；文本之间的联结：语言议题、内容议题、形式议题。

（5）"10"即是指"十大阅读策略"——预测、知识经验、联想、提问、图像化、推理、找出主旨及重点、综合、检视理解、作者的观点。

（6）"1"即是"一个评价标准"——从阅读目标、阅读议题、阅读设计、阅读过程、阅读成效五方面分别做出的评价标准。

3. 加深了教师对群文阅读教材组文的认识。

群文阅读的组文要围绕"议题"这个核心元素，尽量选择关联性较强的文章组合起来阅读，做到有主题地选取文章，让群文紧密聚合起来；有结构地呈现文章，让群文有机组合起来；有整体地设计问题，让群文横向联合起来。

4. 加深了教师对群文阅读课堂教学的认识。

群文阅读教学是侧重言语内容的阅读教学，是侧重言语形式的阅读教学，是侧重阅读策略的阅读教学，是侧重阅读态度和习惯培养的阅读教学。

（二）实践操作成果

1. 形成了群文阅读的组文策略。

（1）探索出了教材外群文阅读议题确定的四大原则：可议性原则、开放性原则、比较性原则、迁移性原则。

（2）探索出了群文阅读教材选文的多种途径：打破年级单元壁垒，重组群文阅读文本；选定一篇特色课文，拓展同类阅读文；直接整合课外资源，构建群文阅读文本。

（3）形成了不同年级群文阅读作品创编的体裁序列。

（4）探究出了群文阅读的组文基本步骤：制定教学目标—确定议题—确定选文。

2. 创编了群文阅读校本教材。

（1）教师创编校本教材六本：根据不同年级学生的年龄及阅读能力特点，研发了一到六年级的群文阅读校本教材。

（2）学生创编单元主题教材：学生以报纸的形式创编单元教材。

3. 形成了群文阅读教学策略。

（1）构建了群文阅读课堂教学三种结构：举一反三式、分组递进式、反复重读式。

（2）探索出了群文阅读的学生阅读五大策略：快速阅读的策略、整合信息的策略、概念圈的阅读策略、对照表的阅读策略、质疑讨论的策略。

（3）总结出了群文阅读课堂教学流程：确定议题—组织阅读—小组交流—全班共享—升华提高。

（4）形成了群文阅读的评价体系。

三、成果特点

（一）成果鲜明的创新性

1. 教师独创了群文阅读校本教材。

教师独创了适合本校的一至六年级群文阅读校本教材共六本。在创编教材的过程中教师的阅读面得到拓宽、整合教学资源的能力得到提高、开发教材的能力得到提升。

2. 教师探索出了一系列的群文阅读教学策略。

在研究的过程中提高了教师的教学水平，对推动全民阅读有效开展，做出了有益的探索。

（二）成果持续的操作性

本成果的形成建立在教师教学、学生阅读的基础上，以学生的阅读策略、教师的教学策略为依托，具有很强的操作性。

四、成果效果

该课题采用延续、深化、整合的研究方法，通过文献分析、调查研究、经验总结、成果推广与深化、课堂实践、集体研讨、专家引领等研究活动，为区域性学科教学改革研究提供了借鉴。其成果具有普适性，适用于小学语文各年级段教学。

（一）提高了学生的综合素养

1. 提高了学生的阅读能力。

激发了学生的读书兴趣，养成了良好的阅读习惯，具备了系统的阅读方法。

2. 提高了学生的写作能力。

近四年来，我校有 9874 篇文章发表，其中国家级获奖有 472 篇，省级获

奖有 2004 篇，市级获奖有 4563 篇，区级刊物发表 2835 篇。

（二）促进了教师的专业发展

1. 提高了教师的科研能力。

四年来，我校领导教师围绕群文阅读开展研究与实践，有多篇科研论文在各级刊物发表并获奖，全校共有 64 篇论文获国家级奖，185 篇获省级奖，360 篇获市级奖。

2. 提高了教师课堂教学水平。

四年来，一大批教师在国家、省、市、区组织的各项技能竞赛中取得了优异成绩：众多老师参加全国语文电视授课比赛、全市语文竞教比赛分获一、二等奖；我校三位老师参加全市语文教学技能竞赛均获一等奖，30 余人参加区级竞赛均获一等奖。

（三）提升了学校的办学效益

我校承担的"小学生良好心理素质养成研究"课题在市第二届普教教学成果评选中获市政府二等奖，"运用多元智慧理论，在教学中开发学生的潜能"课题在第三届普教教学成果评选中获市政府二等奖。"强化校本研修促教师专业发展"和"以川北皮影和剪纸为载体构建地域课程发展学生的民间文化传承与创新能力"两个课题，在第四届普教教学成果评选中均获市政府一等奖。学校三年内自发开展的市级、区级微型课题共有 38 个课题结题，有 15 个微型课题获市级一、二等奖，有 23 个微型课题获区级一等奖。

学校先后被誉为"四川省现代教育示范学校""学习潜能开发示范学校""南充市校风示范学校""全国启发式教学试验基地""市级文明单位""南充市语言文字示范学校""阳光体育示范学校""南充市示范学校"等。

撰稿人：陈碧蓉
审核人：李光明

幼儿"五爱"教育园本课程

完成单位：南充市顺庆实验幼儿园
完成人：陈彬、蒲世清、张琰、吴洁玉、杨娟、田凤花

一、成果背景

南充市顺庆实验幼儿园创建于 2013 年，新园急需厘清幼儿园发展思路，明确办园方向，营造一个充满"爱"的育人环境。幼儿"五爱"教育园本课程，是我们夯实教育事业发展奠基工程的需要，是我们落实幼儿园《工作规程》《纲要》和《指南》的需要，是我们践行社会主义核心价值观的需要，是我们促进幼儿身心和谐发展的需要。成果主要解决了以下几个问题：幼儿和谐发展令人担忧；教师专业素养迫切需要提升；家园有效合作迫切需要推进。

二、成果内容

（一）理性认识成果

1. 厘清了"五爱"教育内涵。

以"五爱"为抓手的"爱的教育"能促进幼儿德、智、体、美、劳全面发展、可持续发展，为幼儿们长大后身体健康、工作积极、生活高雅、懂得感恩、爱国奠定了良好的基础。

2. 明确了以"五爱"为核心的办园思路。

幼儿"五爱"教育园本课程很好地践行了我园的办园思想"五爱育人，幸福一生"，将幼儿园办学理念物化为学校发展的具体措施，体现了幼儿园的办园特色，更加坚定了幼儿园的发展方向；同时，课题成果为其他新园的筹建提供了帮助与借鉴。

3. 细化了幼儿各个年龄阶段"爱"的理解与表达。

幼儿"五爱"教育园本课程让我们努力站在儿童的视角去理解"爱"，帮助幼儿"感知爱—懂得爱—表达爱"。

4. 深化了对"五爱"教育园本课程体系的认识。

幼儿"五爱"教育园本课程结合五大领域的活动内容与幼儿园实际情况，把"五爱"落实到各年龄段的具体目标与活动内容上，构建了以班级活动课程和园级特色课程相结合的"五爱"课程体系。

（二）实践操作成果

1. 制订了幼儿"五爱"教育园本课程实施方案。

幼儿"五爱"教育园本课程实施方案包括幼儿"五爱"课程背景、课程理念、课程特点、课程目标、课程设置，活动组织与实施保障等。

2. 形成了幼儿"五爱"教育园本课程指南。

按照各年龄段幼儿特点及成长规律，我们确立了幼儿"五爱"教育课程体系框架，小班、中班、大班幼儿"五爱"教育课程目标及课程内容安排。

3. 构建了幼儿"五爱"教育实施体系。

（1）建立幼儿"五爱"课程研究开发实践机制。管理机制采取顶层设计、专家引领、同伴互助、家园协同、案例示范；科研管理坚持机构设置到位，管理制度到位，经费保障到位，工作开展到位；研究策略坚持理念、原则、措施相结合；研究形式坚持读书沙龙同步、三级培训同步、自助式观察同步、案例分析同步、观摩与研讨同步。

（2）确立幼儿"五爱"课程开发环境文化框架。"七色花"专用活动室成为全园幼儿共享游戏天地，班级环创成为孩子们"爱"的展示舞台，户外互动环境成为孩子们自主游戏的乐园，"五爱"人文环境成为孩子们的怡心园。

（3）总结幼儿"五爱"课程实施原则。包括个体性、活动性、主体性、融合性、生活性、激励性、发展性等原则。

（4）建立幼儿"五爱"教育园本课程体系。分园级特色课程与班级活动课程，每个课程均含"爱运动、爱游戏、爱艺术、爱亲人、爱祖国"五个方面，每个方面均有具体的课程内容。

（5）形成幼儿"五爱"课程模式。"爱运动"——坚持每天一次晨间锻炼、互动早操、体育游戏，每天两小时户外活动，每周两次户外区域活动；"爱游戏"——坚持每天一次班级区角游戏，全园每周三次"七色花"共享式游戏，全园两次"主乐世界"自主游戏；"爱艺术"——坚持园级每周一次创意美术，一次"实幼小剧场"，班级每周两次创意活动；"爱亲人"——坚持每天向亲人、老师和同伴问一次好，给他们一个拥抱，帮爸爸妈妈做一件力所能及的事情，和爸爸妈妈玩一次游戏、亲子阅读十分钟，每月一次"我爱爸爸妈妈"亲子开放日活动；"爱祖国"——坚持每周一次"特色"升旗活动，一次"环保教育"主题教育活动。

（6）家园"五爱"课程共构模式。共构"五爱"活动内容：每月爱的主题活动、每期家长义教、我爱运动、我爱游戏、我爱艺术、我爱亲人、我爱祖国；共构"五爱"活动环境：活动材料、幼儿成长档案、环境创设。

4. 制定了幼儿"五爱"教育课程评价多元模式。

"五爱"教育课程评价包括幼儿活动情况评价，教师组织与指导活动评价，家长参与活动评价，上级教育工作督导评估，体现了评价的多元性。

三、成果特点

（一）办园理念创新

基于办园宗旨"用爱为孩子一生的幸福奠基"，提出"五爱"能促进幼儿德、智、体、美、劳全面发展、可持续性发展，为孩子一生的幸福奠基。

（二）教育途径创新

我们形成了"五爱"课程开发环境文化框架，营造了和谐的"爱"的环境，打造了多元的"爱"的文化，开展了丰富的"爱"的活动，让幼儿在"五爱"乐园里健康成长。

（三）课程模式创新

开发了爱运动"一二二"、爱游戏"一三二"、爱艺术"一二一"、爱亲人"五个一"、爱祖国"两个一"等课程模式，极大丰富了幼儿的一日活动，彰显了"五爱"教育特色。

四、成果效果

（一）促进了幼儿和谐发展

幼儿语言表达能力，良好个性品质的塑造，使幼儿社会交往能力等方面得到了全面提升。

（二）促进了教师的专业成长

教师爱的情感更加丰富，观察能力明显提升，专业发展硕果累累。14 个子课题获得了市区一等奖，自主开发了幼儿"五爱"园本课程、制作了"五爱"活动光盘、"与爱同行"年鉴，汇编了优秀论文集、案例反思等成果资料；主研教师在省区市专题交流达 10 次，参研教师的经验文章在国家级刊物上发表达 20 篇，各项教学成果获国家、省、市、区奖励达 100 项。

（三）促进了家长教育观念的转变

家长安全顾虑减少了，以更高的热情和更多的精力参与到"五爱"教育中来，比如积极参与废旧材料的搜集，幼儿成长档案的制作，自主游戏的组织等活动。

（四）促进了幼儿园的品位提升

1. 园所发展显品位。

教师的职业幸福感得到提升，全心爱着孩子；使幼儿充分享受快乐的童年；形成了以"爱"为核心的园本文化、以"爱"为灵魂的园所管理、以"爱"为特色的教育活动。

2. 示范引领辐射广。

我园用了两年半的时间成为省级示范性幼儿园，每年主动承担市区送教下乡工作，积极推广研究成果，接待省、市、区姐妹园来参观学习累计达 100 余次，累计人数达 2000 余人。

3. 专家评价高。

市教科所欧阳明所长在全市科研工作会上充分肯定实幼"五爱"教育是特别的环境滋养了特别的孩子，特别的研训造就了特别的团队，特别的爱献给了特别的实幼。

撰稿人：蒲世清

审核人：李光明

中学生学习潜能开发策略

完成单位：四川省阆中东风中学

完成人：胡琪涛、杨帆、沈朝明、赵碧朗、侯开良、蒲仕平

一、成果背景

目前，有相当一部分中学生的自主学习能力、语言表达能力、组织合作能力、创新实践能力等方面与国家社会需求有一定的差距，影响了他们的可持续发展。所以，全面开发中学生学习潜能，培养他们的综合素质和能力刻不容缓。因此，我校确定了本课题，旨在解决我校在教育教学改革和发展中出现的问题。

（一）针对应试教育弊端——全面实施素质教育的需要

教师缺乏潜能开发意识、师生之间互动交流较少、课堂问题导学流于形式、粗糙评价影响学生心态、后进生逐步错失发展机遇等。

（二）针对学生学习现状——主动、和谐与个性化发展的需要

学生欠缺学习内在动力、缺乏学习兴趣热情、意志薄弱注意力分散、心态浮躁急功近利、认知反馈监控差等。

（三）针对学校发展瓶颈——一所百年老校期待浴火重生的需要

师生忙于应试与学生综合素养不强、家长重视不够使潜能开发依赖学校、家庭教育观念陈旧且家长重智轻德、家长对孩子成绩期望过高就过早开发孩子智力、家校配合不够难以形成潜能开发合力等瓶颈问题。

（四）针对国家人才需求——培养综合素质和创新能力的需要

《国家中长期教育改革和发展规划纲要》指出：教育要促进学生全面发展，着力提高学生服务国家、服务人民的社会责任感、勇于探索的创新精神和善于

解决问题的实际能力。

二、成果内容

（一）理性认识成果

通过对该课题的研究，认识到开发中学生学习潜能的要求：首先必须借助并发挥互联网优势；其次既要发挥各门学科的独特优势，又要积极拓展校本课程资源；其三必须充分发挥学生的主体能动性；其四必须优化中学生学习发展的外部环境。

（二）实践操作成果

1. 全面优化课堂活动基本结构，开发中学生学习潜能。

（1）开发中学生学习潜能的三个举措。

首先，利用"导学案"引导学生自主学习，开发中学生自主探究潜能；其次，建构"小组合作学习共同体"，开发中学生语言表达和组织合作潜能；第三，创建多元激励评价机制，多层次、多渠道开发中学生元认知潜能。

（2）坚持问题导学主线，开发中学生"发现问题、解决问题、拓展问题"的潜能。

我们始终坚持"以学生为主体，以问题为主线"开展丰富多彩的课堂创新活动。问题不断生成的课堂，促成了思维的碰撞，激发了创新思维的火花，让学生在动态的课堂活动中真正感受到学习激情的涌动。

（3）科学灵动的课堂活动环节，逐次掀起学习高潮有序开发中学生思维潜能。

设计科学灵动的课堂活动环节，有利于逐次掀起课堂学习活动高潮，我校探索出了创境激趣、自主探究、互动解疑、归纳内化、应用拓展的课堂活动五环节，有序的开发中学生思维活动潜能，促使他们自由发挥特长，加速其智慧成长。

创境激趣：营造氛围，激发兴趣，诱思酝酿。教师将新知识或需解决的问题巧妙寓于有趣的情境之中；用背景材料（知识背景、科技成就、社会影响、科学家逸事等）吸引学生注意力，激发中学生的探究热情和思维活动潜能。

自主探究：学案引领，体验感悟，生成问题。学生真正成为课堂活动的主人，他们充分调动各种感觉器官探究知识真谛，尝试运用各种手段解决问题，经历多次解决问题实践，掌握方法和规律，主动获取知识，开发潜能。

互动解疑：合作探究，展示交流，评价反馈。从问题生成、酝酿到互动讨论、展示，学生能够由被动接受知识转变为主动探究问题。小组讨论、组间展示、分享竞争、师生评价等激发了学习潜能与表现欲望，也增大了课堂信息交流的容量。

归纳内化：归纳知识，提炼方法，内化建构。教师根据学生的认知特点，引导学生合理设计知识（问题）归纳的方式或途径，以培养他们总结和提炼知识方法（问题）的意识与能力，尤其是掌握问题解决的策略和方法，在总结、反思、实践中不断内化其知识结构。

应用拓展：训练巩固，迁移创新，发展能力。学生熟练掌握基础知识、基本技能之后，教师要通过适度的点拨、发散，鼓励学生用自己的语言表达、解释新知识；运用新知识作大胆预测和推断；运用新观点、新方法解决该学科的相关变式问题；综合多方面知识与技能，去大胆解决那些较复杂的问题；善于将书本知识迁移运用，科学解决学习生活中的实际问题。

利用12门学科教学活动独特优势，开发中学生学习潜能。

2. 拓展校本课程资源，开发中学生学习潜能。

身心健康课程，是开发中学生学习潜能的重要途径；青春励志课程，是开发中学生学习潜能的重要动力；潜能开发课程，是开发中学生学习潜能的重要方法；开设选修课程，是开发中学生学习潜能的重要支撑；互联网＋微课，是中学生学习潜能开发的重要手段。

3. 丰富综合实践活动，开发中学生学习潜能

研究性学习，培养问题意识，开发中学生思维潜能；科技创新活动，培养创新意识，开发中学生创新潜能；劳动实践活动，培养团队意识，开发中学生动手实践潜能；学生社团活动，培养个性特长，开发中学生创造潜能。

三、成果特点

（一）注重实践应用的重要价值

首先课题研究以教育理论应用策略为切入点，全面推进素质教育、促进教育质量提升。其次通过课题研究与实践应用，对于形成全面开发中学生学习潜能、促进个性化发展、终身发展，有极其重要的改革价值。

（二）注重理性认识与实践操作的创新

1. 理论认识创新。

深化对中学生效能体验的认识、对科学开发大脑潜能的认识，课题组还拓展了"教育场"的意义，认为教育是师生在互学、互促、互惠及平等的关系场中，交互体验新知识、新方法、新经验，不断自主开发潜能、积累智慧和生命成长的过程。

2. 实践操作创新。

创新课堂教学组织策略，创新教学环节优化策略，创新潜能开发课程策略，创新情商培养开发潜能策略，创新互联网＋微课开发潜能策略。

四、成果效果

（一）得到了大面积的推广应用

该课题成果获南充市人民政府普教教学成果二等奖。"中学生学习潜能开发策略"助推学校教育教学管理和教师教育教学方法改革。本课题成果在川北地区大面积推广，四川重庆 60 多所中小学校、3300 多位教师来校观摩学习。

（二）受到了教育同行的高度评价

西华师范大学物电学院院长认为，问题导学模式不仅有效开发了学生学习潜能，更积极促进了教师专业成长。乐山市教科所教育规划室主任指出：该课题研究高屋建瓴地提出了"学习交互体验场"等理念，指导中学生学习潜能开发策略研究卓有成效。

（三）取得了良好的社会影响

学习潜能开发的研究与实践，促进了学生素质能力的提高，加快了教师专业成长，助推了学校教育教学成绩连上台阶，彰显了学校社会影响力。

撰稿人：沈朝明　赵碧朗
审核人：张　平

提高初中数学学困生学习主动性的策略

完成单位：西充县关文镇小学

完成人：冉小平、谢翔、何根、马毅、张学明、何崇强

一、研究背景

（一）研究的原因

1. 素质教育的需要。

素质教育的要义之一就是要面向全体，关注每一位学生，使每一个学生通过学习得到全面地发展。因此，教师在教育教学过程中，要关注全体学生的全面发展。

2. 课程改革的需要。

《基础教育课程改革纲要》指出：随着学生年级的变化，学科知识的要求、能力的不断提高，在班级中出现了一部分学习态度消极、兴趣淡薄，缺乏信心的"学困生"。要改变这一现状，就有必要对这些学困生的特点、成因、转化策略进行研究。

3. 学校提高整体教学质量的需要。

我校 2014 年学生中考成绩不理想，教学质量问题方面的形势严峻。学校对此进行了认真分析，发现合格率指标非常低，究其原因，是数学及格学生人数太少，同时也拉低了其他的量化指标。

（二）解决的问题

1. 尊重学生个体差异，通过调查、研究分析学困生类型。

2. 探索不同类型学困生的转化措施。

3. 采取不同的措施，尽可能减少学困生的数量，最大限度帮助学困生，使他们在学习态度、学习能力、学习兴趣、学习习惯等方面有较大改善。

4. 通过对我校小学学困生的成因和转化策略的研究，促使教师重视并研

课程与教学

究学困生现象，提高教师对学困生的教育能力，从而促进教师的专业成长。

二、成果内容

（一）理性认识成果

1. 数学学困生的类型。

（1）基础知识欠缺型。

数学的基础知识不扎实，基本技能不熟练，数学思想方法没领会，数学活动经验积累不够。经常抄袭作业或者不交作业，考试作弊。

（2）课堂学习走神型。

上课时不专心听讲，不会记数学笔记，经常做小动作，甚至干扰课堂秩序。经常不能回答老师提出的问题。

（3）学习情绪低落型。

对数学学习没有兴趣，缺乏明确的目的，数学课堂上少言寡语，对数学无所用心，经常逃避老师的眼神，观察老师在做什么，而不知道自己做什么。

（4）行为习惯不良型。

主要体现在把作业当作任务，做作业马马虎虎，敷衍了事，针对作业、考试中出现的错误不关心。上课不记数学笔记，课前准备不足。

（5）信心意志薄弱型。

在自主学习时，读书时间仓促，不懂装懂，在数学学习过程中遇到困难就退避，缺乏勤于思考，勇于探索的精神，导致意志薄弱，甚至衰退。

2. 提高学困生学习主动性的必要性。

学生是学习的主人，教师的教不能代替学生的学，应把学习的主动权交给学生。教师作为学生的引导者，要因材施教，灵活多变，把握学生的最佳心理状态，调动他们的学习热情，变"要我学"为"我要学"。

（二）实践操作成果

1. 爱心教育策略。

对学困生，社会要关注，家庭要关爱，学校要关心，老师要帮助。

2. 指导学法策略。

注重学法指导，让他们喜欢学习，热爱学习，并学习有法。

（1）严格把好预习关。

数学教师预先将所学内容专门为学困生编写好预习提纲，让学困生按照提纲进行预习，并要求学生做好预习笔记，培养学生养成做笔记的习惯。

（2）顺利度过课堂关。

鼓励学困生积极参与课堂活动，给学困生提供展示机会。

（3）帮助完善课后关。

数学教师应指导学困生如何记忆，提出记忆的任务，指导记忆的方法。

3．培养兴趣策略。

兴趣是最好的老师，是提高学困生学习积极性的关键。

（1）阅读有趣的数学故事，培养数学学习兴趣。

（2）欣赏数学中对称、奇巧等数学美，增强数学学习兴趣。

（3）联系生活实际，激发学习数学的热情。

（4）确定数学学习的阶梯式小目标，体会成功的喜悦。

4．家校合力策略。

父母是孩子的第一任老师，家庭教育对孩子的影响往往是潜移默化的。

（1）定期家访，了解学困生近期情况。

（2）建立班级家长微信群、QQ群，适时跟进学困生学习情况。

（3）利用家长学校平台，与家长沟通联系。

5．建档立卡策略。

（1）建立"家访记录表"。

（2）建立"学困生成长记录表"。

（3）制定学困生转化计划。

6．"2∶5∶2"课堂教学模式。

"2∶5∶2"模式。教师用10分钟分配学习任务和予以点拨引导，用25分钟在教师的引导下完成对新知识的理解和掌握，最后用10分钟对知识的巩固、延伸和拓展，即"自学＋合作＋探究"。

7．多元评价策略。

（1）课堂评价。正向评价为主，评价要关注学困生认知、情感发展的阶段性特点，教师在评价学生的学习时，也可运用课堂观察。

（2）作业评价。要尽量做到作业当面批改，并适当加以评价。当学生的作业错误过多，可以先不评价，等学生弄清了错误原因，重做之后，再进行评价。

（3）考试评价。我们提倡对数学学习的多元性评价方式，并不是要摈弃考试。通常的做法是适当改变考试的内容。

（4）学习小组活动过程的评价。借助小组学习活动合作性评价表进行评价。

（5）学期综合评价。探索出具有总结性质的评价。

三、成果特点

建立了基于网络下的学困生成长追踪电子档案。建立家校合力的学困生转化模式。开发出操作性强的、具有实际应用价值的学困生分析与转化资源。对各学科的学困生进行分类，采取不同的转化策略。探索出转化学困生的"2：5：2"课堂教学模式。促使学困生变被动学习为主动学习、主动探究。

四、成果效果

（一）学生变化

促成了我校初中数学学困生学习方式的改变，变被动学习为主动学习。不仅提高了他们的数学成绩，也提高了他们的其他科的成绩，同时也带动了全校其他学困生的转变。

（二）教师变化

在课题研究中积累了丰富的转化学困生和研究课题的经验，运用这些经验和策略来指导自己的教育教学实践并取得了丰硕的成果。

（三）学校变化

在我们课题组成员的带动下，我校正兴起以快乐课堂、大课间活动、社团活动为三大主题的改革方向，学校教研、教改蔚然成风，传递了正能量；同时以转化学困生为方式来全面提升教学质量，提高学困生素质，把我校打造成了我县乡村学校的一面旗帜。

撰稿人：张学明

审核人：谢洪麟

初中化学师生有效互动 XSF 型课堂教学模式

完成单位：西充县教育科学研究室
完成人：黄文周、杜彩华、杨丽勤、张清、李天萍、王永红

一、成果背景

（一）落后的教学方式，单一的教学手段，导致了课堂教学效率的低下

通过调查，化学课堂教学中还普遍存在以下突出问题：教师的教学观念转变不彻底，有 80% 的老师教学理念落后、方式陈旧（满堂灌、"一言堂"）、手段单一；有 13% 的老师能在课堂上让学生互动，但都是由老师提出问题，学生回答，这是一种典型的"一问一答"课堂形式，看似热闹，实际上没有留给学生思维的空间，学生只能被动吸收、机械记忆、反复练习、强化储存。

（二）师生角色定位缺失，学生主体地位未凸显，制约着学生学习能力的提升

许多教师对教学要求的定位、对教学内容的把握，以及在课堂中有效地落实好三维教学目标还存在着诸多困惑。学生学习的积极性不高，课堂无话语权、参与度不够，课堂气氛沉闷，缺乏独立思考和创新能力。

（三）课程改革的趋势，培养人才的迫切要求，需要课堂教学有效性的提升

在传统的教学模式下，教师主导课堂，学生沦为配角，化学课堂缺乏生机。

二、成果内容

（一）理性认识成果

1. 厘清了几个重要概念。

课堂教学指学生在校学习时的第一课堂，即以教室、实验室为教学场所，以班集体为教学单位的，以40分钟为一个教学时段的课堂教学。

师生互动方法及其有效性主要是指现代教学方法不局限于传统的师→生单向活动，也不是师←→生双向活动，而是强调教学是一种师生多边活动，提倡师→生、生→师、生→生、师→师等之间的多边互动，并产生了良好的教学效果。

2. 形成对师生互动方式有效性新的认识。

（1）师生互动教学模式是学生学习能力提升和良好学习习惯养成的重要载体。开展师生互动教学模式教学，使全体学生的自信心、独立学习能力、小组合作意识、学习兴趣、学习成绩等方面都得到了极大的提升，基本实现了"教是为了不教"的育人目的。

（2）师生互动教学模式是教师教育教学观念彻底转变和专业综合素质得到提升的主要路径。"自主、合作、探究"的学习方式的推行，改变了单以成绩评价学生的格局，关注学生的全面成长，提高了教师的管理能力；开展各种赛课、评课、竞教活动，参加各种理论学习、专业培训，提升了教师的问题导学能力。

（3）师生互动教学模式是师生个性得到张扬和向上向善成长实现双赢的强大平台。通过师生互动、生生互动等的有效教学，努力创设轻松、愉快的课堂生活环境，引导学生改变传统学习方式，主动参与知识探究，主动合作，在知识的获得过程中造就良好积极的情感体验，使课堂教学能充分满足师生的生活需要，为师生的成长搭建平台，实现师生共同发展。

（二）实践操作成果

1. 形成了初中化学课堂教学师生有效互动方式的总体流程。

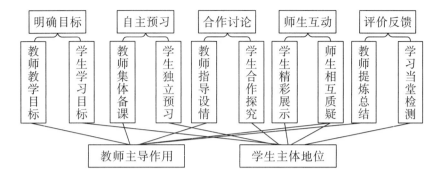

2. 构建了初中化学课堂教学师生有效互动三大教学模式。

初中化学课堂教学基本可以概括为"XGK 型课（新知感悟课）""STK 型课（实验探究课）""FTK 型课（复习提升课）"三大类型，最终构建了三大教学模式。

3. 形成了初中化学教学互动的管理模式。

"年级互动委员会—小组互动管理—生生互动管理"的三级学生互动考核模式。

4. 构建了初中化学课堂教学中学生有效互动星级评定标准。

三、成果特点

选题具有较强的现实意义，符合初中化学学科特点、新课改理念和课改精神。其操作模式具有传承性、创新性、可行性、可操作性，实施师生互动教学模式后，广大教师有效备课、有效上课、有效反思，增强了对教材和教学内容的"转译"能力；更新教学观念、教学方法、教学手段，全面提升了教师课堂教学的驾驭能力；教师角色转变，"自主、合作、探究"的学习方式的推行，改变了单一以成绩评价学生的格局，转变了教师的教学观念，更新了教师的教学手段，提高了教师的教学能力。充分发挥了学生的主体性，学生兴趣更浓，化学成绩得到大幅度提高，实现了教与学的双赢。

四、成果效果

（一）全面提高了学生核心素养

实施这种教学模式，确实对培养学生的创新思维能力及培养学生分析问题、讨论问题、解决问题的严谨求实的科学态度都起到了很大的作用，提高了学生的综合素质。

1. 自信心增强。

利用师生互动，使学生具备了敢想、敢说、敢问、敢创新的精神，增强学生口头交流的能力和实验操作能力。

2. 小组合作意识增强。

师生互动教学以师生互动为抓手，以生生合作学习为常态，实现资源共享，优势互补，从而强化了生生之间、组组之间的合作意识。

3. 学习兴趣增强。

兴趣是最好的老师，师生互动课堂让学生成为学习的主体，体会"当家作主"的自豪；学习方式的转变，又让学生体会到学习的愉快。

（二）全面提升了教师的教学能力

1. 教育教学观念彻底转变。

教学中的师生关系不再是"人—物"关系，而是"我—你"平等关系；教学便是师与生彼此敞开心扉、相互理解、相互接纳的对话过程。

2. 教学能力大幅提升。

教师角色转变，"自主、合作、探究"的学习方式的推行，改变了单以成绩评价学生的格局，关注学生的全面成长，提高了教师的管理能力；开展各种赛课、评课、竞教活动，参加各种理论学习、专业培训，提升了教师的问题导学能力。

3. 教师研究水平有效提高。

课题组第一主研者参加了县教研室的"县区域内均衡发展"的县级课题获县人民政府一等奖；主研县教体科局《促进学生个性化成长》的省级课题获省人民政府三等奖、市人民政府一等奖、县人民政府特等奖项。

（三）建立起了新型师生关系

在前几年的化学教学中，教师是主角，是权威，学生被迫跟着老师学，学生怕老师，师生关系时常僵持。现在教师把机会留给了学生，学生是主角，学生自主学习并从学习中感受到老师的鼓励和分享成功的快乐。学生喜欢老师，老师喜欢学生，师生关系非常和谐、融洽。

撰稿人：杜彩华

审核人：谢洪麟

培养农村初中生英语写作能力的研究

完成单位：西充县仁和初级中学

完成人：冯平非、贾海燕、王永、文清华、庞仁超

一、成果背景

在农村英语课堂教学中，我们深刻体会到书面表达是学生的一个薄弱环节。为了促进农村中学的英语教学，提高农村中学英语教育教学质量，我校特申请了这个课题研究。写作作为一项产出技能在英语教学中的重要地位是毋庸置疑的，它是英语教学和语言训练的重要内容，也是语言学习评价的重要项目。根据英语新教材要求，培养学生初步运用写作的能力，是英语教学的总目标之一。由此在中考中英语书面表达的分值由原来的 10 分增至 15 分，占了中考总成绩的 12.5%，权重还是较大的，然而在具体的英语教学中农村学生英语写作却是薄弱环节，这也是农村学生和城市学生相比分数悬殊的主要原因之一。在每次期末考试或中考中，有相当一部分学生的书面表达是空白，有的学生把毫不关联的试卷中某一段抄一下了事。虽然有些学生写了，但短短四五十个单词中会有很多的错误，这在很大程度上影响了总体成绩。

二、成果内容

（一）理性认识成果

1. 厘清学生英语写作的主要问题。

我们通过对作文中错误的统计分析，了解了学生英语作文中的 9 类常见错误：①时态错误；②主谓一致错误；③动词形式错误；④名词单、复数错误；⑤冠词错误；⑥介词错误；⑦连词错误；⑧单词拼写错误；⑨汉式英语。这 9 个方面，恰恰是学生英语写作的共性，"时态""主谓一致""名词单复数""冠词"等都是"英语中有汉语中无"的语言现象；英语中的介词远远比汉语中介词活跃，其用法多属于固定搭配。农村学生在运用英语时，这几个方面出错

最多。

2. 提高教师教学水平。

提高教师教育科研水平，调动学生学习英语兴趣，缩小城乡教育差距。

3. 提高学生综合运用英语能力。

英语是实践性很强的学科，应着重培养学生的语言实践能力，而培养这种能力的主要途径就是英语听说读写的实践。我们力求通过加强培养学生的实践活动，拓宽学习渠道。通过研究实践，得出如下经验：

（1）课堂中创造实践机会。使每个学生树立"只想不说不行，只做不听更不行"的意识，放低要求，教给方法，配合活动让学生在课堂上勇于发表自己的见解，进行综合性的实践运用。

（2）由课本走向读本，引导学生自主阅读。①以课本为发端，有计划地拓展学生的阅读视野，拓展学生的知识面。②在课堂学习的基础上，再看看原汁原味的作品或类似的书，使知识纵横交叉。③根据学生的知识水平和阅读能力，精心挑选学生喜闻乐见的贴近儿童生活、生动有趣的读物。

（3）由课内走向生活，激励参与实践。

（4）开展活动，提高能力。

（二）实践操作成果

1. 形成了英语写作教学的策略。

（1）培养学生良好英语写作习惯的四大途径：①充分发挥教师示范的作用；②给学生充分的时间去练习，在练习中培养；③从课本课文入手，确保学生掌握每单元的学校目标；④运用鼓励性评价，让学生养成良好的写作习惯。

（2）培养学生良好英语写作的四大策略：①激发学生的兴趣，为英语写作提供原动力支持；②让学生在阅读中学写作，拓展词汇量；③通过写作教学帮助阅读，使学生触类旁通；④充分利用词典这一工具书培养自主学习能力。

2. 形成了英语写作教学的模式。

在实施"六个三"教学理念的同时，我们经常走到学生中去，多次向学生了解有关英语写作遇到的问题或困难，从中摸索英语写作教学课的有效指导方法或措施，经过多次试验，我们创造出指导学生写作时的六个步骤，即：

认真审题—列出要点—要点组句—连句成段—补充充分—修改成文这六步写作方法，老师容易操作，学生易于把握；因有"六步法"作铺垫，学生进步很快，师生都很满意。

3. 提升了学生综合运用语言的能力。

（1）写作训练是运用英语的重要环节，加强原始资源的积累，增加写作素材。①积累好词佳句，储备词语资源。②鼓励读范文，并增强交流，丰富学生的写作积累。③加强对修辞技巧的理解与运用，提升写作的审美能力。

（2）巧用储备的素材，激发写作欲望。①在阅读中适时激发学生的情感体验。②及时捕捉生活情景，写出心里的感受。

（3）及时引趣，设计习作任务。①课堂是对学生进行英语能力训练和提高学生英语水平的主要渠道，要把写作训练扎扎实实地落实在每一堂课上，如对课文续写、改写都是良好的方式。②课外训练让学生学到课本上学不到的知识。③让反思成为学生的一种生活习惯，通过反思梳理思想、提升表达能力。

三、成果特点

1. 形成了一套具有本校特色的"英语写作六步骤"课堂教学模式。

在课题研究实践中，课题组老师对"英语写作六步骤"课堂教学活动不断深化，在教学上突破了过去"提示—写作—批改—讲评"的教学模式，老师指导方便，学生容易把握写作方法，学习成绩提高很快，师生共同得益。

2. 提高了课题组教师的英语课堂教学水平和科研能力。

两年来课题组教师利用课题研究中所获取的教育教学理论指导教学，效果显著。在近两年来的期末考试量化评比中，我校英语成绩不断进步，深得学生喜欢、家长的好评、学校的肯定。为打造科研型、学习型教研组奠定坚实的基础。

3. 培养了学生英语写作的能力。

开展"培养农村初中生外语写作能力的研究"有利于培养学生写作能力，有利于提高他们使用英语的准确性和逻辑思维表达能力，有利于培养学生严谨的治学态度和阅读、听力及口语表达能力，从而使学生的英语语言整体水平得到全面提高。

四、成果效果

本课题主要适用于农村初中学校，英语学习基础较差，英语写作是薄弱环节，课堂教学条件受限制，缺乏语言环境，教学内容多，课堂设施落后，师资力量薄弱等情形。

本课题的推广价值在于针对农村初中中部分学生的特点及现状，形成一套具有特色的"英语写作六步骤"课堂教学模式。老师指导方便，学生容易把握写作方法，学习成绩提高很快；有利于提高学生使用英语的准确性和逻辑思维表达能力，有利于培养学生严谨的治学态度和阅读、听力及口语表达能力，从而使学生的英语语言整体水平得到全面提高，师生共同得益。

撰稿人：冯平非

审稿人：谢洪麟

小学生朗读训练有效指导策略

完成单位：西充县双凤镇小学

完成人：冯立新、冯旭蓉、何柳青、贾秋萍、庞定荣、王昌雍

一、成果背景

（1）教师通过加强理论学习，用理论来指导实践，深化教师朗读教学目标意识，促使教师科学有效地指导学生朗读。

（2）通过有目的、有层次、有步骤的朗读指导训练，激发学生的朗读兴趣，培养学生的朗读能力，提高学生的语文综合素养。

（3）通过学科教研活动的开展和理论培训，提高教师驾驭课堂的能力，切实贯彻"以读代讲"的教学原则，让朗读贯穿课堂始末，提升学生参与朗读的面，真正实现以读促讲，读中理解，读中感悟的教学方式的转变。

（4）通过研究，力图创建学校校本研究的生态环境，总结出适合本校乃至当地的提高小学生朗读能力的系列指导策略和课堂活动程序。

二、成果内容

课题组在以往的教学实践活动基础上和三年多扎实认真的研究实践，带动全员教师参与研究实践，形成了如下成果。

（一）理性认识成果

1. 运用"一线两翼"的课内带课外教学方式，是提高学生朗读能力的重要策略。

课堂是朗读训练的主阵地。在课题研究过程中课题组始终坚持运用"一线两翼"的教学方式，即以课堂朗读指导为主线，抓好晨读和课外朗读为两翼。

2. 掌握对比数据变化，是教师了解学生朗读能力提升和教师运用合适教学方式的关键策略。

（1）从数据看课题进展，学生朗读发生可喜变化。

经过课题实验，调查显示：已经有 82％的学生喜欢上了朗读；能够做到有感情朗读的占 37.23％；期待完成朗读作业的占 90.27％；在家阅读时间半小时以上的占 76.4％；有 90％的学生开始认为老师的朗读训练对提高自己的朗读能力或理解课文内容有积极作用。

（2）课题开展促进了学生其他方面的发展。

从数据分析可以看出学生朗读的自信心不断增强。课题研究之初，只有近 20％的学生能够做到有感情朗读课文，现在 72.86％的学生能够做到声情并茂地朗读课文。课题实施之初，学生每天用于课外阅读的时间在半小时以上的只有 21.22％，现在达到了 90％以上。学生阅读量增加，促进了阅读理解能力和写作能力的提高。

3. 通过实践和研究，课题组总结出提高朗读能力的一些策略。

（1）针对学生语气平淡、读不出情感等现象，采取创设情境，入情入境朗读的办法。

（2）针对气息不畅，节奏不稳，语速快慢不一等现象，加强朗读技巧指导。

（3）针对我校学生方言种类较多的特点，进行易混淆音节的发音训练，达到用普通话正音的目的。

（4）针对不同言语中字的发音变化规律，指导学生字的音变。

（5）针对学生朗读兴趣不浓的现象，采取变换多种朗读形式，激发学生朗读兴趣。

（6）鼓励学生结合自己对文本情感的理解，个性化朗读。

4. 以活动为载体，促进学生朗读能力提高。

课题实施过程中，课题组组织了丰富的课外朗读活动，促进学生朗读能力的提高，如演讲比赛、故事会、学生课文朗读比赛等，极大地调动了学生朗读的兴趣，丰富了老师朗读指导的知识和技巧。

（二）实践操作成果

1. 营造了良好环境、积极开展各类活动，激发学生的朗读兴趣。

我们在校园里开设了"文学长廊"；每个班都有图书角；利用课间播放国学经典或童谣；开展"快乐语文，快乐生活"文学节活动。

2. 明确朗读目标，精选朗读内容。

根据朗读目标，针对性地选择适合学生的朗读内容，对提高学生的朗读水平起着事半功倍的作用。

3. 培养学生良好的朗读习惯，指导正确的朗读方法。

（1）大声读。

声音太小或没有声音不能称其为朗读，当然我们也不提倡声嘶力竭的朗读，这样会影响注意力、体力，削弱记忆与理解，极易造成疲劳，不利于持久学习。

（2）跟录音读。

录音磁带大多是由专业的播音主持人录制而成，其语音语调相对比较规范、纯正，对于小学生，应尽可能地多听、多模仿，增强感性认识，感受不同角色的语调、语气、音质和感情色彩等，把好语言的"入门关"。

（3）及时读。

应充分利用课内朗读训练的时间，并把朗读训练延伸至课外。

4. 确保读书时间。

教师可根据年级、学情、教材特点安排每节课的朗读时间，并自我监控达成度。

5. 扩大朗读训练面。

朗续训练，必须想方设法调动全体学生全身心地投入。要适当地创设情境，创设气氛让学生愿读、乐读、争着读。

6. 理解与朗读相互依存。

在阅读教学中，把朗读与理解截然割裂的现象并非罕见，分析前读一遍，讲解完后再朗读一遍，甚至根本没去理解，就要求学生读出感情来。所以朗读要以理解为基础，通过朗读又可促进对文章的感悟品味，它们是相辅相成的，必须有机结合。

7. 精选训练侧重点。

要精心选择朗读训练点，每次训练有个侧重点，锤锤敲打，锤锤有声。

8. 合理运用朗读形式。

朗读的形式纷繁多样，不一而足，但各种形式的朗读有各自的功能和适用范围。教师要精心设计朗读训练过程，科学合理地选择好每一环节朗读的形式，让它们各尽所能。

三、成果特点

（1）成果具有一定的创新性。

从学习的本质和特点去思考创新，符合教育教学规律，符合学生认知规律。

（2）成果具有突出的有效性。

提高了学生朗读兴趣、拓宽视野，提高了口语交际能力等，促进了学生综合素质的提升；提高了教师教学能力和研究能力，对提高学校教育教学质量有一定的促进作用。

（3）成果具有较强的社会性。

对朗读内容进一步挖掘，促进学生对中华优秀传统文化的认识和传承，满足了学生自身发展的需要，可构建主体合理知识结构的需要，提高适应社会能力的需要，提高文化修养的需要。

四、成果效果

（一）提高了学生朗读能力和综合素质

1. 学生对朗读产生了极大兴趣，校园里充满琅琅读书声。

2. 学校成立了朗读兴趣组，花蕾播音站、记者采访团，班班有朗诵组，做到人人能读、会读，达到以声传情，以情带声，以声动人。

3. 大大促进了学生的课外阅读积极性，拓宽了学生的视野，增长了学生的见识。

4. 课题研究促进了学生口语交际能力和习作水平的提高。

（二）积累了丰富的朗读教学经验

在教师的训练指导艺术方面获得了很多成功的经验，提高了教师自身的朗读水平和朗读教学水平，教学质量得到了大大的提高。

撰稿人：冯立新
审核人：谢洪麟

初中学生科技小制作能力培养策略

完成单位：西充县天宝初级中学

完成人：孙洪林、梁国林、谭岭、文国春、何海燕、苏克刚

一、成果背景

我国的科学教育已开展了许多年，并取得了一定的成效，但其存在的一些问题也需要我们教师认真思考。究其原因是我国科学教育教学内容、教学方法及课程设置与教育发达国家相比，存在一定的差距。

（一）科学教育的教学内容与实际生活相脱离

在传统的学校教育体制下，中小学的教育功能主要是为升学，在教育内容上以学科知识体系为主，只学必考的内容，其他内容可以少学或不学。在其影响下，中小学科学教育在内容上完全脱离日常生活，以封闭的实验室研究与抽象的问题为主，导致学生对科学理论的来源和科学理论对实际生活作用的认识，只是知其然而不知其所以然。

（二）科学教育的课程设置趋向单一性和专门化

从课程设置的模式看，有两种基本形态：分科课程和综合课程，我国科学教育课程设置采用的是分科教学法。在今天这个需要大量复合型人才、素质型人才的社会里，单一的学科教育束缚了学生综合能力的发展，有碍于公众科学素养的整体提高。

二、成果内容

本课题以课改为指导，坚持"科研兴校"与创建"特色学校"相结合。在学校课程开发、实施中，本着"激发科学兴趣，培养创新意识，增强动手能力"为目标，发展以探究能力和创新精神为核心，以"陶冶学生情操，完善学生人格，丰富学生科技活动"为宗旨，大力倡导科技风气，营造特色校园，探

索校园科技创新之路，全面落实素质教育，把学校办出特色，办出水平。

（一）教育教学改革的主要思路

1. 落实基础教育新课程改革目标，通过开展科技小制作将课堂教学与课外活动有效结合起来。

2. 弥补学校实验器材和设备的不足。

3. 促进教师教学观念的转变，提高教师的教学业务水平，促进教师的专业成长。

4. 转变学生的学习方式，使学生体会到小制作活动对科学知识学习的有效性和重要性，并懂得如何进行这种活动，从而养成良好的学习习惯。

5. 切实做到通过开展小制作活动，能促进学生对科学知识的理解和掌握，激发学习兴趣，增强创新意识、培养创新能力；促进学生智力的发展，锻炼学生动手能力，帮助学生自主学习、独立思考与合作能力的发展，促进学生将所学的科学知识应用于实践。

6. 将科学小实验、小制作上升到科技小发明、小制作，与学校校本课程中的科技模型制作相结合。

（二）课题研究的途径与措施

收集、梳理全日制义务教育（7-9年级）理化教材、学生课外活动中的所有小实验与小制作。探索能有效运用于课堂教学的小实验、小制作活动，根据教学的需要开展相应的活动，大力推进教育教学改革进程，培养学生科技小制作的能力，采取如下研究途径。

1. 通过一线教师常态课的教学实践和学生反馈的作业中不断发现问题，进行比较、研究、反思，挖掘需改进和添加的小制作。

2. 结合具体的小制作活动，通过课堂教学实践，探究其合理性、可操作性和有效性，在此基础上及时修改教案、撰写案例指导自己今后的教学，同时辅导学生撰写科技小论文。

3. 通过研读文献了解、借鉴有些小实验、小制作的理论或实践操作成果，为课题的研究指明方向，用理论来指导实践，用实践来丰富理论。

4. 通过调查，了解一线教师目前开展小实验和小制作活动的现状以及学生对这类活动的理解程度，找出简便易行又易于推广的一些小制作活动。

5. 研究科技小制作活动的措施。

（1）活动设计。针对各种实验类型的需要，制订小实验和小制作活动方案。根据活动方案，选择合适的器材开展相应的活动。

（2）活动组织。选拔对科技小制作有兴趣的学生成立活动小组，建立活动制作社团，确定活动时间等，确保活动有序开展。

（3）活动评价。评价内容主要包括：对学生活动积极性，合作意识的评价；对活动成果的评价，如科技小制作设计方案的评价，小制作作品的评价等。通过评价推动活动的有效开展。

三、成果特点

（一）贴近生活

学生科技小制作使用的素材来源于日常生活，制作的内容来自课堂内外。生活气息浓厚。同时也能增强了学生的节能、环保意识。

（二）可操作性

通过收集、梳理全日制义务教育（7－9年级）理化教材、学生课外活动中的所有小实验与小制作内容，并与教材紧密结合，有效运用于课堂教学中。根据教学的需要开展相应操作性强的活动，培养了学生的动手动脑能力。

（三）可持续性

通过本课题的研究，学校将科技小制作校本课程化，选出简便易行的实验案例和优秀的研究成果，使之系统化，并能有效运用于课堂教学和课外活动中，并将这些经验与成果向全校推广，使之得到可持续性发展。

四、成果效果

（一）学校方面

学校办学水平得到明显提高，彰显了学校的办学特色。本课题研究的实施，是为了提高教育教学的质量和办学效益，促进学校的可持续发展。经过近三年的研究，"彰显个性，追求卓越"的办学理念得到充分体现。

（二）教师方面

促进了教师专业的发展和教学水平的提升。转变了教育观念，提高了教育质量；培养了教师的行动研究能力；促进了师生的合作精神的培养；教师专业发展显著，培养了一批高素质的骨干教师和学科带头人。

（三）学生方面

提高了学生动手动脑的能力，促进了学生个性特长的发展，为今后的学习生活奠定了良好的基础。

1. 学生发展的空间得到拓展。
2. 学生发展的需要得到满足。
3. 学生学科成绩得到提升。
4. 学生的个人综合素质和个性特长得到发展。

天宝初级中学以"一切为了学生的发展"为宗旨，提出"强基础，求发展，扬个性，创特色"的办学思路，以"彰显个性，追求卓越"为校训。注重激发学生的独立思考和创新意识，努力培养学生的合作探究和实践能力，形成了以"民主办学、教育创新"为核心的特色，学校多年来组织学生参加市科技制作大赛，有数百人次获奖。

《初中学生科技小制作能力培养策略》得到了教育主管部门、教育专家、广大家长、社会各界的高度肯定和赞扬，认为我校真正全面贯彻落实了国家的教育方针，全面推行实施了素质教育，教育教学质量优异，学生基础扎实、全面发展、特长显著，学校声誉和社会形象与日俱增，学校办学规模不断发展壮大。围绕实践研究我们举办了丰富多彩的活动，营造了浓厚的校园文化科技氛围，加快了校园文化建设的进程。

撰稿人：谭　岭
审核人：谢洪麟

小学语文中高段随课微写作策略

完成单位：西充县义兴镇小学

完成人：黎晓燕、袁忠成、马红松、何娟、斯丽、唐英

一、成果背景

（一）调查发现学生作文水平低

1. 学生缺乏写作的兴趣。

通过对我校三至六年级学生的问卷调查，发现大多数学生对写作没有兴趣或者兴趣不高。

2. 学生写作水平低。

主要体现在以下几个方面：（1）习作书写差。（2）作文内容言之无物，言之无序。（3）学生习作中心不突出，主题不凸显。（4）内容不具体。5）内容空洞，缺乏真情实感。

（二）课题成果可以解决以下问题

1. 激发学生写作兴趣，提高学生写作水平。

通过创设写作的情境让学生有话可写，组织学生边读边写、先读后写，有针对性地写。使学生逐步做到写得真实、写出个性，提高自己写作水平。

2. 强化学生的内心体验，促进课堂教学的对话。

创设写作的情境，使学生与文本、作者的对话从口头互动到用心写作。

3. 完成三至六年级随课文进行微写作训练的体系编写。

将部分课文的训练点，训练设计以及部分学生的习作例文汇编成册，供以后教学借鉴与使用。

4. 通过课题的实施，提高课题组教师指导学生进行片段写作的能力。

二、成果内容

（一）理性认识成果

通过研究，教师教育观念得到更新。

1. 明确了教育科研与振兴教育的关系，树立科研兴教的观念。

2. 明确了教育科研与教育改革的关系，树立"教育要改革，科研须先行"的观念。

3. 明确了教育科研与提高教育质量的关系，树立向科研要质量的观念。

4. 明确了教育科研与教师的关系，树立教师是教育科研的主力军的观念。

观念是行动的先导，教师更新了教育观念，使学校形成了良好的学术氛围。

（二）实践操作成果

1. 通过课题研究，形成了小学语文中高段随课微写作的课堂操作模式。

随课微写作课堂教学流程：

课文教学（20分钟）——寻找切入点（5分钟）——学生写作（10钟）——交流评价（10分钟）

2. 构建了随课微写作课堂评价体系。

（1）语句是否通顺。

（2）书写是否工整。

（3）能否在十分钟之内完成。

3. 练题例文可以作为借鉴。

在课题实施的过程中，贯穿整个过程的工作就是课题组成员编写《小学中高段随课微写作案例》，这本书包括了三四年级每篇课文的小练笔训练点二到四个，供教师在教学中进行选择；摘录了部分学生的片段习作例文；提出了使用练笔时的建议。我们编写这本书的目的也很明确，就是发挥我们课题研究成果的作用，能给其他老师的教学提供参考、借鉴。在编写的过程中，我们课题组的老师也获得了很大的进步。从细读文本到钻研文本，从练笔设计到优化选择，从安排写作到交流评讲，教师的各方面能力都得到了提高。

三、成果特点

（一）课题选题具有较强的实践价值

通过研究提升了教师的专业素质，提出了随课微写作各环节的操作方法及指导策略，结合实际操作性强。

（二）课题研究方法选用恰当、科学

本研究运用文献资料法、调查法、观察法、行动研究法研究各环节的实施，充分体现了研究与实践相结合，总结出的结果具有较强的实效性。

（三）课题组织工作扎实、有效

开展的各项活动做到了统筹安排、协调指导、科学合理，从课题提出到成果提炼做到了规范、科学。

（四）课题研究成果显著

该课题研究过程中探索出"模仿点、交流点、想象点、放大点、空白点、推理点、延伸点"七大随课微写作教学策略与路径，构建了教师、学生"随课微写作评价体系"，为同类研究及结果运用提供了经验材料。

四、成果效果

（一）课题研究取得的效果

1. 学生写作兴趣得到提高。

兴趣是最好的老师，兴趣也是学生进行作文的最重要的动力。学生在进行小练笔训练时题目大多是学生自己出的，学生想写什么就写什么，心里有什么感受就尽情抒发，实实在在地激发了学生写作的兴趣。

2. 学生语文成绩得到提高。

年级	2015年上期语文平均成绩	2016年下期语文平均成绩	提高分数
三年级	82.5	87.6	5.1
四年级	78.3	81.5	3.2
五年级	76.2	80	3.8

年级	2015 年上期 语文平均成绩	2016 年下期 语文平均成绩	提高分数
六年级	78.5	81.5	3

3. 学生写作动力得到提高。

通过问卷调查，大多数学生对这种随课微写作的课堂教学模式很喜欢。随课微写作主要是学生在理解文本的基础上运用语言的训练，引领学生运用语言进行小练笔的时候，学生又有了一种主动性的对文本的学习，再一次与作者、文本、文本中的角色进行对话，这样又深化了学生对文本的理解，使得两者相得益彰。

4. 学生作文质量得到提升。

实验开展两年来，学生参加县作文竞赛的获奖率明显提升。2015 年我校学生作文荣获国家级"真善美伴我行"征文比赛三等奖，5 篇学生作文分获省级征文比赛一、二等奖。2016 年区现场作文竞赛中，我校有多名学生获奖。

5. 教师教学能力得到提高。

教师能树立运用"随课微写作"教学的指导思想，引导学生以读带写、以写促读、读写结合，相互促进。

6. 学校教学质量得到提升。

通过课题的实施，我校教学质量逐年稳步上升。

学期	期末统考全县排位
2015 年上期	35 名
2015 年下期	29 名
2016 年上期	21 名
2016 年下期	18 名

（二）成果的社会影响

该课题的实施，提高了学生写作的兴趣，提升了学生的写作水平，也受到了家长的一致称赞。家长们都说：以前孩子在家写作文，半天都动不了笔，写日记也是记流水账，现在不同了，喜欢阅读，喜欢写作。每次考试，作文分数也提高了不少。

撰稿人：黎晓燕

审核人：谢洪麟

数学实验提升中小学数学课堂教学有效性的策略

完成单位：西华师范大学
　　　　　四川省西充中学
完成人：程国忠、王芳、文志勇、何瑞娟、汤强、李光俊

一、成果背景

多少年来，"提升数学课堂教学的有效性"一直是数学教育研究者和一线数学教师们的共同诉求。随着基础教育数学课程改革的逐步深入，这一诉求不论是对学生还是对教师，不论是对学校还是对社会都显得越来越迫切了。尽管近年来对于这一诉求的理论研究和实践研究都没有间断过，但是对"从什么视域探究这一诉求""用什么路径实现这一诉求"等关键问题的回答却是"公说公有理，婆说婆有理"，各有所长，还没有形成共识。本研究从数学实验这一视角切入，来寻求提升数学课堂教学有效性的途径。

中小学数学课堂教学中的数学实验是指在数学思维活动的参与下，为验证某个数学事实、理解某种数学结论、解决某类数学问题，在特定的实验环境下，运用一定的实验手段，进行的教学活动。数学实验运用于中小学数学课堂教学时会面对诸多问题，会遇见多重障碍，因此，通过数学实验提升课堂教学的有效性就需要系统规划、分步实施。

二、成果内容

（一）理性认识成果

为了"提升课堂教学有效性"，在数学课堂中运用数学实验并不是"随心所欲"的，这需要结合数学课堂的多个维度对实验设计、实施等多个方面进行整体规划。为此，我们尝试着建立数学课堂中运用数学实验的融入机制。融入机制主要包括如何"规范"数学实验运用的方式，如何"监控"课前数学实验的设计，如何"调控"课中数学实验运用的流程等。融入机制结构见图1。

图 1　数学课堂中运用数学实验的融入机制结构图

1. 基于数学知识要求和学生认知需求"规范"数学实验方式。

数学实验运用于数学课堂教学的体系由"主体""客体""媒介"三部分构成。"主体"是指具有一定数学认知能力的学生,"客体"是能够被学生习得的广义数学知识(包括概念、命题以及思想方法等),"媒介"是指数学实验。系统中数学实验、数学知识、学生认知三者之间就如同三个相互"咬合"在一起的"齿轮",相互带动,"牵一发而动全身"。在系统运行中,数学实验不仅是一个"齿轮",还需要起到"催化剂""润滑剂"的作用,见图 2 所示。

图 2　课堂教学中数学实验、数学知识、学生认知三者运行关系图

2. 基于数学知识要求和学生认知需求"监控"数学实验设计。

中小学数学课堂中运用数学实验出现的"数学本质凸显不够""重结果、轻过程"等问题,这些都与"数学实验运用'随心所欲'"不无关系,即数学实验缺乏系统的、全面的设计。本研究的实验设计基于数学知识的学习要求和学生认知的需要,其设计流程见图 3 所示。

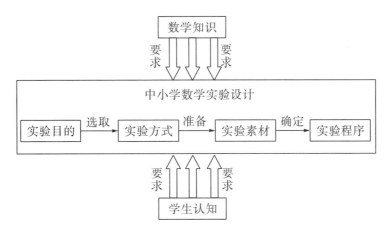

图 3　中小学数学实验设计示意图

3. 基于数学知识要求和学生认知需求"调控"数学实验实践。

"设计"仅仅是对课堂教学中运用数学实验的"预设"，对于千变万化的数学课堂，如何将"设计"的意图充分体现在课堂中？这又是一个提升课堂教学有效性的关键点。本研究发现，数学实验运用于中小学数学课堂需要遵循以下过程，才有利于提升课堂教学效果。

第一步：布置实验任务。依据课堂教学需要给出实验任务，一般是以数学问题的形式体现的。

第二步：实施实验程序。在实施相应的实验程序中，基于对实验对象的观察、操作等活动，收集核心数据、记录典型现象。

第三步：认知数学规律。依据实验现象或者数据，发现、验证、理解或运用与实验问题相应的"数学规律"。

第四步：给出数学描述。对实验的结果做出清楚的数学描述。

（二）实践操作成果

课堂教学中运用数学实验常常遇见"教师不敢""学生不能"等问题，本研究采取基于数学知识要求和学生认知需求"规范"实验方式、"监控"实验设计、"调控"实验实践等措施给予解决。主要解决了以下四个典型问题：

1. 教学中运用数学实验的目标"偏离"问题。
2. 教学中运用数学实验的方式选取"偏好"问题。
3. 教学中运用数学实验的内容设置"偏差"问题。
4. 教学中运用数学实验的程序实施"偏执"问题。

本研究在数学实验设计、实施环节都体现两条线：即知识线和思维线。数

学知识作为外部"参照系","规定"着数学实验的走向；而数学思维作为内部"参照系","调控"着数学实验的具体实施。正是两条线在实验设计和实施中的不断"交互作用"，确保了数学实验的运用能够因"地"而异、因"人"而异，教师能够较为灵活地处理"预设"与"生成"的关系，使其更为有效地服务于课堂教学。

三、成果特点

本研究的数学实验设计具有两个特点：

两个"基于"：第一个"基于"在于实验设计的各个环节基于数学知识的学习要求和学生认知的需求；第二个"基于"在于实验方式的选取、实验素材的准备以及实验程序的构建等是基于实验目的及要求的。

两条主线：实验设计有一条明线、一条暗线：明线是"数学知识、学生认知—实验目的—实验设计其他环节"，暗线是数学思维的展开。

四、成果效果

这些成果已在多所学校应用，产生良好影响。学生数学学习动机明显改善；学生对数学及其数学学习的态度明显改进；参与研究教师的教学水平获得提升，受到个人和相关机构的好评。

指导实验学校中学生参加各级各类竞赛，分获创新实践能力展示一等奖、学科能力竞赛三等奖、"四川省青少年机器人大赛"银奖。

一线教师评价："参与本研究，我受益很多，大大提高了我的数学教学水平，这反映在我的课堂中，学生对数学学习的积极性和主动性提高了，学生摆脱了繁重的数学演算，有时间去做更多的有创造性的工作。"

某市教科所评价："研究中所构建的数学实验运用于课堂教学的体系、提出的解决典型问题的有力措施以及开发的相应校本教材为课堂教学有效性的提升提供了有益的'土壤'，对于课堂教学有着直接的引导作用和积极的促进作用。"

撰稿人：王　芳

审核人：谢洪麟

基于高师院校与中小学合作的同课异构教学设计

完成单位：西华师范大学
　　　　　南充市教育科学研究所
　　　　　西华师范大学附属巴中实验中学
完成人：冯光伟、欧阳明、唐渊、杜永红、杨勇、杨登峰

一、成果背景

高师院校与中小学有着天然的联系，一直在源源不断地为中小学输送师资，但高师院校在完成对教师的职前培养以后，很少有与中小学在职教师工作上的结合点。2012年以来，西华师范大学借"国培计划"之机，通过与中小学及教研机构合作，高校教师指导中小学教师完成各类教学研究课题300余项，指导中小学同课异构教学设计500余人次，形成中小学同课异构教学设计经典案例400余个，分别收录在《名师教学案例》（一）（二）（科学出版社）、《新课程初中语文课例品析与微课设计》（四川大学出版社）、《小学数学教与学》（航空工业出版社）等著作中。协同构建了新型"同课异构"教学设计模式，解决了长期困扰中小学在同课异构教学设计中存在参与主体单一、目标定位不准、课程衔接脱位等深层次问题。

二、成果内容

（一）理性认识成果

成果立足课堂教学，开展同课异构教学设计实践，构建了"主体多融、目标多维、一课多现、构思多轮"的同课异构教学设计理论框架。

主体多融。在主体间建立深层合作的关系，即通过高校教师与中小学教师围绕课堂教学设计的核心问题，进行深入的交流与对话，彼此从态度、观点、方法去影响对方，最终达成彼此都能认可的教学设计效果，使一堂优质课真正体现集体智慧的结晶。

目标多维。有两层含义：一是确立课堂教学的多维目标。不仅关注学生的知识，还要关注学生的能力；不仅关注学生的身体健康，还要关注学生的心理健康；不仅关注学生的今天，还要关注学生的明天；不仅关注学生的学习内容，还要关注学生的学习方法。二是确立同课异构本身的多维目标。一方面同课异构追求教学设计的多样化、多元化，最终实现教学设计最优化，目的是取得最佳教学效果；另一方面，同课异构也是高校教师与中小学教师研讨教学、交流经验，积极开展教研活动的有效形式，是教师专业发展的有效途径。

一课多现。一堂课设计得好不好，总要以多种形式呈现出来，备课、说课、讲课、听课、评课与议课，都是在以不同的形式展示课堂教学设计。当一堂课分别以不同的形式呈现出来的时候，才更容易看到一堂课的全貌，从观念、形式、内容，到目标、过程、结果，全面审视一堂课的教学设计。

构思多轮。一堂优质课的形成需要经过一轮又一轮的精心打磨，每一轮都会在原有的基础上改进或提升。

（二）实践操作成果

1. 形成了"一课、两环、三轮、四动"同课异构的教学设计模式。

"一课"指高校教师与中小学教师同思一课。参与教学设计的主体不同，必然会用不同的视角，来构思一堂课。高校教师重理论，一线教师重应用；高校教师重创新，一线教师重规范；高校教师重发展，一线教师重传承。高校教师与中小学教师合作同思一课，容易使人看到课的全貌，不同主体之间的交流与对话，有利于相互学习，优势互补。一线教师的教学策略与高校教师的教育理念有效对接，必有助于提升一堂课的品位，增强课堂教学的有效性。

"两环"指上课与评课两个环节。上课是以执教教师为主，评课以观课教师为主。同课异构的教学设计中，上课与评课是相辅相成的，上课是评课的基础，课上展示了什么或没有展示什么都可能成为评课的内容；评课是上课的反馈或延伸。上课与评课不是单向的信息传递过程，而是双向的互动学习过程。授课教师精彩的课堂教学展示是评课教师学习借鉴的内容，评课教师独特的点评或建议是上课教师进行教学再设计的重要参考。

"三轮"指教学设计经过"生态课""打磨课"到"经典课"。第一轮"生态课"，是一个教师在教学常态下，按教学常规设计并组织实施的一堂课。第二轮"打磨课"，上课教师与观课教师通过课后的教学反思与评议对话，诊断出"生态课"的不足，并提出修改意见，通过第二轮教学实施，提升课堂教学设计水平。第三轮"经典课"，授课教师与评课教师经过第二轮的教学反思与评议，提出修改、完善"打磨课"的措施与方法，授课教师在广泛吸取观课与评课教师的建议之后，进一步修改、完善"打磨课"使之成为"经典课"。

"四动"指教学设计主体的四种活动，主动、能动、互动、感动。"主动"指参与教学设计的不同主体，对同课异构进行教学设计所持的积极态度。"能动"指参与教学设计的主体应站在各自的角度，结合自身的专业优势，发挥自身的主观能动性，对同课异构建言献策。"互动"指教学设计主体之间的对话与交流。"感动"指教学设计的主体因参与校地合作同课异构的教学设计成效而感动。

2. 探索了同课异构的教学设计及成果推广实施路径。

我们成功探索出了高师院校与中小学合作同课异构教学设计研究与实践的有效途径。以课堂为中心，积极开展同课异构的研究与实践；以培训为平台，建立高师院校与中小学的教学设计合作关系；以课题作支撑，高校教师指导中小学教师开展教学设计课题研究；以送教为载体，推广教学设计研究成果；以信息技术作支持，开辟高师院校与中小学合作的多种途径，通过在线学习交流与现场观摩研讨相结合，共同研究解决中小学教师在教学设计中面临的难题，提升了教学设计的水平。

三、成果特点

该项成果突破了传统的同课异构教学设计模式，具有以下几个特点：

（一）重点突出

抓住了教学设计这一教学关键问题进行研究，使同课异构教学设计促使课堂教学更具高效性。

（二）注重创新

构建了同课异构的教学设计模式，创新了同课异构的高师院校与中小学合作路径，使传统的同课异构焕发出生机和活力。

（三）求真务实

开展了大量的同课异构研究与实践活动，从课堂研讨、课题研究到成果推广应用，充分体现了在实践中研究的特点。

四、成果效果

成果来源于对课堂教学设计的实践研究，对教师职前培养、职后培训、教师的自主学习及教学实践都产生了极大的影响。

（一）成果辐射广大地区

成果分别以著作、论文、视频资料、教学课件等形式，在全国公开发行，为教师教育及教师专业的自主发展提供了宝贵资源。课题主研人员应邀到广东、山东、贵州、重庆等省市作教学设计交流，受到教育工作者的热烈欢迎。

（二）成果影响职前教育

自 2014 年成书以来，与教学设计相关的成果已在西华师范大学本科生和研究生的培养中作为教学参考资料被广泛运用，受到高校学生的热烈欢迎。

（三）成果影响教师培训

《课堂教学设计的理论与实践》与《名师教学案例》等著作，已在西华师范大学及攀枝花、绵阳、广元、南充、广安、泸州等地的教师培训、校本研训及区域性教研活动中广泛使用，受到参训教师的广泛好评。

（四）成果得到媒体报道

《中国教师报》《教育导报》、四川省教育厅网站等，对西华师范大学组织的专家授课、名师送教、成果推广、学校发展等情况给予充分肯定，进行了广泛宣传，成果得到了社会各界的认可。

撰稿人：冯光伟
审核人：欧阳明

初中英语课堂教学中师生互动策略

完成单位：仪陇县新政初级中学校

完成人：龚禧然、曹艳梅、彭朝晖、颜艳、赵云华

一、成果背景

在新课标导向的英语课堂上，教师的教学方式、评价方式、学生的学习方式有许多变化，英语课堂焕发了生机。但在实际的课堂教学中，举手发言的学生寥寥无几，只有少数学生回答，未能达到"面向全体，全体参与"的程度。究其原因，这些都与师生有效互动的策略有关。为此，我们进行了"初中英语课堂教学中师生互动的教学策略研究"的实践，以达到探索初中英语课堂教学中的师生互动策略，促进教师的专业成长，构建和谐的师生互动课堂，达到师生共同成长的目标。

二、成果内容

（一）理性认识成果

1. 找到了当前初中英语课堂教学中师生互动环节存在的主要问题。

一是互动形式单调，多师生间互动，少生生间互动；二是互动方式不足，多认知互动，少情意互动和行为互动；三是互动深度不够，多浅层次互动，少深层次互动；四是互动作用失衡，多"控制—服从"的单向型互动。

2. 找到了影响初中英语课堂教学中师生互动环节效率的主要原因。

一是教师对新课程理念的理解存在误区；二是教师的专业知识不扎实；三是教师缺乏必要的心理学方面的知识；四是教师对问题的设计不够重视。

3. 确立了初中英语课堂教学中师生互动的主要策略。

积极参与策略，做到全员参与，主动参与和差异参与；情感交融策略，因为师生间和生生间的情感交融，是调动学生积极参与互动，优化互动的动力源之一；人际合作策略，师生合作，生生合作，个体与群体的合作，是教学环境

交互决定的重要变量，没有人际合作，就无法实现和谐的"教学互动"；教学相辅策略，教法与学法相辅相成的，只有教法与学法相互适应时，才是最有效的学习。

4. 确立了初中英语课堂教学中师生互动的原则。

①民主性原则：建立民主平等的师生关系，调动教与学两方面积极性，在师生互动中开发增值性教学合力，是提高课堂教学效率的动力机制。②协作性原则：不仅是为了集思广益，相互切磋，取长补短，而且也是为了培养学生的协作意识与行为，促进个体个性的发展。③趣味性原则：趣味作为课堂教学互动活动的一种催化剂，在教学过程中能够产生强烈心理效应。④评价性原则：主要体现在及时性、对比性、渐进性、激励性和竞争性上，动态的评价能扩大互动的覆盖率，提高互动的质与量。

（二）实践操作成果

1. 互动的途径。

"互动式"的教学是以教学过程中教师、学生、教学中介（教材、教学手段等）之间的交互活动行为的发展规律为主线，同时反映其与学生认知过程、情绪过程的对应关系的教学结构框架。其整个流程称为"三阶段四环节"的教学模式："三阶段"即互知阶段、互助阶段和互进阶段。"四环节"是尝试发现—独立思考—协作讨论—运用评价。

2. 互动的方法。

互知是互助的基础。互知的关键是学生对教师教学习惯的适应，对教师新授知识前的基础掌握。

（1）从"互动式"教学模式三个阶段看：

互知的方法：①兴趣介绍法；②尝试促问法；③需求自择法；④静思感悟法；⑤推荐演示法。

互助的方法：①协助共进法；②交流互补法；③共探目标法；④参与成果法。

互进的方法：①交流点评法；②效果评析法；③评比择优法；④揭示规律法；⑤分析判断法。

（2）从互动的对象看：

师生互动的方法：①引生激趣法，促进学生确立学习的动机；②引生出问法，促进学生善于发现，积极参与；③引生探究法，促进学生积极思考，重视知识迁移；④引生评估法，促进学生学会学习，学会评价。

生生互动的方法：①情趣交流法；②协作共进法；③榜样互励法；④自我评价法。

3. 互动的技巧。

互动的技巧主要包括：课前精心准备，巧用事例引导，有意创设冲突，注重适时点拨；定时课堂演讲，把握修正技巧，及时反馈矫正。

三、成果特点

（一）本成果具有指导性

本成果透视现状、探寻根源，为教师进一步改进教学提供了依据，指明了方向。

（二）本成果具有操作性

本成果适用于七至九年级城乡学生。其理论认识有高度，有很强的操作性，例如互动式教学其整个流程称为"三阶段四环节"的教学模式，一看就懂，一学就会。

（三）本成果具有高效性

本成果在该校实施以来学校师生素质明显提高，课堂师生关系更加融洽，课堂气氛更加活跃，教学效率提高，教学成绩显著。

四、成果效果

（一）提高了教师的教学素质

1. 提高了教师的理论水平。

四年来，课题组主研教师中有课题获市级一等奖 1 人；6 人次论文参赛获国家、省、市、县等级奖；教学软件制作评比 2 人次获奖；发表论文 2 篇；5 人次获课堂教学竞赛市县级奖；6 人次获高中阶段招生考试学科质量评价等级奖；3 人次作县级专题讲座；4 人次获政府表彰；3 人次被评为市级骨干教师。

2. 开启了教师研究的新渠道。

自课题研究实施来，在课题组的带领下，英语教研组全体成员，在每次公开教学的听课评课活动中，都自觉不自觉地把"师生互动"当作听课、评课的切入点，把课堂教学研究引向更深层次，"师生互动"成为研究突破口。

3. 提高了教师驾驭课堂的能力。

通过近两年的研究，课题组成员初步掌握了"师生互动"的形成机制和应遵循的原则，对"师生互动"这一重要形式，认识上提高了、行为上自觉了，具体操作上得心应手了。

（二）提高了学生的学习素质

1. 培养了学生的合作意识和人际交往能力。

学生为了达到共同的学习目标，小组成员间进行交流、合作，可以妥善解决可能出现的问题。这种交往使学生能够意识到自己的不足和优点，从而产生心理相容，体验到与他人建立起合作关系的乐趣。

2. 培养了学生的责任意识。

合作小组的特点决定了学生在共同活动中必须做到互相帮助、监督，每个成员都要对其他成员的学习负责，体现出"人人为我，我为人人"的责任意识。

3. 培养了新型师生关系。

互动给每个学生提供了广泛的空间，使学习过程真正建立在学生的自主活动、主动探索的基础上，极大地激发了学生主动学习的积极性，使他们真正成为学习的主人。在合作学习中，师生间、生生间的互动有机地融为一体，呈现出一种师生互动的新形式，师生间能够平等对话，真正体现了教学的民主。

4. 提高了学生的综合能力。

互动使学生听、说、读、写各方面能力得到了增强，在各类英语知识、能力的比赛中也获得了较好的成绩。两位学生参加全国基础教育英语综合能力竞赛，均获南充市一等奖；10 位学生参加全国基础教育英语综合能力竞赛，获有全国一、二等奖。

撰稿人：龚禧然

审核人：陈　波

小学数学"多思喜悟"课堂模式

完成单位：仪陇县新政镇小学

完成人：何绪铜、张刚明、王博、杨海英、唐容

一、成果背景

"多思喜悟"即多思考、喜感悟，它是一种课堂教学理念。"多思喜悟"课堂模式是以"'促使学生思考、促发学生感悟、促进学生深度学习、促成学生习得能带得走的东西'为追求，以'核心问题'为导引，以'三环五步'为结构"的一种数学课堂教学新范式。该模式旨在解决以下问题：

（一）"四基"目标中的后"两基"落地问题

新课标提出的"四基"目标中的后"两基"，即基本思想方法和基本活动经验，是隐性的东西，是悟出来的东西，需要通过课堂教学落地。

（二）数学课堂教学现状中的"三大"困惑问题

一是学生数学学习浅表，深度学习不力的问题；二是数学课堂"问题"多碎散，核心问题缺乏的问题；三是课堂氛围不好，教育质量不高的问题。

二、成果内容

（一）理性认识成果

1."多思喜悟"是一种教学理念，也是一种教学思想。

"多思喜悟"与启发式思想一脉相承，它遵循了人的认知规律，是内化习得知识的根本途径，是学科课堂必须坚守的底线，也是学科教学的核心要义。教师需将"多思喜悟"教学思想融入骨髓，成为潜意识，成为固化在脑子里的教学理念和教学思想。

2. "多思喜悟"课堂模式具有多重价值取向。

它既是提升学生学科核心素养的抓手，又是推进课改深化的主引擎，还是实现"四基"目标全面落实的主控台。

3. "多思喜悟"课堂模式具有自身的个性体征。

一是"三大"培养目标，即唤醒学生"多思喜悟"的意识；培养学生"多思喜悟"的能力；提升学生"多思喜悟"的思维品质。二是"四个"基本特征，即主动参与，善独立思考；合作学习，善操作探究；喜疑善辨，善思感悟；善追善逼，喜回头自评。三是"三条"课堂规则，即耐心等待，静待花开；学生在前，老师在后；对话课堂，深度学习。四是"三个"基本规范，即四要、四重、四不讲，也就是：要儿童首位思考，要提倡提前预习，要敢于先行先试，要提倡教师低位；重问题的精心设计，重学生的思考感悟，重信息的双向交流，重材料的精选妙用；学生看得懂的不讲，学生讲得来的不讲，学生想得出的不讲，学生完得成的不讲。

（二）实践操作成果

1. "多思喜悟"操作流程。

教师悟——形成教学设计——"三环五步"开展课堂教学——促成学生悟。

"教师悟"是起点和关键，是设计教学的依据，需要解决"悟什么"和"怎样悟"两大问题，即悟知识本身（知识本质）和学生自身（学生的问题、困惑）。方法是"三S""三Z"，"三S"即反复揣摩知识的本质是什么（S）、新知与旧知有什么（S）关联、究竟该教给学生什么（S）；"三Z"反复揣摩学生怎样（Z）想的、他们怎么（Z）这样想、怎样（Z）打破学生思维的天花板。"课堂教学"是多思喜悟的主阵地，依托"三环五步"这一抓手。"学生悟"是落点、是目标，需要解决引发学生悟的"悟点、悟题、悟域和方法"问题。

2. 课堂教学"三环五步"结构流程。

三环：指课前、课中、课后；五步：指课中五步流程。

课前：预习——卡核心问题（好问题、大问题、本原性问题、真问题）——教学设计。

课中（五步）：情境，提出核心问题——群探究，围绕核心问题——微论坛，聚焦核心问题——追补逼，突破核心问题——自评价，体验核心问题。

课后：反思——练习。

三、成果特点

（一）"三大促进"价值巨大

促进了学生的高阶智慧生长、核心素养滋长，学业成绩明显提高；促进了教师内涵发展、专业成长，增强了教师的职业幸福感；促进了学校办学水平和办学效益的显著提升，推动了教育品牌的形成。

（二）"课改引领"方向明确

"多思喜悟"抓住了数学教学的本质，为数学课堂找到了理念和着力点，为课堂改革找到了方向和抓手，让教师少走弯路，让学生不再受折腾。

（三）"素养落地"路径清晰

核心素养在"悟"中生长，靠"悟"来沉淀。数学素养更是在"多思喜悟"中锤炼生长，而该成果"引学生思、促学生悟"，正是核心素养在课堂教学中落地的最好途径、方法和策略。

四、成果效果

（一）学术上

1. 论文。

成果完成人先后在《小学数学教育》《教学月刊》《中小学数学》《小学教学设计》《小学教学参考》《小学教学》等期刊发表《多学少教、多思喜悟课堂》《本源性问题："多思喜悟"课堂的生长点》《数学，需要多思喜悟》等 18 篇论文。其中，《设计本源性问题，提升数学课堂魅力》《小学数学本源性问题群的构建与探索》分别获中国教育学会第 29 次、第 30 次学术年会优秀会议论文。

2. 科研。

成果完成人提炼的《〈基于核心素养课堂转型，构建多思喜悟数学课堂模式研究〉研究报告》获中国教育学会 2017 年度论文征集和评选活动优秀论文三等奖。

（二）区域示范上

成果已应用在本县多种培训上，如七所联盟学校教研、全县新教师培训、全县骨干教师培训、"国培计划"送教下乡等。成果也通过各种层面的"送教下乡""结对帮扶"等形式在全县、片区、学校示范推广。

（三）课改引领上

"多思喜悟"课堂理念，由成果完成人首次提出，得到教育界专家郑毓信教授高度认可，得到全国各地教师和名师工作室的广泛认同，并在江西上饶、广东恩平、江苏灌南等地积极推动研讨和践行。

（四）教育效益上

1. 学生素质出现了三个明显增强和三个显著提高。

该成果，主要解决了数学课上学生思考难、感悟难的问题。成果应用后，出现了以下可喜局面：一是学生多思喜悟的意识明显增强，对数学的学习兴趣显著提高。二是学生的思维能力明显增强，数学素养显著提高。三是学生的学习能力明显增强，学业成绩显著提高。检测发现，学生对数学的学习兴趣由两年前的 45% 上升到了实验后的 85%，"想思考"的学生人数上升 21 个百分点，既会做题还能讲出道理的占到了 47%，上升了 37 个百分点，学生中的学困生明显减少，及格率大幅上升，均达到 80% 左右，五、六年级优生率较两年前分别上升 29.6、34.6 个百分点。

2. 教师教学出现了三个明显转变和三个显著提高。

一是教师的教学理念明显转变，学科素养显著提高。二是教师的课堂教学明显转变，教学水平显著提高。三是教师的学习意识明显转变，科研能力显著提高。近三年我校教师参加区、县、市、省举行的课堂教学竞赛，获奖 57 人次；主参研人员制作的课件、作品、课例，获省、市、县等级奖 42 项；学科教学质量获县等级奖 22 科次。

3. 产生了强烈的社会反响。

"多思喜悟"已在我校数学课堂扎根定形，成为学校课堂改革的典型范式。它促进了学校办学水平的显著提升和学校辐射力的明显增强，促成了学校立身教育品牌的逐渐成形。同时，也引来县内外众多兄弟学校和教师参观学习，学校也因之成为教师的国培基地。

撰稿人：何绪铜

审核人：唐　容

有效视域下数学课堂提问的预设与调控策略

完成单位：南充市嘉陵区一立初级中学
完成人：吴贞勇、陈柳君、王波、张福明、何叶、岳金蓉

一、成果背景

"有效视域下课堂提问预设与调控"，充分体现了在课堂教学中"以学生为主体，以教师为主导"的双主教学模式，是教师课前根据教学内容，预先设定教学问题，并针对设定问题拟定教学计划，课堂上按照预定的教育教学计划，采取灵活的教学方式和手段，引导学生饶有兴致地进行自主探讨、交流与合作，高效完成教学任务的过程。我校确定本课题，旨在解决以下问题。

（一）学生学习积极性不高的问题

经调查，我校大部分学生对传统的教学法视觉疲惫，有的习惯于听课，上课发言不积极，独立思考性不强。有的自主意识不强，不愿交流，不能独立解决问题，没有在学习、探究中体验成功与失败，缺乏学习的积极性。

（二）教师课堂提问实效性不高的问题

一是部分教师对数学课堂提问对于传授学生知识、开拓学生思维的重要意义和教学价值认知不够，不知道如何提高小学数学课堂提问水平；二是部分教师课堂提问的水平不高，提问后的评估机制欠佳，造成课堂教学效率低下。

二、成果内容

（一）理性认识成果

1. 归纳了准确把握提问的"六原则"。
（1）提问的明确性。
提问是为了引导学生积极思维。提的问题只有明确具体，才能为学生指明

思维的方向。提问既要明确，又要问在关键处，才有助于学生对知识的理解。

（2）提问的思考性。

在知识的关键处提问，能突出重点，分散难点，帮助学生扫除学习障碍。在思维的转折处提问，有利于促进知识的迁移，有利于建构和加深所学的新知。

（3）提问的灵活性。

教学过程是一个动态的变化过程，教师的提问要灵活应变，充分调动了学生的学习积极性。

（4）提问的多向性。

要让学生的思维多向，鼓励学生质疑问难，改变信息单向传递的被动局面，使课堂呈现教师问学生答、学生问教师答、学生问学生答的生动活泼局面。

（5）提问的逻辑性。

教师所设计的问题，要符合小学生思维的形式与规律，设计出一系列由浅入深的问题，问题之间有着严密的逻辑性，然后一环紧扣一环地设问，从而使学生的认识逐步深化。

（6）提问的巧妙性。

当学生的情感被激发起来时，教师要善于激疑促思，在"无疑"处设疑，在内容深处、关键处、结合部设疑，使课堂教学时有波澜。

2. 提炼了课堂有效调控"三原则"。

（1）积极与平等的原则。

积极与平等的原则是指教师在课堂行为调控中，应该树立积极的期待观，真心诚意地热爱学生、帮助学生，平等地看待学生、和学生交往，设身处地为他们的发展着想，相信只要给予他们足够的时间和恰当的帮助，他们都能成为全面发展的学生。

（2）尊重原则。

尊重是人的自我尊重对学校教育的基本要求，是个体发展的必要条件。自我尊重是人对自我行为的价值和能力被他人和社会承认或认可的主观需要，是人对自己尊严和价值的追求。

（3）有效与适度的原则。

教师在进行课堂行为调控时，必须讲求有效与适度的原则，不能为调控而调控，更不能为调控而影响正常的课堂教学，教师要根据情况有策略地适时调控。如果能通过眼神、手势、语调等方式调控学生的课堂行为，就没有必要中断教学去教育学生。

（二）实践操作成果

"数学课堂提问的预设与调控"实验视课前、课堂、课后为有机整体，以"预设"教学为指导思想，把促进学生知识、能力、个性协调发展作为教学的终极目标。

1. 课前问题预设。

课前问题预设要求教师通过问题预设，引导学生预习，让学生初步感知内容、把握重点、自我发现、提出疑问，主要培养学生自我发现问题的意识和能力以及刻苦钻研精神。课前问题预设分四个阶段：准备阶段——预习能力培养；实践阶段——教师引导下的尝试预习；操作阶段——学生自主预习；提高阶段——预习经验交流、写预习笔记。

2. 课堂适时调控。

课堂适时调控主要任务是教师提供教学情景，引发教学动机，目的是引导学生步步探究，自主获取知识。其主要操作步骤如下：教师激趣，创设情景；引导学生，初步交流；小组合作，探究新知；教师精讲，画龙点睛；分层训练，全面提高；归纳小结，学以致用。

3. 课后及时反馈。

课后及时反馈主要任务是要求教师及时批阅学生作业或进行课堂检测，其目的就是便于教师根据学生实际情况做出相应的教学调整，为学生的后续学习奠定基础。

三、成果特点

（一）理念创新

主张摒弃"被动学习行为"和"教师满堂灌教学行为的弊端"，提高教师组织教学的能力，培养学生主动思维、积极参与的良好学习习惯。

（二）模式创新

将课前、课堂、课后看作一个有机整体，以"预设"教学为指导思想，把促进学生知识、能力、个性协调发展作为教学终极目标的"课前问题预设、课中适时调控、课后及时反馈"的活动模式。

四、成果效果

（一）学生综合素质显著提高

激发了学生参与数学学习的积极性，学生主体地位凸显。通过课前引导学生预习，让学生养成针对问题——思考问题——猜测结论——验证结论——解决问题的全新思维模式，学生预习能力明显增强，养成了良好的预习习惯。实验班级的平均分、及格率、优生率都有明显的上升，学生的数学成绩显著提高。

（二）教师综合素质显著提升

转变了教师的传统教育观念，实现了教师角色转化，树立了正确的教学观、师生观和学生观。教师的教学认识和教学能力得到了提高。一大批教师的课堂教学水平明显提高，并迅速成长为教育教学能手与专家。

（三）学校办学水平明显提高

提高了学校办学水平，教学质量稳步提升。全校有 31 人次获区优秀教学质量奖，有 6 人次在市区竞教获一、二等奖，56 篇教学论文在各级各类报刊、杂志上发表或获奖，学校工作深受上级领导、教育主管部门及社会的一致好评，学校先后被授予"四好班子""校风示范校""校本教研示范校"等光荣称号，并多次获"教学管理奖""毕业班综合质量奖"等奖项。

（四）社会影响不断扩大

学校课改成果多次在片区推广。2016 年 5 月，举行了教学现场教研活动，阆中彭城中心校等 10 余所学校前来观摩学习。主研人员多次应邀到各地开展教学研究专题讲座。2017 年被评为市级科研课题二等奖。

撰稿人：陈柳君

审核人：王　瑜

高中语文校本课程开发与利用

完成单位：四川省仪陇县第二中学
完成人：李辉中、李一丹、蒋洪、罗松柏、黄玉娟

一、成果背景

新课程改革的核心是学生学习方式的更新。学生的语文学习，大多是被动的学习，方法不当、效率低下，这既影响学生的身心健康，又妨碍学生的个性发展和文化知识学习。由此我们提出了"高中语文校本课程开发与利用研究"这个课题进行研究，旨在探索高中语文教学中，学生学习资源单一、方法死板、效率低下的归因分析，在理论的指导下通过具体实践进行课题研究，以期使课题研究真正为教学所用，促进教学实践。并在教学实践中积极有效地实施课题研究，推动我校的语文学科教学。

二、成果内容

（一）理性认识成果

1. 高中语文校本课程的特点。

（1）实践性。

实践性是高中语文校本课程最本质的特征。

（2）探索性。

高中语文校本课程鼓励培养学生的积极探索精神，在探索中感悟语文之美。

（3）多样性。

高中语文校本课程使学校、家庭、社会紧密联系，促进了课程的多样化。

（4）综合性。

高中语文校本课程的内容具有综合性，融合了多种学科和现代媒体知识。

2. 高中语文校本课程遵循的原则。

（1）遵循国家教育目标的原则。

校本课程的开发必须与国家课程的指导思想和目标保持一致，同时作为国家课程和地方课程的必要补充。

（2）相互协调的原则。

一是语文校本课程与国家课程、地方课程间的均衡协调；二是语文校本课程开发所有主体人员之间的关系协调；三是做好社会、学校、家庭之间的相互协调。

（3）整合的原则。

收集所涉及的知识、认知以及技能等方面的全部要素，并选择出有用的部分，在差异允许的范围内，找到它们之间的联系，最终整合为一个整体。

（4）因地制宜的原则。

坚持从实际出发，结合学生、学校的风格和特色，保证校本课程的多样性，确保学校的校本课程有其特有的风格。

（5）调查、研究、实验相结合的原则。

对学生的兴趣和需求、教师的现状、学校已有课程资源进行调查研究，通过教育实验来验证课程的有效性和科学性。

（6）灵活性和计划性相结合的原则。

根据本校的语文课程资源和学生的需求设计若干模块，对于模块的内容组合以及模块与模块之间的顺序编排根据实际情况灵活实施。

（二）实践操作成果

1. 探索出了高中语文校本课程的开发模式和策略。

我校高中语文校本课程的开发与利用研究宜采用条件主导模式，其程序为：环境分析——需求调查——目标拟定——方案编制——课程组织——实施反馈——评价修订。

开发与利用策略：

（1）必须处理好校本课程与其他课程（选修课、活动课）关系。

（2）校本课程开发必须根据学生需求。

（3）必须提升教师在校本课程开发与利用研究中的参与度。

（4）语文校本课程的开发必须要切合学科特点，体现学校特色。

（5）开发校本课程，一定要考虑可能性和可行性。

2. 构建了语文校本课程的利用方法。

（1）挖掘校园墙饰文坛。

（2）举办名人大讲台。

（3）开展丰富多彩的语文活动。

（4）艺术渗透语文校本课程。

（5）经典诵读。

（6）校史教育。

（7）合理利用当地的自然和人文资源。

（8）关注家庭和社会，开展感恩教育系列活动，深入利用语文资源。

（9）积极利用多种媒体资源。

3. 建立了较为完善的校本课程开发与利用评价体系。

我们建立健全了校本课程评价体系。强调运用多种评价方式，注意评价主体的多元化，在语文校本课程评价体系中，既要有终结性评价，更要有过程性评价，既要有"量"的评价，又要有"质"的评价，既要有他人的评价，又要有自我评价。

三、成果特点

（一）体现学校办学特色，充分开发和利用语文课程资源

结合我校出版的校园文化读本《群星璀璨照我行》和名人大讲坛两个文化载体，让学生竖起人生的旗帜，对准人生的镜子，锁定自己人生的坐标。

结合我校艺体特色，开展书画、朗诵、演讲、征文、课本剧、生活小品、手抄报、故事新编等活动。让学生把语文学活、学趣、学出自我、学以致用。

挖掘墙饰文化，如我校问源楼张贴的"静""敬""净""进""竞"五个大字，可面向学生通过征集、整理、展示其含义，让学生真正受到教益。

（二）因地制宜，合理开发利用自然和人文资源

发挥地域优势，以本地资源为切入点，选择易于转化为语文教育教学活动的有效资源，比如"红色仪陇"资源，加以合理开发和利用。

（三）关注社会，深入开发和利用语文资源

"关注社会"是人类发展的主题，也是语文教育的目标之一。作为教师，就要引导学生从小了解社会，参与社会活动，培养他们适应社会的能力，并充分挖掘社会环境中的语文教育资源，增加学生学语文、用语文的机会。

四、成果效果

(一) 教研成果得到发表

罗松柏老师撰写的《微言高中语文校本课程的开发与利用》发表在《语文报》上，黄玉娟老师撰写的《如何实现高中语文校本课程与语文教学的巧妙结合》发表在《学习方法报》上。我校其他语文教师通过研究，在各种学术期刊上发表的论文有 10 余篇。通过研究，提升了仪陇二中的教研科研水平，为其他课题的研究找到了一些具体的方法和措施。带动了仪陇二中教育教学科研兴校战略的具体实施。

(二) 学生能力得到发展

激发了学生的学习兴趣，使学生热爱语文，热爱生活并形成了良好的语文素养。培养了学生的写作特长，促进了学生个性的成长，提高了学生的语文成绩。

(三) 教师素质得到提高

培养了教师之间的协作精神，拓宽了教师的知识结构，强化了教师的课程意识，提高了课程开发能力，促进了教师在课程改革中的角色转换，促使语文教师的素质得到全面提高。

撰稿人：罗松柏

审核人：蒋　洪

初中英语课堂"三主三合"教学模式

完成单位：仪陇县教师进修学校

仪陇县实验学校

完成人：曹东、杨俊、谭贵菊、曹艳梅、杨丽君

一、成果背景

《基础教育课程改革纲要》指出：要改变课程过于注重知识传授的倾向，强调形成积极主动的学习态度，倡导学生主动参与、乐于探究、勤于动手，培养学生搜集和处理信息的能力、获取新知识的能力、分析问题和解决问题的能力以及交流与合作的能力。近年来，课堂教学都体现了以重"教"为主向重"学"为主的方向发展。但仍普遍存在一些不可忽视的问题，如在教学中重教有余、重学不足，灌输有余、启发不足，复制有余、创新不足，重知轻能、重教轻学。

成果重点解决以下三个问题：

（1）教师对"教、学、做"需要结合的认识不足的问题。

（2）教师"教、学、做"分离的问题。

（3）教师英语课堂教学方法不佳的问题。

二、成果内容

（一）理性认识成果

形成了英语学科"三主三合"教学观。

三主：教为主导（教师主要作用是引导），学为主体（学生对主要知识主动学习），做为主能（主要能力的主动实践和训练）。

三合："教、学、做"三合一。

理性认识成果简要概述如下：

1. 建构了英语课堂"三主三合"的理论框架。

中国教育家陶行知视"教、学、做"为一体，"做"是核心，主张在做中教、做中学，强调从教师对学生的关系上说"做便是教"，从学生对教师的关系上说"做便是学"。从"做"中寻找解决问题的规律，培养举一反三、灵活应用的能力，正是"做"的真正目的。"教、学、做合一"，才是教学的真谛。

2. 建构了英语学科"教、学、做合一"的基本学习方法思路。

《义务教育英语课程标准（2011 年版）》，倡导"自主、合作、探究"的学习方式，让学生主动参与、乐于探究、勤于动手，培养学生搜集和处理信息的能力、获得新知识的能力、分析和解决问题的能力以及交流与合作的能力，这就是建构"教、学、做合一"的基本学习方法思路。

3. 建构了英语学科"教、学、做合一"的板块教学基本思路。

英语课堂教学板块包括"英语学习情景""英语学习任务""英语学习活动""英语教学活动""英语学习评价"五个基本要素。

（二）实践操作成果

1. 形成了英语学科"三主三合"听说读写基本技能训练的基本范式。

（1）听力的培养。

听是学习语言的先决条件，教师在课堂上要尽可能创设英语情景，发挥学生听力的潜能。让他们积极主动地利用自己掌握的语言知识去听，还可利用投影、电脑及自制的电子课件等视听手段进行教学。

（2）口语的训练。

训练"说"的过程，教师应循序渐进。首先要让学生有一种表达的欲望，并针对学生能力的差异提出不同的要求。在设计主题时，要贴近学生生活，让学生有话可说、愿意说、说得出来，再循序渐进地加深难度，并呈现一定的可供学习与模仿的句子。

（3）阅读理解的训练。

阅读教学的目的有三个：一是获取信息；二是学习语言知识；三是获得阅读技能。阅读整体教学是将三个不同的阅读教学目的统一于一个教学过程中，将语言学习与语言运用统一起来。

（4）书面表达的训练。

写的训练可以从单词、习惯表达法练起，训练学生的多种表达能力。要让学生明白中文、英文作文谋篇布局之间的差异。

2. 形成了英语学科"三主三合"单元模块教学课堂的基本范式。

英语学科单元模块教学可分为词汇、句型、语法和语篇四个模块，具体课堂的基本范式如下：

（1）词汇模块教学。

根据《英语课程标准》的规定，初中毕业生要学会使用 3000 个单词和 400—500 个习惯用语或固定搭配。对于词汇教学有如下建议：

第一，改进教学方法：主要有音、形、义和语用相结合，抓好英语常用单词的教学；词性、词义相结合教学；表演性教学；激励性教学；连环式教学；游戏性教学；简笔画教学；多媒体教学。

第二，引导学生词汇学习方法：主要有机械记忆与理解记忆相结合；调用多种感觉参加记忆法；将归纳记忆与联想记忆相结合；结合句子记忆单词；在小组合作学习中扩大学生的词汇量。

（2）句型模块教学。

句子是说话的应用单位，掌握常用句型是保证学好英语的首要条件，以下三种方法较为有效。

第一，情景呈现：有问题呈现法；看图呈现法；叙述呈现法。

第二，句型操练采取由浅入深，循序渐进的方法，方式如下：模仿式操练；替换式操练；发散式操练。

第三，句型运用：有对话表演；角色扮演等。

（3）语法模块教学。

方式有运用小组协作式任务型教学；运用语境教学；运用归纳和演绎教学；运用游戏教学。

（4）语篇模块教学。

方式有整体教学法；线索教学法；速记教学法；背景知识介绍法。

3. 形成了英语学科"三主三合"语用环境营造的操作基本范式。

第一，利用环境感召，促进英语思维的快速形成。

第二，提供语言交际情境，扩大词汇量。

第三，参加交际活动，促进英语口语水平提高。

4. 形成了英语学科课堂"教、学、做合一"教学案例集。

经过多次课堂教学实践，课题组成员组织编写了英语课堂"教、学、做合一"教学案例集。教学案例集包括单元听说课型、阅读课型、写作课型和作业试卷讲评课型。案例集内容包括课型教学设计和教学反思。

三、成果特点

成果较全面系统地整合了当前英语教学领域内的英语教学"三主三合"相关理论，形成了较为完善的英语教学"教、学、做合一"理论体系；引领初中英语教师形成了科学的英语语言工具学科的教学观并在课堂教学中自觉践行"教、学、做合一"的理念，真正体现"用中学，学了就用"；具体化了教师组织学生进行听、说、读、写四项基本技能训练的各环节设计，真正体现教师在做中教、学生在做中学，教学做合一；培养学生"教、学、做合一"的英语学习方法和习惯，教学中重点教给学生学习方法，让学生养成终身学习的习惯；使学生综合能力得到全面、终身的发展。

四、成果效果

（一）推广范围

此项研究成果在仪陇县范围内学校推广应用。

（二）成果实效

1. 促进了学生的自主学习，为学生终身发展打下了基础。

通过三年的实践，让学生学会学习，初步掌握了英语学习的策略，为高中、大学乃至终身的学习奠定了基础。

2. 提高了教师的科研水平和教学水平，促进了教师专业发展。

参与研究的教师均全面更新了英语教学的理念，在研究中前行。

3. 突出了英语教学的人文性和工具性，构建了高效的课堂。

构建的英语高效课堂不仅是学生学习知识和能力养成的场所，还是师生聚集、共同进取的阵地。

撰稿人：杨　俊

审核人：李　辉

"三环节两课型"小学语文
高效阅读课堂教学模式

完成单位：仪陇县小学语文名师工作室

完成人：吴林涛、胡燕、彭晓霞、许小芹、魏玲玲

一、成果背景

当下语文教师在阅读教学中还存在流于形式、目标片面、避重就轻、浅尝辄止、效率低下等问题。教学形式多样却本质弱化，课堂书声琅琅却情感空洞，阅读教学只见树木不见森林，忽视语文工具性和人文性的和谐统一。

我们研究的《"三环节两课型"小学语文高效阅读课堂教学模式》成果，着眼于提高学生语文素养，针对阅读教学弊端，解决了当下语文课堂教学效率低下的问题，让小学语文课堂回归语文的本质；解决了一线小学语文教师教学的困惑，指引教师走上专业成长之路。

二、成果内容

（一）理性认识成果

1. 语文阅读教学要高效，必须遵循语文教育的规律。

语文教育的核心是语言教育，语言教育必须紧扣理解语言的内涵，感悟语言表达的功效，内化典范语言。学习语言，充分实践、大量积累是重要的途径。

2. 语文阅读教学要高效，必须解决好教什么的问题。

课堂教学的时间是有限的，学生的学习精力也是有限的。精选那些真正能为学生所用、让学生终身受益的"核心知识"，放弃一切与学生学习无关的东西，让课堂更简单，也才会更高效。

3. 语文阅读教学要高效，必须体现学生的主体性。

学生是学习和发展的主体，充分给予学生自主实践的机会是阅读成为学生个性行为、高效行为的首要保证。

（二）实践操作成果

1."三环节两课型"模式概述。

"三环节"是指一篇课文教学完整过程中的三个阶段，即初知大意—精读品析—巩固内化。"两课型"是指根据阅读教学的三个大的环节、实施阅读教学而设计出的"初读课""精读课"两种常态的课堂结构模式。

初知大意阶段：主要是概览全文，了解内容。主要着力在把课文读通读畅，落实字词基础，读懂课文的大意，理清课文的条理，提出初读的疑难。

精读品析阶段：主要通过对语言的品析，体会文章的人文内涵，感受作者的表达方式，感悟作者表情达意的语言功效，内化作者文中的典范语言。"思、议、讲、练"是这个阶段的教学的主要方法与手段。

巩固内化阶段：本阶段的主要任务是总结提高、指导运用、拓展延伸，使学生形成技能，并把学习延伸到课外。

2. 初读课的一般教学流程。

（1）激情导入，激发动机。根据教材内容及特点，采用适合学生年龄特点的方式与手段引出课题，目的是激发学生的阅读兴趣。

（2）初读课文，随文识字。运用朗读的手段，让学生在随文朗读中读准字音，在读后注意运用工具书，同桌或小组合作学习字词，体现主动合作识字。使学生读通课文，读准字音。

（3）集中识字，积累词汇。在学生初读课文自主识字学词的基础上，集中解决字词的学习，从读准字音、记住字形、指导方法、丰富词汇（了解字义）、写好汉字几个方面，根据特点指导学习。

（4）再读课文，读顺读畅。在学生集中学了字词之后，让学生再读课文，目的是既巩固识字的成果，又把视角转向阅读，用阅读来助推识字，从而把识字的目的是为了阅读的理念体现出来。可让学生通篇读，也可重点放在不好读的句段上，把自读、抽读、范读结合起来。

（5）三读课文，读明大意。这次读书的着力点在读明文意之上，可让学生默读课文、思考文章大意，梳理文章条理，然后交流讨论，集体归纳，把握文章整体。

（6）质疑问难，了解学情。让学生把自己初读后还存在的问题提出来，一是引导解决简单的问题（如字词方面的），二是就内容方面的问题引导学生课后思考，下一课时带着问题学习，达到以学定教的目的。

3. "精读课"的具体操作。

（1）巧引课题，整体感知。承接"初读课"的教学可直入课题，或从本节课要重点解决什么问题的角度出发引出课题。入题后再次回顾课文的内容与结构，把文章的主体框架立起来，并结合教材特点让学生初步感受作者在表达方面是怎样安排文章结构的。

（2）提炼焦点，扣准文眼。根据文章的结构，把学生的视角引向文章的核心问题，顺势扣住文眼，为品读找准出发点，即牵住文章思路的"牛鼻子"。

（3）紧扣文段，品词析句。以段（结构段）为单位，按照一读抓住内容和内涵，二读抓住文中大意表达，三读品析语言功效，四读悟情内化典范语言这样的层次，把思、议、讲、练有机结合起来，实现师生、文本之间的对话。从而实现语文教学中"字、词、句、段、篇"与"听、说、读、写"双基教学，以及对学生语感培养、语言积累、人文教育等各种训练，最终达到对学生语文素养的培养标准。

（4）回归整体，巩固提高。师生共同梳理，让学生形成读完一篇美文后，对内容（内涵）、结构、表达方法、语言特色等形成完整的印象、把点滴零散的认识形成系统。

（5）实践运用，拓展延伸。根据学段特点，以及教学目标，让学生运用知识形成能力，或转化为技能，尤其是在读写方面。同时把对本课的学习引向课外。

4. "以读为线，思议讲练"的运用

（1）"以读为线"。就是对一篇课文教学全过程而言，"读"贯穿始终。即：读通读畅，读懂大意，读懂内涵，读明表达，内化语言。在教学的过程中读既是一种手段，同时也是一种能力训练，读既在整篇课文的教学中是训练的线，在精读环节进入局部品析中，也是贯穿整个环节的过程。

（2）"思议讲练"。"思"：学生边读边思考，带着问题、带着目的研读文本，在读中去体验，把语言教学与思维训练结合在一起。"议"：学生在进行一番阅读与思考后，以多种方式合作交流，把自己在读中的独特体验表达出来。"讲"：老师根据学生的交流，抓住生成点做深入引导，将学生的见解加以梳理形成系统，促进知识的教学、能力的训练的落实。"练"：学生在教学的过程中运用知识，通过口述、练笔、朗读、品析等多种方式，把知识转化为能力。

三、成果特点

"三环节两课型"小学语文阅读课堂教学模式立足课堂实践，针对课堂弊病，遵循阅读教学的规律，发挥学生的主体作用，综合解决在教学目标、教学内容、教学程序、教学评价中出现的多种问题，模式简洁高效，易于推广实施。

四、成果效果

本成果在县域内众多学校推广，使教师快速规范了课堂教学行为，促进了教师的专业成长，同时在单位时间里最大化地促进学生语文素养的提高。实验班学生的成绩明显优于非实验班学生，学生在理解、感悟、表达、想象、联想，以及利用信息解决问题，合作探究等方面，表现出较强的求知能力、自主能力和创新能力。

撰稿人：胡　燕

审核人：李　辉

课堂教学结构探索与实践

完成单位：营山县中小学教学研究室
完成人：罗明俊、廖聪毅、张云彤、李敏、梁澍刚

一、成果背景

（一）研究的缘起

1. 数据分析很不乐观，引发我们对教师素质和教学过程的关注。

2. 教学调研发现端倪，引发我们对教师教学观念和学生学习方式进行反思。

（二）研究所要解决的问题

1. 如何改变传统教法，促进学生主动学习。
2. 如何促进教师运用新课模式进行课堂架构。

二、成果内容

（一）理性认识成果

1. 革新了"课堂教学观"。

主要表现在"五个突出"上：突出学生；突出学习；突出合作；突出探究；突出引导。

2. 厘清了"四步课堂"基本内涵。

以自主学习为基础，实现学生对文本知识的总体把握；以合作探究为主导，实现学生对文本知识的深度认识；以即时训练为主线，实现学生的知识与能力的提升；以评点总结为目的，实现学生的知识系统化与体系化。

3. 编撰了《四步课堂》论著。

《四步课堂》一书于 2014 年 10 月由重庆大学出版社公开发行，中央教科

院吴霓研究员亲自为该书作序。

（二）实践操作成果

1. 建构了"四步课堂"结构模式及操作策略。

（1）建构了"四步课堂"结构模式。

以课程标准为基点，以"建构主义理论"为支撑，以"三定"（以生定思、以思定学、以学定教）思想为指导，充分彰显"自主、合作、探究"的学习方式，着眼于营造"动静相宜、张弛有度、探练结合、活实相生"的课堂，形成"自主建构，互动激发，高效生成，愉悦共享"的学习氛围，概括提炼出了适合各年级（小学一、二年级除外）各学科可操作的课堂教学基本框架——"四步课堂"结构模式，即：自主学习、合作探究、即时训练、评点总结。

（2）确立了"四步课堂"操作策略。

自主学习（约 10 分钟）。创设情境、导入新课；出示目标、学生自学；指导督促、效果反馈。

合作探究（约 16 分钟）。建立小组、明确任务；组内交流、互助探究；组间交流、展示成果；调控引导、及时评价。

即时训练（约 10 分钟）。出示课堂训练习题；当堂独立定时完成；巡视督查了解情况；选择性批改与互评。

评点总结（约 4 分钟）。教师针对倾向性的问题，发表自己的见解，阐释自己的观点，或整理知识脉络，或点拨学习方法，或巩固拓展升华，或走进生活学以致用，或让学生进行梳理总结，自我评价。

（3）制订了"四步课堂"评价标准。

"四步课堂"根据教师教的行为和学生学的行为，建构了一系列的课堂教学评价标准。主要包括学生课堂学习总结性评价量表、学生对教师的课堂教学评价量表、教师看课评价量表、"四步课堂"示范学校评估标准和各学科课堂导学评价量表等。

（4）编写了"四步课堂"导学预案。

"四步课堂"导学预案既是学生自主学习、合作探究、即时训练的学习方案，又是教师帮助学生掌握教材内容，沟通学与教的桥梁，具有"导读、导疑、导思、导法、导路、导听、导做"的作用。在编写时，遵循课时化、问题化、方法化、层次化、参与化的原则；遵循渐进性、层次性、互动性和开放性的思路；遵循"四有三线"（四有：眼中有学生、脑中有方法、心中有课标、手中有素材；三线：体现知识线、学法线和能力线）的策略，引导学生自学、自疑、自问、自动、自练，实现掌握知识（学会）与发展能力（会学）的目的，充分考虑和适应不同层次学生的实际能力和知识水平，导学预案具有较大的弹性和适应性。

2. 建构了"四步课堂"应用策略。

（1）建构了"四步课堂"培训体系。

建构了促进教师专业成长的"两条路径"：

一条路径是以培训为载体，以讲座为依托，主抓了"六个培训"：县级通识培训；种子教师培训；试点学校培训；片区教研培训；校级学科培训；专题技能培训。

另一条路径是以活动为载体，以提升教师职业成就感为依托，主抓了"十一项活动"：课堂教学示范；优秀课例展示；优秀教师送课；"百堂"样课打造；教学技能竞赛；课堂教学竞赛；校校联合教研；导学案本土化；论文案例评选；现场推进会议；子课题的研究。

（2）建构了"四步课堂"教学技能操作策略。

建构了课堂导入、课堂讲解、课堂问答、课堂讨论、课堂演示、课堂组织管理、课堂评点总结、课堂板书板画八大课堂教学技能操作策略。

（3）建构了"四步课堂"教学技能测评方法。

探索建构了"三训两测一过关"的课堂教学技能测评方法。"三训"，即教师自训、学校专训（学校分项进行专题培训）、县级辅训（专家到校或分科集中到县进行辅导培训）；"两测"，即：个人申报学校测评和学校申报县级测评；"一过关"，即"八项技能"人人过关验收。同时，在学校、片区、县级课堂教学竞赛中还分阶段、分项目单设"课堂教学技能奖"。

三、成果特点

（一）成果的特点

学生主体地位得到充分体现，师生和谐关系得到充分彰显，课堂由"教"到"学"得到充分凸显。

（二）成果的创新点

1. 教学模式新。

建构了新的课堂结构模式——"四步课堂"教学模式，包括"自主学习、合作探究、即时训练、评点总结"四个部分。

2. 教学评价新。

建立多元评价机制，激励学校自主特色发展，激扬教师教书育人意识，激发学生学习兴趣。

3. 运行机制新。

提出了"六个一"的运行机制，即编撰一系列的培训资料；培训一批优秀教师；创建一批课堂教学改革"示范学校"；编写一套"导学预案"；出版一本理论研究与实践操作相结合的书籍；构建一套提高课堂教学效益的长效机制。

四、成果效果

（一）推广范围

本成果已在53所"试点学校"进行了深入的实验，在41所"课题推广学校"进行了课题成果推广。市内外众多学校纷纷前来考察、学习、交流，市内外教育局、教研机构纷纷来电、来函征订课题研究资料和《四步课堂》一书。

（二）成果实效

引领学生乐学善思、学会会学，促进了学生终身发展；引领教师革故鼎新、践行模式，促进了教师专业发展；引领学校加压驱动、内涵发展，促进了学校质量提升；引领社会关注教育、关心教育，得到了社会普遍认可。

撰稿人：廖聪毅
审核人：罗明俊

农村高中生有效学习研究

完成单位：营山县中小学教学研究室

　　　　　四川省营山中学

完成人：罗勇军、郭建波、何瑜、蒋金明、朱均、桑海清

一、成果背景

据调查，农村高中生大多是留守学生，家庭教育严重缺失。其中一些留守学生学习效率不高，缺乏自信且极易产生诸多心理问题，因此，我们开展了"农村高中生有效学习研究"，本课题主要是探索教师有效地"教"，农村高中生有效地"学"。其主要解决什么是有效学习，怎样落实有效教学，如何指导学生有效学习等问题。

二、成果内容

（一）理性认识成果

1. 什么是有效学习？

有效学习是指符合教育、教学原理的学习，它的目的是为了花更少的时间，学到的知识更多、更牢、更好。

2. 有效学习的三个重要指标。

有效学习的三个指标：学习速度、学习结果、学习体验。有效学习不能单靠延长学习时间来提高学习效率，不能只注重学习结果，更要注意学习体验。

3. 有效的"学"给有效的"教"的启示。

有效的"学"必须以有效的"教"为前提，在教学中教师要处理好"课堂教学预设和学生之间的关系""速度与效果之间的关系""课堂学习和课后反馈之间的关系"。

4. 让农村高中生了解自己的学习类型。

从学习心理学的角度看，有三种学习类型，即视觉学习者、听觉学习者、

运动学习者。视觉学习者主要通过读和看来学习。听觉学习者更倾向于通过听来学习。运动学习者喜欢通过触摸和动作来学习。

（二）实践操作成果

1. 探索出了《农村高中生有效学习评价量表》。

经过几年的理论和实践探索，课题组探索出了《农村高中生有效学习评价量表》。实践证明，该评价量表可以判断农村高中生有效学习现状，了解学情，操作性强。

2. 探索出了教师课堂教学有效性的具体措施。

第一，教师要提高自身专业技能素质。第二，教师要深入钻研教材，读出教材的本意和新意，把握教材的精髓和难点，把教材内化为自己的东西。第三，教师必须转变教育教学观念，创新教育教学模式，从有效推动和促进中学生主体性实践活动入手，培养学生自主发展能力，以造就具有创新精神和实践能力的个性品质得到和谐发展的、德育智育潜能得到有效激发的符合素质发展要求的高素质人才。

3. 探索出了农村高中生有效学习模型。

落实好教学常规，是农村高中生有效学习的重要手段。

常规一：预习，做到心中有数。

常规二：课堂，做到专心致志。

常规三：复习，做到有效巩固。

常规四：练习，做到有的放矢。

常规五：错题，做到积累整理。

4. 探索出了农村高中生有效学习的突破口——"思维导图"学习模式。

思维导图学习模式让学生的思维能力在学习中得到有效发展，使学生对知识的理解更深入、更透彻、更系统。

怎样制作思维导图呢？一般来讲，有以下的五个步骤：第一步，绘制中心图案主题；第二步，绘制章节和主干；第三步，绘制分支知识点；第四步，完成知识点关键词；第五步，根据记忆联想加上彩绘和符号。

5. 探索出了农村高中生有效学习的十大抓手——高效能学习的十大学习方法。

学习不仅要讲求勤奋，而且更应讲究方法。采用高效能学习的十大学习方法能极大提高学生的学习效率，增强学习的有效性。

（1）目标激励法。

帮助学生树立远大的理想，高一开始就进行职业规划，制订明确的学习目标和切实可行的计划。

（2）统筹计划学习法。

帮助学生学会统筹安排，制定科学的学习步骤，主要包括以下四个方面：一是学习目标，二是学习内容，三是时间安排，四是保证落实的措施。

（3）兴趣引导法。

大力培养学生学习兴趣，是获取成功的特别重要的法则。只有引导农村高中生很积极、很努力地学习，才能把这种积极和努力转化、培养为一种浓烈的兴趣，从而有效地学习。

（4）高效率学习法。

帮助学生学会高效地管理时间，科学地利用时间，在尽可能少的时间里学到更多的知识。

（5）刨根质疑学习法。

培养学生的质疑精神，让他们善于发现问题，敢于向权威挑战，同时又要虚心求教，不懂的问题多问老师，多向同学请教。

（6）笔记学习法。

帮助学生学会做笔记，如在原书空白处做记录、在书上画符号、摘录、列提纲、剪贴、做卡片等。

（7）全面预习法。

良好的预习是学习成功的一半。培养学生的预习习惯，教会他们预习的方法。

（8）高效听课法。

指导学生课前必须从身心、知识、物质上做好充分准备，在上课时力求做到"五到"，即耳到、眼到、口到、心到、手到。专心致志，勤于思考，思维与老师合拍。同时，上课时勇于发言，积极参加讨论，有机会多动手、多实践，做好笔记，才能有效地把握课堂，把课堂变成自己学习的主战场。

（9）作业练习法。

指导学生遵循科学的原则要求，循序渐进、勤于思考、善于总结，从而让学生养成良好的作业习惯。

（10）高效复习法。

指导学生复习要制订计划、合理安排，及时系统有步骤地复习，掌握科学的复习方法，养成良好的复习习惯。

三、成果特点

1. 理论创新。

本研究课题以关联主义学习理论为主要理论基础，充分关注学生的学习动机、学习能力、学习环境及教师引导等因素，系统全面地探索学生有效学习的基本模式、基本途径和评价体系，为广大农村高中学生有效学习提供新的理论支撑。

2. 实践创新。

本课题采用传统研究方法与现代教育研究手段相结合的方式，引入网络调查及讨论、多媒体及远程教学等多种现代手段，既充分体现出本课题研究鲜明的时代特色，又为系统探索农村高中课程有效学习的基本模式、基本途径和评价方法提供可靠保证。

四、成果效果

1. 在课题理论研究和实践过程中，提高了教师自身专业技能素质。

2. 教师转变了教育教学观念，在课堂教学中，紧紧抓住"善导""激趣""引思""精讲"这四项教学要素，充分发挥教师在课堂中的主导地位，充分体现学生在课堂中的主体地位。

3. 在课题研究中，教师立足农村高中生的特点，立足基础，巧设梯度，激发学生的探究热情，探索出了一些合理的教学方法。

4. 通过立足于学生学法的指导和研究，农村高中生掌握了科学合理的学习方法，使农村高中生的有效学习能力得到增强。

撰稿人：郭建波
审核人：罗勇军

中学实验教学资源的开发与应用策略

完成单位：四川省营山中学

完成人：胡再奎、胡玉华、叶青、陈轲、李秀梅、张顺祥

一、成果背景

（一）问题提出

"中学实验教学资源的开发和应用实践研究"课题是 2015 年南充市普教科研规划资助立项课题。本课题开展前，我们已经对中学实验教学的现状和问题做了详细的调查研究，发现中学实验教学存在诸多问题，实验课徒有虚名、效率低下，无法达到新课标的要求。因此，我们决定开展"中学实验教学资源的开发和应用实践研究"。

（二）成果主要解决的问题

1. 提升教师教学观念和实验操作水平。

我校教师实验教学水平总体不高。本课题的研究是以转变教师教学观念，为普通中学教师实验能力和创新能力的培养为目标，采取了诸多有效应对策略，规范教师的实验操作，提升教师的实验能力和水平。课题组还订阅了大量与实验有关的书籍和杂志，使教师了解教育教学前沿动态及相关教育教学技术知识在各领域的应用，开阔教师的知识视野，增强教师驾驭学科教学的能力。

2. 提高学生实验综合能力。

我校大部分学生来源于农村初中，很多学生在初中阶段没有进行系统的实验学习，甚至有些学生一个实验也没动手做过，学生动手能力和操作能力较差，创新能力明显不足，严重影响了实验课的开展。高考既是对学生所学知识进行考察，也非常注重对学生实验能力的全面考察。我校学生实验综合能力差，实验题得分率很低。我们采取了以下方式培养和提高学生的综合能力。一是构建开放性实验环境，积极营造良好的探究氛围，建立开放实验室。二是组

建实验兴趣小组，充分激发学生学习的兴趣和求知欲，培养学生创新意识和探究能力，培养学生科学探究的基本素养。三是培养学生开发课外小实验、小制作的创新精神。

3. 改进学校实验教学。

经课题组调查，我校的实验教学资源匮乏，教学方法落后，效果较差。在课题研究活动过程中，我们充分挖掘教师潜能，改进与创新了大量实验，激发学生学习兴趣，培养学生的创新思维和创新能力。

二、成果内容

（一）理性认识成果

转变固有观念，形成了对实验教学的正确认识。在研究过程中，教师们意识到有效实验教学的重要性。学生仅仅掌握理论，没有实践操作，就没有深刻的理解，更不能灵活运用，导致学习效果低。没有实验的探究过程，学生也无法得到探究意识和创新意识的培养，对学生的综合能力的培养极为不利，无法提高学生的整体素质。

在课题研究后，教师和学生的观念明显转变，我校的各种实验教学活动蓬勃开展起来了。教师积极策划，学生们主动参与，实验教学的实效性明显增强。

（二）实践操作成果

1. 改善了实验室硬、软件资源。

我校不断优化实验室硬件设施，提升了实验员的技能水平，建立健全了实验室管理制度，规范了实验室的管理。

2. 培养了高素质的实验教学队伍。

通过课题研究的开展，绝大多数教师明显转变了教学观念。通过自身学习、组内讨论、外出交流和专题培训等多种方式提高了教师实验的基本素养。建立了一支教学理念先进，基本素质过硬，动手能力强，有创新精神的教师队伍。

我校采取了如下的多种措施：加强了教师实验理论学习，多途径开展了教师实验技能培训，多方面开展了经验交流，举办了实验教学技能大赛，加强了实验教学的督促和管理。

3. 改进与创新了各类实验。

我们进行了多方面的改进与创新，如实验设计方案的改进与创新、实验教学方式的改进与创新。

4. 培养了学生的探究能力与创新能力。

实验教学资源的开发并不是教师的专利，学生也是实验教学资源的开发者。教师应抓住时机、因势利导，创设实验问题情景，激发学生的参与意识，使学生有所发展、有所发现、有所创造，充分发挥学生在实验教学资源开发中的作用。培养学生的创新精神和实验探究能力，开发和积累更多的新的实验教学资源。

课题组建立了开放实验室，成立实验兴趣小组，开发课外小实验，培养动手探究能力。

5. 建立了以过程性评价为主的综合评价机制。

传统的评价模式是纸笔测试，不可否认的是，纸笔测试仍是测评学生探究创新能力的有效手段，但是我们采取了变终结性评价为过程性评价，还建立了以过程性评价为主的综合性评价机制。

6. 开发并建立了实验教学资源库。

新课改下，教师应提高对信息技术教育应用的认识，了解信息技术在教师专业发展中的作用。当前教学以网络技术和多媒体技术为基础，实现现代教育和新课程改革。信息技术在现代教育中会从不同维度同时刺激人们的多种认知感官，使学生更容易建构起自己的知识体系。教师从观念上更新、理解信息技术教育的内涵，并具备良好的信息技术操作技能。

三、成果特点

（一）综合开展实验教学研究

我们调查发现：在可查找的文献中，物理、化学、生物学科开展实验教学研究的很多，也非常普遍，但以理科实验教学为研究对象综合开展实验教学研究的微乎其微，各学科的实验教学及其研究之间缺乏必要的联系，直接导致了各学科实验教学中的重复性及不协调性，本课题组则重视跨学科间的整合处理。

（二）注重实验教学方式的研究

有关中学实验教学的研究，对实验过程中出现的各种各样的问题研究的较多，往往从解决实验中的具体问题出发，从实验的可观性、安全性、可操作性等层面提出一些解决问题的办法，但对中学实验教学方式的研究相对较少。

（三）重视探究意识的培养研究

实验教学要创设问题情景，激发学生的参与意识，充分发挥学生在实验教学中的积极性和主动性，培养学生的创新精神和实验探究能力。

四、成果效果

（一）成果推广范围

本课题在营山中学实践实施两年，反应良好；经我校申请，营山县教育局于 2016 年 9 月决定将课题成果在全县中学推广。经过大量的推广实践，他们均一致认为本课题对实验教学的理念和具体实施都有积极重大的促进作用，收到了良好的课题效益。

（二）成果实效

1. 教师的教学水平大幅提升。

通过本课题的研究，教师的教学理念发生了根本的转变，教师们充分认识到以实验为基础的科学探究活动对学生未来的发展至关重要。新课程理念和启发探究式实验教学模式已渗入课堂。教师实验操作技能明显提高。教师的综合能力大幅度提升。

2. 学生的综合能力明显进步。

我校学生实验操作能力提高，探究与创新思维能力提高。学生还参与青少年科技创新大赛，最终学生的高考实验题解题能力也得到提升。

3. 学校的办学质量迅速提高。

通过本课题的研究，我校实验教学现状发生了巨大改变。教师实验教学技能大幅度提升，探索出了一条高效实验教学途径；明显提高了我校的办学质量。

4. 社会的认可度大幅提升。

通过本课题的实施，我校的社会声誉得到大幅度提升，也受到学生、家长及社会其他各界人士的一致好评！

撰稿人：胡再奎

审核人：曾振宇

优化课堂教学策略

完成单位：南充职业技术学院附属中学

完成人：李黎明　范怀兵　黄萍

一、成果背景

在现实的课堂教学中，学生主体性不够突出、能力目标模糊、能力培养缺乏体系、课堂缺乏完整学习过程、学习策略建构缺乏操作性。为此，本课题围绕初中课堂教学策略，主要解决学生学习的主动性和积极性不够、学习的能力系统遭到破坏、学习效率低微等问题。我们力图重构课堂新的价值观、课堂教学质量观，确立影响学业质量与生命发展素养的关键区域，梳理出课堂教学的关键能力，优化学与教的方式，建构学生获取知识的能力体系，从而提高学生的学习能力，增强学习的信心，实现课堂教学最优化，为发展学生核心素养奠定坚实的基础。

二、成果内容

（一）理性认识成果

1. 重塑课堂价值观及质量观。

课堂价值观：课堂教学着眼于学生的未来，真正为学生一生的发展打下坚实的基础；着眼于当下，让学校生活成为学生美好生活的一部分；着眼于二者的结合，真正提升学生的学业水平。

课堂质量观：课堂教学质量最基本的属性是两种：一是课堂的内生性——学生在学习中生成生命发展所必需的基本素养；二是课堂的学科性——学生在学习中达成学科课程标准所规定的高度。

2. 生成优化课堂教学的基本理念。

优化课堂教学的关键在于"有效教学"，提出"让教师会教，让学生爱学、会学，让课堂更具创新与实践"的三个基本主张。

（二）实践操作成果

1. 确立优化课堂教学的核心能力。

区分优学与优教两个系统，在优学区域，学生通过课堂五要素即倾听、阅读、交流、思维、实践来实现知识吸收、理解、质疑、消化、运用与创造，提升学生的学业质量，由此提高学生学习能力、人文底蕴、科学精神、实践创新等生命素养。

2. 建构优化课堂教学的目标体系。

课堂教学依托学生自主学习的五种方式（倾听、阅读、交流、思维、实践），发挥老师的协助作用（引领与点拨），去实现课堂目标—四维目标和习惯目标。

3. 建构优化课堂教学阶梯式分解微策略。

（1）优学阶梯式分解策略。

①倾听策略。倾听在第一阶分解为三个做点：盯着听，要点听，持续、连贯听。这三个做点还可以进一步分解，如盯着讲话者的眼睛听、盯着讲话者强调的对象听、盯着讲话者指向的内容听等。

②阅读策略。阅读分解为三个做点：动手读文、动手读图、动手读题。动手读文，可再分解为动手（动笔）做标识、动手做注解、动手做概括、动手写下简单感悟等。动手读题可分解为远望、近观、检索、变通等。动手读图（表）则可以分解为这幅图（表）是什么，有什么，干什么，表现了什么等。

③交流策略。交流分解为三个做点。一是确定交流的问题，核心知识才交流，核心知识中50％以上的学生自己难以拿捏的才交流。二是激励、指导交流的过程，包括激励每个学生人人参与交流，指导每个学生学会双向交流等。双向交流就是以问题为中心的陈述和以问题为中心的评价。三是交流的形式，可以采用N人分组、无分组等多种形式，依据具体情况灵活运用。

④思维策略。思维分解为三个做点，即追问是什么，追问为什么，追问还有什么。追问是什么可进一步分解为两个层级，即问题属性与问题所在系统。追问为什么，也可以分解为事物为什么这样，它从哪里来，又向哪里发展、到哪里去。追问还有什么，同样可分成两个层次，即问题没能解决时，问还有什么别的角度，问题有解时，问还有什么别的思路与解法等。

⑤实践策略。在第一阶梯，将实践分解为动手操作、运用所学知识解决学习中的问题与运用所学知识解决社会生活中的问题三个做点。运用知识解决学习中的问题可再分解为三个做点：悟题、用题、建立学科知识树。

（2）优教阶梯式微策略分解。

优教的大思路是做减法，也就是剪去课堂的多余动作。可以将"协助"这一基块分解为三个做点：激励、引领与点拨。激励可以再分解为内在激励与外在激励，引领则分解成活动引领与问题引导，这些又都可以进一步做阶梯式分解。

4. 建构 USE 教学设计。

USE 教学设计包含三个大的模块：Understanding（理解）、Scheming（策划）、Exercising（运用），缩写为 USE，中文意思即"用，运用"，意在用于教学实践。

U—Understanding（理解）模块是教学设计的起始。本模块包含三方面：一是研究文本，个性解读，纵横比较，吃透文本，了然于心；二是分析学生，了解个体与群体，认识阶段与差异，遵循规律；三是选择"教什么"，确定"学什么"，小立课程，才能大作功夫。

S—Scheming（策划）模块是教学设计的重心。本模块包含一个核心、四个设计：以优化学生学习方式为核心，弱化"教"的设计，强化"学"的设计，以生为本，让学生的主体性得到充分的展现；务必贯穿思维训练的设计，务必进行优化读与说的方式设计，适时进行优化听的方式设计。

E—exercising（运用）模块是教学设计的归宿。本模块指归纳整合运用知识，注重设计优化练的方式，包含三个方面：一是设计悟题练习，指导学生进行一题一思考，在解题的基础上学会悟题；二是设计用题练习，指导学生自己命题、讲题等，提升练习效果；三是设计思维导图，指导学生建立知识网络，提倡一课一结构图，一专题一知识树，让知识走向专题化、类型化。

三、成果特点

创建了从学校到学科再到教师三个层面的课堂教学分级模式。学校层面的教学模式，充分体现课堂思想要点及其结构框架。学科层面的教学模式，依据学校课堂思想及结构，结合学科课程标准，选择适合本学科的思想要点，构建有自己学科特点的课堂思想要点及其结构框架，做到一科一品。教师层面，依据本学科思想要点及课堂结构框架，结合个人风格，结合具体课型、具体内容，设计这一节课的教学思想要点及其结构框架，做到一师一特色，一课一模式。

四、成果效果

1. 在学生成长方面产生的效益。

学生学习能力明显提高、学生获取知识的过程建立、学生综合素质得到大幅提升。

2. 在教师发展方面产生的效益。

促进了教师角色的转换、改变传统的课堂教学局面、促进了教师的专业发展。

3. 在学校发展方面产生的效益。

学校教学质量得到明显提高、社会认可度得到进一步提升、营造了浓郁的教科研氛围，提升了校园发展的竞争力。

本课题在四川省陶行知教育研究会年会及陶行知教育研究会校长年会上做专题报告后，引发专家与教育同行的思考与热议，多家媒体做了相关报道，研究成果先后被 10 余所学校借鉴，均收到良好效果。

撰稿人：马　斌
审核人：李黎明

体育与美育

松溪内家拳武术文化"三崇四德""三教九法"体育教育模式

完成单位：南充市大北街小学

完成人：张锦川、任秀华、欧仲彬

一、成果背景

该成果从市级立项课题研究而来，从调查分析、文化挖掘、实践总结中来。提炼的"三崇"武术教育观，解决了"武术体育与文化教育"结合不紧密，理解不够的问题；提炼的"四德"武术教育观，解决了对学生进行传统文化和道德礼仪教育形式单一、空洞、说教较多的问题；提炼的"三教"武术教学模式，解决了武术教学方法单一的问题；提炼的"九法"武术教育模式，解决了学校体育教学没有形成特色的问题。

二、成果内容

（一）理性认识成果：松溪内家拳武术文化"三崇四德"体育武术文化教育观

1. 三崇。

"三崇"是指在开展松溪内家拳武术教与学时，"崇尚武术技术准确、崇尚武术审美素养、崇尚武术文化传承"的三个崇尚。传统的武术课堂教学往往局限于武术技能方面的教授与学习，光武术学习很可能增加学生的暴力倾向，扰乱校园治安，这也是中华传统武术教育式微的主要原因。鉴于此，我们着力拓展教学内容，更新武术课堂教学观念，确立"三崇"武术教育观——追求在课堂教学内容上术、美、文分层落实，追求在课堂教学方向上术、美、文有机结合。

2. 四德。

"四德"是指在松溪内家拳武术教育中,通过分析和考量松溪内家拳这一传统文化遗产特点以及培养小学生的核心素养的要求,把武术课堂德育目标确立为"四德",即民族与祖国、敬意与礼仪、敦厚与忍让、规范与自律。培育学生"民族与祖国"的情怀,培养"敬意与礼仪"素养,修炼敦厚与忍让的性格,养成"规范与自律"意识,"四德"不仅是教学目标,还可以根据目标选择能达成的教学内容,"四德"是武术课堂教学观念,更是促进学生健康成长的方向。

3. 松溪内家拳之"三崇四德"武术体育教育的价值与意义。

它有利于传承发展中华武术文化、有利于构建学校体育文化特色、有利于促进学生健康成长、有利于教师体育教育能力的提升。

(二) 实践操作成果:松溪内家拳武术文化"三崇四德""三教九法"体育教育模式

1. 建立了"三崇四德"的武术体育教育课程和目标体系。

经过研究,我们开发和形成了崇术教学课程、崇美教学课程、崇文教学课程。

2. 构建了"四德"目标体系。

我们提出了"四德"育人目标。"四德"不仅是教学目标,还可以根据目标选择能达成的教学内容,"四德"是武术课堂教学观念,更是促进学生健康成长的方向。

3. 构建了"三教九法"武术教学模式。

"以德为先",以武术体育活动为载体,以学生为主体,开展武术体育教学,建立了"名家引领、师生同堂、情景创设"三种教学形式,以"观、试、练、读、合、演、感、赛、创"为松溪内家拳学习方法和流程,构建了"三教九法"武术教学模式。

(1) 形成三种教学形式。

①名家引领式。

我们聘请了松溪内家拳第十三代传人担任武术教练,进行集中授课,同一年级的几个班一起训练,虽然一开始是为了解决优质师资较少的现状而提出的解决办法,但取得了良好的教学效果。

②师生同堂式。

为了进一步提高松溪内家拳学习效率,我们提出了"师生同堂学武术"的教学模式，即把多位科任老师安插在学生队伍里，与学生一起听课，一起学习松溪内家拳。

③情境创设式。

情景剧具有极大的综合性和包容性，集说、唱、武打等表现方式为一体，在演绎历史故事和英雄传奇的过程中，展现人物性格和人格魅力，既能使学生练习和巩固松溪内家拳的武打技法，又能在投入角色的过程中，深入体会历史的社会氛围和人物的内心感受与高尚的道德情操。

（2）建立的九种松溪内家拳学习方法。

武术不是一朝一夕能够训练好的，需要细心观察、模仿尝试、勤学苦练，需要揣摩领会精神实质，需要发挥表达，需要激励引领，需要实践创新，才能熟能生巧，融会贯通。因此，我们总结出了"观、试、练、读、合、演、感、赛、创"，这九个方法是连贯的循环的逐步提升的过程。

三、成果特点

1. 理念创新："三崇四德"体育武术文化教学观。

松溪内家拳武术文化的理论体系较为完整，通过以松溪内家拳为主要内容，进行武术体育的教学实践探究，我们以"崇尚武术文化、崇尚武术技术、崇尚武术审美"为课程体系，培养学生四个方面的品德，一是培育学生"民族与祖国"的情怀；二是培养"敬意与礼仪"素养；三是修炼敦厚与忍让的性格；四是养成"规范与自律"意识，重构了松溪内家拳武术文化"三崇四德"教育观。

2. 技术创新：松溪内家拳武术体育"三教九法"教育模式。

以"三崇四德"为体育教育理念，开发以"崇术、崇文、崇美"为内容的课程体系，把"培育学生民族与祖国的情怀、培养敬意与礼仪素养、修炼敦厚与忍让的性格、养成规范与自律意识"四个方面品德作为教育目标，通过"名家引领、师生同堂、情景创设"三种形式的教学，学生通过"观、试、练、读、合、演、感、赛、创"九种方法的学习，创新了教学策略和学习方法，构建了松溪内家拳武术文化"三崇四德""三教九法"体育教育模式。

四、成果效果

1. 推广范围。

本成果在全校推广，辐射到社区和南充市部分小学。

2. 成果实效。

（1）促进了学生健康成长。

近三年的实践研究过程中，我校学生的身体素质得到明显提高，还显著提升了学生的道德水平，主要表现在其道德意识得到增强，其控制自己情绪和约束自己行为的能力均得到提高。同时，也在预料中增进了学生的心理健康水平，因为早就有研究表明，身体素质、运动与锻炼均与个体的心理健康存在显著的正相关关系。更提高了学生的武术水平，仅 2016 年和 2017 年我校学生在省市各类武术竞赛中，获得了 92 枚金牌、86 枚银牌、47 枚铜牌、6 个团体奖。

（2）提高了武术教师队伍的专业素质和教学水平。

通过参加系列培训活动和总结教学实践经验，我校武术教师队伍的专业素质和教学水平均得到了很大提高。武术教师的松溪内家拳的拳术水平都得到了显著提高，对武术文化内涵的认识达到了新的高度，其教学水平也得到了明显的提升。

（3）初步形成了我校"合作校园"的教育特色。

松溪内家拳进入校园为建设"合作校园"提供了良好的契机。在校园里开展的武术活动中，常见到师师合作、师生合作、生生合作、社校合作等方式。

撰稿人：张锦川
审核人：何五妹

小学语文教学中美育的策略

完成单位：南部县第一小学
　　　　　南部县教育科学研究室
完成人：陈立芝、李馨、袁山花、黄迎春、杨菊英

一、成果背景

　　课题组通过对小学语文教学课内外的深入调查、分析、研究，发现部分语文教师在教学中忽视对学生进行审美情趣的教育或重视程度不够。审美教育是语文教学的重要组成部分，对学生逐步形成良好的个性和健全的人格，促进德、智、体、美、劳的和谐发展起着重要作用。因此，本课题研究旨在解决语文教学中教师美育认识不到位、美育目标不明确、美育形式单一、学生审美取向偏离社会核心价值观、社会传统美德流失、不良信息不良行为误导学生等问题，从而构建系统的小学语文教学美育策略。

二、成果内容

（一）理性认识成果

1. 形成小学语文教学的美育观。

　　本课题以课程改革为依托，转变教师的审美教育观，从理论的层面揭示小学语文课堂美育的理念、文化、行为及过程的本质特征，明确语文课堂的美育目标。从实践层面培养、发展学生鉴赏美、创造美的能力，促进人的全面发展。

2. 凸显语文学科审美教育优势。

　　美应体现在自然美、智慧美、生命美、灵魂美等，语文课程汇集着中华民族丰厚的文化底蕴，具有较高的美育价值。它的文字美、语言美、形象美、意境美、画面美等都是丰厚的美育资源。因此，利用语文课程优势培育学生鉴赏美、创造美的能力是语文教学的重要组成部分。

3. 彰显"文道结合，以文化人，以人化人，以美育人"的学校美育理念。

我校一直秉承"文道结合，以文化人，以人化人，以美育人"的教育理念，让每面墙说话，用每一处景育人；让每个人示范，用每一个人的言行教人；让每次活动评价，用每一个场景化人。积极健康的班级环境，温馨、舒适的走廊环境，优雅、大气的校园环境逐步形成，处处彰显学校美育理念。

（二）实践操作成果

1. 构建了"感知美—内化美—创造美"的美育模式。

教师本着以语文课堂教学为主、以课外活动为辅、以生活为蓝本的多种美育形式，让学生在文本对话、语言品味、意境剖析中感知美、吸纳美；同时自主理解、分析、比较、判断和反馈，把初步感知的美的意象内化为自己的审美观；最终，在学习活动中、社会生活中表达美、践行美、创造美。形成了操作性极强的"感知美—内化美—创造美"的美育模式。

（1）从文本、生活中感知美。

从文本中感知美。教师利用音像、实物、形体语言等创设情境，充分调动学生多重感官参与，欣赏文字、画面、声音，唤醒学生对文本情境美的感知。同时，引导学生大声地读，感知语言美；细细地品，感知情感美；默默地想，感知形象美。

从生活中感知美。广阔的大自然是孕育美的摇篮，多彩的生活是陶冶美的范本。教师让学生亲近自然，阅读自然景观之美；走进生活，阅读人性之美，阅读社会百态之美，受到美的熏陶。达到"以景化人，以人化人，以美育人"的效果。

（2）在认识上内化美。

感知是美育的吸纳阶段，内化是美育的甄别阶段。这两个阶段不是截然分开的，是相辅相成的。在语文教学过程中教师既重视听、说、读、写训练，字、词、句、段、篇训练，又引导学生独立钻研文本，自读、独思、自悟、自得，在充分自主研读的基础上，组织学生在合作研读、讨论、品读、玩味中感知美。同时，学生个体通过理解、分析、比较、判断、反思等一系列意识活动内化成自己的审美观。

（3）在行动中创造美。

"知者行之始，行者知之成"。我校通过"小手牵大手""家庭文明手册""亲子互动"等社会实践活动，让学生在生活的舞台上展示美，创造美。采用"家校互动""社会多元参与"等策略，实现家庭、学校、社会三位一体共同育

人的目标。形成了"以学促行、以小带大、以点辐面"的践行美的操作策略

2. 构建了"以美悟真、以美激情、以美启善"的语文课堂美育策略。

教师以语文课程为载体，在对学生进行语文知识技能传授的同时，深入挖掘语文课程中的美育元素，以景美激情，以文美悟真，以德美启善。用充满真、善、美的灵动的课堂唤起学生的情感活动，做到认知活动和情感活动相伴相随，智育和美育和谐发展，获得理解语言文字和塑造心灵相统一的效果。

3. 构建了美育内化健全学生人格的实施策略。

（1）巧借学科美育健全学生人格。

教师借语文学科美育培养学生诚实、勇敢、坚强、乐观、热爱生活，珍爱生命等意志品质，健全学生人格。

（2）扩展美育空间，健全学生人格。

教师通过班会、劳动、课内外活动等，拓展美育空间，让学生自主参与，在活动中正确认识自己，开心地接纳自己，健全自己的人格。在此过程中，教师尊重学生个体，格外关注学生个体差异，用外在诱因激发学生内在需要，注重学生心理疏导，健全学生人格。

三、成果特点

（一）理念创新

1. 形成小学语文教学的美育观。

以课程改革为依托，转变教师审美教育观，明确语文课堂的美育目标。从实践层面培养、发展学生鉴赏美、创造美的能力，促进人的全面发展。

2. 形成了"文道结合，以文化人、以人化人、以美育人"的学校美育理念。

在研究中，我们把语文教学与学校环境、师生行为相结合，营造积极健康、温馨舒适、优雅大气的校园环境，处处彰显学校美育理念。

（二）方法创新

1. 创建了"感知美—内华美—创造美"的语文课堂美育模式。

通过本课题研究，我们探索出了切实可行的语文课堂美育模式，操作性、借鉴性很强，语文教师都可以通过该模式在语文课堂中对学生实施美育。

2. 探索出了"以美悟真、以美激情、以美启善"的语文课堂美育策略。

课题研究以来，我们的语文课堂充满了美的灵性，语文教学不再是枯燥的

咬文嚼字，是一次充满真、善、美的惬意旅程。

3. 构建了"以学促行、以小带大、以点辐面"的践行美的操作策略。

美育的最终目的是让学生具备鉴赏美、践行美的能力。本课题通过四年探究，最终形成了通过语文教学培养学生良好的审美观，并在自己的言行中践行美；通过学生与家庭、与社会的互动，带动全民参与，构建和谐社会。从而构建了"以学促行、以小带大、以点辐面"的践行美的操作策略。

四、成果效果

（一）实现了教师美育观念的转变

本课题研究实现了教师美育观念的转变，明确了在语文课堂中培养学生正确的情感、态度、价值观的美育目标。成功探索出了美育方式和美育评价方法。

（二）营造了我校特有的校园文化环境

学校为学生提供了阳光健康的班级文化环境；丰富多彩的走廊文化环境；积极向上的校园文化环境，提升了学生的审美意识，赢得良好的口碑。

（三）形成了家校共育的美育氛围

通过"小手牵大手""亲子活动""家校共育"等活动，调动社会多元参与，实现了家庭、学校、社会三位一体共同美育的目标。

撰稿人：陈立芝

审核人：严　谨

农村学校艺体教学活动课程建构

完成单位：蓬安县教育科学研究室
完成人：母小林、陶倩、杨涛、郑琼惠、梁艺、杨湘

一、研究背景

一直以来，农村学校的艺体专业教师严重短缺，难以保障正常的备课与教学。艺体教育成了"竞技体育"试验田，一些学校只重视少数尖子、忽视面向全体，重视比赛、忽视教学，仅仅把艺术教育的外显成果作为响应素质教育的举措。

本课题解决了制约艺体教育发展的瓶颈问题——孵化了保障机制；解决了艺体课堂"放羊式"低效无序的教学生态问题——构建了艺体课堂模式；解决了艺体教学激励的问题——形成了评价体系。

二、主要内容

（一）理性认识成果

1. 从塑造民族品格、实现民族复兴的高度来审视艺体教育的个体价值和社会意义。

我们对孩子艺体素质的关注，要从素质教育理念出发，面向全体学生，培养他们正确的情感、态度和价值观，从小形成以高尚的才艺情趣修养身心、陶冶情操、不断完善自我的人生价值模式，为学生的终身发展奠定坚实的人文底蕴和健全的人格基础。

2. 农村九年义务教育学校艺体学科的弱势转化对实现课程均衡具有突破性的典型意义。

体育和艺术教育是全面推进素质教育的突破口，其课程弱势的转化成功可以使素质教育的推行实现一次较大的跨越；同时，也为其他弱势课程（如综合实践课程）的转化提供了成功的范例和可资借鉴的经验。

（二）实践操作成果

1. 形成了区域艺体教学推进策略。

（1）拓展专业教师增加途径。通过引进、聘请、借调、兼职、转型等多种途径增加艺体教师，初步解决了艺体师资力量薄弱的难题。

（2）转变学校和教师的观念。要求全体教师树立一个观念，即一个全面发展的学生不仅仅成绩好，还要身心健康，具有一定的艺术涵养。

（3）搭建艺体教师成长的平台。通过集中培训、赛课、竞教等方式为教师成长提供专业成长平台；教育行政部门出台政策，对艺体教师评职晋级实行单列量化考核；提拔重用优秀的艺体教师进入学校领导班子。

（4）发展各种艺体社团。将社团建设及活动开展纳入学校特色建设评价，并与目标考核量化挂钩。

（5）搞好艺术节和运动会。每年上学期分片区举办初赛，下学期举行全县决赛，并对优秀学生和指导教师予以精神和物质奖励。

2. 构建现代农村小学艺术教育课程的目标体系。

（1）艺体教育育人体系。

学会学习，能鉴赏，善思考。

学会做人，能合作，乐分享。

学会探求，能尝试，勇创新。

（2）艺体教育目标体系。

课内层面。上好音乐、美术、体育课。能欣赏中外音乐名品，会演唱教材上的音乐作品和流行音乐作品，会弹奏一样乐器；能欣赏中外美术名画，学会素描和国画、油画、书法的基本技巧，能进行简单的形象塑造；能欣赏体育竞赛表演，积极参与体育活动，擅长一至两个项目。

通过课内的学习，发展学生艺体创作的技能，建构学生艺体知识体系，培养学生正确的价值观。培养学生初步的会画、会唱、会表演、会锻炼能力，使学生以艺辅德、以艺启智、以艺健体，使学生的艺术个性得到发展。

课外层面。开展合唱、剪纸、球类比赛等活动，每个学生至少参加其中一项。开展社团、艺术节、运动会、社区活动等，全员参与初赛，优胜者参加决赛。

通过参与以上活动，发展学生的创造能力、鉴赏能力、批判性思考能力，培养学生美感、建立文化知识以及有效的人际交往、合作、沟通等能力。让学生从参与艺术创作活动中获取愉悦、享受以及满足，培养积极乐观、向上的性格特点。

3. 构建了艺体学科课堂的基本模式。

（1）音乐课堂教学的基本模式。

音乐课堂教学，主要有音乐欣赏和唱歌两种课型。

唱歌表现课：①激趣导入——②知识学习——③学唱拓展——④总结提升

欣赏体验课：①作品背景——②表现形式——③运用乐器——④体验情绪——⑤乐曲主题

（2）美术课堂五环节教学模式。

一看二试三讲四练五评，即：观察欣赏激趣—发现探索尝试—讲解示范点拨—自主练习辅导—评讲小结拓展。

（3）体育课课堂教学模式。

①技能掌握式。准备活动—要领讲解—练习加讲解—练习总结放松。

②情景和模仿式。创设情景—模仿想象—练习学会—体验合作。

4. 构建了艺体课堂教学的评价体系。

（1）课程建设评价。

这是对学校的考核评价，量标主要指向是否开齐课程，是否开足课时，是否配备专任教师，是否准备有专用教室，是否备齐相关器材教具等。

（2）课堂教学评价。

关注教师的教和学生的学，重点关注学生的学习效率。要体现课改理念——以学生为主体，以教师为主导，要有清晰科学的流程，师生在课堂中均有收获和成就感。

（3）社团活动评价。

采取多元评价，全员参与。

（4）艺术节、运动会评价。

采取评委评价和社会评价相结合的方式。

三、成果特点

1. 构建了适合农村学校的艺体课堂体系。针对农村学校的实际情况，按课标要求并进行探索重构，使该体系具有较强的针对性和适应性。

2. 对艺体教师的考核单列一定在区域范围内系创新，其考核指标简洁易操作，易于推广运用。

四、成果效果

（一）区域艺体教学的氛围日益浓厚

通过两年的教学研究工作，全县农村学校的艺体教学的氛围日益浓厚，教师具有按艺体教学的特点组织教学的意识，无论是在课堂的教学组织上，还是在课外对特长生的思想引导上，都有大幅度的提高，大大增强了教学效果，提高了教学质量。校园艺体活动形式多样，丰富多彩，使校园充满了生机与活力。

（二）学生参加艺体比赛频传获奖喜报

我县相继举办乒乓球、篮球运动会，电子琴合奏会，简笔画比赛，学生艺术节等活动，涌现出一批艺体特长生。我县××小学的合唱队2次参加全国性的展演，广获好评；实验小学的金钱板节目作为非物质文化项目在传承中弘扬，曾有5次各级奖励；相如一小象棋队3次参加全国及区域竞赛并获金银奖牌。

（三）课题组成员专业水平得到提高

通过课题研究，教师们的教育教学水平和教科研水平都得到了很大的提高，并在各种比赛及教学活动中取得了优异的成绩，课题组成员撰写的54篇教育教学论文已在各种公开刊物上发表。

（四）部分农村学校的知名度得到提升

我县艺体特色课的广泛开设，极大地宣传了学校的素质教育理念，在很大程度上提高了学校的知名度，由于学生已从单一的文化课学习发展到学科学习与特色化教学并进的模式，增强了学生对学校的喜爱，促进了学生的个性化发展，增强了自信心，丰富了课余文化生活，从而有效地降低了辍学率。

撰稿人：母小林

审核人：李中文

城乡接合部幼儿园田野体育实施策略

完成单位：西充县示范幼儿园
完成人：赵茜、何玉芳、李燕萍、杜超、马红梅

一、成果背景

健全的心智寓于健全的身体。我园的新园环境似一幅充满生机的农村田野画卷，"田野体育"概念应运而生。课题组成员以本园为主，在实地观察及问卷调查中，发现户外体育活动中存在以下问题：

1. 器械用途单一。教师开展户外体育活动时，对器械的使用潜意识存在"规定动作"。

2. 器械缺乏组合。教师在开展户外体育活动时，基本是一次活动只用一样器械。

3. 户外体育活动开展少，随意性大。我园户外体育活动随意性大，特别是转岗教师，户外体育活动似乎成为教师心照不宣的放松环节。

4. 自制体育器材缺失。有些教师们以班额大、工作量大为借口，少有自制的体育器械。

5. 班与班在户外体育活动中缺乏协调。我园户外游戏的时间安排不明确，过度的灵活性，导致教师对户外体育活动时间安排盲目。

6. 安全事故频发。在不断出现的各类安全事故中，我们发现有些磕碰摔倒现象，都是由于孩子们身体的协调性不够、动作行为的控制能力发展不好所致。

7. 家长对户外体育活动认识的偏颇。家长们总认为上幼儿园就是上学了，而不应该在户外疯玩，玩能玩出什么名堂呢！

二、成果内容

（一）理性认识成果

1. 课题研究让我们进一步厘清了"田野体育"的概念。

田野体育是一种开阔的、开放的、自然的、自主的户外运动环境，在这种环境中的所有人与物都是"大家庭"中的一员，是和谐、亲密的"伙伴"关系，共同运动、共同成长。

2. 课题研究让我们认识到，不断学习是教师观念转变的有效方式。

贴地实施的"看得见的体育，够得着的体育"活动，是教师、家长转变体育观念的催化剂。

3. 课题研究让我们认识到，教师角色的转化是推动活动深入的关键。

教师扮演好角色，让幼儿带着愉快的情绪参加田野体育活动，自由选择、自主决定游戏的材料、方式、内容及玩伴，按自己的方式和意愿进行游戏，是实现田野"野趣"的前提。

4. 课题研究让我们认识到，器械是开展田野体育的基本条件。

面对班级人数较多的状况，将购买的器械与自制的器械相结合，一物多玩，是保持每一个幼儿每天参与田野体育活动的基本条件。

5. 课题研究让我们认识到，家长是开展田野体育的重要伙伴。

家长对田野体育材料的支持，园内外对幼儿语言、行为方面的支持，是田野体育走向成功的推手。

（二）实践操作成果

1. 形成了以"看得见的体育、够得着的体育"为转变教师、家长体育观念的基本途径。

2. 制定了各段幼儿基本动作发展的评价模式。

3. 建构了"乡土、自然"的自制材料与购买材料相结合的幼儿园田野体育器械开发体系。

4. 研发了田野体育器械区域的设置及教师的站位指导。

根据各段班级的总数及地质特点，设置田野运动区域，安排区域田野器械，明确了各区域中教师重点指导的地方，形成了相对独立又相互贯通的动态田野体育运动环境。

5. 形成了让符号标志说话的田野体育器械管理方式。

我们在器械框的前后及器械呈放平台，贴上了与器械相一致的标志，并且标注出了框内及平台上器械的数量，让符号标志说话。

6. 形成了城乡接合部幼儿园田野体育具体的操作模式。

在课题研究中，课题组以"铁打的营盘，流水的兵"为田野区域管理方式，形成了"音乐提示—开放管理—自主取放—自由组合—自主运动"的操作模式。

7. 建构了"独特 传统"的民间体育游戏园本教材。

经过摸索，我们将实践进行总结，编写了一本适宜幼儿游戏的体育游戏园本教材《民间游戏乐翻天》，获得市、县优秀校本教材一等奖。

三、成果特点

一是田野体育以年龄段为整体，教师与教师、教师与幼儿、幼儿与幼儿、教师幼儿与空间、教师幼儿与器械呈现出了一种"无围"式的田野运动环境。二是田野体育营造了充满"野趣"的田野环境。三是确定了城乡接合部幼儿园田野体育的区域管理方式，形成了具体的田野体育操作模式。四是建构出了直观生动的园本教材《民间游戏乐翻天》。这些研究成果为城乡接合部幼儿园开展田野体育活动呈现了具体的操作模式，具有原创性。

四、成果效果

（一）幼儿方面

1. 促进了幼儿的动作发展变化。

经过两年的田野体育活动后，我们再一次对实验组幼儿和对照组幼儿进行测试，实验组幼儿基本动作发展明显增强。

2. 增强了幼儿的自我保护意识。

在轻松、有趣的田野体育时光里，孩子们身体动作发展的协调性明显增强，动作发展的协调减少了幼儿因身体控制不到位带来的伤害。

3. 成就了幼儿的责任感与秩序感。

在田野体育活动中，田野体育器械由班级孩子们自己收拾和整理，培养了幼儿的责任感与秩序感。

4. 提高了幼儿的合作交往能力。

田野体育活动中，整段幼儿一起玩，幼儿在活动中频繁接触，提高了幼儿的合作与交往能力。

5. 激发了幼儿的想象和创造力。

田野体育活动中，相对独立又相互贯通的田野区域，让孩子们有效地实现了一物多玩、物物重组玩的田野野趣，激发了幼儿的想象和创造力。

6. 培养了幼儿的勇敢自信品质。

在田野体育活动中，幼儿园材料、区域、同伴等因素的不同而形成不同组合，激发了幼儿不断探索的欲望，在迎接挑战的过程中，自然培养了幼儿勇敢而自信的良好品质。

（二）教师方面

1. 教师们对田野体育的认识改变。

在课题研究的历程中，教师们看到了幼儿在田野体育活动过程中情感和认知的发展，认识到了田野体育活动是一种综合性的活动。

2. 教师们的教育智慧明显提升。

在田野体育中，教师们参与其中，与幼儿在行动上、思维上、语言交流上积极地互动，使教师们的教育智慧有了质的飞跃。

3. 教师们的玩具教具制作技能得到提高。

我园教师多次参加省、市、县的幼儿教师自制玩具教具比赛，分获一、二、三等奖，彰显了教师在自制玩具教具方面的技能。

（三）家长方面

1. 认识到了田野体育活动是幼儿身体发展的需要。

从家长访谈记录情况看，99％的家长认为，参加田野体育后，孩子变得更健康、更活泼、更开朗。

2. 田野体育由园内走向园外。

家长们把园内的田野体育活动自然延续到了农村的树林、山坡、小河、田野等地方，使孩子们在大自然中自由玩耍。

撰稿人：赵 茜
审核人：谢洪麟